Thomas Schumacher (Hrsg.)

Die Soziale Arbeit und ihre Bezugswissenschaften

I0093552

Dimensionen Sozialer Arbeit und der Pflege Band 12

Herausgegeben von der Katholischen Stiftungsfachhochschule München
Abteilungen Benediktbeuern und München

Die Soziale Arbeit und ihre Bezugswissenschaften

Herausgegeben von
Thomas Schumacher

Mit Beiträgen von

Markus Babo, Luise Behringer, Birgit Dorner, Monika Fröschl, Paul Gödicke, Bernhard Lemaire, Peter Franz Lenninger, Tilly Miller, Peter Obermaier-van Deun, Elke Oestreicher, Sabine Pankofer, Christine Plahl, Thomas Schumacher, Andreas Schwarz, Hermann Sollfrank, Annette Vogt

Lucius & Lucius · Stuttgart

Anschrift des Herausgebers:

Prof. Dr. Thomas Schumacher
Katholische Stiftungsfachhochschule München
Preysingstr. 83
81667 München

thomas.schumacher@ksfh.de

Bibliographische Information der Deutschen Nationalbibliothek

Die Deutsche Nationalbibliothek verzeichnet diese Publikation in der Deutschen National-
bibliographie; detaillierte bibliographische Daten sind im Internet über http://dnb.ddb.de
abrufbar

ISBN 978-3-8282-0545-1

© Lucius & Lucius Verlagsgesellschaft mbH · Stuttgart · 2011
Gerokstraße 51 · D-70184 Stuttgart · www.luciusverlag.com

Umschlag: I. Devaux, Stuttgart

Druck und Einband: Rosch-Buch, Scheßlitz

Printed in Germany

Vorwort

„Vieles würde dieser Wissenschaft an Kraft entzogen, würde sie nicht mit einer geeigneten Begrifflichkeit versehen und mit scharfsinnigen Argumenten vorgetragen, in denen sie sich deutlich und klar ausspricht."
Raimundus Lullus

Die Idee zu diesem Sammelband ist dem Lehralltag an einer Hochschule für Angewandte Wissenschaften entsprungen. Wie auch immer Soziale Arbeit disziplinär gedacht und verstanden wird – gelehrt wird sie im Rückgriff auf Bezugsdisziplinen, die in ihrer Ausrichtung auf das Studienziel Soziale Arbeit wie Fächer anmuten, die sich zu einem Ganzen fügen. Die Rede von den Bezugswissenschaften der Sozialen Arbeit ist vertraut, und sie beinhaltet den Grundgedanken, dass sich Soziale Arbeit mit diesen, aber auch darüber hinaus selbst als Wissenschaft präsentiert. Der bezugswissenschaftliche Lehralltag ist auf Erkenntnis- und Handlungskompetenz für die berufliche Praxis an- und ausgelegt. Gemeinhin geht eine Diskussion um Wissenschaftlichkeit in der Sozialen Arbeit an einer bezugswissenschaftlichen Ausprägung vorbei, nicht zuletzt deshalb, weil Soziale Arbeit als Wissenschaft im Kontext universitärer Sozialpädagogik von einem nur pädagogischen Grundverständnis her gesehen wird.

Hier nun wird der Versuch unternommen, den wissenschaftlichen Anspruch Sozialer Arbeit über bezugswissenschaftliche Perspektiven sowohl abzusichern als auch auszugestalten. Der Ansatz ist, den bezugswissenschaftlichen Blick nicht auf die Praxis, sondern auf ein Verständnis Sozialer Arbeit hin auszurichten, das den Kanon der gelehrten Fächer begründet und – das ist entscheidend – den jeweiligen inhaltlichen Fokus mit ausprägt. So wird ein wissenschaftliches Verständnis des Sozialarbeitsberufes gestützt; zugleich wird aber auch deutlich, dass Soziale Arbeit ein solches Verständnis aus sich heraus zu entwickeln vermag. Die Fächer werden so zum Fächer, der den wissenschaftlichen Grundansatz Sozialer Arbeit mit entfaltet und akzentuiert.

Ich danke meinen Kolleginnen und Kollegen an der Katholischen Stiftungsfachhochschule München für ihre Bereitschaft, an diesem Sammelband mit Fachbeiträgen mitzuwirken. Mein Dank gilt auch dem Präsidenten der Hochschule, Prof. Dr. Egon Endres, sowie dem Geschäftsführer des Lucius-Verlages, Prof. Dr. Wulf D. v. Lucius, für die Möglichkeit, dass der Band in der Reihe „Dimensionen Sozialer Arbeit und der Pflege" erscheinen konnte.

München, im Juni 2011   Thomas Schumacher

Inhalt

Prolog

Das Studium der Sozialen Arbeit als Puzzle

Thomas Schumacher

Die Ausbildung für den Sozialarbeitsberuf hat schon frühzeitig akademische Strukturen angenommen. Einen maßgeblichen Anstoß dazu gab Alice Salomon (1872-1948) mit der Gründung der *Sozialen Frauenschule* 1908 in Berlin. Weitere Schulgründungen folgten, darunter 1909 in München die der *Sozial-karitativen Frauenschule*.[1] Dieser Impuls trug der Überzeugung Rechnung, Soziale Arbeit als ein lehrbares berufliches Handeln sehen und festigen zu wollen. Und nicht nur das: Salomon verknüpfte die Bedeutung der fachlichen Schulung mit dem Gewicht, das solches Handeln in der Gesellschaft mehr und mehr erlangt hatte. So notiert sie: „In dem Maß, in dem der Beruf an Bedeutung für die Wohlfahrtspflege und für das Wohl des Volkes gewinnt, kommt auch der Ausbildung zur sozialen Arbeit steigende Beachtung zu." (Salomon, 1927, S. 25)

Seit 1971, mit Gründung der Fachhochschulen, ist die Ausbildung in Deutschland als Studium angelegt. Die Hochschulausbildung führte die im Rahmen der Höheren Fachschulen vorangetriebene Akademisierung weiter.[2] Zwei inhaltliche Argumente trugen diesen Prozess bereits seit Beginn des 20. Jahrhunderts: zum einen das eines besonderen Verhältnisses von Theorie und Praxis in der Sozialen Arbeit – Theorie als Antrieb und Fundament für die Praxis, die über die Ausbildung eines Wissensbestandes erschlossen wird (vgl. Schumacher, 2007, S. 43) –; zum andern das der eigenständig betriebenen Theoriearbeit. Letztere ist der Ansatzpunkt dafür, in der Sozialen Arbeit Bezugswissenschaften zu identifizieren, deren Theoriebeiträge dem Sozialarbeitsanliegen zugeordnet werden. Der Akademisierungsprozess hat inzwischen zur Etablierung und Akzeptanz einer eigenständigen Fachwissenschaft Soziale Arbeit geführt (vgl. Mühlum, 2004, S. 7).

---

[1] Direkte Nachfolgerin der von Ellen Ammann (1870-1932) gegründeten Schule ist die Katholische Stiftungsfachhochschule München.

[2] Zu beachten ist Gänglers Hinweis, dass die Etablierung Sozialer Arbeit an Fachhochschulen eher zufällig und gleichsam im Kielwasser der Ingenieurschulen zustande kam. Gängler konstatiert aber auch (2003, S. 278), dass sie der „gesellschaftlichen Bedeutung und Akzeptanz eines Themengebiets" entspricht, „das seine wissenschaftliche und universitäre Stabilisierung bestimmt".

Ist diese Fachwissenschaft einerseits damit befasst, die Vielfalt sozialarbeiterischer Inhalte mithilfe passender bezugswissenschaftlicher Konzepte abzubilden, setzt sie andererseits von Anbeginn an eine eigene Klammer über diese Vielfalt. Diese Klammer, über die schließlich die entscheidenden Charaktermerkmale sozialarbeiterischer Theorie und Praxis zu gewinnen sind, ist die Aufforderung, den Sozialarbeitsberuf als ethisch ausgerichteten Beruf zu denken.[3] Das muss man wissen, weil es bis in die 90er Jahre des 20. Jahrhunderts auch das andere Bild des Studiums der Sozialen Arbeit gab: eines Studiums nämlich, dessen Theorieinhalte weitgehend von Bezugswissenschaften gesetzt und entwickelt sind, ergänzt durch den Beitrag lehrender Sozialarbeiter mit Zuständigkeit für Methodenlehre und Anliegen der Praxis. Im Idealfall ist es dabei gelungen, über eine Akzentsetzung in den dargebotenen bezugswissenschaftlichen Inhalten und einer daran angebundenen Reflexion der praktischen Bezüge das Bild einer in Theorie und Praxis eigenständig agierenden Sozialen Arbeit aufscheinen zu lassen. In der Regel allerdings blieb es den Studierenden überlassen, für sich jeweils solch ein Bild zu generieren.

Das Studium der Sozialen Arbeit sieht heute anders aus. Längst ist es gelungen, das Konzert der Bezugswissenschaften nach Noten, die das berufliche Selbstverständnis schreibt, zu dirigieren. Auch wenn die Tragweite der Akzentsetzung und die Art des Zusammenspiels noch nicht abschließend geklärt sind, werden Praxis und berufliches Handeln doch von einem der Sozialen Arbeit zugehörigen wissenschaftlichen Interesse getragen, das eine systematische Theoriearbeit erlaubt und eigene Denk- und Forschungsperspektiven eröffnet. So ermöglicht die Positionierung Sozialer Arbeit als Wissenschaft eine stärkere Systematisierung und Schematisierung bezugswissenschaftlicher Beiträge. Anders gesagt: Das Studium der Sozialen Arbeit wird von einer sozialarbeitswissenschaftlichen Intention getragen, über die nun die Impulse für passende und notwendige bezugswissenschaftliche Inhalte kommen.

Das bedeutet – und darauf gründet der Ansatz des vorliegenden Buches –, dass die Soziale Arbeit den Rahmen dessen absteckt, was sie zu ihren Inhalten zählt. An die Bezugswissenschaften wendet sie sich dann mit konkreten Anliegen, d. h. mit einer klaren Erwartung dessen, was an ergänzendem Konzeptwissen benötigt wird. Wenn sich solches Wissen zum Teil als grundlegend erweist, so ist zu beachten, dass es ein von der Sozialen Arbeit gesetztes Grundlagenwissen ist. Soziale Arbeit fordert aus ihrer eigenen wissenschaftlichen Perspektive – und das heißt sowohl über Theorieanliegen als auch über Belange der Praxis – bezugswissenschaftliche Beiträge an und fügt sie zusammen. Während sich diese Beiträge auf diese Weise in den wissenschaftlichen Gesamtrahmen eingliedern, scheinen sie im Studium einzeln auf und werden dort nach Art eine Puzzles verbunden. Das Bild des Puzzles trägt, denn es verweist auf einen dreifach stimmigen Zusammenhang: auf die Zusammengehörigkeit und das Zusammenpassen der einzelnen Teile; auf das über die Puzzle-

---

[3] So weist schon Alice Salomon (1928, S. 4) darauf hin, dass „das Wort ‚sozial' in der jetzt üblichen Anwendung ... eine Kategorie der Ethik" enthält; Theorie und Praxis des Berufs sieht sie „in einem bestimmten Geist und mit einem ursprünglichen Ethos" angelegt (1927, S. 109).

arbeit entstehende Gesamtbild, das in diesem Fall Soziale Arbeit zeigt; und auf die Möglichkeit, das Ganze zu didaktischen Zwecken auch wieder in seine Bestandteile zu zerlegen und neu entstehen zu lassen.

Um zu den die Soziale Arbeit formenden Themen zu gelangen, sind zwei Herangehensweisen vorstellbar: zum einen der diskursive Ansatz, der Brennpunkte des Sozialarbeitsinteresses identifiziert und dazu passende Perspektiven und Horizonte auslotet; zum andern der systematische Weg, auf dem Soziale Arbeit als Wissenschaft über ein begriffliches Verständnis bestimmt wird. Signalisiert der diskursive Ansatz variable Zugänge, so fokussiert der systematische eine Kernfunktion des Sozialarbeitsberufs. Beide Ansätze sind nebeneinander denkbar, doch sie können nicht unabhängig voneinander bestehen: Ohne ein grundlegendes, sozialarbeiterisches Selbstverständnis verliert jede diskursiv angelegte Akzentuierung ihre Mitte; und ohne Gespür für das Vorläufige und Kontingente in der beruflichen Praxis bleibt eine begrifflich ausgerichtete Theoriearbeit am Ende blind. So korrespondiert die eine mit der anderen Herangehensweise, aber es ist auch klar, dass Soziale Arbeit Auskunft darüber geben können muss, was letztlich ihr Geschäft ist. Die Perspektive der Vielfalt und der Ambivalenz (vgl. Kleve, 1999) befriedigt nicht. Sie bleibt ein Provisorium, das weiter auf die den Zusammenhalt stiftende Kraft hin durchdrungen werden muss.

Hier nun kommt der schon angesprochenen „ethischen Klammer" eine besondere Bedeutung zu. Der Impuls, den Sozialarbeitsberuf als ethisch ausgerichteten Beruf zu denken, wirkt auch in den Sozialarbeitskonzepten, die nach 1945 den verlorenen Faden wieder aufgreifen, weiter. Hans Scherpner beispielsweise trägt dem „Helfer" eine Verantwortlichkeit „persönlich für seinen Schützling" auf (vgl. Scherpner, 1962, S. 164). Später ist es die Idee, Soziale Arbeit in den Dienst einer sozialen Gerechtigkeit zu gestellt zu sehen, zu der sie beiträgt, indem sie Menschen in ihren Alltagsanliegen unterstützt (vgl. Thiersch, 1995, S. 227). Eine aktuelle Spitze erhält jener Impuls in der Forderung Silvia Staub-Bernasconis, das Doppelmandat Sozialer Arbeit im Sinne der Professionsentwicklung zu einem Tripelmandat zu erweitern, in dem wiederum der Ansatz der „Verantwortungsübernahme" greift (vgl. Staub-Bernasconi, 2007, S. 200).

So scheint immer wieder auf, dass für den Sozialarbeitsberuf eine ethische Haltung, ein ethisches Ziel und nicht zuletzt eine ethische Legitimation als konstitutiv angesehen werden. Für das Zusammenspiel mit den Bezugswissenschaften ist das wichtig, denn es wird deutlich, welche Art von „Konzert" zur Aufführung gelangen soll:

1. Welche Grundhaltung auch immer von Akteuren Sozialer Arbeit erwartet wird: sie gründet, soll sie nicht beliebig sein, in einem bestimmten Verständnis vom Menschen.

2. Wie auch immer Handlungsziele Sozialer Arbeit allgemein qualifiziert werden: von zentraler Bedeutung bleibt die Vorstellung von einer gerechten Gesellschaft.

3. Mit welchem ethischen Konzept Soziale Arbeit auch immer ihre Praxis ausformt: es trägt ihr berufliches Selbstverständnis nach außen und prägt ihr Profil als Wissenschaft.

Zusammengenommen heißt das, dass Soziale Arbeit ihre Bezugswissenschaften braucht, um diese dreifache Grundsicht entfalten zu können. Ungeachtet der Akzente, die über die Bezugswissenschaften im Weiteren jeweils gesetzt werden, sind es drei Anliegen, über die sich der bezugswissenschaftliche Bedarf klärt: (1) Aufschluss über das Verständnis vom Menschen als Individuum zu erhalten; (2) die soziale Dimension menschlicher Existenz auszuloten; (3) plausible zentrale Wertezusammenhänge aufzuspüren.

Vor solchem Hintergrund nun lassen sich Erwartungen Sozialer Arbeit an ihre Bezugswissenschaften formulieren. Zugleich wird damit deutlich, welches bezugswissenschaftliche Instrumentarium unverzichtbar ist. Die Kapitel dieses Buches bilden dieses Instrumentarium ab. Die Reihung ist im Grunde so beliebig wie die Reihenfolge der Teile bei einem Puzzle. Für jede Bezugswissenschaft ist anhand der Kapitelüberschrift der Bezug zu der besagten dreifachen Grundsicht erkennbar. Die Idee ist, exemplarisch Einblick in die Vielfalt, aber auch in die Systematik bezugswissenschaftlicher Beiträge zu geben. So werden kapitelweise bezugswissenschaftliche Perspektiven erkennbar, die durch drei Betrachtungen zum wissenschaftlichen Selbstverständnis Sozialer Arbeit ergänzt werden. Wenn die Psychologie als Bezugswissenschaft zweimal vorkommt, so trägt dies deren Ausrichtung auf individuelles *und* soziales Leben Rechnung.

Die Beiträge stammen alle von Fachkolleginnen und -kollegen an der Katholischen Stiftungsfachhochschule München. Sie sollen nicht nur zeigen, wie Bezugswissenschaften im Rahmen des Studiums der Sozialen Arbeit gelehrt werden, sondern auch, zu welchem Gesamtbild eines Berufes sie sich fügen, der Praxis als Problemlösung begreift und fachliches Wissen dafür benötigt, Problemzusammenhänge richtig zu lokalisieren und angemessen zu qualifizieren.

Literatur

Gängler, Hans, 2003: Vom Zufall zur Notwendigkeit? Materialien zur Wissenschaftsgeschichte der Sozialen Arbeit, in: *Profession und Wissenschaft Sozialer Arbeit*, hg. v. A. Wöhrle, 2. Aufl. Herbolzheim, S. 252-283.

Kleve, Heiko, 1999: Soziale Arbeit und Ambivalenz. Fragmente einer Theorie postmoderner Professionalität, in: *Neue Praxis* 29, S. 368-382.

Mühlum, Albert (Hg.), 2004: *Sozialarbeitswissenschaft – Wissenschaft der Sozialen Arbeit*, Freiburg i. Br. 2004.

Pfaffenberger, Hans, 1993: Entwicklung der Sozialarbeit/Sozialpädagogik zur Profession und zur wissenschaftlichen und hochschulischen Disziplin, in: *Archiv für Wissenschaft und Praxis der sozialen Arbeit* 24, S. 196-208.

Salomon, Alice, 1927: *Die Ausbildung zum sozialen Beruf*, Berlin 1927.

Salomon, Alice, 1928: *Leitfaden der Wohlfahrtspflege*, 3. Aufl. Leipzig-Berlin.

Scherpner, Hans, 1962: *Theorie der Fürsorge*, hg. v. H. Scherpner, Göttingen.

Schumacher, Thomas, 2007: *Soziale Arbeit als ethische Wissenschaft. Topologie einer Profession*, Stuttgart.
Staub-Bernasconi, Silvia, 2007: *Soziale Arbeit als Handlungswissenschaft. Systemtheoretische Grundlagen und professionelle Praxis – ein Lehrbuch*, Bern-Stuttgart-Wien.
Thiersch, Hans, 1995: *Lebenswelt und Moral. Beiträge zur moralischen Orientierung Sozialer Arbeit*, Weinheim-München.

1 Soziale Arbeit: Wissenschaftliche Ausrichtung

Zum Verständnis Sozialer Arbeit als Wissenschaft

Thomas Schumacher

1. Das Geschäft der Sozialen Arbeit

Fragt man Menschen auf der Straße danach, was der Sozialarbeitsberuf leistet, so dürfte die Auffassung deutlich werden, dass dieser Beruf Menschen in schwierigen Lebenslagen hilft. Nicht anders tritt Soziale Arbeit ins öffentliche Bewusstsein; eine Variante besteht allenfalls noch darin, das Unspezifische solchen Handelns nicht als besonders qualifiziertes, berufliches Tun wahrzunehmen. Das ist nicht unproblematisch, weil ein Beruf, der einfach Lebenshilfe bietet, sich weniger über sein Können, als über den Bedarf seiner Adressaten abbildet. Hinzu kommt, dass Menschen für sich selber eher nicht erwarten, auf das Leistungsangebot der Sozialen Arbeit irgendwann einmal zurückgreifen zu müssen. Dabei spielt auch die Befürchtung eine Rolle, dass solche Hilfe, sollte sie nötig werden, zum Indikator eines persönlichen Versagens wird. Launige Sprüche wie „Hilf dir selbst, sonst hilft dir ein Sozialarbeiter", künden, auch wenn sie von Augenzwinkern begleitet werden, von solcher Sorge.

Man muss das zur Kenntnis nehmen, wenn man auf der anderen Seite betrachtet, wie sich die Soziale Arbeit selber versteht. Im Großen und Ganzen gibt es drei Haltungen in diesem Selbstverständnis. Die eine ist, den Hilfeansatz als zentrales Merkmal zu nehmen und ein Sozialarbeitsverständnis über die berufliche Praxis zu gewinnen; die andere ist, zum Teil in Ergänzung, zum Teil in Kontrast zur ersten Haltung, Soziale Arbeit über eine gesellschaftliche Erwartungshaltung als Instrument der sozialen Problemlösung zu definieren; die dritte schließlich versteht Soziale Arbeit von deren Leistungsvermögen her als eigenständige Kraft, die ihre Bezugspunkte in Theorie und Praxis selbst setzt. Das ergibt ein uneinheitliches Bild. Es verwundert nicht, dass Zuschreibungs- und Stigmatisierungsmechanismen, wie sie im Alltag Sozialer Arbeit virulent sind, über ein berufliches Selbstverständnis nach wie vor nicht aufgelöst sind.

Freilich gibt es Ansatzpunkte: Die erste Haltung begegnet Abwehrtendenzen im Alltag mit dem Argument des Faktischen. Hilfe wird nicht nur als Bedarf, sondern auch als Verpflichtung angesehen. Von zwei Seiten her demonstriert Soziale Arbeit so, wie letztlich jeder Mensch in der Gesellschaft dem beruflichen Hilfeanliegen nahe rückt. Die zweite Haltung argumentiert mit dem Hinweis auf problemerzeugende Strukturen, der dem Szenario eines persönlichen Versagens widerspricht und den Einzelnen von Zuschreibungsprozessen entlastet. Der Beruf weiß dabei um seine ordnungspolitische Funktion. Die dritte Haltung sieht in der Sozialen Arbeit nicht die Antwort auf individuelle oder gesellschaftliche Problemlagen, sondern den Anspruch, so etwas wie die „Vorstellung von einer akzeptablen Gesellschaft" (Sen, 2002, S. 338) zu verwirklichen. Dorthin voranzukommen, stellt sie als das Interesse und die Verantwortung aller heraus.[1]

Dreifach also stellt sich Soziale Arbeit den Teilhabesorgen der Menschen. Nicht nur in der Außenwahrnehmung kann diese Perspektive als *Geschäft* der Sozialen Arbeit gut vermittelt werden – auch das Selbstverständnis Sozialer Arbeit zeigt eine „traditionelle" Orientierung am Anliegen, Menschen „soziale und gesellschaftliche Zugehörigkeit" zu ermöglichen (Hosemann, 2006, S. 33). Inklusion und Exklusion können als „Leitkategorien Sozialer Arbeit" gesehen werden (Hosemann, 2006, S. 38), nicht nur insofern, als diese für den Bedarf, und jene für das Handlungsziel steht, sondern auch über die zu beachtende Parallelität von Inklusions- und Exklusionsprozessen.[2] Dabei ist es als eine eigene Perspektive anzusehen, Menschen in struktureller Benachteiligung gegen „Behinderungsmacht" (Staub-Bernasconi, 2007, S. 184) in Schutz zu nehmen und sie entsprechend aus „vulnerablen Gruppen" (Germain/Gitterman, 1999, S. 27) zu exkludieren. Mit dem Handlungsansatz, Menschen Teilhabe zu eröffnen und sozialer Isolation zu begegnen, ist ein Konsens im Sozialarbeitsverständnis erreicht, der alle drei gezeigten Haltungen umfasst. Jede dieser Haltungen ist richtig – individuelle Hilfeleistung, gesellschaftliches Wirken und der Anspruch, einem sozialen Ideal nachzueifern, repräsentieren die Anliegen an und das Selbstverständnis für den Sozialarbeitsberuf gleichermaßen.

Das zeigt: Soziale Arbeit vermag Zweifel an ihrer Notwendigkeit und Wirksamkeit leicht zu zerstreuen. Eine andere Hürde ist damit allerdings noch nicht genommen: die Wahrnehmung, dass Soziale Arbeit nur an den Rändern der Gesellschaft operiert. Mit der eingangs beschriebenen Vorstellung eines Berufs, der Lebenshilfe

---

[1] Vgl. dazu den Vorstoß von Olk, Soziale Arbeit mit ihrem „reichen Schatz an Handlungsstrategien und Vorgehensweisen" als „,Ermöglicher' zivilgesellschaftlicher Handlungsformen" zu verpflichten und durch sie auf ein „Aufblühen zivilgesellschaftlicher Handlungs- und Organisationsformen" hinzuwirken (s. Olk, 2005, S. 228 f.). Einen Maximalanspruch setzen Mührel & Röh (2007, S. 305) mit der Überzeugung, dass Soziale Arbeit „ein wünschenswerter Standard für eine soziale und gerechte Weltgesellschaft" ist.

[2] Das „Ermöglichen erwünschter Exklusionen", vom dem Hosemann (2006, S. 46) auch spricht, zeigt es, in der systemischen Akzentuierung, als *Kennzeichen* der Sozialen Arbeit, Prozesse des Übertritts von Menschen in andere soziale Systeme – z. B. von der Schule in den Beruf – zu begleiten (vgl. ebd., S. 45). Hosemanns Ansatz weitet die ansonsten übliche Verkürzung auf das Inklusionsanliegen, so etwa bei Olk, der Soziale Arbeit daran orientiert sieht, „benachteiligte Bevölkerungsgruppen in den gesellschaftlichen Zusammenhang zu inkludieren" (Olk, 2005, S. 229). Zur Forderung, dass Exklusion nicht länger als „zu behebendes Problem missverstanden werden" darf, vgl. auch Sellmaier, 2006, S. 167.

bietet, konzipiert z. B. als Ansatz der *Hilfe zur Lebensbewältigung*,[3] bleibt für Adressaten solcher Hilfe der Aspekt des Scheiterns im Raum – und ebenso die Reserven gegenüber einem Stigmatisierung zumindest indizierenden beruflichen Handeln. Hier gerät Soziale Arbeit schnell in eine Zwickmühle: Wenn sie ihre Aufgabe darin sieht, sich derer anzunehmen, die ins gesellschaftliche Abseits geraten sind oder zu geraten drohen und damit durchaus nicht auf den Rand, sondern auf die Mitte der Gesellschaft zielt, so bleibt sie in den Augen vieler doch nur ein Beruf, der zuständig ist für die, die den anderen zur Last fallen. Weder der Hinweis auf die ordnungspolitische Funktion noch das allseits respektierte anwaltschaftliche Engagement für die Schwachen in der Gesellschaft helfen der Sozialen Arbeit aus diesem Dilemma.

Diese Lage zu überwinden, gibt es nur einen Weg: den über ein Sozialarbeitsverständnis, das die gesellschaftliche Dimension des beruflichen Wirkens heraushebt. Hier kommen nochmals die angesprochenen drei Haltungen ins Spiel. Ist das besagte Dilemma als eine Folge der ersten Haltung anzusehen, so hilft die zweite Haltung, die über den Hinweis auf problemerzeugende Strukturen alle in der Gesellschaft anspricht, den Blick auf eine andere Zuständigkeit sozialarbeiterischen Handelns zu richten. Genau genommen braucht es eine Haltung, die nicht bei den Bedürfnissen Einzelner ansetzt, sondern die das Interesse der Gesellschaft betont, soziale Ungleichheit nicht zu sozialer Ungerechtigkeit entarten zu lassen. Weder ein ordnungspolitisches noch ein anwaltschaftliches Auftreten bringt Soziale Arbeit voran, sondern nur die Betonung gleicher Interessen aller. Dazu bedarf es jener dritten Haltung, die Soziale Arbeit auf die Vorstellung von einer akzeptablen Gesellschaft bezogen sieht. Diese Position gibt das Anliegen der Hilfe für marginalisierte und schutzbedürftige Menschen nicht auf. Aber sie initiiert sie nach Maßgabe dessen, was einer lebenswerten Gesellschaft zuträglich ist.

2. Sichtweisen

Wer verstehen will, warum und inwiefern Soziale Arbeit als Wissenschaft zu gelten hat, muss sich der Heterogenität der Sozialarbeitsverständnisse stellen. Ich habe versucht aufzuzeigen, wie der Beruf einerseits mit einer Außenseite in der Öffentlichkeit steht, die ihm Wertschätzung und Vorbehalt gleichermaßen entgegenbringt; und wie er andererseits ein durchaus vielschichtiges Innenleben aufweist, in dem sich aber drei Haltungen unterscheiden lassen. So gibt es eine ganze Reihe unterschiedlicher Wahrnehmungen und Sichtweisen dessen, was Soziale Arbeit leistet. Dass sie je nach Arbeitsfeld, in dem sie tätig ist, nochmals unterschiedlich Akzente setzt, kommt hinzu. Und nicht zuletzt ist zu beachten, dass es mit den zwei historisch gewachsenen Traditionslinien der Sozialarbeit und der Sozialpädagogik nach

---

[3] Vgl. diese Perspektive ausdrücklich bei Böhnisch (2003, S. 151): „Sozialarbeit bietet Hilfen zur Lebensbewältigung." Siehe ein analoges Grundverständnis auch bei Heiner (2010, S. 202), für die Soziale Arbeit in erster Linie „zur Bewältigung personaler Probleme der Lebensbewältigung" beiträgt.

wie vor auch unterschiedliche Felder der Theorie- und Begriffsbildung gibt. Deren Problematik liegt weniger im Nebeneinander als in der Verschränkung. Sehen die einen beide Zweige längst inhaltlich zusammengewachsen,[4] so bleibt es für die anderen bei einer „Bruchlinie zwischen Sozialpädagogik und Sozialer Arbeit" (Konrad/Sollfrank, 2000, S. 99). Dass solche Unbestimmtheit wiederum „erheblich zu unklaren Vorstellungen" beiträgt und „in der Öffentlichkeit ... nicht gerade das Berufsimage" fördert, macht Schilling (2005, S. 148) deutlich.

Das sich hier abzeichnende Spannungsfeld zwischen Sozialarbeit und Sozialpädagogik betrifft einerseits direkt die wissenschaftliche Perspektive. So wird, nach Dafürhalten Birgmeiers, um „ein einheitliches wissenschaftliches Selbstverständnis" nicht nur nach wie vor gerungen (Birgmeier, 2003, S. 15), sondern in einer Weise gekämpft, durch die das eigentlich angestrebte Ziel immer weiter aus dem Blick gerät.[5] Andererseits zeigen sich Verwerfungen auch im Feld der Praxis: Wenn hier Sozialpädagogik als „Theorie der Jugendhilfe" (Niemeyer, 2009) spezifiziert wird und sich dort Soziale Arbeit in generalistischer Ausrichtung ebenfalls für die Jugendhilfe zuständig weiß, ist evident, dass die universitäre Sozialpädagogik und die an Hochschulen für angewandte Wissenschaften gelehrte Soziale Arbeit nach wie vor unterschiedliche Blickweisen und Profile ausbilden (vgl. Scheu, 2011a, S. 37). In diesem Konfliktfeld Vorsicht walten lässt Scherr, der deutlich macht, dass er den Terminus Soziale Arbeit „als Sammelbezeichnung für Sozialpädagogik und Sozialarbeit verwendet, ohne damit zu unterstellen, dass diese Unterscheidung hinfällig geworden sei" (Scherr, 2006, S. 135).

Dies alles zusammengenommen macht deutlich, dass es nicht einfach ist, die Ansatzpunkte für eine Wissenschaft der Sozialen Arbeit zu benennen. Zwar führt ein Weg von der Theoriebildung zur Wissenschaftlichkeit; doch eine Wissenschaft der Sozialen Arbeit setzt voraus, dass – im Sinne der von Scheu geforderten „Positivdefinition" (vgl. Scheu, 2011a, S. 38) – Klarheit darüber besteht, was Soziale Arbeit ist. So weit ich sehen kann, gibt es allerdings diesen einen Punkt, der im Blick der Öffentlichkeit und im fachlichen Diskurs gleichermaßen Zustimmung finden dürfte: Soziale Arbeit an dem Ziel auszurichten, die Gesellschaft lebenswerter zu gestalten. Es ist weniger das hier anklingende Pathos eines gutmenschlichen Ideals, das aufhorchen lassen muss, als der Gedanke, Soziale Arbeit in den

---

[4] Dazu siehe die Einschätzung bei von Spiegel (2008, S. 34): „Die Soziale Arbeit in ihrer heutigen Ausprägung vereinigt die beiden historisch gewachsenen Entwicklungsstränge der Sozialarbeit und der Sozialpädagogik." Siehe auch schon Buchkremers Hinweis auf die Geschwister Sozialarbeit und Sozialpädagogik als „symbiotische Zwillinge", 1995, S. 74.

[5] Birgmeier bringt hier auch seine Ratlosigkeit zum Ausdruck, wenn er notiert (2003, S. 19): „Im Gefolge der ‚Sozialpädagogik' auf der einen Seite und der ‚Sozialarbeit' auf der anderen stehen sich Thesen und Antithesen vielfach unvermittelt gegenüber und demarkieren Grenzen und Gräben, die eine wünschenswerte konvergierende Weiterentwicklung in der ‚Wissenschaft der Sozialen Arbeit' ... behindern ... und mehr und mehr ad absurdum führen."

Dienst einer an Lebensqualität interessierten Gesellschaft zu nehmen.[6] Eine solche Sichtweise, so sie konsensfähig ist, könnte nicht nur Innen- und Außensicht Sozialer Arbeit versöhnen und die Traditionslinien des Sozialarbeitsberufs weiter zusammenführen;[7] sie wäre zugleich der Ansatzpunkt für ein Sozialarbeitsverständnis überhaupt und damit die Grundlage auch für die Ausformung Sozialer Arbeit als Wissenschaft.

Der Möglichkeit eines einheitlichen Verständnisses von Sozialer Arbeit als Wissenschaft kann so also weiter nachgespürt werden. Dennoch ist zu beachten, dass über die verschiedenen Sichtweisen *vermintes Gelände* deutlich geworden ist. So lässt auch eine Klärung des wissenschaftlichen Anspruchs noch keine stimmigere Außenwirkung und -wahrnehmung Sozialer Arbeit erwarten; vielmehr sind Anstrengungen der beruflichen Praxis gefragt, die ihre gesellschaftliche Kompetenz sichtbarer machen muss.[8] Und auch die Frage nach der wissenschaftlichen Federführung kann selbst bei geklärtem wissenschaftlichen Anspruch so lange nicht beantwortet werden, wie Sozialarbeit und Sozialpädagogik weiter miteinander ringen. Die beiden Anliegen müssen also zunächst offenbleiben, doch es ist davon auszugehen, dass eine Klarstellung der wissenschaftlichen Position Sozialer Arbeit hilft, auch in den beiden anderen Fragen voranzukommen.

3. Die Gegenstandsfrage

Die in Hinblick auf die Suche nach der Sozialarbeitswissenschaft „wilden 1990er Jahre"[9] sind nicht zuletzt von der Frage nach dem Gegenstand Sozialer Arbeit geprägt. Der Zusammenhang lag auf der Hand, kann doch ein Fach „nur dann als Wissenschaftsdisziplin anerkannt werden, wenn für dieses Fach der Gegenstand festgelegt und von allen, die in diesem Fach arbeiten, als Basis ihrer wissenschaftlichen Arbeit benutzt wird" (Engelke, 1992, S. 107). Die Deutsche Gesellschaft für Sozialarbeit (DGS) hatte eine Arbeitsgruppe eingesetzt, deren „momentanen Diskussionsstand" Puhl u. a. (1996) referieren. Dabei wird wiederum deutlich, dass der Gegenstand, als das, wofür sich „der Sozialarbeiter" zuständig weiß, komplex ist, weil er letztlich die „Auslösebedingungen" für das Tätigwerden umfasst (Puhl u. a., 1996, S. 183). Festgehalten wird aber auch der enge Zusammenhang zwischen dem Sozialarbeitsverständnis als Profession und dem als Wissenschaft (ebd., S. 167). Auf die Suche nach dem Gegenstand hatte sich auch eine Kommission der für die Soziale Arbeit ausbildenden Fachbereiche gemacht. Das Ergebnis dieser im

---

[6] Scheu fasst solche Intention als „erweiterte Grundorientierung" für die Soziale Arbeit, mit der Zielstellung einer „Partizipation, die eine gemeinsame Verbesserung von Lebensqualität anstrebt" (vgl. Scheu, 2011b, S. 88).

[7] Zur Situation und zur Perspektive einer „Fusion von Sozialarbeit und Sozialpädagogik" vgl. auch bei Schumacher, 2007, S. 94.

[8] Dewe (2009) fordert solche Anstrengungen gar als „Gegengift" (ebd., S. 100), um den von ihm beobachteten – und der Dynamik neoliberaler gesellschaftlicher Prozesse geschuldeten – „Tendenzen der Deprofessionalisierung" (ebd., S. 97) zu begegnen.

[9] Den Ausdruck verwendet Birgmeier, 2003, S. 19.

Auftrag des Fachbereichstags Soziale Arbeit wirkenden Gruppe diskutiert Klüsche (1999). Auch er verweist auf „leitende Feststellungen", die als prägende Merkmale in eine Gegenstandsbestimmung eingehen müssen. Alles zusammengenommen hat diese Suche ergeben, dass Soziale Arbeit wohl die Lösung sozialer Probleme zum Gegenstand hat. Puhl u. a. hatten das mit Staub-Bernasconi so festgehalten; Klüsche notiert schließlich die Definition (1999, S. 23): „Der Gegenstand der Sozialen Arbeit ist die Bearbeitung von gesellschaftlich und professionell als relevant angesehenen Problemlagen."

Danach ist die Gegenstandsbestimmung wieder in den Hintergrund getreten. Die gefundenen Ergebnisse behielten den „Charakter eines Zwischenergebnisses" (Puhl u. a., 1996, S. 167). Einen kritischen Zugang markiert Merten (2001) mit der Forderung, die Gegenstandssuche, die er weiter divergieren sieht, durch den Blick auf die *Funktion* Sozialer Arbeit abzulösen (vgl. Merten, 2001, S. 57). Die wiederum sieht er in der sozialen Integration gegeben. Die Wahrnehmung dieser Funktion sei ein „systemisches Erfordernis", das ein entsprechendes Handlungssystem rechtfertige (vgl. ebd., S. 58). Gegenstand hin, Funktion her: Es bleibt weiter wichtig, die besondere Bedeutung, das besondere Profil, den besonderen Ansatz, die sich jeweils hinter dem Etikett Soziale Arbeit verbergen, freizulegen. Eine Wissenschaft Sozialer Arbeit braucht Klarheit über das Proprium dieses Faches, dem zwar andere Wissenschaften zuarbeiten, das aber, um selber Wissenschaft zu sein, mit einem eigenen Bezugspunkt das Konzert dieser Wissenschaften dirigieren muss. Nach wie vor unentbehrlich ist also so etwas wie eine *Definition* Sozialer Arbeit, die Auskunft auf immer wieder gestellte und für die Professionalisierungs- wie für die Wissenschaftsperspektive gleichermaßen zentrale Fragen gibt: Was ist Soziale Arbeit? Womit befasst sie sich? Was ist ihre Zielstellung?

Überflüssig zu erwähnen, dass es um eine Definition geht, die, nochmals mit Engelke gesprochen, „von allen, die in diesem Fach arbeiten, als Basis ihrer wissenschaftlichen Arbeit benutzt wird". Zugleich sollte sich eine solche Definition auch als Basis von Sozialer Arbeit überhaupt eignen und von allen benutzt werden, die Soziale Arbeit in Theorie und Praxis repräsentieren. Es scheint, als wäre man in den letzten Jahren der dazu nötigen Diskussion ausgewichen. Sei es, dass man diese Diskussion als überflüssig erachtete (weil mit der Formel der sozialen Problemlösung ein griffiger Ansatzpunkt ja vermeintlich gefunden war), sei es, dass man sie als unmöglich ansah (weil sich weiter Divergenzen zeigten) – den Blick weg vom Gegenstand und hin auf die Funktion zu lenken, bedeutete jedenfalls eine Abkehr vom Anliegen einer inhaltlichen Bestimmung. Wie aber konnte das zufrieden stellen?

Zwei Beobachtungen dazu:

1. Der Professionsanspruch, für Puhl u. a. (1996) noch ganz auf den Gegenstand Sozialer Arbeit bezogen, bleibt auch und vielleicht besonders über das Merkmal der gesellschaftlichen Funktion des Berufes gewahrt. Es ist grundsätzlich als ein sehr hilfreicher Gedanke anzusehen, Sozialer Arbeit die Funktion der sozialen Integration zuzuschreiben und zugleich hervorzuheben, dass darin ihre Unentbehrlichkeit für die Gesellschaft zu sehen ist. Die drei Ebe-

nen, auf denen Soziale Arbeit, wie eingangs beschrieben, den Teilhabesorgen der Menschen begegnet, lassen sich darauf gut beziehen. Außerdem verweist die Funktion auf eine bleibende Bedeutung für eine Zukunft, in der Sozialer Arbeit bei den „Verteilungskämpfen und Auseinandersetzungen um knappe gesellschaftliche Güter" wohl „eine wichtige Aufgabe" zuwächst (Olk, 2005, S. 229).

2. Die Debatte um die Wissenschaftlichkeit Sozialer Arbeit hat, nicht zuletzt wegen der nicht befriedigenden Antworten auf die Gegenstandsfrage, eine andere Richtung genommen. Skepsis gegenüber dem wissenschaftlichen Leistungsvermögen Sozialer Arbeit gab es von Anfang an; seit Mitte der 1990er Jahre zeigt sich eine Tendenz, den wissenschaftlichen Anspruch definitiv zu begrenzen und Soziale Arbeit vordergründig als eine Handlungswissenschaft zu sehen (vgl. Obrecht, 1996). Das Entscheidende ist hier, dass solche Sozialarbeitswissenschaft nicht nach einem Inhalt, sondern nach ihrer Funktion beurteilt wird. Anders gesagt: Eine Wissenschaft der Sozialen Arbeit wird allein schon dadurch vorstellbar, dass sich wissenschaftliche Kompetenz auf eine bestimmte, eindeutige Praxis richtet.

Es scheint also so, als könne die Soziale Arbeit damit leben, ihr Wesen, ihren Gegenstand und ihr Potential nicht benannt zu haben. Fallarbeit, individuelle Bedarfe und Pragmatik scheinen auch das wissenschaftliche Vorgehen zu bestimmen. Das rechtfertigt jedenfalls den empirischen Forschungsansatz (vgl. unten Kap. 13). Aber es beendet noch nicht die Suche nach jenem Proprium, das Soziale Arbeit eben doch inhaltlich bestimmt. Beide Kontexte: Professionsanspruch und Wissenschaftlichkeit tragen solche Bestimmtheit als Desiderat weiter in sich. So ist auf der einen Seite zu sehen, dass sich Soziale Arbeit gerade dann als Profession erweist, wenn sie die Bedeutung ihrer Funktion – und ihre mutmaßliche Unentbehrlichkeit – für die Gesellschaft als Folge ihrer spezifischen Leistungsfähigkeit darzustellen weiß.[10] Hier geht es nicht zuletzt um Definitionsmacht, die der Beruf nur erreicht, wenn er eigene Bezugspunkte demonstriert. Auf der anderen Seite muss auch eine Handlungswissenschaft über Kriterien verfügen, die ihr die erforderliche *eindeutige Praxis* eröffnen. Anders gesagt: Das Nachdenken über die Praxis Sozialer Arbeit kommt nicht umhin, den beiden Merkmalen gesellschaftliche Funktionalität und individuelle Hilfeleistung ein *drittes Merkmal* hinzuzufügen (vgl. Staub-Bernasconi, 2007, S. 200). Auf den ersten Blick ist das ein tragender Wertebezug; genau besehen aber zeigt sich darin ein Kerngedanke sozialarbeiterischer Praxis, der sich auch dazu eignet, Soziale Arbeit im Ganzen zu charakterisieren.[11]

---

[10] Vgl. ein entsprechendes Fazit im beruflichen Verständnis bei Heiner (2010, S. 202): „Der spezifische Gegenstandsbereich der Sozialen Arbeit lässt sich nur in der Kombination von Zuständigkeitsdomäne und Kompetenzdomäne erfassen."

[11] Mit Bezug auf den angesprochenen Kontext des „Tripelmandats" bei Staub-Bernasconi (vgl. 2007, S. 200 f.) wird deutlich, dass der darin angesprochene Fokus auf die „Menschenrechte als Legitimationsbasis" eine Charakterisierung Sozialer Arbeit als *Menschenrechtsprofession* rechtfertigt.

4. Der Wertebezug

Läuft das nun darauf hinaus, die inhaltliche Bestimmung Sozialer Arbeit über einen Wertebezug vorzunehmen? Staub-Bernasconi spricht (ebd.) von einer „ethischen Basis", durch die Soziale Arbeit in die Lage kommt, „unabhängig vom gerade herrschenden Zeitgeist" zu agieren. Über eigene ethische Bezugspunkte berufliche Autonomie zu erlangen, wäre in der Tat ganz im Sinne des Professionsgedankens. Ist es aber schlüssig, alles Denken und Tun in diesem Beruf von einer solchen Wertebasis her angelegt zu sehen? Zwei Vorbehalte scheinen unmittelbar auf: Der erste besteht in der Sorge, ein wertegeprägtes Sozialarbeitshandeln könnte im Alltag zu einer „moralisierenden Bevormundung" führen (vgl. Schneider, 1999, S. 163) – genau das aber würde die eingangs angesprochenen Zuschreibungs- und Stigmatisierungsmechanismen bestätigen. Der zweite zeigt sich als die Konsequenz, dann auch die wissenschaftliche Arbeit auf den Wertebezug ausrichten zu müssen – wie aber ginge das mit einem seriösen Wissenschaftsverständnis zusammen?

Die Lage klärt sich, wenn man den in Frage stehenden Ethikbezug für den Sozialarbeitsberuf analysiert. Was grundsätzlich vor Augen tritt, ist der normative Charakter eines Handelns, das auf Veränderung menschlicher Lebenspraxis zielt. Jeder Rat, jede Intervention, jedes Konzept knüpft an Wertvorstellungen an, die es erlauben, solche Lebenspraxis zu beurteilen und Verbesserungen individuell wie auch strukturell anzustreben. So agiert Soziale Arbeit durchweg über normativ wirksame Denkzusammenhänge (vgl. Schumacher, 2007, S. 75 f.). Die Herausforderung besteht nun darin, die im Sozialarbeitshandeln wirksamen Wertvorstellungen und Normen konsensfähig auszurichten. Wenn man sieht, wie unzusammenhängend das Feld der Sozialarbeitsethik bestellt ist, ist ein klares Bild erst einmal nicht zu erwarten. Hinzu kommt, dass ethische Anliegen im Spannungsfeld von Moderne und Postmoderne grundsätzlich auf Skepsis treffen. Soziale Arbeit aber wird der Befürchtung einer moralisch bevormundenden Praxis und den Zweifeln an ihrer wissenschaftlichen Kompetenz nur dann begegnen können, wenn sie für ihre Wertebezüge jeden Anschein von Beliebigkeit vermeidet. So ist sie aufgefordert, verbindliche Bezugspunkte zu benennen, denen sie nicht nur folgt, sondern die ihr zugleich als Legitimation ihrer Praxis dienen können.

Es gibt diese Bezugspunkte allein schon deshalb, weil der Sozialarbeitsberuf nicht außerhalb der Rechtsordnung der Gesellschaft steht. Kulturelle Verbindlichkeiten und rechtliche Normen bestimmen seinen Alltag. Für die Akzeptanz seiner normativ ausgerichteten Praxis ist das nicht unerheblich, aber es reicht offenbar nicht aus. Als Problempunkt zeigen sich gesellschaftliche Strukturen und Haltungen, die für Exklusions- und Marginalisierungsprozesse verantwortlich sind. Eine Soziale Arbeit, die solche Dynamik unkritisch hinnimmt, wird selbst ein Teil von ihr. Es gilt also, für die Außensicht Sozialer Arbeit genau die Akzente zu setzen, die ein Selbstverständnis abbilden, das gegen solche Strukturen und Haltungen Teilhabeinteressen unterstützt.[12] Sieht man – auf der anderen Seite – die Entschlossenheit in vielen Bereichen der Gesellschaft, Besitzstände zu wahren, und nicht zuletzt die populistische Verführbarkeit der öffentlichen Meinung, so wird deutlich, dass es um mehr geht, als sich gegen einen „gerade herrschenden Zeitgeist" zu stellen. Es geht genau besehen darum, in der Sozialen Arbeit, mit der Kraft ihrer Praxiserfahrung und Theoriekompetenz, einen gesellschaftlich wirksamen Haltepunkt zu setzen, der es nicht nur erlaubt, gesellschaftlich zuträgliche Ziele auszuloten, sondern auch, gesellschaftliche Irrwege als solche zu erkennen und zu beenden. Das mag in einer pluralistischen, globalistischen und von postmodernen Einstellungen geprägten Welt schwierig sein, aber die Forderung ist nicht, mit Eifer gegen jede Verrücktheit kompromisslos vorzugehen. Worum es geht, ist, eine Gesellschaft darin zu unterstützen, ihr menschliches Antlitz zu behalten.

Wenn man dieses Anliegen für die Soziale Arbeit akzeptiert, zeigt sich deren ethischer Wesenszug tatsächlich als Basis für Theorie und Praxis. Zum Dreh- und Angelpunkt dessen, was der Beruf als Dienstleistung in der Gesellschaft zu realisieren vermag, wird sein Bekenntnis zum Menschen.[13] Das mag manchen trivial erscheinen, anderen unangemessen pathetisch – und doch setzt jede qualifizierte, berufliche Handlung zwei Zugänge voraus: zum einen die Bereitschaft, zum Lebensglück anderer beizutragen; zum andern die Überzeugung, dass es dazu tragfähige gesellschaftliche Strukturen braucht. Diese beiden Zugänge bilden die Mitte jeder Intervention, jedes Methodeneinsatzes, jedes Konzeptes, jeder Theorie. Von ihnen hängt das Leistungsvermögen Sozialer Arbeit ab. Akzeptiert man auch dies, so wird klar, wie sehr die Soziale Arbeit darauf angewiesen ist, Auskunft darüber geben zu können, wie sie den Menschen sieht. Der Gedanke ist in dem Bild der „reflexiven Menschendienlichkeit" (Lob-Hüdepohl, 2008) gut gefasst. Das aber bedeutet nichts anderes, als dass sich eine professionell leistungsfähige Soziale Arbeit vor allem anderen um eine Klärung ihres Menschenbilds bemühen muss.

Hier hält die Anthropologie nicht einfach nur Einzug in das Denken und Handeln der Sozialen Arbeit; vielmehr markiert sie den Rahmen, innerhalb dessen sich beides orientiert und einrichtet. Der entscheidende Wertebezug ist der Mensch, und es kommt wesentlich darauf an, für diesen Bezug ein tragfähiges Konzept vorzulegen. Welche Anhaltspunkte gibt es dazu? Es sind vor allem zwei Aspekte, die ein solches Konzept voranbringen: der eine ist, über die Fachlichkeit Bedarfe abzuklären und so ein Wissen zu entwickeln, was Menschen zur Stützung ihrer sozialen Belange brauchen; der andere, eben nicht nur auf diese Bedarfe zu verweisen, sondern auch wissenschaftlich abzuklären, welche Akzente aus der anthro-

---

[12] Für die Forderung sensibilisiert Lob-Hüdepohl (2010) mit dem Aufruf, die Legitimität solcher Interessen und der daraus resultierenden Teilhabeansprüche im Blick zu behalten. Für die Soziale Arbeit betont er entsprechend die Aufgabe, „gelegentlich … gerade das scheinbar Selbstverständliche nochmals begründen" zu müssen (ebd., S. 13).

[13] Vgl. beispielhaft für ein solches Bekenntnis Thiersch (2009, S. 243): „Menschen aber leben im sozialen Kontext; dies miteinander Leben hat seine Wahrheit darin, dass Menschen sich als Personen in der Eigenart individueller Lebensgestaltung aufeinander einlassen."

pologischen Forschung in der sozialarbeitlichen Denk- und Handlungswirklichkeit zu Argumenten werden.

Es geht um Argumente für die Innensicht und dort nicht zuletzt für konkrete Handlungsentscheidungen im beruflichen Alltag; und es geht um Argumente für die Außensicht, nicht nur aus Gründen der Selbstdarstellung, sondern – das ist viel wichtiger – um in einen gesellschaftlichen Diskurs über die Voraussetzungen für ein gelingendes Zusammenleben aller einzutreten – und in diesem Diskurs zu bestehen. Soziale Arbeit betreibt das Geschäft der sozialen Problemlösung; Soziale Arbeit fokussiert aber auch die Perspektive dieses Zusammenlebens; und schließlich argumentiert sie auf der Basis eines Menschenbilds, das im Ringen um das richtige Gesellschaftsverständnis und – diese Dimension ist kaum mehr zu ignorieren – um die Zukunft der Menschheit Position zu beziehen vermag.

Wieder finden hier die eingangs aufgezeigten drei Haltungen zusammen. Ihre Bezogenheit aufeinander lässt sich nun im Sinne des aristotelischen Wissensbegriffs deuten, der drei Ebenen unterscheidet: die der Erfahrung, die des Könnens und die des Begreifens.[14] Das Wissen, wie etwas ist, und das Wissen, warum etwas ist und warum es so und nicht anders ist, zeigen unterschiedliche Qualitäten und Reichweiten. Aber sie gehören zusammen, weil auch und gerade wissenschaftliches Wissen über die Erfahrung (Empirie) entsteht, aber auch, weil wissenschaftlich abgesichertes Wissen seine Bedeutung durch die Umsetzung in der Praxis erhält. Praxis – in Sonderheit *berufliche* Praxis – wird durch Erfahrungswissen gestaltet, aber über wissenschaftliches Wissen ausgerichtet. Praktiker und Theoretiker Sozialer Arbeit wirken also beide auf dasselbe Ziel hin. Es ist schlüssig, dass der Sozialarbeitsbetrieb funktionsfähig wird, wenn er von wissenschaftlicher Argumentation durchdrungen ist, und dies ganz nach aristotelischer Diktion, denn „die Erfahrenen kennen nur das Dass, aber nicht das Warum; jene aber kennen das Warum und die Ursache".[15]

Das Warum des Sozialarbeitshandelns aber ist das Wissen vom Menschen: von seinem individuellen und sozialen Gepräge; von seinen Ängsten und Sorgen; von seinen Hoffnungen; von seinen legitimen Ansprüchen. Es steht in der sozialarbeitswissenschaftlichen Forschung noch aus, jenes Wissen in ein Menschenbild zu fassen, das als argumentative Basis für den Beruf angesehen werden kann. Ansätze gibt es gleichwohl, und zumindest die Richtung ist zu erkennen: Sowohl das Bild der „reflexiven Menschendienlichkeit" als auch der Anspruch, als „Menschenrechtsprofession" wahrgenommen zu werden, demonstrieren die entscheidende Konsequenz für das Sozialarbeitsverständnis, wenn sich der Beruf bei aller gegebenen Wertevielfalt am Wertebezug eines *bestimmten* Menschenbilds orientiert. Deutlich wird aber auch, dass beide – Bild und Anspruch – nicht ausreichen, die Wissen-

---

[14] Aristoteles erläutert den Grundsatz seiner *Metaphysik*: „Alle Menschen streben von Natur aus nach Wissen" (980 a 21), mit der Darlegung, wie aus der Sinneswahrnehmung (aisthēsis) Erfahrungswissen (empeiria) und aus diesem Fertigkeit (technē) und schließlich Wissenschaft (epistēmē) entstehen (vgl. 980 a 22 - 981 a 29).

[15] Vgl. Aristoteles, *Metaphysik*, 981 a 28 f.

schaft Sozialer Arbeit schließlich abzusichern. Genau das aber zu erreichen, nicht mehr und nicht weniger, muss als eigentliche Implikation des sozialarbeiterischen Wertebezugs angesehen werden.

5. Praxiswissenschaft

Soziale Arbeit ist, darauf deutet nun alles hin, eine Praxiswissenschaft. Sie ist es nicht etwa deshalb, weil die Ausrichtung an beruflicher Praxis möglicherweise auf eine Beschränkung im wissenschaftlichen Anspruch hindeutet, sondern sie ist es ausdrücklich wegen dieses elementaren ethischen Bezugs. Nicht im abstrakten Verständnis noch im konkreten Tun zeigt sich das Ganze Sozialer Arbeit, sondern dort, wo das eine ins andere übergeht. Soziale Arbeit, deren Handeln über normative Ideen in Gang kommt und deren Denken am praktischen Bedarf ausgerichtet ist, tritt, so könnte man sagen, genau im Übergang von Theorie zur Praxis hervor. Der Begriff der Praxiswissenschaft steht daher für die wissenschaftliche Grundorientierung und für das Sozialarbeitsverständnis als Praxis gleichermaßen. In besonderer Weise aber steht er für die tragende Funktion der Ethik im Theorie-Praxis-Gefüge. Ich selbst sehe die Soziale Arbeit deshalb in einem prädikativen Sinn als *ethische* Wissenschaft (Schumacher, 2007). Sie ist es zum einen, weil sie als Wissenschaft und Profession strukturell von einem ethischen Interesse getragen ist, zum andern, weil ihr als Wissenschaft, wie gesehen, ein zentraler ethischer Bezugspunkt zuzuweisen ist, über den sie sowohl ihre Theoriearbeit betreibt, als auch ihre Anbindung an die berufliche Praxis findet.

Als Praxiswissenschaft ist Soziale Arbeit vollwertig Wissenschaft. Bango ist zu widersprechen, der für die Soziale Arbeit von einem „zerstreuten, durchgemischten und schwer übersichtlichen Wissenskapital" ausgeht, das nur schwer in ein „Wissenschaftskonstrukt" zu überführen sei (Bango, 2001, S. 21). Dagegen ist zu sehen, wie gerade eine an Praxis orientierte und auf Praxis bezogene Wissenschaft in der Lage ist, über gesellschaftliche Strukturen hinaus auch Alltagssituationen zu erfassen und zu bewerten. Ihre Stärke zieht sie aus der ordnenden Kraft ihrer Ethik, von der her Soziale Arbeit als Praxiswissenschaft schließlich auch zu konzipieren ist. Den Blick schärft auch hier Birgmeier, der für die „handlungstheoretische Fundierung" dieser Wissenschaft (vgl. Birgmeier, 2003) auf die Notwendigkeit einer anthropologischen Klärung verweist (ebd., S. 203). Als Wissenschaft wirke Soziale Arbeit mit, „die Mühseligkeiten menschlicher Existenz zu erleichtern" (Birgmeier, 2003, S. 396). Analog rechnet Engelke solche Wissenschaft „zur Gruppe der Menschenwissenschaften" (Engelke, 2004, S. 264). Mit Norbert Elias akzentuiert, beinhaltet dieser Begriff zugleich einen Hinweis darauf, dass Soziale Arbeit zu den Wissenschaften gehört, die sich für die Qualität menschlichen Lebens interessieren.[16] Mühlum u. a. prägen dazu den Begriff einer „Humanwissenschaft zwei

---

[16] Elias' Verständnis der Menschenwissenschaften basiert auf der auch der Selbstsicht Sozialer Arbeit nahe kommenden Überzeugung, dass individuelles und sozial gefügtes menschliches Leben in wesenhafter Verschränkung gesehen werden müssen (vgl. Elias, 1987, S. 125). Nur so ist aus seiner

ter Ordnung", die sich über das Anliegen einer „menschengerechten" Wissenschaft definiert (vgl. Mühlum u. a., 2004, S. 209).

Mir erscheint ein Konsens in diesem Punkt weitgehend erreicht. Einwänden, die zur Frage der wissenschaftlichen Leistungsfähigkeit Sozialer Arbeit weiter vorgebracht werden, stellt Staub-Bernasconi das Argument seriöser Wissenbildung gegenüber (vgl. Staub-Bernasconi, 2007, S. 232).[17] Sie ist es auch, die, wie oben gesehen, auf die ethische Basis verweist, die Sozialer Arbeit eine eigenständige Wissensposition ermöglicht (vgl. dazu auch ebd., S. 246). Der Weg ist noch weiter zu gehen. Über eine Schärfung des Blicks auf den Gegenstand Sozialer Arbeit wird es gelingen, Handlungsperspektiven und Denkhorizonte so weit zu fassen, dass am Ende tatsächlich „menschengerechtes" Wissen als Inhalt einer Wissenschaft der Sozialen Arbeit aufscheint. Nirgendwo so deutlich wie hier wäre Klüsches Ansatz, das „Eigene" Sozialer Arbeit in einer „zielgerichteten Tätigkeit" zu sehen (Klüsche, 1999, S. 45), umgesetzt.

So ist freilich auch abzusehen, dass der Weg Sozialer Arbeit zur eigenständig entfalteten Wissensposition über eine neue Anstrengung führt.[18] So deutlich und plausibel die Ansatzpunkte dazu sind, so unübersehbar ist auch das alternative Szenario: Denn bleibt dieser neue Vorstoß aus, wird sich, nicht zuletzt auch vor dem Hintergrund, dass Forschung und Lehre in der Sozialen Arbeit derzeit eher zur Spezialisierung als zur Systematik neigen, der von Merten erhobene „massive Zweifel an der Existenz einer integrativen Leitdisziplin ‚Sozialarbeitswissenschaft'" (Merten, 2008, S. 134) verfestigen. Gegen solchen Einwand – und gegen den Befund, dass Masterabschlüsse in der Sozialen Arbeit keine Ausrichtung an einem „durchgängigen gemeinsamen Kern disziplinärer Identität" (vgl. Merten, ebd.) erkennen lassen – steht nicht nur der verbürgte wissenschaftliche Anspruch des Berufes, sondern auch dessen Deutungskompetenz für den gesellschaftlichen Alltag. Nichts anderes realisiert sich derzeit in der Sozialarbeitslandschaft, angefangen bei den wissenschaftlichen Impulsen der Lehrenden an den Hochschulen über eine neue Dynamik in der Praxis, die begonnen hat, die Bachelor- und Masterabschlüsse konstruktiv zu adaptieren, bis hin zur berufsverbandlichen Arbeit, die in ihrer Gesellschaftssicht selbstbewusst und nicht minder konstruktiv eigene Wegmarken setzt.[19]

Ein Wort noch zur Begrifflichkeit: Die Bezeichnung als Praxiswissenschaft eignet sich m. E. gut, das wissenschaftliche Anliegen Sozialer Arbeit zu spezifizie-

---

Sicht jener „Teufelszirkel" vermeidbar, zu dem eine Situation führt, „in der Menschen als Individuen und als Gesellschaften gegenseitig in ihr Leben recht erheblich und in hohem Maße unkontrollierbare Gefahren und Ängste hineintragen" (ebd., S. 116 f.).

[17] Vgl. dort als Ausdruck ihrer Kritik an der Kritik die Bemerkung: „Nimmt man dies alles beim Wort, so wäre – etwas pointiert zusammengefasst – menschliches und sozialarbeiterisches Erkenntnis- und Handlungsvermögen auf das eines Säuglings zusammengeschrumpft…" (Staub-Bernasconi, 2007, S. 232)

[18] Ein „Jahrhundertdenken" fordert Karsten, 2008, S. 326. Vgl. Otto, 2007.

[19] Vgl. dazu die „Saarbrücker Erklärung" des DBSH von 2010, die sich „gegen die Fortsetzung der Spaltung in der Gesellschaft" wendet (www.dbsh.de/Saarbruecker-Erklaerung.pdf).

ren. Andere Bezeichnungen liegen vor und finden Anwendung, allen voran die der Handlungswissenschaft. Hinzu kommen Begriffe wie praktische Wissenschaft u. a. m., die allesamt, in Abhebung auch zu einem pauschalen Wissenschaftsverständnis, für die Soziale Arbeit deren besondere Praxisaufgabe fokussieren.[20] Dass man nicht unkritisch von Synonymen ausgehen sollte, macht Birgmeier (2003, S. 391) deutlich. Allerdings engt sein Duktus einer „Wissenschaft vom Handeln" (ebd., S. 395) den Blickwinkel auch wieder problematisch ein, indem er den Eindruck erweckt, Soziale Arbeit kümmere sich als Wissenschaft lediglich um einen spezifischen Aspekt dessen, was unter Menschen geschieht. Streng genommen rückt auch der Begriff der Handlungswissenschaft von solcher Konnotation nicht wirklich ab – auch wenn er bei Staub-Bernasconi (2007) gut in Stellung gebracht ist. So bleibt der Hinweis auf den Praxisbegriff, der in der Sozialen Arbeit immer in Verschränkung mit dem Theorieanliegen zu sehen ist (vgl. Schumacher, 2007, S. 50) und sich daher besser eignet, den am Handeln orientierten Beruf auch als Wissenschaft zu charakterisieren.

6. Bezugswissenschaften

Die Perspektive ist gesetzt: Soziale Arbeit wird als Wissenschaft gesehen, und ihr Fokus ist dabei der Mensch und dessen soziale Bedarfe. Geht man vom Bild einer Kugel aus, zu der sich diese Wissenschaft ausformt, so besteht ihre Oberfläche aus dem beruflichen Handeln und ihr Kern aus dem ethischen Anliegen, lebenswertes – menschengerechtes – Miteinander in der Gesellschaft zu realisieren. Drei kategoriale Bezüge lassen sich für die Wissenschaft der Sozialen Arbeit also unterscheiden: (1) das Wissen um den passenden Werteansatz, der es erlaubt, im wissenschaftlichen Betrieb auch und gerade mit einer normativen Ausrichtung – die zuletzt auch das Verständnis als Handlungs- resp. Praxiswissenschaft begründet (vgl. Staub-Bernasconi, 2007, S. 246) – zu bestehen; (2) das Wissen um den Menschen und seine sozialen Bedarfe; (3) das Wissen um soziale Probleme und deren Lösung. So deutlich dabei ist, dass die drei Kategorien eng zusammenhängen und jede in den beiden anderen jeweils sichtbar wird, so klar zu sehen ist auch, wie nochmals jene drei Haltungen zusammentreffen, die das Sozialarbeitsverständnis bereits greifbar werden ließen. Hier nun zeigt sich, wie die Sozialarbeitswissenschaft von innen nach außen Gestalt annimmt. Der Werteansatz wirkt wie ein wissenschaftliches Prinzip, das schließlich auch das Wissen über Struktur und Lebenswelt durchdringt. Einmal mehr tritt Soziale Arbeit als *ethische Wissenschaft* hervor, indem sie demon-

---

[20] Weitere Bezeichnungen seien genannt, aber nicht weiter kommentiert: So sieht Feth (2003, S. 228 f.) Soziale Arbeit nicht nur als Handlungswissenschaft, sondern auch als „Querschnittswissenschaft oder integrative Wissenschaft", als „reflexive Wissenschaft" und als „angewandte Wissenschaft". Mühlum fügt den – im übrigen schon von Scherpner verwendeten – Begriff der „Wirklichkeitswissenschaft" hinzu (Mühlum, 2004, S. 12). Engelke versteht Soziale Arbeit, wie gesehen, als Sozial- und Menschenwissenschaft (Engelke, 2004, S. 264). Schon zu Beginn der Debatte identifizieren Dewe u. a. die „Handlungswissenschaft Sozialpädagogik" deren Logik nach als „Vermittlungswissenschaft" (vgl. Dewe u. a., 1986, S. 158 f.).

striert, wie grundlegendes ethisches Wissen auch die Wissensebenen des Könnens und der Erfahrung ausprägt.

Auf allen drei Ebenen nutzt Soziale Arbeit das Wissen und die Kompetenz anderer Wissenschaften. Das hat ausschließlich inhaltliche Gründe und bezieht sich auf Bereiche, die durch andere Wissenschaften einschlägig bearbeitet werden. Expertenwissen von dort zu holen, wo es kompetent erzeugt wird, ist gute wissenschaftliche Praxis. Es geht nicht darum, komplette Wissensgebiete zu rezipieren, sondern jeweils um eine gezielte Auswahl dessen, was benötigt wird. Das erscheint einfach, sind Wissenschaften doch zu kompetenter Auskunft in der Lage. Bei genauerem Hinsehen zeigt sich jedoch eine Schwierigkeit: Das Schließen von Wissenslücken durch bezugswissenschaftliches Wissen erlaubt nicht ohne weiteres eine Weiterverarbeitung. Vielmehr ist zu beachten, dass die Deutungskompetenz bei der Bezugswissenschaft verbleibt. Für die Soziale Arbeit mag ein lückenloses Netz an Wissenszusammenhängen entstehen – aber eine Psychologie, eine Soziologie, eine Pädagogik in der Sozialen Arbeit, die entsprechende Sozialarbeitsinhalte liefert, behält jeweils auch die Deutungshoheit über diese Inhalte.

Die Situation – dieses Wissensnetz – ist tragfähig, solange die Soziale Arbeit nicht mit einem eigenständigen wissenschaftlichen Bewusstsein agiert. Sie verlässt sich dann in ihrer Theoriearbeit ganz auf die zu Rate gezogenen Bezugswissenschaften – und überlässt die Praktiker der Dynamik des beruflichen Alltags. Auch wenn dies in mancherlei Hinsicht dem Bild entspricht, das viele von der Sozialen Arbeit und ihrer Wissenschaft nach wie vor haben: dem Anspruch der Sozialarbeitswissenschaft wird es nicht gerecht. Besagtem Bild steht auch das berufliche Selbstverständnis entgegen, Soziale Arbeit in einer Gestaltungsverantwortung für die Gesellschaft zu sehen und darin als Profession zu begreifen. Das Argument einer wissenschaftlich fundierten Praxis verlangt nach Interpretation auch der bezugswissenschaftlichen Inhalte im Sinne des großen Ganzen sozialarbeitlicher Identität. Das aber gelingt nur dann, wenn das Netz anders geknüpft wird, wenn es aus sozialarbeitswissenschaftlichen Anliegen und Fragen besteht und wenn bezugswissenschaftliche Beiträge auf diese Anliegen und Fragen abgestimmt sind.

Umgekehrt lässt sich freilich feststellen, dass ein ungelenktes Schalten und Walten von Bezugswissenschaften in der Sozialen Arbeit auch ein Indikator für das Brachliegen von sozialarbeitswissenschaftlichen Impulsen und Akzentsetzungen ist. Das gilt für die sozialarbeitliche Forschung ebenso wie für die Lehre. Die Tradition, dass Bezugswissenschaften Bauteile nach eigenem Zuschnitt liefern, die dann per Zufall passen oder sperrig bleiben und zur Seite gelegt werden, muss eine nach eigenem wissenschaftlichen Profil strebende Soziale Arbeit beenden. Dazu sind zwei Schritte nötig: der erste ist, die angesprochenen sozialarbeitswissenschaftlichen Anliegen und Fragen zu formulieren und Bezugswissenschaften gezielt um Antwort anzugehen; der zweite, eine transdisziplinäre Perspektive zu schaffen, die es Sozialer Arbeit erlaubt, ihre komplexe und vielfach auf bezugswissenschaftliche Impulse angewiesene Zuständigkeit zu ordnen und in ein integratives wissenschaftliches Vorgehen überzuführen.

Für beide Schritte steht dieses Buch. Dem Verständnis Sozialer Arbeit als Wissenschaft folgen Anliegen und Fragen, die bezugswissenschaftliches Wissen in die Sozialarbeitsperspektive einbinden sollen. Sie ergeben sich entlang der gezeigten Entfaltung zur Kugelform, d. h. sie speisen sich aus dem ethischen Kernanliegen, den Merkmalen und Rahmenbedingungen sozialen Lebens und den in der vielschichtigen beruflichen Praxis deutlich werdenden menschlichen Alltagsproblemen. Eine Wissenschaft der Sozialen Arbeit, die nach solcher Maßgabe angelegt ist, wird ihr ethisches Kernanliegen wissenschaftlich eigenständig formulieren und bearbeiten. Bezugswissenschaftliche Beiträge helfen allerdings, das den Beruf und die Wissenschaft tragende Menschenbild zu klären. Mit dem Menschenbild wird zugleich der Wertebezug entfaltet. Das bedeutet, dass bezugswissenschaftlich getragene ethische Inhalte vor allem im Bereich der selbstreflexiven Grundorientierung zur Geltung kommen. Das bedeutet aber auch, dass Annahmen zum Menschen in anderen Wissenschaften – in der Psychologie, der Soziologie, der Pädagogik, aber beispielsweise auch der Ökonomie – in ein Verständnis mit einbezogen sind. Das Menschenbild der Sozialen Arbeit braucht, über die fachliche Evidenz hinaus, eine Klarstellung, die es auch im öffentlichen Diskurs als Anhaltspunkt attraktiv erscheinen lässt.[21]

Im zweiten Bereich, der eigentlichen Kugelmasse, ist der bezugswissenschaftliche Bedarf in der Sozialen Arbeit am deutlichsten zu sehen. Es gilt, die Bedingungen menschlichen Daseins zu erfassen und die sozialen Anliegen des Menschen auszuloten. Dazu ist jeder Bereich wichtig, der Auskunft über die entsprechenden Befindlichkeiten geben kann. Allerdings bleibt die Sozialarbeitswissenschaft aufgefordert, über ihre ethische Grundausrichtung – wenn man so will, auch über die Bestimmung ihres Gegenstandes – die Linien vorzugeben, in die bezugswissenschaftliche Inhalte einzupassen sind. Das geschieht hier in den nachfolgenden bezugswissenschaftlichen Kapiteln dadurch, dass sich die Beiträge aus den verschiedenen Wissenschaften an Fragestellungen ausrichten, die in der ethischen Grundausrichtung Sozialer Arbeit wurzeln und vom Anliegen getragen sind, eine möglichst differenzierte Vorstellung vom sozialen Leben des Menschen zu gewinnen.

In der jeweiligen Kapitelüberschrift ist also das spezifische Sozialarbeitsinteresse angezeigt. Als solches formuliert, bietet es zugleich die Möglichkeit, bezugswissenschaftliches Wissen entsprechend zu interpretieren und zu entscheiden, wie weit sich eine Wissenschaft der Sozialen Arbeit auch auf bezugswissenschaftliche Diskurse einlassen sollte. Mit anderen Worten: Eine von innen nach außen gedachte und wissenschaftlich ausgeformte Soziale Arbeit ist in der Lage, das bezugswissen-

---

[21] Damit zeigt die bezugswissenschaftlich eingebundene Ethik vielleicht am deutlichsten, wie sehr Soziale Arbeit aufgefordert ist, die wissenschaftlichen Wegmarken selbst zu setzen. Es geht daher nicht darum, Sozialer Arbeit – passfertig oder pauschal – ethische Inhalte zu liefern, sondern darum, sich auf die Begründungszusammenhänge der sie jeweils tragenden Rahmenwissenschaften: Philosophie, Theologie, aber auch Soziologie und Kulturwissenschaften, einzulassen. Hier wie auch sonst in der bezugswissenschaftlichen Ausrichtung interessiert vor allem die Überzeugungskraft, mit der wissenschaftliche Konzepte und Visionen vorgetragen werden.

schaftliche Wissen, das sie braucht, zu systematisieren. Auf diese Weise schafft sie Anhaltspunkte auch für die verschiedenen Bezugswissenschaften, Sozialarbeitsanliegen jeweils perspektivisch mitzudenken. Je klarer sich also Soziale Arbeit als Wissenschaft profiliert, desto schlüssiger wird eine Sozialarbeitsorientierung auch für die Wissenschaften, zu denen es Berührungspunkte gibt, und desto leichter gelingt ein wissenschaftliches Konzert, das nicht nur die Beteiligten synergetisch stärkt, sondern den Wissenschaftsbetrieb auch insgesamt bereichert.

Zuletzt bleibt noch die Seite der beruflichen Praxis – die Kugeloberfläche – zu betrachten. Bezugswissenschaftliche Beiträge werden auch hier gebraucht; allerdings ist davon auszugehen, dass Verstärkung für das Erfahrungswissen Sozialer Arbeit nur punktuell nötig ist (vgl. Kraimer, 2009). Im Profil professioneller Fachlichkeit fließen bezugswissenschaftlich gestütztes Problem- und Handlungswissen und grundlegendes Wertewissen zusammen. Die „Außenseite" Sozialer Arbeit erfährt auf diese Weise auch ihre Anbindung an ethische Bezugspunkte. Weil diese für die Praxis konkretisiert werden müssen, kommt ein eigener bezugswissenschaftlicher Abgleich durchaus in Frage. Aber auch ihn trägt jenes Ethikgerüst, das Soziale Arbeit von innen strukturiert. Wenn also die Praxis ethische Orientierung verlangt, um schwierige Handlungsentscheidungen zu rechtfertigten; wenn sich Soziale Arbeit Ethik „verordnet", um Akteure auf eine Helferhaltung festzulegen; wenn Sozialarbeitsethik ihren Zweck des Weiteren darin sieht, vor allem Klienteninteressen zu vertreten: so zeigt sich in all dem, dass sie ihre eigentliche Bestimmung und ihre besondere Stärke noch nicht realisiert hat.

Soziale Arbeit als Wissenschaft gründet in der ethischen Perspektive, dem Menschen als sozialem Wesen darin beizustehen, in einer Gesellschaft mit menschlichem Antlitz leben zu können; sie entfaltet ihre Stärke über analytische Kompetenz und ein fundiertes Wissen, die beide von einem fachlich verbürgten Wertebezug getragen sind; und sie vollendet sich in einem öffentlichen Wirken, das Menschen in ihren Teilhabeanliegen unterstützt und zugleich die notwendigen gesellschaftlichen (politischen) Akzente setzt, um „menschengerechte" Lebensbedingungen zu erreichen und zu erhalten.

Literatur

Bango, Jenö, 2001: *Sozialarbeitswissenschaft heute*, Stuttgart.

Birgmeier, Bernd Rainer, 2003: *Soziale Arbeit: „Handlungswissenschaft", „Praxiswissenschaft" oder „Praktische Wissenschaft"? Überlegungen zu einer handlungsorientierten Fundierung Sozialer Arbeit*, Eichstätt.

Böhnisch, Lothar, 2003: Neue professionelle Herausforderungen: Empowerment, Persönlichkeitsbezug und kommunales Sozialklima, in: *Profession und Wissenschaft Sozialer Arbeit*, hg. v. A. Wöhrle, 2. Aufl. Herbolzheim, S. 150-161.

Buchkremer, Hansjosef, 1995: *Handbuch Sozialpädagogik. Dimensionen sozialer und gesellschaftlicher Entwicklungen durch Erziehung*, 2. Aufl. Darmstadt.

Dewe, Bernd, 2009: Reflexive Sozialarbeit im Spannungsfeld von evidenzbasierter Praxis und demokratischer Rationalität – Plädoyer für die handlungslogische Entfaltung reflexiver Professionalität, in: *Professionalität in der Sozialen Arbeit. Standpunkte, Kontroversen, Perspektiven*, hg. v. R. Becker-Lenz u. a., Wiesbaden, S. 89-109.

Dewe, Bernd / Ferchhoff, Wilfried / Peters, Friedhelm / Stüwe, Gerd, 1986: *Professionalisierung – Kritik – Deutung. Soziale Dienste zwischen Verwissenschaftlichung und Wohlfahrtsstaatskrise*, Frankfurt a. M.

Elias, Norbert, 1987: *Die Gesellschaft der Individuen*, hg. v. M. Schröter, Frankfurt a. M.

Engelke, Ernst, 1992: *Soziale Arbeit als Wissenschaft. Eine Orientierung*, Freiburg i. Br.

Engelke, Ernst, 2004: *Die Wissenschaft Soziale Arbeit. Werdegang und Grundlagen*, 3. Aufl. Freiburg i. Br.

Feth, Reiner, 2003: Sozialarbeitswissenschaft. Eine Sozialwissenschaft neuer Prägung – Ansätze einer inhaltlichen Konturierung, in: *Profession und Wissenschaft Sozialer Arbeit*, hg. v. A. Wöhrle, 2. Aufl. Herbolzheim, S. 205-236.

Germain, Carel B. / Gitterman, Alex, 1999: *Praktische Sozialarbeit. Das „Life-Model" der Sozialen Arbeit. Fortschritte in Theorie und Praxis*, 3. Aufl. Stuttgart.

Heiner, Maja, 2010: *Soziale Arbeit als Beruf. Fälle – Felder – Fähigkeiten*, 2. Aufl. München-Basel.

Hosemann, Wilfried, 2006: Inklusion/Exklusion. Eine Schlüsseldiskussion zum Verständnis Sozialer Arbeit, in: ders. (Hg.), *Potenziale und Grenzen systemischer Sozialarbeit*, Freiburg i. Br., S. 33-65.

Karsten, Marie-Eleonora, 2008: Die Sozialpädagogische Ordnung des Sozialen, in: *Soziale Arbeit in Gesellschaft*, hg. v. d. Bielefelder Arbeitsgruppe 8, Wiesbaden, S. 319-327.

Klüsche, Wilhelm (Hg.), 1999: *Ein Stück weiter gedacht… Beiträge zur Theorie- und Wissenschaftsentwicklung der Sozialen Arbeit*, Freiburg i. Br.

Konrad, Franz-Michael / Sollfrank, Hermann, 2000: Zur Geschichte von Sozialarbeit und Sozialpädagogik. Biographien – Diskurse – Institutionen, in: *Soziale Arbeit* 49, S. 96-100.

Kraimer, Klaus, 2009: Soziale Arbeit im Modus autonomer Erfahrungsbildung – Überlegungen im Anschluss an modellbildende Paradigmen zur Professionalisierung, in: *Professionalität in der Sozialen Arbeit. Standpunkte, Kontroversen, Perspektiven*, hg. v. R. Becker-Lenz u. a., Wiesbaden, S. 73-88.

Lob-Hüdepohl, Andreas, 2008: Reflexive Menschendienlichkeit. Zukunftsfragen einer Ethik Sozialer Arbeit, in: *Soziale Berufe im Wandel. Vergangenheit, Gegenwart und Zukunft Sozialer Arbeit*, hg. v. R.-C. Amthor, Baltmannsweiler, S. 152-176.

Lob-Hüdepohl, Andreas, 2010: Vielfältige Teilhabe als Menschenrecht – ethische Grundlage inklusiver Praxis, in: *Teilhabe in Zeiten verschärfter Ausgrenzung? Kritische Beiträge zur Inklusionsdebatte*, hg. v. H. Wittig-Koppe u. a., Neumünster, S. 13-21.

Merten, Roland, 2001: Sozialarbeitswissenschaft als Praxiswissenschaft? Oder von der Quadratur des Kreises, in: *Identität – Eigenständigkeit – Handlungskompetenz der Sozialarbeit/Sozialpädagogik als Beruf und Wissenschaft*, hg. v. H. Pfaffenberger, Münster u. a., S. 40-71.

Merten, Roland, 2008: Sozialarbeitswissenschaft – Vom Entschwinden eines Phantoms, in: *Soziale Arbeit in Gesellschaft*, hg. v. d. Bielefelder Arbeitsgruppe 8, Wiesbaden, S. 128-135.

Mühlum, Albert, 2004: Zur Entstehungsgeschichte und Entwicklungsdynamik der Sozialarbeitswissenschaft, in: ders. (Hg.), *Sozialarbeitswissenschaft – Wissenschaft der Sozialen Arbeit*, Freiburg i. Br., S. 9-26.

Mühlum, Albert / Bartholomeyczik, Sabine / Göpel, Eberhard, 2004: Auf dem Weg zu „Humanwissenschaften zweiter Ordnung": Sozialarbeitswissenschaft – Pflegewissenschaft – Gesundheitswissenschaft, in: *Sozialarbeitswissenschaft – Wissenschaft der Sozialen Arbeit*, hg. v. A. Mühlum Freiburg i. Br., S. 204-217.

Mührel, Eric / Röh, Dieter, 2007: Soziale Arbeit und die Menschenrechte. Perspektiven für eine soziale Weltgesellschaft, in: *Neue Praxis* 37, S. 293-307.

Niemeyer, Christian, 2009: Sozialpädagogik als Theorie der Jugendhilfe. Historische Reminiszenzen und systematische Perspektiven, in: *Theorien der Sozialpädagogik – ein Theorie-Dilemma?*, hg. v. E. Mührel u. B. Birgmeier, Wiesbaden.

Obrecht, Werner, 1996: Sozialarbeitswissenschaft als integrative Handlungswissenschaft, in: *Sozialarbeitswissenschaft. Kontroversen und Perspektiven*, hg. v. R. Merten u. a., Neuwied u. a., S. 121-160.

Olk, Thomas, 2005: Soziale Arbeit und die Krise der Zivilgesellschaft, in: *Neue Praxis* 35, S. 223-230.

Otto, Hans-Uwe, 2007: Die Jahrhundertchance – ein Zeitfenster zur Selbstbestimmung und Neuordnung von Studium und Professionalität in der Sozialen Arbeit, in: *Neue Praxis* 37, S. 107-109.

Puhl, Ria / Burmeister, Jürgen / Löcherbach, Peter, 1996: Keine Profession ohne Gegenstand. Was ist der Kern Sozialer Arbeit?, in: *Sozialarbeitswissenschaft. Neue Chancen für theoriegeleitete Arbeit*, hg. v. R. Puhl, Weinheim-München, S. 167-186.

Scheu, Bringfriede, 2011a: Sozialarbeitswissenschaft?, in: *Soziallandschaften. Perspektiven Sozialer Arbeit als Profession und Disziplin*, hg. v. H. Spitzer u. a., Wiesbaden, S. 37-38.

Scheu, Bringfriede, 2011b: Grundorientierungen der Sozialen Arbeit, in: *Soziallandschaften. Perspektiven Sozialer Arbeit als Profession und Disziplin*, hg. v. H. Spitzer u. a., Wiesbaden, S. 79-89.

Schilling, Johannes, 2005: *Soziale Arbeit. Geschichte, Theorie, Profession*, 2. Aufl. München-Basel.

Schneider, Johann, 1999: *Gut und Böse – Falsch und Richtig. Zu Ethik und Moral der sozialen Berufe*, Frankfurt a. M.

Schumacher, Thomas, 2003: Soziale Arbeit als Begriff. Paradigma zur Grundlegung einer Sozialarbeitswissenschaft, in: *Archiv für Wissenschaft und Praxis der sozialen Arbeit* 34, Heft 1, S. 3-18.

Schumacher, Thomas, 2007: *Soziale Arbeit als ethische Wissenschaft. Topologie einer Profession*, Stuttgart.

Sellmaier, Claudia, 2006: Systemische Implikationen zum Menschen und seiner Position in der Sozialen Arbeit, in: *Potenziale und Grenzen systemischer Sozialarbeit*, hg. v. W. Hosemann, Freiburg i. Br., S. 161-176.

v. Spiegel, Hiltrud, 2008: *Methodisches Handeln in der Sozialen Arbeit. Grundlagen und Arbeitshilfen für die Praxis*, 3. Aufl. München-Basel.

Staub-Bernasconi, Sivia, 2007: *Soziale Arbeit als Handlungswissenschaft. Systemtheoretische Grundlagen und professionelle Praxis – ein Lehrbuch*, Bern u. a.

Stichweh, Rudolf, 2005: *Inklusion und Exklusion. Studien zur Gesellschaftstheorie*, Bielefeld.

Thiersch, Hans, 2009: Authentizität, in: *Professionalität in der Sozialen Arbeit. Standpunkte, Kontroversen, Perspektiven*, hg. v. R. Becker-Lenz u. a., Wiesbaden, S. 239-253.

2 Psychologie

Gone with the wind!
Psychologie und Soziale Arbeit –
Potentiale einer (noch) einseitigen Liebe

Sabine Pankofer und Annette Vogt

Das Verhältnis von Psychologie und Sozialer Arbeit scheint einem recht typischen Muster zu entsprechen, wie man es aus vielen Paarbeziehungen und auch aus dem Film „Vom Winde verweht" kennt: Scarlett wirbt um Ashley, der ist aber vergeben, im Gegensatz zu Rhett, der Scarlett haben will, aber die zeigt ihm die kalte Schulter und will ihn erstmal gar nicht.

Dieses Muster lässt sich auch auf unser Thema anwenden: Die Soziale Arbeit liebt die Psychologie, doch die Psychologie liebt die Soziale Arbeit (noch?) nicht. Sie ist mit anderen Wissenschaften verlobt und lässt die Soziale Arbeit links liegen.

Im Film kommt es dazu, dass Scarlett dann den Falschen heiratet! Was auch immer das für die Soziale Arbeit und die Psychologie bedeuten könnte... nun, wir möchten den nicht ganz ernst gemeinten, aber doch irgendwie passenden Vergleich mit dem vom Winde verwehten wissenschaftlichen „Liebeskarussell" nicht allzu überstrapazieren, der vor allem unsere These einleiten soll, dass die Psychologie (noch?) nicht so recht etwas anzufangen weiß mit der für sie (noch?) nicht so attraktiven und im Verhältnis noch recht jungen Profession und Disziplin der Sozialen Arbeit, die sich in den letzten Jahrzehnten etabliert hat. Diese einseitige Liebe gibt Stoff für allerlei Verwicklungen und endet hoffentlich nicht so traurig wie im Film – dazu später mehr.

Fakt ist: Die Wissensbestände der Psychologie gelten seit fast einem Jahrhundert als eine der zentralen Grundlagen der Sozialen Arbeit und die Psychologie ist in diesem Kontext seit den ersten Konzeptualisierungen (vgl. Engelke, 1992) eine der wichtigsten Bezugswissenschaften der Sozialen Arbeit in Deutschland. Gleichzeitig gibt es aber eine nur sehr geringe Berücksichtigung und Rezeption sozialarbeitswissenschaftlicher Theorien und Erkenntnisse in der Psychologie. Dieses nicht-reziproke Verhältnis wollen wir durchleuchten und Potentiale für die Zukunft aufzeigen, die sich für beide Seiten ergeben können.

Psychologie und Soziale Arbeit?

Die Psychologie und die Soziale Arbeit verbindet ein gemeinsamer Gegenstand: es ist der Mensch und sein Erleben, Handeln und Verhalten. Beide Wissenschaften haben dazu jeweils eine spezifische Perspektive entwickelt, allerdings mit einer deutlichen Schnittmenge:

Gegenstand der Psychologie ist

▸ das Verhalten, Erleben und das Bewusstsein des Menschen, dessen Entwicklung über die Lebensspanne und dessen innere (im Individuum angesiedelte) und äußere (in der Umwelt lokalisierte) Bedingungen und Ursachen. Die Psychologie beschäftigt sich damit, wie der Mensch Informationen aufnimmt, intern verarbeitet und eine Verhaltensantwort entwickelt. Ziel der Psychologie als Wissenschaft sind somit die Beschreibungen, Erklärungen und die Vorhersagen des menschlichen Verhaltens. Für die anwendungsorientierte Forschung steht häufig die Verbesserung der Lebensqualität von Menschen im Vordergrund.

Der Gegenstand der Sozialen Arbeit lässt sich in Anlehnung an die Definition der International Federation of Social Workers (vgl. IFSW, 2001) folgendermaßen zusammenfassen:

▸ Gestützt auf wissenschaftliche Erkenntnisse über menschliches Verhalten und soziale Systeme greift soziale Arbeit dort ein, wo Menschen mit ihrer Umwelt in Interaktion treten. Grundlagen der Sozialen Arbeit sind die Prinzipien der Menschenrechte und der sozialen Gerechtigkeit. Soziale Arbeit als Beruf fördert den sozialen Wandel und die Lösung von Problemen in zwischenmenschlichen Beziehungen, und sie befähigt die Menschen, in freier Entscheidung ihr Leben besser zu gestalten.

Ausgehend von diesen beiden Beschreibungen wird die oben angedeutete gemeinsame Schnittmenge schnell deutlich: Beide Disziplinen haben komplexe und differenzierte Theorien und Beschreibungen dahingehend entwickelt, wie sich Menschen im sozialen Kontext verhalten und erleben. Darüber hinaus haben beide Wissenschaften (nicht zuletzt mittels grundlagen- und anwendungsorientierter Forschung) Wissensbestände dahingehend entwickelt, wie Hilfe für Menschen in Problemlagen aussehen kann, damit diese subjektiv und objektiv ein gelingend(er)es Leben führen können.

Neben diesen offensichtlichen Gemeinsamkeiten zeigen sich im Fachdiskurs jedoch auch deutliche Unterschiede:

Im Kontext der Psychologie wurden verschiedene Schulen und Theorietraditionen mit den dazu gehörenden jeweiligen psychologischen Objekttheorien entwickelt, in denen der Fokus deutlich auf das Individuum gelegt wird. Ausnahmen sind die Sozialpsychologie und die familientherapeutischen Ansätze, wenngleich auch letztere häufig die gesellschaftlichen Zusammenhänge außen vor lassen.

Genau darin liegt wiederum der Fokus der Sozialen Arbeit: Es geht vor allem um den Menschen in seinen sozialen Bezügen und Interaktionsprozessen mit der

Umwelt. Hierbei ist es zwingend notwendig, den gesellschaftlichen Kontext und die dazugehörende Werteebenen und politischen Bezüge mit in den Blick zu nehmen, daher ist Soziale Arbeit den Prinzipien der Menschenrechte und der sozialen Gerechtigkeit verpflichtet.

Spannend ist nun aber, dass sich die Psychologie und die Soziale Arbeit nur einseitig als ergänzende Nachbarwissenschaften „lieben" und auch akzeptieren. Wie oben angesprochen, bezieht sich die Soziale Arbeit sehr stark auf die Psychologie, diese zeigt aber der Sozialen Arbeit, ihren Theorien, Ansätzen und Methoden noch weitgehend die kalte Schulter. Das hat sicherlich damit zu tun, dass die Psychologie als Wissenschaft eine deutlich längere Tradition und somit in der Theoriebildung einen Vorsprung hat und darüber hinaus eine breite methodische Spezifizierung aufweist. So hat sie auch ihre Claims im Wissenschafts-, aber auch im Praxiskontext gut abgesteckt: Psychologie wird nur an Universitäten gelehrt, während die Soziale Arbeit in Deutschland ausschließlich an den anwendungsorientierten Fachhochschulen platziert ist, mit Ausnahme einiger explizit sozialpädagogischer Fachbereiche an Universitäten (zur komplizierten Frage nach dem Zusammenhang von Sozialarbeit, Sozialpädagogik und Sozialer Arbeit vgl. Schumacher im 1. Kapitel in diesem Band).

Psychologie ist ein zentrales Fach im Studium der Sozialen Arbeit, andersherum ist das nur in Ansätzen der Fall. Auch im Berufskontext zeigt sich eine deutliche, vertikal angelegte Abgrenzung der beiden Berufsgruppen, nicht zuletzt durch die deutlich unterschiedliche, das heißt deutlich schlechtere Bezahlung der SozialpädagogInnen.

Soweit so gut. Auf den ersten Blick hat die Psychologie einen etablierten Status in der Sozialen Arbeit. Es scheint klar zu sein, dass die Psychologie wichtige Beiträge für die Soziale Arbeit bietet. Wissensbestände werden seit vielen Jahrzehnten gelehrt.

Doch zeigen sich bei einer Analyse dessen, was „die" Psychologie in der Sozialen Arbeit bedeutet und wie sie als Bezugswissenschaft im Zusammenhang zur Sozialen Arbeit gesehen wird, einige Unschärfen. Die Rolle der Psychologie in der Sozialen Arbeit ist aus unserer Sicht nur scheinbar geklärt: Handelt es sich um einen eher additiven Zugang – Psychologie *und* Soziale Arbeit – oder um eine eher integrierende Perspektive – Psychologie *in der* Sozialen Arbeit?

Darüber hinaus stellt sich eine weitere Frage: Welcher Wissensbestand der Psychologie – einer Wissenschaft, die sich so ausdifferenziert hat, dass man nicht mehr von „der" Psychologie sprechen kann – ist überhaupt für die Soziale Arbeit relevant?

Für uns als Hochschullehrerinnen, die das Fach Psychologie in den Fachbereich Soziale Arbeit an der Hochschule für angewandte Wissenschaften vertreten, kumuliert das in der täglichen und grundsätzlichen Frage: Welche Inhalte lehre ich aus dieser Vielfalt der Disziplin und Profession Psychologie und mit welcher Zielrichtung? Und nach welchen Kriterien wähle ich aus, was für Studierende der Sozialen Arbeit wichtig ist?

Welche Psychologie in der Sozialen Arbeit?

Die Psychologie als Disziplin ist alles andere als ein fest gefügtes, eindeutiges Aussagen- und Erkenntnisgebilde. Als „Wissenschaft vom Seelenleben des Menschen", als historische Brücke zwischen Geistes- und Naturwissenschaften (und inzwischen auch zu Kultur- und Sozialwissenschaften) stellt sich die Psychologie vielmehr dar als kleiner Kosmos mit einer Vielzahl unterschiedlicher Planeten, Fixsterne und bisweilen auftauchender (und wieder verglimmender) Kometen. Weniger bildlich gesprochen: Die Psychologie zeigt sich in einer Vielzahl von Teildisziplinen mit ganz unterschiedlichen Themenschwerpunkten und Zielrichtungen.

So kann zunächst unterschieden werden zwischen Grundlagen- und Anwendungsfächern als Teildisziplinen der Psychologie, die sich jeweils wiederum ausdifferenzieren, hier jedoch nur überblicksartig dargestellt werden:

Grundlagenfächer (mit beispielhaften Fragestellungen):

- Allgemeine Psychologie (was geschieht grundsätzlich beim Lernen, Denken, Problemlösen?)
- Persönlichkeits-/Differentielle Psychologie (worin und warum unterscheiden sich Personen voneinander?)
- Entwicklungspsychologie (wie entwickeln und verändern sich Menschen, z. B. in Funktionen wie dem Sprechen, Denken?)
- Sozialpsychologie (wie gehen Menschen miteinander um, wie beeinflussen sie sich in sozialen Interaktionen?)

Zentrale Anwendungsfächer:

- Klinische Psychologie (was sind Störungen des Verhaltens und Erlebens, woher kommen sie und wie können sie bewältigt werden?)
- Pädagogische Psychologie (wie gelingt Erziehung und Unterricht in Familien und Bildungsinstitutionen?)
- Angewandte Entwicklungspsychologie (wie können Entwicklungsstörungen erkannt und beeinflusst werden?)
- Arbeits- und Organisationspsychologie (wie wirken Strukturen und Organisationsformen des Arbeits- und Berufslebens auf Einzelne sowie auf Institutionen und wie sind diese optimierbar?)
- Gerontopsychologie (welche Besonderheiten des menschlichen Erlebens und Verhaltens entwickeln und zeigen sich im Alter?)
- Ökologische Psychologie (welche Konsequenzen ergeben sich für menschliches Erleben und Verhalten aus Umweltgebrauch und Umweltmissbrauch/ -zerstörung?)

Weitere Ausdifferenzierungen sind im Kontext der Anwendungsfächer wohl noch zu erwarten, z. B. im Bereich der Neuropsychologie.

Die vielfältigen Teildisziplinen zeigen unterschiedliche Nähe oder Distanz zur Sozialarbeitswissenschaft und Sozialen Arbeit. Diese wiederum hat ebenfalls weiter entfernte Wissensbestände in einer inzwischen beträchtlichen Vielfalt an theoretischen Positionen integriert und entsprechende handlungswissenschaftliche Konzepte entwickelt auf den Ebenen des Handelns mit Individuum, Gruppe und Gesellschaft, die für die Psychologie nur peripher relevant sind.

Das Übergangsgebiet zwischen beiden Disziplinen, das gemeinsame Terrain in theoretischen Zugängen und Fragestellungen ist allerdings erheblich größer als oft vermutet. Und es macht wohl einen Großteil der „Anziehungskraft" aus.

Noch einmal: Der Blick auf die Vielzahl an psychologischen Teildisziplinen und Wissensbeständen pointiert sich in der hochschulischen Anforderungssituation (also konkret im Studiengang der Sozialen Arbeit) als Fragen derjenigen, die Psychologie in der Lehre vermitteln: Was aus dieser Menge an Wissensbeständen der Psychologie lehre ich? Was ist für die Soziale Arbeit relevant? Was kann ich fachlich vertreten? Unmittelbar deutlich ist damit die Notwendigkeit, eine Auswahl zu treffen. Entscheidend dafür ist die Frage nach den Auswahlkriterien.

Nun gibt es natürlich curriculare Vorgaben insofern, als dass Modulbeschreibungen in den Bachelorstudiengängen Soziale Arbeit eine (wenn auch oft sehr allgemeine) Richtungsweisung vornehmen. Das enthebt die einzelnen Lehrenden aber nicht der Notwendigkeit (sowie Herausforderung und Chance!), jeweils individuell Inhalte zu pointieren und Themengebiete auszuwählen.

Unsere Positionierung ist an dieser Stelle eindeutig und sei hier zur Diskussion gestellt:

Die Auswahlkriterien sollen sich aus der Sozialen Arbeit generieren, aus ihren Erfordernisse, Interessen, spezifischen Aufgaben und Belangen.

Das klingt möglicherweise banal, manche LeserIn mag denken: ja, wie denn sonst?! Ein Blick in die gängige bezugswissenschaftliche Fachliteratur, d. h. in Lehr- und Studienbücher zur Psychologie in der Sozialen Arbeit im deutschen Sprachraum, zeigt allerdings, dass das kein allgemeiner Standard ist. Im Gegenteil: Eine Analyse der Publikationen zur Psychologie in der Sozialen Arbeit ergibt, dass traditionell (1962 erschien ein erstes deutschsprachiges Lehrbuch von Brandt: „Psychologie für soziale Berufe") bis in jüngste Publikationen eine Orientierung der Lehrbücher vor allem an der Systematik der Disziplin Psychologie erfolgt, also an ihren Grundlagen- und Anwendungsfächern (in unterschiedlicher Pointierung) – und eben nicht an Fragen der Sozialen Arbeit. Die Soziale Arbeit wird nicht als zentraler Ausgangspunkt gesehen und der berühmte ‚Transfer' zur Sozialen Arbeit steht ebenfalls fast nie im Fokus, sondern erfolgt höchstens appellativ im Vorwort oder peripher.

Erste, ermutigende Ansätze finden sich z. B. in der Neuausgabe von Langfeldt und Nothdurft in dem Buch „Psychologie. Grundlagen und Perspektiven für die Soziale Arbeit" (2007). Hierin widmet sich das letzte Kapitel dezidiert dem Thema „psychologische Aspekte sozialer Professionalität" anhand der Themenfelder: Gesprächsgestaltung, Selbst- und Fremdwahrnehmung, Konfliktbewältigung, Umgang mit Emotionen u. a. Die anderen Kapitel und somit der Großteil des Buches bleibt allerdings einer inhaltlichen Psychologiesystematik vorbehalten (z. B.

Psychologie der Person, Psychologie der Entwicklung und Erziehung, Psychologische Diagnostik und Gutachten etc.).

Ein weiteres positives Lehrbuchbeispiel, das dem Bereich der Schlüsselkompetenz „Sozialprofessionelle Beratung" zuzuordnen ist, findet sich in der Veröffentlichung von Seithe (2008) mit dem Titel „Engaging. Möglichkeiten Klientenzentrierter Beratung in der Sozialen Arbeit", in dem sie mit dem Konzept des Engaging einen methodischen Zugang entwickelt, der es ermöglicht, die klientenzentrierte Beratung als psychotherapeutisches Verfahren an die Anforderungen der Sozialen Beratung zu adaptieren und sie für die soziale Praxis zu qualifizieren.

Eine beachtenswerte Auseinandersetzung mit der Herausforderung, die Psychologie auf die Soziale Arbeit zu beziehen, haben bereits 1999 Irmtraud Beerlage und KollegInnen in einem Zeitschriftenbeitrag in der psychologischen Fachzeitschrift der Deutschen Gesellschaft für Verhaltenstherapie publiziert (Beerlage u. a., 1999). Unter dem Titel „Von einer Psychologie für die Soziale Arbeit zu einer Sozialarbeitspsychologie?" diskutieren sie die Frage, wie der Zusammenhang von Psychologie und Sozialer Arbeit neu denkbar wäre. Unserer Kenntnis nach ist dieser hoch anregende Artikel fachöffentlich wenig diskutiert und weiterentwickelt worden. Wir selbst erleben ihn im kollegialen Diskurs und für unsere Lehrveranstaltungen als sehr fruchtbar und hilfreich.

Die grundlegende Position von Beerlage u. a. (1999, S. 377) lautet:

„Wer in Forschung und Lehre der Sozialen Arbeit durch psychologische Kenntnisse bereichern will, sollte zunächst selbst etwas lernen: über die Handlungslogik der Sozialen Arbeit in Zeit und Raum und über die handlungsfeldbezogenen Grenzen der Umsetzung von (psychologischen) Kenntnissen und Kompetenzen in der konkreten Interaktion."

Aus ihrer Sicht können psychologische Beiträge zur Handlungslogik der Sozialen Arbeit beispielsweise folgenden Stellenwert haben (vgl. ebd., S. 378 ff.):

- als Begründung für lebensweltorientiertes, netzwerkorientiertes, personbezogenes, ressourcenstärkendes Handeln aus psychologischer Sicht, das heißt in ihrer Bedeutung für die Autonomie und Handlungsfähigkeit der Subjekte
- ferner als Anregung zur Selbstreflexion bei den zukünftigen (und gegenwärtigen) Professionellen, um die eigenen Vorstellungen von Expertenschaft und Kompetenz, Normalität und Wohlbefinden kritisch zu hinterfragen und die Bereitschaft für kulturspezifische Zugänge zu Gesundheit und Wohlbefinden zu stärken
- für die Gestaltung von Erstkontakt, Erstgespräch und Problemanalyse; hier ist auf das umfangreiche persönlichkeitspsychologische, sozialpsychologische und diagnostische Wissen der Psychologie zurückzugreifen
- zur Vermittlung und Erprobung expliziter Strategien der Informationsgewinnung, wie sie in den verschiedenen Therapieschulen erarbeitet wurden (nicht als Vorbereitung für therapeutisches Handeln, sondern zur Sensibilisierung für verschiedene Ebenen der Gegenstands-/Problemlogik).

Als Beispiele für relevante psychologische Lehrangebote für die Soziale Arbeit nennen die AutorInnen (vgl. ebd., S. 381):

- Grundlagen des Erlebens / Verhaltens / Interaktion / Veränderung von Menschen
- Institutionelle, zeitliche, soziale, innerpsychische Randbedingungen der Interaktion und ihre Wirkungen auf Befindlichkeit und soziale Interaktion
- Bedingungen und Erscheinungsformen von Gesundheit und Wohlbefinden (auch unter erschwerten Lebensbedingungen)
- Bedingungen und Erscheinungsformen von Störung und Abweichung
- Soziale, kulturelle und gesellschaftliche Definitionsprozesse von Normalität und Abweichung
- Psychologische Erklärungsmodelle (Paradigmen) als Reflexionsangebote
- Psychologische Begründungen für die Wahl von Interaktionsformen
  - mit psychologischer Handlungslogik
  - mit sozialarbeiterischer Handlungslogik
  - mit der Logik der lebensweltbezogenen und personbezogenen Ressourcenstärkung.

Mit einem solchen Fokus ergeben sich neue und systematische Auswahl- und Ordnungskriterien für eine Lehre der Psychologie in der Sozialen Arbeit. Die oben benannten Wissensbestände können kompatibel gemacht werden zu Praxisfeldern (z. B. Suchtbereich oder Psychiatrie), Zielgruppen (z. B. Familien oder alte Menschen) und Themen-/Problemstellungen der Sozialen Arbeit (z. B. Gewalt oder Angst), methodischen Zugängen (z. B. Einzelfall- oder Gemeinwesenarbeit) , oder übergeordnet: An Prozessmodellen und Handlungslogiken der Sozialen Arbeit. So orientiert und ausgewählt kann der Beitrag der Psychologie zur Entwicklung von Analyse-, Reflexions-, Planungs- und Handlungsfähigkeit in der Sozialen Arbeit vielfältig wirksam werden.

Dies fordert von den Lehrenden (die allerdings häufig eine rein psychologische Universitäts- und Praxissozialisation haben) eine Reflexion und Klärung des eigenen Verständnisses von Sozialer Arbeit und damit eine Auseinandersetzung mit sozialarbeitstheoretischen Positionen, mit der Diskussion um die „Leitwissenschaft" und „Transdisziplin" Soziale Arbeit, mit aktuellen gesellschaftlichen Entwicklungen und Problematiken und mit den Fragen und Antworten der Disziplin und Profession Soziale Arbeit darauf.

Wir gehen davon aus (und erleben das im kollegialen Austausch, auch an unserer eigenen Hochschule), dass diese Auseinandersetzung sehr individuell erfolgt. Gleichzeitig ist davon auszugehen, dass es gerade im Zuge der Umstellung auf Bachelorstudiengänge und die Modularisierung der Studieninhalte höchst interessante und kreative Bemühungen der Umsetzung des Anspruches gab und gibt, die Rolle und Funktion der Bezugswissenschaften (hier der Psychologie) zur Leitwissenschaft Soziale Arbeit (neu) zu klären.

Im öffentlichen fachwissenschaftlichen Diskurs der scientific communities der Sozialen Arbeit und der Psychologie, sowie in Lehrbüchern oder anderen Publikationen schlägt sich das allerdings bislang noch kaum nieder. Diese Diskussion möchten wir gerne anstoßen, indem wir an einem Beispiel zeigen wollen, wie aus unserer Sicht *eine* Möglichkeit der Umsetzung solch einer Orientierung an Prozess- und Handlungslogiken der Sozialen Arbeit geschehen kann.

Im Folgenden stellen wir ein Beispiel aus unserem Lehralltag dar (aus dem Modul Psychologie in der Sozialen Arbeit, sechstes und siebtes Semester Bachelor-studiengang Soziale Arbeit), das zeigt, wie eine integrierte Betrachtung von Wissensbeständen der Klinischen Psychologie und der reflexiven Sozialpsychologie im Kontext der Sozialen Arbeit erfolgen kann.

Die zentrale Frage in einer sozialarbeitsbezogenen Bearbeitung eines Fallbeispiels ist:

Was sollte ich (als zukünftige SozialpädagogeIn) aus der Wissenschaft Psychologie wissen und – wie auch immer – anwenden können, um professionell sozialpädagogisch handeln zu können?

Fallbeispiel:

Susanne Körber kommt in die psychosoziale Beratungsstelle der Caritas in Neuperlach. Drei Tage vorher hätte sie bereits einen Termin gehabt, zu dem sie jedoch nicht erschien. Sie rief einen Tag später erneut an, entschuldigte sich leise mehrmals und vereinbarte einen neuen Termin.

Zu diesem Termin kommt Frau Körber über 20 Minuten zu spät. Bei der Begrüßung und im Gespräch schaut sie der Sozialpädagogin Frau Schwarz nicht in die Augen und ihr Händedruck ist eher schlaff. Sie entschuldigt sich mehrmals für den ausgefallenen Termin, nicht aber für die Verspätung, und verstummt immer wieder schnell.

Der äußere Eindruck von Frau Körber ergibt folgendes Bild: Sie ist 25 Jahre alt, ca. 165 cm groß, ca. 70 kg schwer, in ein verwaschenes Sweatshirt und Jeans gekleidet und wirkt älter, als sie ist. Frau Körber ist stark geschminkt, wirkt aber dennoch ungepflegt.

Auf die Frage von Frau Schwarz, was sie in die Beratungsstelle geführt hat, antwortet sie, immer wieder unterbrochen von langen Pausen, sehr langsam und leise: „Warum ich hier bin ... ich weiß nicht ... eigentlich ist es ja eh' sinnlos, aber ich weiß nicht mehr weiter ... aber ich bin nur hier, weil die Nachbarin gesagt hat, dass man zur Caritas hingehen kann, wenn man Sorgen hat, aber ich habe ja eigentlich nichts ... Nur irgendwie geht es mir seit mehreren Monaten eigentlich nicht gut ... schlimm ist vor allem, dass ich kaum mehr schlafen kann und wenn ich dann mal schlafe, dann werde ich gar nicht mehr richtig wach. Ich war schon bei meinem Hausarzt, der hat mir wegen dem Einschlafen ein Mittel verschrieben, aber das wirkt auch nicht mehr. Außerdem hat der gesagt, dass das was Psychisches ist. Ich müsste zum Psychiater, aber ich bin doch nicht verrückt, da geh' ich doch nicht hin! Mein Mann hat auch gesagt, wenn du verrückt bist, dann nehm' ich dir das Kind weg!"

Auf Nachfrage von Frau Schwarz, ob sich noch andere Symptome zeigen, erzählt sie langsam, dass sie in den letzten Wochen überhaupt keinen Appetit mehr hat („Was nicht mal so schlecht ist, mein Mann findet eh', dass ich zu dick bin"), sie sich „in der letzten Zeit nicht mehr so gut" fühlt und Probleme hat, sich bestimmte Sachen zu merken („So wie den Termin, den hab' ich auch einfach vergessen"). Dass ihr das passiert, ist ihr „schon wirklich peinlich", „anscheinend bin ich sogar dafür zu blöd". Frau Körner schweigt erneut und vermeidet weiter den Blickkontakt mit der Beraterin.

Frau Schwarz erkundigt sich nach ihren Lebensumständen und erfährt Folgendes:

Frau Körber ist seit Jahren verheiratet und lebt mit ihrem Mann und dem „einzigen Kind" (Jana, 7 Jahre) in einer kleinen Mietwohnung in Neuperlach. Ihr Mann, Peter (26 Jahre, Automechaniker) ist den ganzen Tag in der Arbeit („zum Glück hat er ja noch Arbeit ... in der Produktion von BMW") oder muss wegen dem Schichtdienst zeitversetzt zur Familie schlafen. Wenn er Früh- oder Tagschicht hat, geht er abends zum Stammtisch, kommt spät heim und schläft dann bis kurz vor Schichtbeginn. Sie reden recht wenig miteinander, „er mag gar nichts hören, denn was erlebe ich denn schon ...". Wenn er sehr spät kommt, gesteht Frau Körber, dass sie immer Angst hat, „dass etwas passiert ist". Meistens ist er aber nur sehr betrunken und „manchmal auch aggressiv gegen mich und das Kind". Aber sie lässt nicht zu, dass er dem Kind etwas tut, es ist ihr „ein und alles". Schlagen tut er sie „eigentlich nicht, nur ist er halt manchmal grober".

Frau Schwarz erkundigt sich nach ihrer Lebensgeschichte und erfährt Folgendes:

Frau Körper hat nach der Hauptschule „nur gejobbt", sie war „glücklich, als dann endlich „ihre kleine Jana kam". Seither kümmert sie sich um die Kleine, die nun aber seit einem Jahr in der Schule ist.

Frau Körber hat noch einen über 12 Jahre älteren Bruder, der zwar in der Nähe wohnt, mit dem sie sich aber seit Jahren nicht versteht, „weil der immer Recht haben will". Andere Verwandte hat sie nicht, ihre Eltern sind beide bei einem Unfall verstorben, als sie selbst acht Jahre alt war. Sie hat dann in einem Heim gelebt („wo es schön war, nicht, was man so sagt von Heimen") und später in einer Jugendwohngruppe, bis sie dann ihren Mann kennen lernte, „relativ schnell schwanger wurde" und mit ihm zusammenzog. Mehr möchte sie nicht über ihre Familie erzählen, „die sind ja auch schon so lange tot". Mit der Wohngruppe hat sie auch keinen Kontakt mehr, „die Erzieher von früher haben alle gekündigt und ich kenne keinen mehr dort".

Frau Schwarz erkundigt sich, wie Frau Körber ihre Tage verbringt und was sie gerne tut. Frau Körber stöhnt und reagiert sehr ausweichend: Sie geht kaum mehr aus dem Haus, nur noch zum Einkaufen und nur noch manchmal in die Schule, um Jana abzuholen, weil sie das Gefühl hat, „die Leute tuscheln dann, wenn sie mich sehen". Einmal hat es Streit mit einer anderen Mutter gegeben, die ihr vorwarf, dass Frau Körbers Mann ihrem Mann noch Geld schuldet. Seither versucht sie ihr aus dem Weg zu gehen. Überhaupt fühlt sie sich in Neuperlach nicht wohl, „da sind ja nur Asoziale". Aus der Zeit im Heim hat sie nur eine Freundin, die allerdings vor einem halben Jahr weggezogen ist „und zum lang telefonieren haben wir kein Geld, es ist eh' knapp". Zuhause macht sie gerne Kreuzworträtsel und manchmal auch „so Hinterglasbilder ... ja und mit Jana bastle ich sehr gerne". Früher hat sie immer gerne getanzt, hat aber dann aufgehört, als sie Mutter wurde. Ihrem Mann würde das eh' nicht gefallen, wenn sie tanzen gehen würde. Nach einer Weile wird Frau Körner im Gespräch unruhig und meint, dass sie jetzt eigentlich gerne wieder gehen würde, das hier würde sowieso nichts bringen und sie müsse heim, ihre Tochter wäre nur bis 4 Uhr bei der Nachbarin untergebracht und wenn ihr Mann erfahren würde, dass sie hier wäre...

Frau Schwarz spricht sie noch einmal an, jedoch wendet sich Frau Körber immer mehr ab und verstummt. Nach einer kurzen Gesprächspause schreckt sie fast hoch und will sofort gehen. Frau Schwarz hält sie zurück und bietet ihr einen neuen Termin an. Fast ungläubig vereinbart Frau Körber einen neuen Termin für die folgende Woche, obwohl sie, wie sie sagt, gar nicht weiß, was sie hier überhaupt soll. Sie verabschiedet sich schnell von der Sozialpädagogin und verlässt die Beratungsstelle, ohne sich umzusehen.

Anhand eines solchen Fallbeispiels können in der Lehrveranstaltung psychologische Wissensbestände sowie Betrachtungsperspektiven und kritische Fragestellungen vermittelt sowie gemeinsam diskursiv erarbeitet und die Verknüpfung von

bezugswissenschaftlichen Perspektiven geübt werden. In der Modulabschluss-
prüfung wird dann ein solches Fallbeispiel anhand der unten beispielhaft aufgeführ-
ten Fragestellungen von den Studierenden schriftlich bearbeitet.

Im Folgenden zeichnen wir inhaltliche Linien einer solchen Bearbeitung (während der Lehrveranstaltung, aber auch in der Prüfung) nach, mit der exemplarisch
versucht wird, dem oben formulierten eigenen Anspruch gerecht zu werden,
psychologisches Wissen vor dem Hintergrund der Anforderungen, Erfordernisse,
Interessen, spezifischen Aufgaben und Belange der Sozialen Arbeit im Kontext von
Beratungs- und Clearingarbeit – einem sehr wichtigen Feld der Sozialen Arbeit –
auszuwählen.

Charakterisieren Sie kurz die im Text mitgeteilten Reaktionsformen und Einstellungen der
Klientin. Erstellen Sie eine erste Diagnose als Arbeitshypothese anhand diagnostischer
Kriterien.

Im Fokus steht hier die psychologische Diagnose als Arbeitshypothese für nachfolgende Interventionen. Die Studierenden der Sozialen Arbeit brauchen qualifiziertes
Wissen über Fragen der Klassifikation mit den üblich verwendeten psychiatrischen
Diagnoseinstrumenten (ICD-10, DSM-IV) und deren Anwendung. Zwingend
notwendig ist dafür eine kritische Betrachtung der mit einer Diagnose verbundenen
Prozesse (z. B. Pathologisierung, Klientifizierung, Stigmatisierung, Zugang zu Ressourcen etc.) und damit der großen professionellen Verantwortung.

Die Studierenden lernen, hinter Alltagsbeschreibungen in einer ersten Differenzierung eventuelle Symptomatiken psychischer Krankheiten erkennen zu können,
um darauf basierend entscheiden zu können, ob und welche weiterführende psy-
chologische/psychiatrische Hilfe notwendig ist. Eine zentrale Frage ist dabei, ob
und in welcher Hinsicht dies ein Fall für die Soziale Arbeit ist, in Abgrenzung oder
Ergänzung zur psychologischen oder psychiatrischen Hilfe.

Dieses Wissen und eine damit verbundene kritische Auseinandersetzung ermöglicht das kompetente Lesen und Verstehen von Diagnosen, z. B. in Akten,
sowie einen interdisziplinären Fachdialog mit PsychologInnen und PsychiaterInnen.
Wichtig ist dabei, dass die medizinische/psychologische Diagnose auch durch eine
sozialpädagogische Diagnose ergänzt wird.

Erklären Sie die Reaktionsformen und Einstellungen der Klientin und ihres Netzwerkes
anhand fallrelevanter psychologischer Erklärungsmodelle.

Die Psychologie bietet verschiedene Erklärungsmodelle an, die für die Reflexion
des Verhaltens von Menschen (oder auch: eines Falles) hilfreich sein können. Im
Fachdiskurs der Psychologie konkurrieren verschiedene Ausrichtungen und Schulen hinsichtlich ätiologischer Faktoren psychischer Störungen. Für SozialpädagogInnen ist es wichtig, verschiedenste psychologische Erklärungsmodelle zu
kennen, deren theoretische Konzeptionen (z. B. historisch und im Kontext der
Psychologie) einordnen zu können und mit diesen Wissensbeständen so umzugehen, dass weniger die Frage im Raum steht: Wie mache ich die KlientIn passend zu
einem psychologischen Erklärungsmodell (das mir gerade einfällt oder das ich als

Einziges an der Hochschule kennen gelernt habe oder dem ich selbst „anhänge"?), sondern vielmehr:
Wie lässt sich das Verhalten bzw. die psychische Störung der KlientIn mit welchen psychologischen, theoretischen Perspektiven wie erklären? Was ermöglicht und was verhindert die jeweilige psychologische Perspektive für mich als SozialpädagogIn im Hinblick auf welche Intervention?
Da die SozialpädagogInnen strukturell Aufgaben auf allen Handlungsebenen haben (siehe IFSW-Definition), brauchen sie ein breites Spektrum an psychologischem Wissen. Das verlangt von ihnen eine differenzierte Kenntnis und kritische Würdigung von psychologischen Schulen, deren praktischer Relevanz und Transformierbarkeit für die Soziale Arbeit und vor allem die Fähigkeit zum Perspektivenwechsel.
Hilfreich für eine Bearbeitung von Fällen hat sich eine einfache, aber effektive Systematisierung der verschiedenen psychologischen Ansätze erwiesen im Hinblick auf die Fokussierung ihrer jeweiligen Störungsmodelle (mit der psychologische Ansätze dahingehend sortiert werden können, worauf sie sich in den Störungsmodellen im Kern fokussieren):

- auf das **Individuum**, wie z. B. die Psychoanalyse, Lernpsychologie, Kognitionspsychologie, Biologische Psychologie;
- auf den **sozialen Kontext**, wie z. B. die Familienpsychologie, Sozialpsychologie, Interaktionstheorien, Netzwerkansatz, Theorien der sozialen Unterstützung;
- auf der **gesellschaftlichen Ebene**, wie z. B. reflexive Sozialpsychologie, z. T. auch Soziologie, symbolischer Interaktionismus, kritische Psychologie.

Alle Theorien dienen der Erklärung und Reflexion des Verhaltens von Menschen, sind aber auch hilfreiche Dimensionen dahingehend, auf welcher Ebene und in welcher Hinsicht Interventionen – entsprechend dem jeweiligen institutionellen Auftrag – erfolgen können und müssen. Alle psychologischen Erklärungsmodelle sollten daher unbedingt – orientiert am individuellen Fall – dahingehend kritisch überprüft werden, welche (gut begründeten) Ansätze sie für hilfreiche (sozialpädagogische) Interventionen anbieten.
Quer zu dieser Systematik liegt in verschiedener Hinsicht der Ansatz der Salutogenese (vgl. Antonovsky, 1997). Hierbei werden Faktoren und dynamische Wechselwirkungen betrachtet, die zur Entstehung und Erhaltung von Gesundheit führen. Diese Perspektive bietet wichtige Ansätze für eine ressourcenorientierte Soziale Arbeit, die die Probleme des Menschen adäquat würdigt und gleichzeitig dessen Potentiale in den Blick nimmt.

Reflektieren Sie die Reaktionsformen und Einstellungen der Klientin aus einer gesellschaftlichen und geschlechtsspezifischen Perspektive.

Handlungen von Menschen finden immer im historischen Kontext von Gesellschaft statt und sind neben der individuellen und sozialen Ebene auch nur so verstehbar. Insofern ist es für SozialpädagogInnen unabdingbar, diese Dimensionen und Ebenen mit in den Blick der Reflexion und des Handelns zu nehmen.

Diese Aspekte haben auch eine psychologische Relevanz: Welche Copingleistungen werden Individuen in gesellschaftlichen Prozessen abverlangt? Wie lassen sich Zusammenhänge von gesellschaftlichen und individuellen Problemen beschreiben? Wie wird Gesellschaft von denen gestaltet, die sich im Leben behaupten müssen? Wie kann ihr Handeln gesellschaftlich kontextuiert werden? Die Perspektive, dass individuelle Störungen immer auch als ein Ausdruck gesellschaftlicher Zusammenhänge gedeutet werden können, hat nicht zuletzt die sozialpsychologische Arbeitslosenstudie von Marienthal von Jahoda u. a. (1975) gezeigt.

Für eine qualifizierende Fallarbeit sind daher Fragen nach den gesellschaftlichen Bedingungen für Individuen unabdingbar. Dazu gehört auch der Blick auf das Geschlecht. Es ist der Verdienst der psychologischen und soziologischen, feministischen Frauenforschung der letzten 40 Jahre, den Blick auf Sex und Gender als einen der relevantesten Ungleichheitsfaktoren gerichtet zu haben. Interessant ist, dass hier im Kontext der klinischen Psychologie ein blinder Fleck zu erkennen ist: Grundsätzlich wird über den psychisch gestörten Menschen gesprochen. Wenn, dann erfolgt höchstens eine Differenzierung auf die Gruppe der Frauen, die epidemiologisch häufiger psychische Störungen aufweisen (was aufgrund mehrerer Verzerreffekte ebenfalls kritisch zu hinterfragen ist). Im Hinblick auf die psychische Gesundheit von Männern beginnen erst in den letzten Jahren Diskussionen – ein ganz eigener Genderbias mit fatalen Folgen für psychisch belastete Männer (siehe z. B. die männliche Depression). Deutlich wird an diesem Beispiel: Auch hier wirken gesellschaftlich definierte Rollenbilder, die Auswirkungen auf das Handeln und Verhalten – auch von Professionellen aller Art – haben.

SozialpädagogInnen haben laut IFSW den Auftrag, den sozialen Wandel zu fördern: „Ihre Grundlagen sind die Prinzipien der Menschenrechte und der sozialen Gerechtigkeit."

Insofern ist Soziale Arbeit immer auch gesellschaftspolitische Arbeit – entsprechend dem Motto Jahodas: „Das Unsichtbare sichtbar machen". Und dazu gehört auch psychologisches Wissen über die Zusammenhänge von psychischen Störungen und gesellschaftlichen Faktoren.

Skizzieren Sie auf der Grundlage der in der Analyse gewonnenen Informationen und der psychologischen Erklärungsmodelle eine sozialpädagogische Interventionsstrategie.

Fachliches Handeln in der Sozialen Arbeit zeichnet sich durch mehrere Faktoren aus: Neben der Haltung (geprägt durch Ethik, Menschenbild u. a.) sind Fähigkeiten (wie z. B. Empathie, angemessene Techniken der Gesprächsführung) von den SozialpädagogInnen gefordert. Vor allem hier bietet die Psychologie ein breites Methoden- und Konzeptspektrum an, das hilfreich ist.

Darüber hinaus werden Anforderungen wie Theoriegeleitetheit und Systematisierung von Planung und Handlung im Hinblick auf Ergebnissicherung und Evaluierung in der Sozialen Arbeit immer wichtiger. Dazu braucht es Wissen über Institutionen und Abläufe, um Handlungen realistisch zu planen und – bei allen Unwägbarkeiten, die in der Sozialen Arbeit wirken – strukturiert durchführen zu können.

Hilfreich ist bei der Beantwortung der oben gestellten Frage daher, ein handlungstheoretisches sozialarbeitswissenschaftliches Konzept (vgl. z. B. Staub-Bernasconi, 2007) mit psychologisch fundierten Interventionsansätzen zu verknüpfen. In den Handlungen und in den Interventionen – auf der Ebene des Individuums, der Familie oder im sozialen Netzwerk, sowie auf der gesellschaftlichen Ebene – werden psychologische Theorien lebendig.

Zusammenfassend lässt sich feststellen:

Ausgangs- und Bezugspunkt für die Vermittlung von psychologischem Wissen und psychologischen Frageperspektiven sollte die sozialarbeiterische Praxis in Form von Fallskizzen und -beispielen sein (von kleinen Fallvignetten bis zu komplexen Fallbeschreibungen).

Darin integriert erfolgt die Wissensvermittlung von Grundlagentheorien psychologischen Denkens ebenso wie die Auseinandersetzung mit dem Begriff der psychischen Störung sowie einem breiten und kritischen Überblick über psychologische Interventionsmöglichkeiten.

Wenn es in diesem Lehr- und Lernprozess den Lehrenden gelingt, sich immer wieder auf die Soziale Arbeit als Kernthema zu beziehen in ausgewählten, beispielhaften Anforderungssituationen des professionellen Alltags, und nicht der „Faszination der eigenen Fachdisziplin" zu erliegen (die ja durchaus groß ist und eine wichtige motivationale Ressource der Lehrenden darstellt), dann könnte unseres Erachtens eine wichtige Basis gelegt sein für eine reziproke, eine sich wechselseitig befruchtende Beziehung zwischen Sozialer Arbeit und Psychologie.

Unsere Vision ist es, diese noch unsichere „Paarbeziehung" zu erweitern in eine umfassende „Gemeinschaftsbildung" aller Bezugswissenschaften der Sozialen Arbeit, konkret umgesetzt z. B. in Form eines „bezugswissenschaftlichen Tages", bei dem ausgehend von einer sozialpädagogischen Ausgangssituation alle Bezugswissenschaften miteinander und mit dem Dreh- und Angelpunkt Soziale Arbeit als Profession wie Disziplin kommunizieren und sich gegenseitig bereichern. Das wäre für Studierende wie Lehrende eine große Chance für gemeinsame disziplinäre wie professionelle Weiterentwicklung.

Experimentelle Ansätze für ein solches Vorhaben gab und gibt es an unserer Hochschule (und sicher auch an anderen Hochschulen). Eine institutionelle und curriculare Verankerung dieses Projektes, wie auch eine Sammlung von solchen Modellen guter Praxis in einer hochschuldidaktischen Publikation stehen noch aus.

Soziale Arbeit in der Psychologie – eine neue Liebe?

Die bisherigen Ausführungen zeigen deutlich auf, dass die Psychologie die Soziale Arbeit sehr bereichert und psychologische Inhalte dort sehr geschätzt werden – andersherum scheint das noch nicht so zu sein bzw. ist es noch nicht so offensichtlich.

Genau das ist nun unsere abschließende Frage: Wie kann es gelingen, dass die Soziale Arbeit attraktiv wird für die Psychologie? Wo gibt es in der Theorie, wie auch in der psychosozialen Praxis Ansatzpunkte dafür, dass ein wechselseitiges Interesse zu inhaltlichen Win-win-Situationen führen kann? Und welche Maßnahmen könnten dafür hilfreich sein?

Berufspolitisch gesehen zeigen sich in Feldern, in denen eine sog. multidisziplinäre Perspektive gewünscht und notwendig ist, erste Ansatzpunkte. Klassische Beispiele sind die sozialpsychiatrischen Dienste, in denen MitarbeiterInnen konzeptionell verschiedene Ausbildungen haben sollen (Medizin, Soziale Arbeit, Psychologie), aber arbeitsteilig die gleiche Arbeit machen und sich im multidisziplinären Team gegenseitig beraten. Problematisch ist allerdings, dass die MitarbeiterInnen oft sehr unterschiedlich bezahlt werden, wobei die SozialpädagogInnen am wenigsten verdienen.

Anzuführen ist hier auch der Bereich der Erziehungsberatung, die sich nach dem 8. Jugendbericht 1990 und der darin proklamierten Lebensweltorientierung – einem nicht zuletzt durch Thiersch stark sozialpädagogisch/sozialarbeiterisch geprägten Begriff (vgl. Thiersch, 1995) – seither programmatisch mehr an der Sozialen Arbeit ausrichten soll als am früher dominanten therapeutischen Modell. Diese programmatische Schwerpunktverlagerung führte zu inhaltlichen Diskussionen (vgl. Bundeskonferenz für Erziehungsberatung) und einem deutlich veränderten Angebotsspektrum hinsichtlich klassisch sozialpädagogischen Aufgaben der Jugendhilfe und damit auch zu einer intensiven Rezeption sozialpädagogischer Theorien und Konzepte durch psychologisch ausgebildete MitarbeiterInnen – leider auch hier nicht zu einer gleichberechtigten Bezahlung.

Nicht zuletzt diese Beispiele zeigen die Probleme, aber auch die Potentiale eines wirklich wechselseitigen Interesses auf, die wir abschließend noch einmal fokussieren wollen. Was könnte die Psychologie von der Sozialen Arbeit lernen bzw. welche Wissensbestände und gemeinsamen Fragestellungen könnten attraktiv sein in einem reziproken Lern- und Befruchtungsprozess?

Soziale Arbeit als Wissenschaft und Profession hat viele interessante Wissensbestände entwickelt. So wurden beispielsweise in systemisch-konstruktivistischen (einen Überblick bietet Merten, 2000), wie gesellschaftstheoretisch angelegten Theorien (z. B. von Böhnisch, 2008) gut fundierte Theorien über die gesellschaftliche Bezogenheit des Menschen entwickelt. SozialpädagogInnen sind ExpertInnen für Menschen und deren Herausforderungen in ihren sozialen Bezügen und Zusammenhängen, die sich im hochkomplexen Feld des Alltags des Menschen zeigen. Der Alltag ist ein komplexer Gegenstand, der wissenschaftlich nicht leicht zu erfassen ist, denn er kann als chaotisches System charakterisiert werden, in dem nur begrenzt Vorhersagen getroffen werden können.

Nirgendwo als im Alltag von Menschen – dem zentralen Gegenstand der Sozialen Arbeit – hat das Watzlawick'sche Axiom „Man kann von einem Anfangszustand nicht auf einen Endzustand schließen und man kann von einem Endzustand nicht auf den Anfangszustand schließen" zu so vielen Ansätzen und Methoden geführt, dieses chaotische System dennoch im Sinne eines besseren, gelingenderen Lebens – bei Beachtung des Eigensinns der KlientInnen – zu gestalten. Man könnte auch sagen: SozialarbeiterInnen sind die ExpertInnen der

Strukturierung der Unübersichtlichkeit des Alltags, den anderen 23 Stunden des Tages nach der Psycho-Therapie.

Dazu gehört auch, sich empirisch und theoretisch mit dem Scheitern des eigenen Anspruchs auseinanderzusetzen. SozialarbeiterInnen sind ExpertInnen im Scheitern auf hohem Niveau. Zugegeben, dieser Zugang zeigt sich zuweilen eher als kollektives Jammern und programmatisches Anklagen. Leider wird auch in der Sozialarbeit mit dem Scheitern mehr gerungen als dieses offensiv und selbstbewusst als Normalität zu akzeptieren – denn Scheitern von Professionellen beeinflusst das Leben von Hilfesuchenden. Dennoch steckt im offensiven Umgang mit dem Scheitern großes Potential: Scheitern als Chance zu sehen ist etwas, was neben allen Bemühungen um theoretische und praktische Kontrollierung des Unkontrollierbaren, das tägliche Tagwerk einer SozialpädagogIn und damit auch der Disziplin und Profession der Sozialen Arbeit ist. Auch hier könnte die Psychologie lernen und vom eigenen Mythos der „Allwissenheit" abrücken.

Auch im Hinblick auf die eigene Wissenschaftsentwicklung zeigt sich in der Sozialen Arbeit ein interessantes Phänomen, das man durchaus als „kritische Selbstzerfleischung" deuten kann. Ist Soziale Arbeit eine Wissenschaft? Hat sie den EINEN Gegenstand, den eine Wissenschaft braucht? Hat sie Methoden, die im gängigen Verständnis von Wissenschaft anerkannt sind? All diese Fragen beschäftigen einen ganzen Betrieb von AkademikerInnen auf Tagungen und in Publikationen. Die Soziale Arbeit als relativ neue Wissenschaft stellt sich selbstkritisch, wenngleich zugegebenermaßen manchmal auch etwas larmoyant, diesen wichtigen Fragen, allerdings auch noch weitgehend unbeachtet von der Psychologie, die ja selbst ein Konglomerat und damit ein Dach für verschiedenste Richtungen bildet. Was könnte die Soziale Arbeit von der Psychologie im Hinblick auf die Integration verschiedenster, auch widersprüchlicher Richtungen lernen? Aber auch: Was könnten die PsychologInnen von den Diskussionen im Kontext der Sozialen Arbeit lernen? Zum Beispiel mehr Diskussionsfreudigkeit und selbstkritische Betrachtung?

Deutlich ist: Die Soziale Arbeit ist eine Wissenschaft, die es sich selbst nicht leicht macht und bisweilen zwischen Hybris und Selbstkasteiung pendelt. Der Sozialen Arbeit ist der Widerspruch inhärent. Dies ist kein Makel, sondern ein Abbild der Gesellschaft – insofern müssen in der Sozialen Arbeit Widersprüche sichtbar werden und auch bleiben. Insofern sind SozialarbeiterInnen *die* ExpertInnen für komplexe Prozesse in der Gesellschaft – etwas, wovon sich die Psychologie in vielen Richtungen deutlich entfernt bzw. dem sie sich noch wenig konsequent angenähert hat. Gesellschaftskritische Psychologie darbt ein Randdasein in der eigenen Disziplin, denn mit diesem Zugang können keine wirklich populären und simplifizierbaren Ergebnisse gewonnen werden, die sich markttechnisch gut verwerten lassen. Insofern wäre ein ernsthaftes Interesse der Psychologie an der Sozialen Arbeit auch programmatisch zu verstehen: Es könnte eine einseitige Psychologisierung menschlichen Erlebens und Handelns ausgleichen durch gesellschaftskritische Perspektiven und somit dem Anspruch der Psychologie auf eine Verbindung von Individual- und Sozialwissenschaften theoretisch wie anwendungsorientiert näher kommen.

Und darin liegt unseres Erachtens eines der größten Potentiale, alte Vorurteile, Bedenken und machtorientierte Abgrenzungsrituale mit einem warmen und gleichzeitig frischen Wind einfach wegzuwehen und endlich die kalte Schulter etwas zu erwärmen – und damit ein anderes Ende im psychologischen Liebesfilm „Gone with the wind" zu ermöglichen oder vielleicht sogar eine neue Liaison, die alle glücklich macht. Lasst uns träumen…

Literatur

Achter Jugendbericht, abrufbar unter http://www.aba-fachverband.org/index.php?id=392 (abgerufen am 24.1.11).

Antonovsky, Aaron, 1997: *Salutogenese*, Tübingen.

Beerlage, Irmtraud / Busse, Stefan / Fabian, Thomas / Giese, Eckhard / Haselmann, Sigrid / Mulkau, Annette, 1999: Von einer Psychologie für die Soziale Arbeit zu einer Sozialarbeitspsychologie?, in: *Verhaltenstherapie und psychosoziale Praxis* 31, Heft 3: Psychologie in der Sozialarbeit, S. 361-386.

Böhnisch, Lothar, 2008: *Sozialpädagogik der Lebensalter*, Weinheim.

Brandt, Gustav, 1962: *Psychologie für soziale Berufe*, Berlin.

Bundeskonferenz für Erziehungsberatung, vgl. http://www.bke.de/virtual/bke/index.html (abgerufen am 24.1.11).

Engelke, Ernst, 1992: *Soziale Arbeit als Wissenschaft. Eine Orientierung*, Freiburg.

International Federation of Social Workers (IFSW), 2001: Internationale Definition der Profession Sozialer Arbeit, in: *Mitteilungen der Deutschen Gesellschaft für Soziale Arbeit*, 1/2001, S. 4-5.

Jahoda, Marie / Lazarsfeld, Paul / Zeisel, Hans, 1975: *Die Arbeitslosen von Marienthal*, Frankfurt a. M.

Langfeldt, Hans-Peter/ Nothdurft, Werner, 2007: *Psychologie. Grundlagen und Perspektiven für die Soziale Arbeit*, München.

Merten, Roland, 2000: *Systemtheorie Sozialer Arbeit*, Opladen.

Staub-Bernasconi, Silvia, 2007: *Soziale Arbeit als Handlungswissenschaft. Systemtheoretische Grundlagen und professionelle Praxis. Ein Lehrbuch*, Bern u. a.

Seithe, Mechthild, 2008: *Engaging – Möglichkeiten klientenzentrierter Beratung in der Sozialen Arbeit*, Wiesbaden.

Thiersch, Hans, 1995: *Lebenswelt und Moral*, Weinheim.

3 Psychologie

Der Mensch in seiner psychosozialen Entwicklung

Christine Plahl und Luise Behringer

Die Entwicklungspsychologie schafft mit ihren Theorien und den Ergebnissen empirischer entwicklungspsychologischer Untersuchungen eine wichtige Wissensgrundlage für den professionellen Umgang mit Menschen aller Lebensalter. Das Wissen darüber, wie und in welchen Variationen sich Wahrnehmung, Denken, Sprache, Identität, emotionales und soziales Verhalten beim Menschen entwickeln, ermöglicht eine an den Bedürfnissen der Menschen orientierte Sozialarbeit ebenso wie es eine dementsprechende Sozialpolitik beeinflussen sollte. Es liefert die Grundlage für Entwicklungs- und Gesundheitsförderung, für präventive gesundheitspolitische Programme und stellt die Basis dar für therapeutische Empfehlungen und pädagogische Konzepte in der Beratung von Eltern, Lehr- und anderen Fachkräften. Entscheidend geprägt werden die entwicklungspsychologischen Erkenntnisse von den jeweils herrschenden Paradigmen und den ihnen zugrunde liegenden Menschenbildern. Die Paradigmen der Entwicklungspsychologie sind als Rahmenbedingungen wissenschaftlicher Sichtweisen nicht nur Ausdruck einer kulturell-historisch geprägten Auffassung vom Menschen, vielmehr bestimmen sie wesentlich, wie psychosoziale Entwicklung zu begreifen ist und mit welchen empirischen Methoden sie adäquat zu untersuchen ist. Eine professionelle Rezeption entwicklungspsychologischen Wissens erfordert daher stets die kritische Reflexion des jeweiligen paradigmatischen Erkenntnisrahmens. So scheint es sinnvoll, diesen paradigmatischen Entwicklungswegen der Entwicklungspsychologie in den westlichen Kulturkreisen nachzugehen, um einerseits verschiedene Sichtweisen des Menschen im sozialkulturellen Kontext aufzuzeigen und andererseits die daraus abgeleiteten praktischen Vorgehensweisen in der Anwendung entwicklungspsychologischen Wissens besser verstehen und gezielter einsetzen zu können.

Entwicklungspsychologie wird als eine Wissenschaft definiert, die empirisch gestützte Aussagen zum Entwicklungsverlauf des menschlichen Lebens macht und untersucht, wie sich die Entwicklung des Menschen als geordnete und relativ anhaltende zeitliche Veränderung im Zusammenwirken von körperlichen und psychosozialen Strukturen, Prozessen und Verhaltensweisen vollzieht: Wie sich beispielsweise aus dem Krabbeln das Laufen, aus dem Lallen das Sprechen und aus dem konkreten das abstrakte Denken formt. Die Vielfalt der Entwicklungswege, die Bedeutung verschiedener Kontexte und das Berücksichtigen unterschiedlicher Lebenslagen ist nicht nur für die Soziale Arbeit, die Pädiatrie oder die Geriatrie relevant; sie hat auch eine wichtige Bedeutung für das inter- und transdisziplinäre Zusammenwirken mit Biologie, Soziologie, Anthropologie, Neurowissenschaften, Kulturwissenschaften und Erziehungswissenschaft.

Paradigmen der Entwicklungspsychologie

Die wissenschaftliche Untersuchung der psychosozialen Entwicklung des Menschen begann in den ersten Jahren des 20. Jahrhunderts und beschränkte sich zunächst auf die Entwicklung von Kindern. Das damals vorrangige Ziel der Forschung war es, anhand systematischer Beobachtungen Informationen über die kindliche Entwicklung zu sammeln, sorgfältige Beschreibungen altersspezifischer Entwicklungsveränderungen zu erstellen und schließlich daraus Verhaltensnormen und Entwicklungstests abzuleiten. In den Anfängen der Entwicklungspsychologie wurde Wachstum meist gleichgesetzt mit Reifung und entwicklungsbedingte Veränderungen wurden als Entfaltung von Erbanlagen betrachtet, als angeborene universelle Reifungsmuster, die für alle Menschen gleichermaßen gelten (Stern, 1914). Im damals vorherrschenden **organismischen** Paradigma liegen die wesentlichen Bestimmungsstücke der psychosozialen Entwicklung im Organismus des Menschen, und der menschliche Lebenslauf wird entsprechend als Umsetzung eines durch ein inneres Entwicklungsgesetz gesteuerten Entwicklungsplans betrachtet. Die Theorie der psychosexuellen Entwicklung von Sigmund Freud (1930) geht ebenso wie die Theorie der Persönlichkeitsentwicklung von Erik Erikson (1959) davon aus, dass universelle Reifungsveränderungen im Organismus während des Lebenslaufs spezifische Konflikte bzw. stadientypische Krisen erzeugen, die durch neue Erfahrungsmöglichkeiten und komplexere Interaktionsanforderungen die psychosoziale Entwicklung des Menschen voranbringen. Die frühe Kindheit gilt als grundlegend für die Persönlichkeitsentwicklung und entsprechend kommt der frühen Interaktion zwischen Eltern und Kind große Bedeutung zu. Die von Karl Bühler (1918) und Charlotte Bühler (1928; 1929) geprägte Wiener Schule der Entwicklungspsychologie begann schließlich damit, streng experimentalpsychologische Forschungen mit Verhaltensbeobachtungen und der Auswertung von Dokumenten wie etwa Tagebüchern zu verbinden und wandte diese empirisch gewonnenen Erkenntnisse kontrolliert auf die pädagogische Praxis an. So konnte beispielsweise durch die enge Kooperation mit dem neu gegründeten Pädagogischen Institut die sozialdemokratische Wiener Schulreform entscheidend mitgestaltet werden. Charlotte Bühler (1933), die als erste Entwicklungspsychologin die Perspektive der gesamten Lebensspanne eingenommen hat, gründete ein eigenes „Kinderpsychologisches Institut" für die Diagnostik und Beratung von Kindern und Jugendlichen und führte im Zentralkinderheim der Stadt Wien so genannte „Dauerbeobachtungen in natürlichen Lebenssituationen" durch. Aufbauend darauf konstruierte sie einen Entwicklungstest für pädagogische Anwendungen, der 1932 als „Wiener Entwicklungstest" veröffentlicht wurde.

Die experimentelle Ausrichtung der Entwicklungspsychologie wurde stark beeinflusst durch die Lerntheorien des klassischen und operanten Konditionierens. Im zugrunde liegenden **sozialisationstheoretischen** Paradigma des Behaviorismus prägen die jeweiligen soziokulturellen Erfahrungen den Lebenslauf eines Menschen und es wird experimentell exakt untersucht, wie elementares Lernen aus sozialen und materiellen Umwelteinflüssen entsteht, und wie die Entwicklung des Menschen entsprechend geformt werden kann (Watson, 1928). Verhalten wird in den Kategorien von Reiz und Reaktion analysiert und Lernen wird als ein Konditionierungsprozess betrachtet, bei dem Reize mit Reaktionen assoziiert werden. Das berühmteste Beispiel hierzu war das Experiment, das John Watson und Rosalie Raynor (1920) mit dem kleinen Albert durchführten: Dem neun Monate alten Albert wurde eine putzige weiße Ratte gezeigt, zu der er unbekümmert hin krabbelte und mit der er genauso begeistert spielte wie zuvor mit einem Hund und einem Kaninchen. Daraufhin schlug Watson jedes Mal, wenn Albert sich der Ratte näherte, hinter ihm stehend mit einem Hammer auf eine schwere Eisenstange. Der laute Schlag als Reiz löste bei Albert unmittelbar Angst als Reaktion aus. Für ihn waren die Wahrnehmung des lauten Schlages und die Wahrnehmung der Ratte direkt verbunden, so dass er schließlich nach einiger Zeit den Anblick der weißen Ratte mit dem lauten Schlag assoziierte und ängstlich vor ihr zurückschreckte, wenn er sie sah. Auf diese Weise hat Albert eine bedingte (konditionierte) Angstreaktion gelernt. Ein solches Experiment würde heute aus ethischen Gründen nicht mehr durchgeführt werden; damals war es eine eindrückliche Demonstration, dass Gefühlsreaktionen nicht angeboren, sondern erlernt sind. Wir wissen heute, dass Menschen bereits pränatal aus den Erfahrungen lernen, die sie in ihrer intrauterinen Umwelt sammeln, indem sie assoziative Verbindungen zwischen Wahrnehmungseindrücken verschiedener Modalitäten herstellen. So führt beispielsweise das häufige gleichzeitige Hören einer bestimmten Stimme in Verbindung mit einem erhöhten Cortisol-Spiegel als physiologische Dimension der mütterlichen Stressreaktion im Mutterleib dazu, dass diese Stimme nach der Geburt beim Kind ebenfalls eine Stressreaktion auslöst (Berger, 2010).

Eine wesentliche Erweiterung erfuhren die Lerntheorien durch die Integration des sozialen Kontextes und die Entdeckung der Nachahmung als wichtigen Sozialisationsfaktor im **kontextualistischen** Paradigma. Albert Bandura (1979) erklärt in seiner sozialen Lerntheorie, wie über die Beobachtung eines realen oder virtuellen Modells neue und komplexe Verhaltensweisen gelernt werden. Bandura (1965) führte eine klassische Studie zum Modelllernen durch, in der er zeigte, dass aggressives Verhalten nicht explizit verstärkt werden muß, sondern allein schon durch das Betrachten eines aggressiven Modells im Film gelernt wird. Allerdings wurde das aggressive Verhalten im anschließenden Spiel nur von denjenigen Vorschulkindern auch gezeigt, die beobachtet hatten, dass das Modell im Film entweder für seine Aggressionen belohnt wurde oder zumindest ohne Konsequenzen blieb. Wurde das Filmmodell für sein Verhalten bestraft, zeigten die Kinder das aggressive Verhalten nicht, obwohl sie es gelernt hatten. Anders als die traditionelle Lerntheorie betrachtet die Soziale Lerntheorie den Menschen nicht als ausgeliefert an eine ihn formende Umgebung, sondern betont, dass Menschen stets gleichzeitig Produkte und ProduzentInnen ihrer Umwelt sind. Darüber hinaus hat Bandura (1977) gezeigt, dass nicht die Fähigkeiten eines Menschen sein Lernvermögen bestimmen, sondern die individuelle Einschätzung der eigenen Fähigkeiten, die so genannte Selbstwirksamkeitserwartung. Wenn beispielsweise noch immer viele Mädchen fest davon überzeugt sind, mathematische Aufgaben nicht oder nicht gut lösen zu können, dann beeinflusst ihre eingeschränkte Selbstwirksamkeitserwartung tatsächlich ihren Lernerfolg.

In der kognitiv-strukturellen Entwicklungstheorie von Jean Piaget und Bärbel Inhelder (1973) wird Entwicklung als Ergebnis der Interaktion zwischen reifebedingten biologischen Veränderungen und umweltbezogenen physikalischen und sozialen Erfahrungen verstanden, die durch Assimilation und Akkommodation die kognitive Entwicklung in Gang setzen. Erkenntnisse werden aus den Interaktionen zwischen dem handelnden Subjekt und den von ihm untersuchten Objekten gewonnen; das Kind wird als ein aktiver, sich selbst regulierender Organismus betrachtet. So wird beispielsweise ein Kind, das gerade das Handlungsschema einer *Rassel* erworben hat, – ein Gegenstand, mit dem durch Schüttelbewegungen rasselnde Klänge erzeugt werden können – in assimilierender Weise alle Gegenstände, die ihm in die Hände kommen, wie eine Rassel schütteln und so die Umwelt dem eigenen Handlungsschema anpassen. Ein Kind dagegen, das erkennt, dass eine Trommel besser klingt, wenn sie geschlagen wird statt wie eine Rassel geschüttelt, modifiziert sein Handlungsschema und passt sich so akkommodierend der Umwelt an. Das Kind entdeckt die neuen Anforderungen der Umwelt an sein *Bewegungs-Klangerzeugungs-Schema* und verändert durch seine kognitive Umorganisation das Niveau seines Denkens und Handelns.

Lev Vygotsky (1934/1964; 1978) erweitert die Sichtweise, dass der Mensch sich selbst durch seine Aktivität formt, um die soziale, kulturelle und historische Dimension. Die von ihm formulierte kulturhistorische Entwicklungstheorie begreift Entwicklung als einen sozial vermittelten Prozess, der sich von Kultur zu Kultur verändert: Individuelle Lernprozesse haben ihren Ursprung in sozialen und kulturellen Prozessen und entsprechend ist individuelle Erkenntnis stets geprägt vom soziokulturellen Kontext, in dem ein Mensch lebt. Kognitive Fähigkeiten wie Sprechen und Denken entwickeln sich auf der Grundlage sozialer Beziehungen und Lernen findet durch gemeinsames Tun (Ko-Konstruktion) mit Gleichaltrigen und Erwachsenen statt. Solche Aktivitäten mit kompetenteren Personen sind wichtige Lernerfahrungen, die die Entwicklung des Kindes fördern, indem es gemeinsam erlebte Handlungsweisen und Abläufe in Form von Denkweisen verinnerlicht. Dabei stellt die Sprache das wichtigste psychologische Werkzeug dar, mit dem Kinder ihre Handlungen und ihr Denken immer wirkungsvoller steuern können. So verinnerlichen Kinder beispielsweise die sprachlichen Hinweise von Erwachsenen bei der Lösung eines Puzzles, indem sie sich zunächst selbst diese Hinweise laut vorsprechen (private speech) und allmählich das lautlose Sprechen als Denken

verinnerlichen und damit ihre Handlungen steuern. Neuere Ansätze im kontextualistischen Paradigma betonen noch stärker die aktive Rolle des Kindes in seiner
Entwicklung in Form von „guided participation" – einer Förderung der Entwicklung, in denen das Kind durch kompetente Personen geführt an den alltäglichen
Handlungen teilnehmen kann – sowie „apprenticeship in thinking" – einer dabei
stattfindenden Einführung im Sinne einer Lehre, die das Kind mit dem Wissensbestand der jeweiligen Kultur vertraut macht (Rogoff, 1990).

Die Paradigmen der Entwicklungspsychologie spiegeln gleichzeitig historisch-
gesellschaftliche Entwicklungen wider: Vom organismischen über das sozialisa-
tionstheoretische bis hin zum kontextualistisch-relationalen Paradigma mit der
Vorstellung einer gemeinsamen Ko-Konstruktion von Entwicklung (Overton,
1998). Heute herrscht in Paradigmenfragen ein postmoderner Eklektizismus, bei
dem lediglich theoretische Rahmenperspektiven skizziert werden. Angesichts
globalisierter Produktions- und Kommunikationsprozesse verlieren normative
Ordnungsstrukturen des menschlichen Lebenslaufs an Bedeutung und es entstehen
pluralisierte Lebensformen, Sinn- und Wertehorizonte, die durch immer stärker
beschleunigte Innovationsprozesse geprägt werden. Diese gesellschaftlichen Entwicklungen finden ihre Entsprechung in der aktuellen **handlungstheoretischen**
Perspektive der Entwicklungspsychologie: Menschen werden bereits im Kindesalter
als produktive soziale und kulturelle Akteurinnen betrachtet, die aktiv ihre eigene
Entwicklung (mit)gestalten. Entwicklung wird als ein Prozess verstanden, der vom
handelnden Subjekt selbst getragen wird und mit fortschreitender Entwicklung
zunehmend intentional gesteuert wird (Glück, 2007). Die handelnde Person bildet
deskriptive und normativ-präskriptive Repräsentationen von sich und ihrer Entwicklung; darüber, wie ihr Lebenslauf gestaltet sein sollte, oder wie er auf gar keinen
Fall gestaltet sein sollte. Die Selbstentwürfe, in denen eine Person sich und ihre
vergangene, gegenwärtige und zukünftige Entwicklung repräsentiert und kon-
struiert, beeinflussen maßgeblich die menschliche Entwicklung über die Lebensspanne – von der frühen Entwicklung des Säuglings bis zu den Prozessen des
Alterns. Gleichzeitig sind sie multidimensional (verschiedene private und öffentliche Lebensräume umfassend), multidirektional (unterschiedliche Entwicklungs-
richtungen im verschiedenen Lebensräumen einschlagend) und eingebettet in
multiple Kontexte, die nicht zuletzt durch die Vielfalt der virtuellen Lebensräume
etwa in Form virtueller sozialer Netzwerker eine immense Erweiterung erfahren
haben.

Allerdings geschieht das intentionale Handeln eines Menschen immer vor einem
nicht-intentionalen Hintergrund, der die Handlungsspielräume der Person sowohl
erweitert als auch begrenzt: Es besteht eine komplexe Transaktion zwischen genetisch bedingten und umweltbedingten Faktoren, die nicht nur die materielle und
sozioökonomische Umwelt umfassen, sondern auch die historische und kulturelle
Umwelt mit ihren Ideen und Denktraditionen. Dies wird beispielsweise deutlich in
der Konstruktion von Behinderungen durch gesellschaftliche Barriere-Strukturen
wie sie insbesondere durch die *disability studies* aufgezeigt werden. Funktionelle und
strukturelle Einschränkungen in der sinnlichen Wahrnehmung oder in der grob-

und feinmotorischen Beweglichkeit werden erst durch fehlende Hilfsmittel und Kompensationsmöglichkeiten als behindernd erlebt und werden erst dann zu wesentlichen Bestimmungsstücken des eigenen Selbst. Kontext wird durch Handlung geschaffen und Handlung bekommt durch den Kontext ihre Bedeutung. Je nach kulturellem Kontext kann gleiches Verhalten Unterschiedliches und unterschiedliches Verhalten Gleiches bedeuten. Da sich Individuen und Kontexte in permanenten transaktionalen Prozessen fortlaufend gegenseitig formen und verändern, ist bereits die Vorstellung eines Kontextes oder verschiedener Kontexte relativ: Menschen schaffen sich stets eine spezifische kulturelle Umwelt und verleihen ihr auf diese Weise individuelle Bedeutung; erst durch diese kulturelle Bedeutungszuschreibung eröffnet die Umwelt den Menschen Handlungsmöglichkeiten und setzt Handlungsgrenzen. Kultur ist als historischer und sozialer Kontext stets gleichzeitig Voraussetzung und Folge menschlicher Handlungen und bildet so das Medium, in dem der Mensch aufwächst (Keller & Eckensberger, 1998).

Universalität und Variabilität in der Entwicklung

Um die Wende vom 19. zum 20. Jahrhundert wurden verschiedene Wohlfahrtsdienste für Kinder eingeführt, für deren Arbeit es notwendig war, über kindliche Entwicklungsverläufe orientiert zu sein. Noch heute besteht eine wichtige Aufgabe der Entwicklungspsychologie als angewandte Wissenschaft darin, **Universalien** beispielsweise zur motorischen, emotionalen und sprachlichen Entwicklung zu erforschen. Aus diesen universellen Veränderungen, die bei allen Kindern zu beobachten sind, unabhängig von ihren jeweiligen individuellen Erfahrungen und von den jeweiligen Kulturen, in denen sie aufwachsen, lassen sich dann altersspezifische Entwicklungsnormen ableiten und entsprechende Leitlinien für Diagnose, Prävention und Therapie formulieren. So beschreibt die Entwicklungspsychologie etwa auch, wie sich die Nutzung von Medien oder der Konsum von Gewaltmedien auf die Entwicklung von Kindern und Jugendlichen auswirkt. Eine weitere Aufgabe besteht darin, mit Hilfe von Theorien und Modellen die Zusammenhänge biopsychosozialer Veränderungen zu erklären oder zumindest verstehbar zu machen; beispielsweise vorherzusagen, welche Menschen im Laufe ihres Lebens delinquent werden könnten, zu erläutern, warum sie das werden könnten und zu erklären, warum das zu einem bestimmten Zeitpunkt oder in einer bestimmten Situation passiert. Schließlich ist es die Aufgabe der Entwicklungspsychologie, empirisch fundierte Hinweise zur Bewältigung von Entwicklungsstörungen verschiedener Arten zu geben und so die Bewältigung von Stress und traumatischen Ereignissen ebenso zu unterstützen wie die Auswirkungen von Behinderungen, chronischen physischen und psychischen Erkrankungen zu beeinflussen. Dies geschieht beispielsweise durch frühe Förderung von Kindern in Tageseinrichtungen oder durch Erziehungs- und Entwicklungsberatung mit dem Ziel, den jeweiligen Kindern und ihren Familien altersspezifische Ressourcen zugänglich zu machen und durch die Unterstützung in frühen Lebensphasen gute Bedingungen für eine weitere positive Entwicklung zu schaffen.

Die Aufgabenfelder reichen von der Tagesbetreuung von Kleinkindern über das lebenslange Lernen bis hin zur Gesundheit im Alter. Durch die Erforschung von Entwicklungsprozessen im Erwachsenenalter wurde klar, dass und wie Individuen ihre eigene Entwicklung jeweils mitgestalten. Folglich sind bei entwicklungsdiagnostischen Fragestellungen nicht nur der jeweilige Entwicklungsstand, sondern stets auch das Entwicklungspotential und die Entwicklungsreserven eines Menschen zu berücksichtigen. So ist die menschliche Entwicklung im Verlauf des Lebens einerseits gekennzeichnet durch sich allmählich verringernde Entwicklungsressourcen, die die Plastizität für verschiedene Entwicklungswege beschränken; andererseits verändert sich im Laufe des Lebens der Verwendungszweck von Entwicklungsressourcen: In der Kindheit gehen die meisten Ressourcen in Wachstumsprozesse, im Erwachsenenalter werden Funktionsniveaus aufrechterhalten bzw. wieder hergestellt, im Alter werden schließlich immer mehr Ressourcen für die Regulation irreversibler Verluste eingesetzt. Heute wird die aktive Mit-Gestaltung der eigenen Entwicklung durch das Kind ebenso untersucht wie das aktive Mit-Gestalten des eigenen Alterns durch den Erwachsenen in den jeweils individuellen Ausformungen von Entwicklungsvariabilität und Entwicklungsstabilität. Dabei geht es nicht nur um „gute Entwicklung", sondern auch um „erfolgreiches Altern" im Sinne einer Maximierung von Gewinnen und einer Minimierung von Verlusten (Baltes, 1990). Durch das biologische Altern werden die Funktionsfähigkeit und die Plastizität des Organismus geschwächt und es entstehen altersbedingte biologische Verluste. Um angesichts dieser Situation die Funktionstüchtigkeit zu erhalten, vergrößert sich der Bedarf an unterstützenden kulturellen Leistungen, wie sie die Menschen über Jahrtausende hinweg hervorgebracht haben: psychologische (Selbstregulationsfähigkeiten), sozial-interaktive (soziale Netze), materielle (finanzielle Mittel), technologische (Hilfsmittel), institutionelle (unterstützende Wohnformen) und symbolische (gesellschaftliche Anerkennung) Ressourcen. Gleichzeitig allerdings reduziert sich die Wirkungskraft all dieser Ressourcen mit zunehmendem Alter, was sich beispielsweise im verminderten kognitiven Lernpotential zeigt (Staudinger, 2007). Hier untersucht die Entwicklungspsychologie, wie typische Veränderungen im höheren Lebensalter bewältigt und gegebenenfalls unterstützt werden können: der Rollenverlust durch das Beenden der Erwerbsarbeit, die Verschlechterung der physischen Gesundheit, die Veränderung der intellektuellen Leistungsfähigkeit, die Veränderungen des sozialen Netzwerks durch sich häufende Verluste sowie die Veränderung der Zeitperspektive durch eine sich verringernde Zukunftsperspektive.

Neben der Erforschung von Universalien der Entwicklung beschreibt die Entwicklungspsychologie individuelle **Variabilitäten** in der Entwicklung und erklärt das Entstehen unterschiedlicher Entwicklungswege. Individuelle Unterschiede in der psychosozialen Entwicklung sind allerdings ohne eine Analyse ihres kulturellen Kontextes und ihrer kulturellen Bedeutung kaum verstehbar. Eine erste umfassende ökologische Orientierung der Entwicklungspsychologie hat Uri Bronfenbrenner (1977) formuliert und dabei die Bedeutung sozialkultureller Kontexte auf verschiedenen Systemebenen der menschlichen Umwelt erläutert. Diese Kontextfaktoren auf der physikalischen, sozialen, kulturellen und historischen Ebene umfassen auch die Auswirkungen der ethnischen Zugehörigkeit, der Geschlechtszugehörigkeit in Form von unterschiedlichen Erfahrungen und Rollenmustern von Frauen und Männern sowie die Auswirkungen der Zugehörigkeit zu bestimmten Gruppen. Ein solchermaßen umfassendes sowohl gender-sensitives wie kulturinklusives Verständnis entwicklungspsychologischer Prozesse setzt voraus, dass Kultur als organisiertes System von Kontexten grundsätzlich einbezogen ist.

Dem trägt der sozialkonstruktivistische Ansatz von Albert Bandura (1979) Rechnung. Das von ihm formulierte Konstrukt der Selbstwirksamkeitsüberzeugungen (Bandura, 1995) greift die handlungstheoretische Perspektive des Individuums als ein aktiv handelnd seine eigene Entwicklung gestaltendes Wesen auf. Sowohl für das Lernen am Modell wie für das Entstehen von Selbstwirksamkeit spielen soziale Transaktionen eine wesentliche Rolle. Gleichzeitig liefert die Untersuchung dieser Prozesse wichtige Hinweise für die individuelle Förderung von Entwicklung. Für Lev Vygotsky (1934/1974; 1978) war dieses von ihm als „Entwicklungsmethode" bezeichnete Vorgehen ideal dafür geeignet, die Frage zu untersuchen, wie soziale Interaktion in kleinen Gruppen oder in Dyaden zu höheren mentalen Fähigkeiten im Individuum führen können, da alle mentalen Fähigkeiten wie Denken oder Sprechen zunächst in der sozialen Beziehung entstehen und dann allmählich verinnerlicht werden. Durch die Interaktion mit einer weiter entwickelten Person wird das Kind in die Lage versetzt, Dinge zu tun und zu denken, die es allein noch nicht tun bzw. denken kann. Den Bereich zwischen dem Niveau, auf dem das Kind eine Aufgabe selbständig lösen kann, und dem Niveau, bei dem es mit Hilfe einer kompetenteren Person eine Aufgabe löst, bezeichnet Vygotsky (1978) als *Zone nächster Entwicklung*. Dieser Entwicklungsraum umfasst das Ausmaß, in dem ein Kind von der Interaktion mit einem erfahreneren Mitglied seiner Kultur profitieren kann, und beschreibt so das Entwicklungspotential dieses Kindes. Gleichzeitig stellt die *Zone nächster Entwicklung* einen Ansatzpunkt für die Entwicklungsförderung dar, da hier aus einem externen sozialen Einfluss eine interne mentale Struktur gebildet wird und so psychosoziale Entwicklungsprozesse in der Transaktion mit anderen Menschen beeinflusst werden (Wertsch, 1985).

Eine lebenslang bestehende neuronale Plastizität ist Ausdruck dessen, dass genetische Wirkungen und Umweltwirkungen gleichermaßen Spuren auf der neuronalen Ebene hinterlassen. So kann das menschliche Gehirn als biologisches Korrelat psychosozialer Prozesse betrachtet werden, dessen Struktur und Organisation neurowissenschaftliche Ansätze in der Entwicklungspsychologie heute mit Hilfe von Bildgebungsverfahren wie der funktionellen Magnetresonanztomographie erforschen (Berger, 2010). Biologische Strukturen wie das Gehirn benötigen Umwelterfahrungen, um sich entwickeln zu können, allerdings wird der Einfluss spezifischer Umwelterfahrungen in Form von Wahrnehmungen durch Anlagefaktoren als genetisch determinierte Filter gesteuert: Diese Filter legen fest, zu welchem Zeitpunkt und wie lange Erfahrungskomponenten die Entwicklung beeinflussen können; sie bestimmen die Erfahrungsselektivität als Bandbreite möglicher Erfahrungen und die Erfahrungssensitivität in Form der Wirksamkeit von Außenreizen.

Aktuelle Modelle zur Analyse von Entwicklungsprozessen umfassen dementsprechend die Person als biologisches, selbst-reflexives, selbst-regulatives, sich selbst und die jeweiligen Umwelten gestaltendes und organisierendes System sowie die familiäre, soziale, politische, kulturelle, historische Umwelt und deren Transaktion in Form von Ko-Konstruktion mit internen und externen Handlungsvorgaben (Blunden, 2010).

Entwicklungsaufgaben und Entwicklungswege

Handlungstheoretische Modelle beschreiben Entwicklung als zielgesteuerten Prozess; sie befassen sich mit der Selbstregulation von Entwicklung durch das Setzen und Verfolgen von Zielen. Der Verlauf der Entwicklung ist allerdings wesentlich abhängig von den personalen und sozialen Ressourcen, die für die Bewältigung von Entwicklungsaufgaben zur Verfügung stehen. **Entwicklungsaufgaben** (Havighurst, 1948) beschreiben Anpassungserfordernisse in einer bestimmten Lebensperiode des Menschen, die aus dem Zusammenspiel von biologischer Entwicklung, gesellschaftlichen Erwartungen und individuellen Werten und Zielsetzungen bestehen. So hat ein Kind in den ersten Lebensjahren die Aufgabe, eine sichere Bindungsbeziehung zu seiner Bezugsperson aufzubauen und gleichzeitig sein Repertoire autonomer Handlungen und Erkundungen immer mehr zu vergrößern. Eine weitere wichtige Entwicklungsaufgabe ist das Aneignen von Bewegungskompetenzen sowie der Erwerb von Sprache und kommunikativen Kompetenzen. In den darauf folgenden Jahren ist das Kind dazu herausgefordert, verschiedene Beziehungen zu Gleichaltrigen und Erwachsenen zu gestalten, allmählich mehr Verantwortung für sein Handeln zu übernehmen und zu lernen, Entscheidungen zu treffen. Es hat die Aufgaben, sich im eigenen Körper zu beheimaten und sich die Welt zu erschließen. Im Jugendalter schließlich sind wesentliche Entwicklungsthemen die Identitätsbildung und der Umgang mit Grenzerfahrungen. Schließlich stellen sich auch im Erwachsenenalter und im höheren Alter spezifische Entwicklungsaufgaben (Staudinger, 2007). Gelingende oder weniger gelingende Entwicklungen lassen sich aus der Passung (fit) oder Nichtpassung (misfit) zwischen Entwicklungseigenheiten, Bedürfnissen, Kompetenzen, Zielen und Ressourcen des Kindes und den konkreten familiären, sozialen und gesellschaftlichen Bedingungen mit ihren Anforderungen und Unterstützungsstrukturen erklären. Eine Übereinstimmung zwischen Entwicklungskompetenzen des Kindes und Erziehungsvorstellungen seiner Eltern sowie seiner weiteren Umwelt führt zu Wohlbefinden und einem hohen Selbstwertgefühl, während eine ungenügende Passung das Wohlbefinden und Selbstwertgefühl beeinträchtigen und zu Verhaltensauffälligkeiten und Entwicklungsverzögerungen führen kann (Largo, 2005).

Zentrale Entwicklungsaufgabe im Spannungsfeld kindlicher Kompetenzen und elterlicher kulturell geprägter Vorstellungen ist die Entwicklung einer sicheren **Bindung,** zunehmender **Autonomie,** sowie die **Regulation** von Verhalten, Aufmerksamkeit und Emotionen. Diese Fähigkeiten entwickeln sich im Rahmen alltäglicher Interaktionen in altersspezifischen Kontexten zwischen Kind und

Bezugsperson. Dabei ist die physische Nähe und Körperkontakt sowie die adäquate und prompte Beantwortung kindlicher Signale Voraussetzung für eine erste emotionale Beziehung eines Kindes mit seiner Bezugsperson. Ein Kind ist von Geburt an aktiv an der Interaktion beteiligt und lernt dabei, dass sein Verhalten und seine Empfindungen eine Bedeutung haben, dass es verstanden wird und eine stimmige Reaktion beim Gegenüber auslöst. Es lernt, dass sein Lächeln, Lautieren und Glucksen bei seinen Eltern oder anderen Bezugspersonen eine in unseren Augen übertrieben wirkende Reaktion, und dass sein Weinen und Quengeln eine beruhigende Reaktion hervorruft. Wiederkehrende Erfahrungen von Kindern mit einfühlsamen und emotional verfügbaren Bezugspersonen werden zu einer sicheren **Bindung** organisiert, die auf dem Vertrauen in eigene Fähigkeiten und Befindlichkeiten sowie die Zuverlässigkeit seiner Bezugsperson aufbauen. Eine sichere Bindung zeigt sich darin, dass Kinder in Situationen von Verunsicherung und Angst deutlich ihre Bedürfnisse nach Nähe und Zuwendung durch Bindungsverhaltensweisen wie weinen, schreien oder anklammern zeigen, diese von ihrer Bindungsperson auch erhalten und sich daraufhin schnell wieder beruhigen (Bowlby, 1975). Ist die Passung zwischen kindlichen Bedürfnissen nach Schutz und Nähe und die Fürsorge der Bezugspersonen nur eingeschränkt gegeben oder werden Äußerungen und Verhaltensweisen des Kindes nicht angemessen beantwortet, führt das zu einer unsicheren Bindungsorganisation. In schwierigen Fällen von Vernachlässigung und Misshandlung kann dies auch Bindungsdesorganisation bedeuten.

Komplementär zum Bedürfnis nach Bindung besteht das Bedürfnis nach **Erkundung und Autonomie.** Ein Kind hat von Geburt an das Bedürfnis, Ereignisse zu verursachen und zu steuern und reagiert mit sichtlichem Vergnügen, wenn es die Erfahrung macht, dass es etwas in der Außenwelt bewirken kann, dass sich ein Objekt durch sein Handeln in Bewegung setzt oder Geräusche erzeugt. So lässt sich schon bei Säuglingen im dritten Lebensmonat beobachten, dass sie mit einem Bein mehr strampeln, wenn sie mithilfe einer Schnur damit ein Mobile in Bewegung setzen können. Aus solch wiederkehrenden Kontingenzerfahrungen bauen sich beim Kind internale Kontrollüberzeugungen und die Erwartung von Selbstwirksamkeit auf, die sie im weiteren Leben im Umgang mit neuen Situationen unterstützen.

Eine sichere Bindung ist die Basis für die Entwicklung von unbelastetem Erkunden und das Ausleben von Autonomiebestrebungen. Denn nur wenn das Bindungssystem nicht aktiviert ist, kann ein Kind unbelastet die Welt erkunden. Bei Bindungssicherheit kann man deshalb von einer ausgewogenen Balance der Verwirklichung von Bindungs- und Autonomiebedürfnissen sprechen, bei Bindungsunsicherheit lässt sich demgegenüber ein Ungleichgewicht feststellen (Ziegenhain, 2004). Das Ungleichgewicht kann sowohl in einer Maximierung der Bindungsverhaltensweisen und damit eingeschränkter Erkundung in einer unsicher-ambivalenten Bindung oder in einer Minimierung bzw. Unterdrückung der Bindungsverhaltensweisen und damit belasteter Erkundung in einer unsicher-vermeidenden Bindung äußern (Ainsworth u. a., 1978). Längsschnittuntersuchungen weisen darauf hin, dass sicher gebundene Kinder im Vergleich zu Kindern mit unsicherer

Bindung über eine größere Selbstsicherheit im Umgang mit Neuem, über ein höheres Selbstwertgefühl und mehr Selbstvertrauen sowie über eine größere Frustrationstoleranz verfügen (Grossmann & Grossmann, 2004). Sie stellt somit einen Schutzfaktor für die weitere Entwicklung dar.

Die im ersten Lebensjahrentwickelten Bindungsstile entwickeln sich im Verlauf des weiteren Lebens zu inneren Repräsentationen über sich selbst, über nahestehende Personen und die mit diesen Beziehungen verbundenen Gefühle weiter. Die inneren Repräsentationen leiten zunehmend auch die Art und Weise, wie Individuen auf andere Menschen zugehen, was sie von ihnen erwarten und wie sie sich verhalten. Die eigenen Bindungserfahrungen wirken sich somit auch auf den Umgang mit den eigenen Kindern aus. Sie leiten Eltern im Umgang mit ihrem Kind und werden so in die nächste Generation weiter gegeben. Frühe Bindungserfahrungen wirken sich auf das gesamte Leben aus und – vermittelt über Interaktion – häufig auch auf die nächste Generation, allerdings nicht im Sinne einer Prädisposition. In neuen zwischenmenschlichen Erfahrungen können sie verändert und überformt werden. Eine unsichere Bindungsrepräsentation kann durch korrigierende Erfahrungen zu einer sicheren inneren Vorstellung von Bindung führen, aber auch umgekehrt (Grossmann & Grossmann, 2004).

Eine Grundlage für die frühen Erkundungsaktivitäten des Kindes wie auch für alle kognitiven Prozesse ist die Regulation der **Aufmerksamkeit**. Ein Kind kann das von ihm Wahrgenommene nur dann vollständig im Gedächtnis speichern und abrufen, wenn es seine Aufmerksamkeit bewusst auf seine Umgebung ausrichtet. Erst wenn es ihm gelingt, seine Aufmerksamkeit gezielt auf seine jeweilige Aktivität zu fokussieren, kann es seine Konzentration über längere Zeit aufrechterhalten, Ablenkungen ausblenden, zielgerichtet denken und intentional handeln. Die Fähigkeit zur gemeinsamen Aufmerksamkeitsausrichtung (joint attention) beeinflusst nicht nur wesentlich die spätere Sprachentwicklung, sondern wirkt sich auch auf die Entwicklung emotionaler Regulation aus: Um Belohnungen aufschieben zu können oder Frustrationen tolerieren zu können, muss das Kind seine Aufmerksamkeit bewusst von seinem momentanen Wunsch oder von einer gerade erlebten Frustration ablenken können. Die Fähigkeit zur Aufmerksamkeitsregulation ist heute eine zentrale kognitive Kompetenz, da von allen Seiten Bilder, Worte, Töne und Bewegungen auf uns einströmen, unsere Aufmerksamkeit auf sich ziehen, uns ablenken und zerstreuen, oder uns dazu veranlassen, mehrere Handlungen gleichzeitig auszuführen. Wird die Aufmerksamkeit jedoch ständig fokussiert, ermüden allmählich die sie aufrechterhaltenden neuronalen Mechanismen im Gehirn, die Konzentration verringert sich und die Reizbarkeit nimmt zu. In der Folge können Ablenkungen schlechter unterdrückt werden, es werden eher Fehler gemacht und häufiger Unfälle verursacht. Daher ist es eine wichtige Entwicklungsaufgabe, bewusst mit der eigenen Aufmerksamkeit umgehen zu lernen und dafür zu sorgen, dass sich die gerichtete Aufmerksamkeit (voluntary attention) durch anstrengungslose unwillkürliche Aufmerksamkeit (involuntary attention) wieder erholen kann. Die Regulation der Aufmerksamkeit lernt das Kind in den frühen Eltern-Kind-Dialogen, in denen die Bezugsperson durch das so genannte *Intuitive Parenting*

(Papoušek, 1996) das Verhalten des Kindes reguliert und lenkt. Aus den elementaren Vokalisationen des Kindes entstehen über die vorsprachliche (präverbale) Kommunikation allmählich das Sprechen und das Singen ebenso wie das Spielen und Musizieren als wichtige menschliche Interaktionsformen mit kommunikativem Ausdruck.

Bindungsentwicklung steht in engem Zusammenhang mit der Entwicklung der **Emotionen** und der **Emotionsregulation.** Im Kontext wechselseitig positiver Beziehungserfahrungen lernt ein Kind, seine Emotionen und ihre Regulationsformen gemeinsam mit der Bezugsperson zu konstruieren. Emotionen sind bei der Geburt nicht gegeneinander abgegrenzt, sondern äußern sich in den ersten Lebenswochen als positive oder negative Erregung. Erst durch die Spiegelung der Erregungszustände durch die Bindungspersonen in ihrem übertrieben wirkenden Gesichtsausdruck, ihrer Gestik und sprachlichen Äußerung entwickeln sich Emotionen. Eine wiederkehrende Erfahrung kontingenter und kongruenter Affektspiegelung macht dem Kind verschiedene Gefühlsqualitäten erlebbar, erinnerungsfähig und steuerbar. Es lernt seine Gefühle einzuordnen und seinen Emotionen Ausdruck zu verleihen (Sroufe, 1996). Dies ist die Voraussetzung, um auch emotionale Befindlichkeiten bei anderen Personen wahrnehmen und empathisch darauf reagieren zu können. „Innere Zustände müssen eine Bedeutung haben, die anderen mitgeteilt und in anderen interpretiert werden kann, denn diese Interpretationen dienen als Orientierung" (Fonagy u. a., 2006, S. 13). Mit der Spiegelung der Affekte verbunden ist die Regulierung der Affekte durch die Bindungsperson, indem sie den Informationen zum Affekt beruhigende Informationen und Verhaltensweisen hinzufügt. Damit vermittelt sie dem Kind, dass sich auch negative Erregungen regulieren und steuern lassen. Sie dient als „externe Regulationshilfe", die das Kind in seiner physiologischen, Verhaltens- und emotionalen Regulation verlässlich unterstützt und ihm so eine zunehmende Sicherheit in der Selbstregulation vermittelt. Aus der ursprünglich dyadischen Regulation der Affekte im ersten Lebenshalbjahr erwächst über eine gemeinsame Regulation der Affekte eine zunehmende Selbstregulation (Sroufe, 1996).

Bekommt ein Kind diese Informationen nicht gespiegelt, da die Bezugsperson aufgrund aktueller oder vergangener biographischer Belastungen nicht dazu in der Lage ist, bleibt das eigene Erleben, die eigene emotionale Welt diffus und auch die Einschätzung emotionaler Befindlichkeiten bei anderen Personen gelingt nicht. Werden Kinder in der Regulierung ihrer Erregungszustände damit nicht angemessen unterstützt, kann dies in ihrer weiteren Entwicklung eine Unterdrückung oder Übersteigerung emotionaler Befindlichkeiten zur Folge haben. Ausdruck und Wahrnehmung der Emotionen bei sich selbst und bei anderen sowie Steuerung und Regulierung der eigenen emotionalen Befindlichkeiten, insbesondere der Wut ist eine Fähigkeit (Soft Skill), die für die Teilhabe an der Gesellschaft von zentraler Bedeutung ist.

Individuell unterschiedliche Ausgestaltungen von Entwicklungsaufgaben lassen **Entwicklungswege** entstehen, die wiederum an unterschiedlichen kulturellen Modellen orientiert sind. Auf der Grundlage der elterlichen Theorien und Verhaltensweisen in Form von unabhängigen und abhängigen elterlichen Erziehungsstrategien wird gemeinsam mit dem Kind das erste basale Selbstkonzept ko-konstruiert, das dann bestimmt, wie die darauf folgenden Entwicklungsaufgaben bewältigt werden. Diese elterlichen Strategien sind wesentlich für die transgenerationale Weitergabe kultureller Werte und Praktiken von einer Generation zur nächsten. So kann beispielsweise ein unabhängiges Selbstkonzept entstehen, wenn Kinder von Geburt an als unabhängig und autonom behandelt werden, oder es kann ein abhängiges Selbstkonzept entstehen, wenn Kinder von Geburt an erfahren, dass sie mit anderen verbunden sind. Die frühen sozialen Erfahrungen im Säuglingsalter legen den Grundstein für eine erste kulturelle Selbstdefinition, die sich in der Bewältigung von Entwicklungsaufgaben weiter ausbildet. Angesichts kulturell verschiedener Entwicklungswege ist menschliche Entwicklung kein einheitliches Konzept, sondern besser als kulturspezifische Lösung universeller Entwicklungsaufgaben zu definieren, wie dies besonders am Beispiel der Identitätsentwicklung deutlich wird.

Da die frühe Kindheit als grundlegend für die psychosoziale Entwicklung des Menschen gilt, wurden bislang v.a. Entwicklungsaufgaben des frühen Lebensalters in ihrer Bedeutung für die weitere Entwicklung diskutiert. Auch die Entwicklung der **Identität** hat nach Erikson (1959) ihre Wurzeln in der frühen Kindheit, entwickelt sich in einer Abfolge von Stufen und stellt sich als Entwicklungsaufgabe vordergründig in der Adoleszenz. Sie dreht sich im Kern um die Frage „Wer bin ich in meiner sozialen Welt?" und zielt damit direkt auf die Passung von inneren und äußeren Welten. Angesichts der eingangs beschriebenen gesellschaftlichen Veränderungen muss die Frage heute erweitert werden in „Wer bin ich in einer sozialen Welt, deren Grundriss sich unter Bedingungen der Individualisierung, Pluralisierung und Globalisierung verändert?" (Keupp u. a., 1999, S. 7).

Im Konzept der „Patchworkidentität" (ebd.) wird das von Erikson geprägte Verständnis von Identität als Entwicklungsaufgabe in der Adoleszenz abgelöst durch ein Modell lebenslanger Identitätsarbeit. Die Vorstellung eines mit Ende der Adoleszenz weitgehend ausgebildeten stabilen Identitätskerns, den Erikson als Kohärenz im Sinne innerer Einheitlichkeit und Kontinuität gefasst hat und der die Basis einer erfolgreichen Lebensbewältigung darstellt, scheint heute nicht mehr zeitgemäß zu sein. Aufgrund der gesellschaftlichen Wandlungsprozesse wird Identität zu einem lebenslangen Konstruktionsprozess, der in „alltäglicher" Identitätsarbeit eine permanente Passungsarbeit zwischen innen und außen leisten muss. Identität wird nicht mehr verstanden als eine abschließbare Bildung inneren Kapitals, sondern als Projekt, das auch die gleichzeitige Verfolgung unterschiedlicher und teilweise sogar widersprüchlicher Erfahrungen und Ziele beinhalten kann. Kohärenz als Gestaltungsprinzip von Identität wird damit nicht aufgegeben, aber die Vorstellung von innerer Einheitlichkeit und Widerspruchsfreiheit weicht einem Verständnis von Kohärenz als offene Struktur, in die fragmentierte Erfahrungen und Widersprüche durchaus eingehen können. Entscheidend ist, dass die Verknüpfungsarbeit für die Subjekte selbst eine authentische (stimmige) Gestalt hat und in einem Kontext von Anerkennung Wertschätzung und Unterstützung erfährt (ebd.). Das Kohärenzgefühl bildet sich über identitätsbezogene Bewertungen der Bewältigung alltäglicher Anforderungen und bemisst sich daran, wie gut es gelingt, Identitätsziele zu verfolgen und Identitätsprojekte zu bewältigen. In diesen Prozess fließen Einschätzungen über die Sinnhaftigkeit der Projekte und die Erfahrung der Realisierung von Projekten sowie über das Ausmaß eigener Gestaltungsmöglichkeiten und äußerer Einflüsse mit ein. Indem die Subjekte ihre Erfahrungen entlang ihrer Identitätsziele bewerten und generalisieren, entsteht ein Kohärenzgefühl. Kohärenz in der Spätmoderne wird demnach weniger über innere Einheitlichkeit und die Anpassung an soziale Rollen als vielmehr über Selbstreferentialität hergestellt: Die eigenen Ziele, Werte und Orientierungen und deren Bewertung werden zum Motor der Identitätsarbeit. Je mehr es dem Subjekt gelingt, seine eigenen Ziele und Bedürfnisse und die äußeren Anforderungen auszubalancieren, umso stärker wird das Kohärenzgefühl (Höfer, 2010).

Gelingende Identitätsarbeit in diesem Verständnis erfordert ein handlungsaktives Subjekt mit einem (entscheidungs)starken Ich, das seine Identität lebenslang konstruieren und dabei über Kompetenzen sowie materielle und soziale Ressourcen verfügen muss, um diesen kreativen Balanceakt auch leisten zu können (Keupp u. a., 1999).

Ansatzpunkte für die Soziale Arbeit

In dem geschichtlichen Abriss zeigt sich, dass es unterschiedliche Rahmungen für psychologische Erkenntnisse gibt, je nachdem unter welchen historischen und gesellschaftlichen Bedingungen Entwicklung untersucht und worauf der Fokus gerichtet wird. Für die aktuelle Sicht von psychosozialer Entwicklung lässt sich zusammenfassend festhalten: Die psychosoziale Entwicklung folgt einem bestimmten geordneten Ablauf, der in Entwicklungsstadien mit spezifischen Entwicklungsaufgaben bzw. Krisen unterteilt werden kann. Die Bewältigung der Entwicklungsaufgaben baut aufeinander auf, deshalb kommt den ersten Lebensjahren eine besondere Bedeutung zu. Entwicklung vollzieht sich in der Wechselwirkung und Transaktion von biologischen reifungsbedingten Anlagen eines Kindes, seiner Eigenaktivität und den Anforderungen aus seiner Umwelt. Der Mensch wird von seiner Geburt an bis ins hohe Alter als aktiv an seiner Entwicklung beteiligt betrachtet und unter den Lebensbedingungen der Spätmoderne wird Entwicklung über die Lebensspanne zunehmend als eigenverantwortlich zu gestaltendes, reflexives Projekt verstanden, bei dem bestimmte Entwicklungsaufgaben auf Dauer gestellt werden. Die Gestaltung des eigenen Lebens erfordert aber auch die Kompetenz dazu; diese allerdings ist stark verwiesen auf materielle, kulturelle und soziale Ressourcen. Ohne Teilhabe am gesellschaftlichen Lebensprozess in Form von sinnvoller Tätigkeit, angemessener Bezahlung und Anerkennung wird die Gestaltung der eigenen Entwicklung zu einem „zynischen Schwebezustand" (Kraus, 2010).

Wenn wir uns aus dem allgemeinen Wissen über die psychosoziale Entwicklung des Menschen der Frage nähern, was lässt sich daraus für die Soziale Arbeit ableiten, um „Menschen Teilhabe zu eröffnen und sozialer Isolation zu begegnen" (Schumacher in diesem Band; s. o. S. 8) so muss der Schwerpunkt auf Handlungsansätzen liegen, die ein handlungsaktives Subjekt in den Mittelpunkt rücken, das über Ressourcen und Fähigkeiten zur Gestaltung seiner Entwicklung verfügt, damit aber in sozialen und materiellen Umwelten lebt, die eine Förderung oder Behinderung der Entwicklung bedeuten können. Dementsprechend richten sie sich auf die Individuen und die Verhältnisse, in denen diese leben, und repräsentieren individuelle Hilfeleistung, gesellschaftliches Wirken und den Anspruch, einem sozialen Ideal nachzueifern. Als zentrale Handlungslinien lassen sich folglich ableiten:

– Entwicklungs- und Gesundheitsförderung und Prävention
– Professionelle Haltungen wie Ressourcenorientierung, Förderung der Partizipation und Empowerment

Förderung von Entwicklung/ Gesundheit und Prävention

Eine Unterscheidung von Förderung und Prävention ist im alltäglichen Handeln nicht immer trennscharf vorzunehmen, denn alle förderlichen Maßnahmen wirken auch präventiv. Ein Unterscheidungskriterium ist die Haltung, die hinter den Konzepten steckt. Während in der Perspektive der Förderung eine Ausstattung mit Ressourcen und Kompetenzen im Mittelpunkt steht, die für eine gelingende Entwicklung aller Menschen nötig sind, richtet sich der Blick bei Prävention auf Risiken, die es abzumildern gilt, um Entwicklungsstörungen und -auffälligkeiten frühzeitig entgegenzuwirken (BMFSFJ, 2009).

Welche Bedingungen müssen gegeben sein, dass Kinder und Jugendliche positive oder gelingende Entwicklungswege einschreiten können? Ausgehend von einem transaktionalen Entwicklungsmodell, nach dem Menschen grundsätzlich über das Potential verfügen, sich zu handlungsfähigen Subjekten zu entwickeln, wenn sie auf förderliche Umweltbedingungen (materielle Basis, unterstützende Systeme, Wertschätzung und Herausforderungen) treffen, muss auch nach einem gerechten Zugang nach förderlichen Umweltbedingungen gefragt werden. Dies betrifft nicht nur die gerechte Verteilung der Ressourcen, sondern auch der Chancen, die eigenen Fähigkeiten zu entfalten und Kompetenzen für eine selbstbestimmte Lebensweise zu entwickeln. Nach Amartya Sen (1999) bedeutet dies eine gerechte Verteilung von Verwirklichungschancen eines selbst gewählten Lebens, für das sich Menschen aus guten Gründen bewusst entscheiden können. Mit Bezug auf die Ottawa-Charta beinhaltet Befähigungsgerechtigkeit für politisch und professionelles Handeln als zentrales Ziel Heranwachsende zu befähigen, selber Entscheidungen zu treffen und eine Kontrolle über die eigenen Lebensumstände auszuüben sowie gesellschaftlich Bedingungen bereitzustellen, die all ihren BürgerInnen Gesundheit ermöglicht (BMFSFJ, 2009).

Mit der Perspektive auf Gesundheitsförderung und Prävention rückt darüber hinaus die Frage in den Vordergrund „Was trägt zu einer gesunden Entwicklung bei?" oder „Was erhält Menschen gesund? Wie schaffen sie es mit belastenden, widrigen und widersprüchlichen Alltagserfahrungen und Krisen produktiv umgehen zu können und gesund zu bleiben?" Nach dem salutogenetischen Modell von Antonovsky (1997) sind vor allem die generalisierten Widerstandsressourcen bedeutsam, um Schutz und Widerstand gegenüber Stressoren aufzubauen. Sie lassen sich auf der Ebene der Person mit ihrem Selbstvertrauen und Fähigkeiten, ihrer sozialen Beziehungen im Kontext von Anerkennung und Unterstützung, gesellschaftlicher Teilhabe und Wertorientierungen beschreiben.

Die Widerstandsressourcen haben einen wesentlichen Einfluss auf den Erhalt oder die Verbesserung von Gesundheit, Lebenszufriedenheit und Lebensqualität. Doch allein die Verfügung über diese Ressourcen ist nicht ausschlaggebend für Gesundheit, sie müssen auch wahrgenommen und aktiviert werden. Damit Ressourcen genutzt werden können, muss eine Person in der Lage sein, sie zu erkennen und die Fähigkeit besitzen sie jeweils situationsadäquat zu aktivieren und nutzbringend einzusetzen. Diese Fähigkeit bezeichnet Antonovsky als Kohärenzgefühl, eine generelle Lebenseinstellung, die sich aus lebensgeschichtlichen Erfahrungen speist und sich in einem umfassenden Gefühl des Vertrauens ausdrückt, dass Ereignisse verstehbar und erklärbar sind, dass Anforderungen im bisherigen Leben konstruktiv bewältigt werden konnten und dass es sich lohnt, sich diesen Herausforderungen zu stellen. Als Kohärenzgefühl wird ein positives Bild der eigenen Handlungsfähigkeit verstanden, die von einem Gefühl der Bewältigbarkeit und Gestaltbarkeit von Lebensbedingungen, der Gewissheit der Selbststeuerungsfähigkeit und der Selbstwirksamkeit getragen ist. Es ist durch das Bestreben charakterisiert, den Lebensbedingungen einen subjektiven Sinn zu geben und sie mit den eigenen Wünschen und Bedürfnissen in Einklang bringen zu können. Lernerfahrungen, in denen Subjekte sich als ihr Leben Gestaltende konstruieren können, in denen sie sich in ihren Identitätsentwürfen als aktive ProduzentInnen ihrer Biographie begreifen können, sind demnach zentrale Bedingungen für Lebenssouveränität und Teilhabe (Höfer, 2010). Die Schaffung von Möglichkeitsräumen und Zugängen zu solchen Erfahrungen sind wichtige Bausteine der Gesundheitsförderung.

Eine ähnliche Perspektive wird im Resilienzkonzept (Werner, 2007) eingenommen, in dem es um die Frage geht, weshalb sich Menschen trotz einer Häufung widriger Lebensbedingungen, dennoch gut entwickeln. Resilienz beschreibt die psychische Widerstandsfähigkeit von Kindern gegenüber biologischen, psychologischen und psychosozialen Entwicklungsrisiken, die sich aus personalen, sozialen und gesellschaftlichen Ressourcen, wie z. B. Selbstwirksamkeit, Selbstvertrauen und einer sicheren Bindung sowie positiver Rollenvorbilder entwickelt. Unter Resilienz wird die Fähigkeit verstanden, unter Rückgriff auf diese Ressourcen Herausforderungen und Krisen im Lebenslauf zu meistern und für die weitere Entwicklung zu nutzen. Der Fokus liegt auf der Bewältigung von Risikosituationen, die eine Chance zur persönlichen Weiterentwicklung beinhalten. Resilienz orientiert sich an den Ressourcen und Stärken des Kindes, die es in Stresssituationen mobilisiert und aus denen Bewältigungskapazitäten aufgebaut bzw. gefördert werden können.

Das Resilienzkonzept beinhaltet die Sichtweise vom Kind, das sein Leben aktiv bewältigt und mitgestaltet, z. B. durch den effektiven Gebrauch seiner internen und externen Ressourcen. Es zielt auf primäre Prävention ab, d. h. Kinder werden frühzeitig gestärkt, um Entwicklungsrisiken durch Stresssituationen entgegenzuwirken. Gleichzeitig muss berücksichtigt werden, dass Kinder sich natürlich nicht dauerhaft „resilient machen können", sondern dass Resilienz im Verlauf der Entwicklung angesichts herausfordernder und/oder bedrohender Umstände beständig adaptiert wird und zeitlich wie situativ variieren kann. Resiliente Entwicklungsverläufe entstehen im Laufe der Entwicklung durch Lernprozesse in sozialen Kontexten, entsprechend sind Resilienzfaktoren immer im jeweiligen Gesamtlebenskontext zu betrachten. So wird z. B. ein ausgeprägtes Selbstwertgefühl das Risiko bei Kindern für externalisierende Verhaltensstörungen mindern, in spezifischen Lebenskonstellationen kann es aber auch dazu beitragen, dass es stabilisiert oder erhöht wird (Fingerle, 2010).

Für präventives Handeln ergeben sich daraus drei Anforderungen in der Praxis sozialer Arbeit. Erstens muss Prävention am Individuum und an der Umwelt ansetzen. Präventive Strategien zielen häufig auf eine Verhaltensprävention ab. Kinder werden gestärkt, damit sie widrigen Bedingungen besser widerstehen und daran wachsen können, Erwachsene nehmen an Rückenschulungen teil, damit sie in ihren verdichteten Arbeitsverhältnissen besser bestehen können. Soziale Arbeit muss aber auch Verhältnisprävention im Blick haben, die auf die Veränderung und Verbesserung gefährdender Lebensbedingungen zielt (Seckinger, 2010). Und zweitens muss sich Prävention an Entwicklungsbesonderheiten und den spezifischen Lebensbedingungen eines Individuums orientieren und nicht an starren Programmen, denn wie oben ausgeführt wurde, kann eine präventive Strategie bei Individuen Unterschiedliches bewirken. Ein Präventionsprogramm zur Stärkung des Selbstwertgefühls führt nicht automatisch für alle Kinder zu einer Minderung des Risikos für externalisierende Störungen, es kann bei Einzelnen auch die Wahrscheinlichkeit für Verhaltensprobleme erhöhen. Die Stärkung von Resilienzfaktoren muss deshalb auch ihren Gebrauch im Blick haben und die NutzerInnenperspektive berücksichtigen, um individuelle Passungsprobleme rechtzeitig zu erkennen (Fingerle, 2010). Und drittens muss Prävention die lebensphasentypischen Entwicklungsaufgaben im Blick haben. Was in einer frühen Lebensphase schützend wirkt, wie eine enge gefühlsmäßige Familienbindung kann im Jugendalter einschränkend wirken, wenn sich Jugendliche von ihren Herkunftsfamilien ablösen (Hildenbrand, 2008).

Förderung der Resilienz als lebenslanger Prozess beinhaltet, dass Angebote so früh wie möglich in der Entwicklung einsetzen müssen, damit Kinder eine innere Sicherheit, Selbstvertrauen und Widerstandskräfte aufbauen können. Da die kompensatorische Wirkung von Ressourcen jedoch im Verlauf des weiteren Lebens schwanken und nachlassen oder sich auch gegenteilig auf die Bewältigung von Entwicklungsaufgaben auswirken können, muss sich Prävention auf alle Altersgruppen beziehen. Selbst im höheren Lebensalter, v. a. an der Schwelle zum Ruhestand, sind präventive Strategien relevant. Diese reichen von einer besseren finanziellen Absicherung über einen gleitenden Übergang in den Ruhestand bis zu Bildungsangeboten. Auch in dieser Phase des Lebens sollte der Mensch nicht als Spielball seiner Lebensumstände verstanden werden, sondern als Individuum, das seine Chancen ergreift und sich engagiert oder ein Studium aufnimmt. Die Sicherung der Zugänglichkeit zu präventiven Angeboten erfordert einen hohen Grad an Vernetzung und Kooperation. Entscheidend ist damit nicht die Frage, welche Einzelangebote nötig sind, sondern wie sie in einem regionalen Bezugsraum organisiert werden müssen (Fingerle, 2010).

Professionelle Haltungen und Handlungsansätze

Die Vorstellung vom Menschen als ein aktiv handelndes Subjekt, das sich mit den Lebensbedingungen seiner Alltagswelt auseinandersetzt, sie bearbeitet und gestaltet, und dabei immer auch in einem Spannungsfeld zwischen Eigenständigkeit und Selbstgestaltung sowie Abhängigkeit und Fremdbestimmung lebt, prägt auch die Haltung in der Beratungsarbeit. Wie Menschen mit den Anforderungen und Herausforderungen des Alltags umgehen, wie sie mit Belastungen und Konflikten fertig werden und ihre Angelegenheiten in die eigene Hand nehmen, hängt wesentlich von den personalen, familiären und sozialen Ressourcen ab. **Ressourcenorientierung** heißt, sich in der Arbeit mit Menschen gemeinsam auf die Erkundung und Stärkung der Ressourcen zu machen und die Potentiale zur Lösung der Probleme zu nutzen (Lenz, 2010). Dies gilt sowohl für psychosoziale Problemlagen als auch für Behinderungen. Kinder mit schweren Behinderungen verfügen nicht nur über Entwicklungsdefizite, sondern auch über Entwicklungsressourcen und sind aktiv an ihrer Entwicklung beteiligt. Moderne Frühförderung setzt an den Ressourcen und Fähigkeiten der Kinder an, um sie darin zu stärken und ihre Entwicklungsdefizite damit zumindest teilweise kompensieren zu können.

Ressourcenorientiertes Vorgehen lenkt von Anfang an den Blick auf die Wahrnehmung von Möglichkeiten und Stärken. „Sie sucht die Menschen in den Potentialen und Anstrengungen zu sehen, die sie von sich aus aufbringen, um mit ihren Verhältnissen zurande zu kommen, sie sucht – zum anderen – die Menschen in ihren Optionen zu sehen, sie also mit dem zu konfrontieren, was ihnen möglich und was zum Überstehen in der Gesellschaft notwendig ist" (Thiersch, 2010, S. 21). Auch wenn zunächst Probleme im Vordergrund stehen, verbergen sich dahinter auch Ziele, Wünsche und Möglichkeiten. Aus der unterschiedlichen Wahrnehmung von Hilfe suchender Person und professioneller HelferIn kann sich daraus ein produktiver Definitionsprozess entwickeln, aus dem sich letztlich die Veränderungen ableiten. Systemisch betrachtet, geht es in der Ressourcenarbeit darum, an die Stelle des Problemsystems ein Ressourcensystem zu setzen. Auch Menschen, die dafür zeitweilig oder vielleicht sogar auf Dauer immer wieder professionelle Unterstützung und Hilfe benötigen, haben Fähigkeiten, ihr Leben wesentlich selbst zu gestalten und zu organisieren. Darüber hinaus sind sie Co-ProduzentInnen oder Ko-KonstrukteurInnen der Dienstleistungen. Sollen die eingeleiteten Maßnahmen Erfolg haben, dann sind die beteiligten Parteien HelferInnen und KlientInnen aufeinander angewiesen. Hilfen können nicht ohne die Betroffenen und nicht gegen sie, sondern nur gemeinsam mit ihnen umgesetzt werden. Nur wenn die Betroffenen am Geschehen aktiv mitwirken und die professionellen HelferInnen ihr Handeln entsprechend darauf abstimmen, werden Hilfen wirksam greifen können (Lenz, 2010).

In der ressourcenorientierten Arbeit geht es also auch um **Partizipation**, orientiert am Teilhabe-Modell. Förderung der Partizipation als professionelle Grundhaltung geht aber über eine Beteiligung am Beratungsprozess hinaus. Sie bezieht sich auf die aktive Teilhabe an der Gestaltung gesellschaftlicher Prozesse, die das Subjekt betreffen, und ist damit eine zentrale Voraussetzung für die Erfahrung von Selbstwirksamkeit. Untersuchungen belegen, dass kein anderer Lebensbereich in der Lebenswelt von Jugendlichen sich so deutlich auf das Kompetenzprofil, die Berufswahl sowie die gesellschaftliche Partizipation auswirkt, wie bürgerschaftliches Engagement. Sie verfügen über mehr Kompetenzen, erweisen sich in ihrer Selbsteinschätzung mit ihrem Leben zufriedener und insgesamt erfolgreicher. Das freiwillige Engagement ermöglicht jedoch nicht nur den Erwerb von Kompetenzen, sondern ist auch ein wichtiger Rahmen für die Vermittlung von Werten und netzwerkbezogenen Orientierungshilfen (Düx u. a., 2009).

Eine letzte hervorzuhebende Grundhaltung in der Sozialen Arbeit, die sich aus der Sicht des Menschen als aktiv handelndes Subjekt ergibt, und sich auf die Stärkung der Handlungsmächtigkeit richtet, ist das Empowermentkonzept. **Empowerment** bezeichnet die Gewinnung oder Wiedergewinnung von Kontrolle über die eigenen Lebensbedingungen. Auch die Empowermentperspektive konzentriert sich auf die Stärken von Menschen und geht davon aus, dass sie über die Potentiale zu einer eigenständigen Lebensführung verfügen, diese aber in ihrer aktuellen Situation nicht ausschöpfen können. Eine auf Empowerment beruhende Haltung orientiert sich an den Ressourcen einer Person und setzt v.a. Vertrauen in die Fähigkeiten und Akzeptanz des Eigen-Sinns der Person, ihrer Lebensentwürfe, ihrer Handlungen, Wahrnehmungen und Bewertungen voraus. Akzeptanz bedeutet, die Wünsche und Ziele, auch riskante Wege und Lösungsmöglichkeiten ernst zu nehmen und anzuerkennen und ggf. in partnerschaftlicher Kooperation und Aushandlungsprozessen gemeinsam das Für und Wider abzuwägen (Lenz, 2010). Empowermentprozesse gehen aber über die individuelle Ebene hinaus. Sie beinhalten auf struktureller Ebene die Schaffung von Gelegenheitsstrukturen und Handlungsräumen für AkteurInnen, damit sie durch aktive Beteiligung an der Gestaltung ihrer Lebensbedingungen mitwirken können.

Eine professionelle Rezeption entwicklungspsychologischen Wissens erfordert stets die kritische Reflexion des Erkenntnisrahmens. In der aktuellen handlungstheoretischen Perspektive wird Entwicklung als Prozess betrachtet, der von einem aktiv handelnden Subjekt weitgehend selbst gestaltet und gesteuert wird. Dies ist angesichts gesellschaftlicher Individualisierungs- und Pluralisierungsprozesse mit einer Auflösung fester Vorgaben und Ordnungsstrukturen erst möglich, erfordert aber Kompetenzen zu einer selbstbestimmten Lebensgestaltung. Dabei bewegen sich die einzelnen Individuen auf einem schmalen Grat zwischen Lebenssouveränität und Scheitern: Die Zumutungen der Spätmoderne an eine selbstbestimmte Lebensgestaltung nehmen angesichts der Entgrenzungs- und Verdichtungsphänomene in allen Lebensbereichen ständig zu und drohen das Individuum zu überfordern. Die steigenden Depressionsraten in unserer Gesellschaft, die quer durch alle Gesellschaftsschichten gehen, werden als Folge dieser Entwicklungen ebenso diskutiert, wie das zunehmende Auseinanderdriften der Bevölkerungsschichten in GewinnerInnen und VerliererInnen. Sollen alle Mitglieder unserer Gesellschaft, Kinder, Jugendliche, Erwachsene, alte Menschen, Frauen und Männer, Personen mit und ohne Migrationshintergrund die Chancen größerer Freiheit nutzen, so bedarf es auch eines gerechten Zugangs zu den Ressourcen und Entwicklungsmöglichkeiten für eine selbstbestimmte Lebensweise.

Literatur

Ainsworth, Mary S. / Blehar, Mary C. / Waters, Everett / Wall, Sally, 1978: *Patterns of Attachment. A psychological study of the strange situation,* New York.
Antonovsky, Aaron, 1997: *Salutogenese. Zur Entmystifizierung der Gesundheit,* Deutsche Ausgabe v. A. Franke, Tübingen.
Baltes, Paul, 1990: Entwicklungspsychologie der Lebensspanne. Theoretische Leitsätze, in: *Psychologische Rundschau* 41, S. 1-24.
Bandura, Albert, 1965: Influences of models' reinfocement contingencies on the acquisition of initiative responses, in: *Journal of Personality and Social Psychology* 1, S. 589-593.
Bandura, Albert, 1979: *Sozial-kognitive Lerntheorie,* Stuttgart.
Bandura, Albert, 1995: *Self-efficacy in changing societies,* New York.
Bandura, Albert, 1977: Self efficacy: Toward a unifying theory of behavioural change, in: *Psychological Review* 84, S. 191-215.
Berger, Ernst, 2010: *Neuropsychologische Grundlagen kindlicher Entwicklung,* Wien.
Bowlby, John, 1975: *Bindung. Eine Analyse der Mutter-Kind-Beziehung,* München.
Blunden, Andy, 2010: *An Interdisciplinary Theory of Activity,* Leiden-Boston.
BMFSFJ (Hg.), 2009: *13. Kinder- und Jugendbericht. Bericht über die Lebenssituation junger Menschen und die Leistungen der Kinder- und Jugendhilfe in Deutschland,* Berlin.
Brandstädter, Jochen, 2001: *Entwicklung, Intentionalität, Handeln,* Stuttgart.
Bronfenbrenner, Uri, 1977: Toward an Experimental Ecology of Human Development, in: *American Psychologist* 32, S. 513-531.
Bühler, Charlotte, 1928: *Kindheit und Jugend. Genese des Bewußtseins,* Leipzig.
Bühler, Charlotte, 1929: *Das Seelenleben eines Jugendlichen,* Leipzig.
Bühler, Charlotte, 1933: *Der menschliche Lebenslauf als psychologisches Problem,* Leipzig.
Bühler, Karl, 1918: *Die geistige Entwicklung des Kindes,* Jena.
Düx, Wiebken / Prein, Gerald / Sass, Erich / Tully, Claus J., 2009: *Kompetenzerwerb im freiwilligen Engagement. Eine empirische Studie zum informellen Lernen im Jugendalter,* 2. Aufl. Wiesbaden.
Erikson, Erik, 1959: *Identity and the life cycle,* New York.
Fingerle, Michael, 2010: Risiko, Resilienz und Prävention, in: *Frühe Risiken und Frühe Hilfen,* hg. v. R. Kißgen u. N. Heinen, Stuttgart, S. 148-160.
Fonagy, Peter / Gergely, György / Jurist, Elliot L. / Target, Mary, 2006: *Affektregulierung, Mentalisierung und die Entwicklung des Selbst,* Stuttgart.
Freud, Sigmund, 1930: *Vorlesungen zur Einführung in die Psychoanalyse,* Wien.
Glück, Judith, 2007: Handlungstheorien in der Entwicklungspsychologie, in: *Handbuch Entwicklungspsychologie,* hg. v. M. Hasselhorn u. W. Schneider, Göttingen, S. 38-48.
Grossmann, Karin / Grossmann, Klaus, E., 2004: *Bindungen. Das Gefüge psychischer Sicherheit,* Stuttgart.

Havighurst, Robert, 1948: *Developmental tasks and education*, New York.

Hildenbrand, Bruno, 2008: Resilienz in sozialwissenschaftlicher Perspektive, in: *Resilienz – Gedeihen trotz widriger Umstände*, hg. v. R. Welter-Enderlin u. B. Hildenbrand, Heidelberg, S. 20-27.

Höfer, Renate, 2010: Salutogenese und Kohärenz, in: *Forum Gemeindepsychologie* 15, Ausgabe 2: Das Patch-Werk des Heiner Keupp. Grundlagen und Perspektiven zum aufrechten Gang, hg. v. L. Behringer u. a. (www.gemeindepsychologie.de/fg-2-2010.html [10.02.2011])

Keller, Heide / Eckensberger, Lutz, 1998: Kultur und Entwicklung, in: *Lehrbuch Entwicklungspsychologie*, hg. v. H. Keller, Bern, S. 57-96.

Keupp, Heiner / Ahbe, Thomas / Gmür, Wolfgang / Höfer, Renate / Mitzscherlich, Beate / Kraus, Wolfgang / Straus, Florian, 1999: *Identitätskonstruktionen: Das Patchwork der Identitäten in der Spätmoderne*, Reinbek b. Hamburg.

Kraus, Wolfgang, 2010: Patchwork Identität, in: *Forum Gemeindepsychologie* 15, Ausgabe 2: Das Patch-Werk des Heiner Keupp. Grundlagen und Perspektiven zum aufrechten Gang, hg. v. L. Behringer u. a. (www.gemeindepsychologie.de/fg-2-2010.html [10.02.2011])

Largo, Remo, 2005: *Kinderjahre. Die Individualität des Kindes als erzieherische Herausforderung*, München-Zürich.

Lenz, Albert, 2010: Partizipation in der professionellen Hilfebeziehung, in: *Forum Gemeindepsychologie* 15, Ausgabe 2: Das Patch-Werk des Heiner Keupp. Grundlagen und Perspektiven zum aufrechten Gang, hg. v. L. Behringer u. a. (www.gemeindepsychologie.de/fg-2-2010.html [10.02.2011])

Overton, Willis, 1998: Developmental Psychology: Philosophy, concepts, and methodology, in: *Theoretical models of human development, Handbook of child psychology*, Bd. 1, hg. v. R. M. Lerner, New York, S. 107-189.

Papoušek, Mechthild, 1996: Die intuitive elterliche Kompetenz in der vorsprachlichen Kommunikation als Ansatz zur Diagnostik von präverbalen Kommunikations- und Beziehungsstörungen, in: *Kindheit und Entwicklung* 5, S. 140-146.

Piaget, Jean / Inhelder, Bärbel, 1973: *Die Psychologie des Kindes*, Olten.

Rogoff, Barbara, 1990: *Apprenticeship in thinking. Cognitive Development in Social Context*, New York.

Seckinger, Mike, 2010: Prävention statt Erziehung?, in: *Dialog Erziehungshilfe* 4, S. 32-40.

Sen, Amartya, 1999: *Ökonomie für den Menschen. Wege zu Gerechtigkeit und Solidarität in der Marktwirtschaft*, München-Wien.

Sroufe, L. Allen, 1996: *Emotional development: The organization of emotional life in the early years*, New York.

Staudinger, Ursula, 2007: Lebensspannen-Psychologie, in: *Handbuch Entwicklungspsychologie*, hg. v. M. Hasselhorn u. W. Schneider, Göttingen, S. 71-82.

Stern, William, 1914: *Psychologie der frühen Kindheit bis zum sechsten Lebensjahr*, Leipzig.

Thiersch, Hans, 2010: Sozialethische Herausforderungen der sozialen Arbeit, in: *Dialog Erziehungshilfe*, 4, S. 14-21.

Vygotsky, Lev, 1934/1964: *Denken und Sprechen*, Frankfurt a. Main.

Vygotsky, Lev, 1978: *Mind in Society. The Development of Higher Psychological Processes*, Cambridge/MA.

Watson, John, 1928: *Psychological Care of Infant and Child*, New York.

Watson, John / Raynor, Rosalie, 1920: Conditioned emotional reactions, in: *Journal of Experimental Psychology* 3, S. 1-14.

Werner, Emmy, 2007: Entwicklung zwischen Risiko und Resilienz, in: *Was Kinder stärkt. Erziehung zwischen Risiko und Resilienz*, hg. v. G. Opp u. M. Fingerle, München, S. 20-31.
Wertsch, James, 1985: *Vygotsky and the Social Formation of Mind*, Cambridge/MA.
Ziegenhain, Ute, 2004: Sozial-emotionale Entwicklung, in: *Psychiatrie und Psychotherapie des Kindes- und Jugendalters*, hg. v. C. Eggers u. a., Heidelberg, S. 40-54.

4 Soziologie

Soziale Arbeit und die Strukturen menschlichen Zusammenlebens

Peter Franz Lenninger

1. Begrifflichkeit, Aufgabe und Rahmen Sozialer Arbeit – Bezüge zur Soziologie

In den unterschiedlichen Gegenstandsdefinitionen Sozialer Arbeit fällt als durchgängige Gemeinsamkeit auf, dass sie von einem latenten oder manifesten Spannungsverhältnis zwischen dem Vermögen, den Fähigkeiten und Ressourcen von Individuen einerseits und gesellschaftlich vorgegebenen Erwartungen und Anforderungen andererseits ausgehen. Diese Anforderungen realisieren sich je nach gesellschaftlichem Ort in Familie, Arbeit, Nachbarschaft, Gemeinwesen u. a. unterschiedlich. Je nach Intensität dieses Spannungsverhältnisses kann dann auch von einem Konflikt gesprochen werden.

Konstitutiv scheint nun bei der weiteren Aufgabenbestimmung zu sein, dass sich Soziale Arbeit auf das Verhältnis von Individuum und Gesellschaft bezieht, dieses Verhältnis analysiert und bewertet und schließlich zur Bearbeitung spezifische Handlungsansätze entwickelt. Dies geschieht gesellschaftlich organisiert, ist hochgradig arbeitsteilig angelegt und vollzieht sich in einem sozialstaatlichen Ordnungsrahmen, der durch Grundgesetz und Sozialgesetzbuch abgesteckt wird.

Indem nun das Verhältnis von Individuen in ihren sozialen Bezügen zur jeweils erfahrbaren gesellschaftlichen Wirklichkeit in den Mittelpunkt gestellt wird, fokussiert der spezifische Zugang Sozialer Arbeit auf einen Wirklichkeitsausschnitt, der sich

- nicht auf die Analyse innerpsychischer Vorgänge (wie sie die Psychologie behandelt) oder physischer Erscheinungsformen (wie sie die Medizin behandelt) reduzieren lässt und
- den engeren Rahmen der Pädagogik als Aufgaben der Gestaltung von Lern- und Bildungsprozessen überschreitet.

Ausgehend von den gegebenen Aufgaben in Theorie und Praxis einschließlich der sozialgeschichtlichen Befunde, bestimmen Thiersch/Rauschenbach (1984, S. 101) fünf zentrale Dimensionen der Theoriebildung und Forschung Sozialer Arbeit:

- die Lebenswelt der Adressaten sozialpädagogischer und sozialarbeiterischer Bemühungen,
- die gesellschaftliche Funktion der Sozialen Arbeit,
- die Herausbildung spezifischer sozialpädagogischer Institutionen mit eigener Dynamik,
- die Professionalisierung des sozialpädagogischen Handelns und
- das Wissenschaftskonzept der Sozialpädagogik.

Diese fünf Dimensionen konstituieren die Aufgaben der Disziplin und lassen sich in dieser oder ähnlicher Form in den vielen handlungstheoretisch bestimmten Begründungsrahmen Sozialer Arbeit wieder finden. Soziologisches Wissen ist – wie in Ansätzen noch zu zeigen sein wird – für alle Theoriedimensionen relevant, bezieht es sich seinem Anspruch nach doch auf alle Bereiche der Sozialen Wirklichkeit. Damit stellt sich zunächst die Frage, was genau unter Soziologie verstanden wird und welche Zielsetzungen und Aufgaben der Wissenschaft subsumiert werden.

2. Zum Verständnis von Soziologie als Wissenschaft

Soziologie als Wissenschaft des Sozialen bezieht sich in ihrem disziplinären Gegenstand auf die Voraussetzungen, Entwicklungen und Folgen menschlichen Zusammenlebens. Hierzu beobachtet, beschreibt und erklärt sie soziale Strukturen und Prozesse bzw. sucht diese zu verstehen. In Abgrenzung zu anderen Wissenschaften die den Menschen zum Gegenstand haben (z. B. Biologie, Medizin, Psychologie), fokussiert Soziologie auf das soziale Zusammenleben. Darüber hinaus unterscheidet sie sich von benachbarten Sozialwissenschaften (z. B. Politik, Wirtschaft) dadurch, dass es ihr nicht nur um spezifische gesellschaftliche Ausschnitte und Teilsysteme, sondern grundsätzlich um alle Facetten des Sozialen geht.

Die geistesgeschichtlichen Grundlagen soziologischen Denkens wurden bereits in der Aufklärung gelegt und die Ausdifferenzierung von Staat und Gesellschaft sowie die gesellschaftlichen Folgen der Industrialisierung bildeten den weiteren Nährboden für ihre Entwicklung. Als eigenständige Disziplin durchgesetzt hat sich die Soziologie aber erst gegen Ende des 19. bzw. zu Beginn des 20. Jahrhunderts.[1]

Sie beschäftigt sich mit den Grundlagen von Gesellschaft und Sozialem und stellt sich in diesem Zusammenhang so grundlegende Fragen wie die nach dem Verhältnis von Individuum und Gesellschaft oder dem Entstehen und dem Wandel sozialer Strukturen. So eindeutig und homogen diese Fragestellungen auch sein mögen, so uneindeutig und heterogen fallen die soziologischen Antworten hierauf aus. Verantwortlich hierfür ist die hohe Komplexität des Gegenstandsbereichs und dies ist auch der Grund dafür, warum eine disziplinübergreifende und konsensuale Definition von Soziologie in der Geschichte der Disziplin bislang nicht entwickelt werden konnte.

---

[1] Erste Lehrstühle an Universitäten wurden 1892 in den USA (Albion W. Small), 1896 in Frankreich (Emile Durkheim) und 1914 in Deutschland (Georg Simmel) gegründet.

Richtungweisend sind vielmehr unterschiedliche soziologische Paradigmen, die abhängig von ihrem jeweiligen wissenschaftlichen Ansatz zu unterschiedlichen Antworten kommen. Weit verbreitet ist die Unterscheidung zwischen *Makro-Ansätzen* und *Mikro-Ansätzen* in der soziologischen Theoriebildung. *Makro-Ansätze* stellen die Gesellschaft als Ganzes oder gesellschaftliche Teilsysteme und Institutionen in den Mittelpunkt theoretischer Betrachtung und untersuchen in diesem Zusammenhang strukturelle Stabilität und Wandel in unterschiedlichen Ausprägungen. Gesellschaft wird in dieser Perspektive als überpersönliche, eigene Realität angesehen, die nicht auf den Aktionen einzelner Individuen beruht.[2]

Mikro-Ansätze stellen das Individuum, sein soziales Handeln einschließlich der zugrunde liegenden Motive und Erwartungen in den Mittelpunkt. Gesellschaftliche Strukturen sind in dieser Perspektive letztendlich das Ergebnis sozialen Handelns einzelner Akteure.[3]

Daneben haben sich in der jüngeren Soziologiegeschichte Ansätze entwickelt, die den Gegensatz von Mikro- und Makrotheorie zu überwinden suchen, indem sie das Verhältnis von Individuum und Gesellschaft in seinen Wechselwirkungen zum zentralen Gegenstand machen[4] (vgl. Trebel, 2000).

Die fehlende disziplinäre Geschlossenheit und ausgeprägte Divergenz bei Theoriebildung und Forschung haben aber der hohen Einflusskraft soziologischer Wissensbestände praktisch auf alle Bereiche gesellschaftlichen Lebens, keinen Abbruch getan. Dies mag damit zusammenhängen, dass

- die Begrifflichkeiten der Soziologie[5] nicht nur zu wissenschaftlichen Definitionszwecken von soziologisch bedeutsamen Gegenständen dienen, sondern weit in die Alltagssprache und das alltägliche Verständnis sozialer Phänomene eingedrungen sind (vgl. Korte/Schäfers, 2002);
- sich die Untersuchungsobjekte der Soziologie faktisch auf alle Ebenen der Gesellschaft beziehen, angefangen von sozialen Beziehungen über Gruppen, Organisationen, Institutionen, gesellschaftlichen Teilbereichen bis hin zur Gesellschaft als Ganzem;
- der sich beschleunigte gesellschaftliche Wandel der Gesamtgesellschaft und ihrer Strukturen und Teilbereiche plausible gesellschaftswissenschaftliche Erklärungsmodelle benötigt.

---

[2] Als makrosoziologische Ansätze gelten z. B. der Strukturfunktionalismus, die Systemtheorie oder die marxistische Soziologie um nur einige Ansätze zu erwähnen.

[3] Zu den Mikro-Ansätzen werden z. B. Theorien des Methodologischen Individualismus, des Symbolischen Interaktionismus oder die Ethnomethodologie gezählt.

[4] Theorieansätze, die für eine Überwindung des Gegensatzes von Makro- und Mikroansatz stehen, sind z. B. die Theorie des kommunikativen Handelns von Jürgen Habermas, die Prozesssoziologie von Norbert Elias oder die Theorie der Praxis nach Pierre Bourdieu.

[5] Z. B. Normen, Werte, Sozialisation, Identität, soziale Gruppe, Klasse, Schicht, Institution und Organisation, Macht und Herrschaft, Klasse, Schicht, soziale Ungleichheit u. a.

3. Der spezifische Beitrag der Soziologie für die Soziale Arbeit

Historisch betrachtet gab es Phasen, in denen Soziale Arbeit unterschiedliche disziplinäre Konzeptionalisierungen erfahren hat, sei es als an ökonomisch orientierten Modellen einer Fürsorgewissenschaft, sei es als angewandte Psychologie und Psychoanalyse.[6] Auch die Soziologie hat in ihrer disziplinären Einflussnahme eine lange Tradition.[7]

Seit Anbeginn der Akademisierung Sozialer Arbeit an Fachhochschulen in den 70er Jahren hat Soziologie in den Studien- und Prüfungsordnungen und Studienplänen einen disziplinären „Stammplatz" unter den Bezugswissenschaften. Damit einher ging die Rekrutierung und Etablierung soziologischer Fachvertreter/-innen als Bezugswissenschaftler/-innen, die ihre soziologisch geprägten Sichtweisen und Rezeptionsmuster in das Sozialarbeitsstudium einbrachten. In zahlreichen Lehrbüchern, die zumeist als Einführung in die Soziologie für die Soziale Arbeit bzw. Soziale Berufe gedacht waren, wurden diese Sichtweisen entfaltet (z. B. Biermann u. a., 2006; Biermann, 2007; Mogge-Grotjahn, 1996; Nowak, 2009; Witterstätter, 2002).

Aus dem breiten Spektrum an behandelten Themen, die der allgemeinen Soziologie zugeordnet werden können, sind hervorzuheben:

- die Klärung soziologischer Grundbegriffe (z. B. Identität, Rolle, Institution, Organisation);
- grundsätzliche soziologische Theorieansätze und Perspektiven (Makro-, Mikrotheorien);
- theoretische Ansätze mit hoher Relevanz für das Gegenstands- und Erklärungswissen Sozialer Arbeit/Sozialer Berufe: z. B. Werte und Normen, Sozialisation, Soziale Probleme, Soziale Ungleichheit, Abweichendes Verhalten u. a.);
- theoretische Ansätze mit hoher Relevanz für das Handlungswissen der Sozialen Arbeit/Sozialer Berufe: z. B. Grundlagen der Gruppensoziologie, Großgruppen, Soziale Netzwerke u. a.).

Die Auswahl an speziellen Soziologien, folgt den gesellschaftlichen Teilbereichen, in denen Soziale Arbeit tätig ist: z. B. Grundbegriffe und Ansätze der Familien-, Jugend-, Alters-Migrations- oder Stadtsoziologie). Die Tatsache, dass Soziale Arbeit selbst als institutioneller Bereich der Gesellschaft anzusehen ist, wird in der Organisationssoziologie (Soziale Arbeit als organisierte Hilfe oder der Professionssoziologie (Soziale Arbeit als Profession) thematisiert.

Um nun die generelle Bedeutung soziologischer Beiträge für die Soziale Arbeit und deren breiten Einfluss als Bezugswissenschaft zu beschreiben, sei noch einmal auf die im ersten Kapitel skizzierte Gegenstandsbestimmung und Aufgabenstellung

---

[6] Vgl. z. B. die historischen Konzepte der Einzelfallhilfe oder der Sozialen Gruppenarbeit.

[7] Vgl. Mary Richmonds „Soziale(r) Diagnose; Jane Addams' Soziologie der Chicago School; die Rezeption von Sozialisationstheorien und Theorien abweichenden Verhaltens; die Analyse totaler Institutionen bei Erving Goffman u. a.

Sozialer Arbeit verwiesen. Bemerkenswert ist hierbei auch die hohe Parallelität der Themen und Fragestellungen zwischen Soziologie und Sozialer Arbeit:

- Sowohl die Gegenstandsbestimmung als auch die Aufgabenstellung Sozialer Arbeit entfalten sich im *Verhältnis des Individuums zur Gesellschaft*. Soziologie als Bezugswissenschaft thematisiert dieses Verhältnis aus unterschiedlicher theoretischer Perspektive.

- Dieses Verhältnis, das im Falle der Sozialen Arbeit vom latenten oder manifesten Widerspruch zwischen den Bedürfnissen, Möglichkeiten und Ressourcen einzelner Individuen einerseits und den gesellschaftlichen Ansprüchen und Erwartungen andererseits bestimmt wird, bezeichnen einflussreiche Theoretiker/innen Sozialer Arbeit (vgl. z. B. Staub-Bernasconi, Thiersch) als *Soziales Problem*. Soziologie als Bezugswissenschaft befasst sich mit (problematischen) Lebenslagen und deren Verschränkung mit der Gesellschaftsstruktur.

- Soziale Arbeit hat über die individuelle Lebensbewältigung hinaus die Gestaltung einer sozial gerechten und somit lebenswerten Gesellschaft zum Ziel. Soziologie als Bezugswissenschaft beschäftigt sich seit ihren Anfängen mit den Möglichkeiten gesellschaftlichen Zusammenhalts (vgl. Simmel, 1908).

- Soziale Arbeit ist als gesellschaftlicher Teilbereich (personenbezogenes Dienstleistungssystem) im Verlauf der Modernisierung entstanden. Ihr genereller gesellschaftlicher Auftrag, der sozialstaatlich eingebettet und reguliert wird, kann mit dem Ziel der Lebensbewältigung und Krisenbearbeitung beschrieben werden. Soziologie als Bezugswissenschaft klärt über die gesellschaftliche Funktion Sozialer Arbeit auf, indem sie beispielsweise in der Tradition Luhmanns als leitenden Funktionsgesichtspunkt den Eingriff Sozialer Arbeit in jene gesellschaftliche Funktionen herausarbeitet, in denen Menschen exkludiert werden (vgl. Luhmann, 1975). Im Anschluss daran verstehen Bommes/Scherr (2000) Soziale Arbeit als eine institutionalisierte Praxis der Bearbeitung von Exklusionsrisiken bzw. Inklusionsproblemen.[8]

- Soziale Arbeit versteht sich als interdisziplinäre bzw. transdisziplinäre Wissenschaft, die sozialwissenschaftlich orientiert und gleichzeitig gesellschafts- und handlungstheoretisch konzipiert ist. Als angewandte Wissenschaft versteht sich Soziale Arbeit zugleich als Disziplin und Profession. Soziologie als Bezugswissenschaft stellt insbesondere Gesellschaftstheorie und sozialwissenschaftliche Analyse bereit. Die professionstheoretischen soziologischen Ansätze wiederum leisten die theoretische Rahmung der Professionalisierungsprozesse Sozialer Arbeit.

- Zum Wissenschaftsprogramm der Sozialen Arbeit gehört die empirische Forschung ihres Gegenstandsbereiches einschließlich der Evaluation ihrer Praxis. Soziologie als empirisch und forschungsmethodologisch ausgerichtete

---

[8] Begreift man Gesellschaft in der Dialektik von System und Lebenswelt, wie sie insbesondere von Habermas (1981) herausgearbeitet wurde, kommt Sozialer Arbeit in ihrer gesellschaftlichen Funktion die Lebens- und Krisenbewältigung an den Schnittstellen von Lebenswelt und System zu.

Bezugswissenschaft stellt wohl den wichtigsten Referenzrahmen bereit, zur Rezeption sowohl quantitativer als auch qualitativer Methoden der Sozialforschung.

Soziologie klärt über gesellschaftliche Verhältnisse auf, welche die individuelle Lebensführung nachhaltig beeinflussen und derentwegen Menschen in Notlagen geraten können. Sie untersucht die jeweiligen Umstände, die Menschen auch ohne deren aktives Zutun in individuell und gesellschaftlich folgenreiche Problemlagen „hineinmanövrieren" können.

Menschen können folglich auch ohne direkt von ihnen zu verantwortende Umstände straffällig, psychisch krank, wohnungslos oder suchtmittelabhängig werden. Werden gesellschaftliche Verursachungszusammenhänge erkannt, die Soziallagen erzwingen, in denen abweichendes Verhalten als „Normal" zur Aufrechterhaltung von Handlungsfähigkeit erforderlich ist, verändern sich perspektivisch für die Soziale Arbeit:

- das gesellschaftliche Verständnis von „Normalität";
- der Blickwinkel von der Individualisierung von Fällen zugunsten ihrer Zuordnung zu sozialen Problemlagen;
- die mit der Individualisierung oft einhergehende Vorstellung von einer ausschließlich individuellen Verantwortlichkeit;
- die Analyse- und Interventionsebenen vom Einzelfall, über die Familie und Nachbarschaft Organisationen und Institutionen bis hin zur Gesamtgesellschaft;
- die Handlungsformen und hier die stärkere Berücksichtigung der Prävention.

Die Soziologie bietet einen sozialwissenschaftlichen Analyserahmen, der das Verhältnis der Gesellschaft und die Stellung des Individuums in der Gesellschaft in einer individuell sowie gesellschaftlich problematischen Lebenslage erfasst. Soziale Problemlagen (z. B. Armut, Behinderung, Drogenkonsum, Eigentums- und Vermögensdelikte, Gewalt, Prostitution u. a.) betonen die Gemeinsamkeiten von Normverletzung und Sanktion, Erforschen die Ursachen und das Ausmaß sozialer Probleme einschließlich der jeweiligen Bearbeitungsformen und reflektieren Veränderungen der Problementstehung und Problemwahrnehmung (Peters, 2001).

Das Konstrukt der Lebenslage wiederum beschreibt die soziale Position von Individuen innerhalb der Sozialstruktur und die allgemeinen Spielräume zur Lebensverwirklichung entlang unterschiedlicher Lebenslagendimensionen.[9]

Eine wichtige gesellschaftstheoretische soziologische Betrachtungsweise gesellschaftlicher Auswirkungen auf Lebenslagen betont die Folgen zunehmender Individualisierung und Globalisierung. Die von Beck (1996) erstmals aufgeworfene *Individualisierungsthese* diagnostiziert die Auflösung vorgegebener Lebensformen, die Freisetzung der Individuen aus historisch vorgegebenen und zugewiesenen Rollen, Klassen, Schichten, Religionsgemeinschaften. Die Wahl individueller Lebensstile

---

[9] Vgl. die Mehrdimensionalität von Lebenslagen durch die metaphorische Unterscheidung von ökonomischem Kapital, kulturellem Kapital und sozialem Kapital bei Bourdieu (1983).

wirkt eher provisorisch und experimentell. Gleichzeitig treten Familien, Nachbarschaften und andere, gewachsene Milieus als Formen der Vergemeinschaftung und Vergesellschaftung in den Hintergrund. Die Expansion des gesellschaftlichen Sektors psychosozialer Hilfen wird in der Folge als Resultat der Erosion traditioneller Lebenszusammenhänge interpretiert (vgl. Rauschenbach, 1992, S. 46).

Die *Globalisierungsthese* wiederum (Beck 1997), die ursprünglich ausschließlich im ökonomischen Bereich verwendet wurde, um die zunehmende globale Verflechtung der Ökonomien und insbesondere der Finanzmärkte auf den Begriff zu bringen, besagt im Kern die rapide Vermehrung und Verdichtung grenzüberschreitender gesellschaftlicher Interaktionen, die in räumlicher und zeitlicher Hinsicht die nationalen Gesellschaften immer stärker miteinander verkoppeln. Zu den vielen widersprüchlichen Prozessen und Konsequenzen gehört – bezogen auf die sozialen und individuellen Lebensbedingungen – die Herauslösung des Alltags aus rein lokalen Bezügen. Lokale Identitäten verlieren an Bedeutung, das soziale Umfeld verändert sich (z. B. Zuwanderung) und die sozialen Erfahrungsmöglichkeiten (Kontakte, Lebensstil, Konsumentscheidungen u. a.) dehnen sich zumindest prinzipiell auf die ganze Welt aus.

4. Chancen, Hindernisse und Anfragen

Die Rezeption soziologischen Wissens im Verhältnis von Soziologie und Sozialer Arbeit ist ein wechselseitiger Prozess: Die Sozialarbeitswissenschaft rezipiert soziologische Befunde ganz allgemein in Abhängigkeit davon, welchen Stellenwert sie ihnen bei der Erklärung und Lösung sozialer Probleme beimisst. Entscheiden ist dabei, welche Bedeutung den gesellschaftlichen Lebensbedingungen für die individuelle Lebenssituation beigemessen wird.

Die Soziologie wiederum folgt bei der Aufbereitung soziologischen Wissens ihrer immanenten Wissenschaftslogik und ihren jeweiligen Wahrnehmungsmustern Sozialer Arbeit als Wissenschaft und Praxis. In beiden Fällen haben wir es mit Konstruktionen zu tun.[10]

Chancen

Im Verlauf dieses Artikels dürfte hinreichend deutlich geworden sein, welche Chancen sich für die Soziale Arbeit durch die Rezeption soziologischen Wissens bieten. Dies gilt insbesondere für das Gegenstands- und Erklärungswissen.

Hervorzuheben ist aber noch einmal auf der Seite der Chancen das kritische Potenzial der Soziologie. Es erlaubt die kritische Infragestellung jenes Typus einer Sozialarbeitskonzeption, der an einer ausschließlichen Fallperspektive festhält,

---

[10] Vgl. das bekannte so genannte Thomas-Theorem, das besagt, das Menschen in einer Situation genauso handeln, wie sie die Situation wahrnehmen bzw. definieren.

soziale Probleme systematisch individualisiert und damit gesellschaftliche Verursachungszusammenhänge bzw. Veränderungsnotwendigkeiten negiert.[11]

Werden manifeste Lebensprobleme in gesellschaftliche Zusammenhänge eingebettet, erhält Soziale Arbeit über die Fallbearbeitung hinaus eine erweiterte Profes-
sionsperspektive: die Gestaltung Sozialer Systeme bis hin zur Beteiligung an gesamtgesellschaftlichen Reformbestrebungen. Soziologie liefert für die unterschiedlichen Interventionsebenen bis hin zur Gesamtgesellschaft die notwendigen Wissensbestände.

Hindernisse

Soziologie und Soziale Arbeit haben sicherlich gemeinsam, dass ihr Gegenstandsbereich von hoher Komplexität ist und eine Reduktion auf isolierte, monokausale
Erklärungsmuster weder theoretisch noch forschungspraktisch den gewünschten
Erfolg erzielen dürfte. Genau aber die Widersprüchlichkeit theoretischer Ansätze
und die fehlenden bzw. ungenauen Definitionen der verwendeten Begriffe er-
schweren die Rezeption soziologischer Theoriebestände. Diese Erkenntnis betrifft
nicht nur generalisierende Gesellschaftstheorien „großer Reichweite", sondern auch
anwendungsbezogene Ansätze „mittlerer Reichweite".[12] Hinzu kommt, dass ein
erheblicher Teil soziologischer Diskurskultur und Wissensproduktion und Wissens-
reproduktion innerhalb der „scientific community" verbleibt und nicht direkt mit
jenen gesellschaftlichen Herausforderungen konfrontiert wird, denen Praktiker/
-innen in Politik, Justiz, Polizei, Sozialer Arbeit u. a. gegenüber stehen.

Doch auch dort, wo eine selektive Rezeption soziologischen Wissens ohne
theoretische Irritation geling ist Vorsicht geboten So fußt beispielsweise ein nicht
unerheblicher Teil soziologischer Theoriebildung und Forschung auf dem Menschenbild eines „homo oeconomicus" oder „rational choice man", der sein Leben
gewissermaßen emotionslos nach Interessen, Kalkül und Moral ausrichtet (Methodologischer Individualismus). Tatsächlich aber zeigt uns die Realität, dass zur
Erklärung sozialen Verhaltens ein solches Menschenbild nicht ausreicht. Unabhängig davon, dass die normativen Grundannahmen des methodischen Individualismus auch innerhalb der Soziologie umstritten sind,[13] müssen zur Erklärung sozialen
Verhaltens auch die Erkenntnisse der Biologie (Evolutionäre Erkenntnistheorie,
Verhaltensforschung, Gehirnforschung) herangezogen werden. Komplexe gesellschaftliche Phänomene bedürfen interdisziplinärer Ansätze und somit der Kooperation von Soziologie, Psychologie, Verhaltensforschung, Ökonomie etc.

Ein weiteres Hindernis besteht in dem schwierigen bzw. oftmals nicht gegebenen Anwendungsbezug soziologischer Theorien und empirischer Befunde für die

---

[11] Dies geschieht dann, wenn beispielsweise strukturelle Gewalt negiert und abweichendes Verhalten
ausschließlich dem Einzelnen zugeschrieben wird.

[12] Vgl. exemplarisch Theorien abweichenden Verhaltens.

[13] Sowohl aus der Richtung des „methodologischen Kollektivismus" bzw. „methodologischen
Holismus" (z. B. Systemtheorie) , als auch von Vertreter/-innen, die den Gegensatz von Makro- und
Mikroansätzen überwinden wollen (z. B. Pierre Bourdieu, Norbert Elias, Ulrich Beck).

Praxis Sozialer Arbeit. Praxiskonzepte gründen nur selten in soziologischen Theorien und auch die vorhandenen empirisch soziologischen Untersuchungen finden sich weder in den Praxiskonzepten, noch in den Methoden, Verfahren und deren Evaluierung ausreichend wieder. Dies mag zum einen an dem hohen Abstraktionsniveau auch scheinbar anwendungsbezogener soziologischer Theorien liegen,[14] zum anderen mangelt es aber auch teilweise an empirischen Befunden deren Fragestellungen und Ergebnisse im Dialog mit der Praxis Sozialer Arbeit entwickelt wurden. Positiv hervorzuheben ist hier eine Theoriegenerierung, die stärker aus dem empirischen Material gewonnen wird (vgl. in der qualitativen Sozialforschung die Grounded Theory nach Glaser/Strauss, 1967).

Anfragen

Festzuhalten bleibt, dass es aus der Perspektive einer Wissenschaft und Profession Sozialer Arbeit eine Reihe an Anfragen an die Soziologie gibt, die einer gemeinsamen Problemdefinition und Beantwortung bedürften.

- Welche Motive und Mechanismen liegen menschlichem Sozialverhalten zugrunde?
- Wie lassen sich die Erkenntnisse über Dynamiken in Familien, sozialen Gruppen und sozialen Netzwerken mit individuellen Motiven und Emotionen beziehen?
- Wie lassen sich theoretische Ansätze, die sich dem Verhältnis von Individuum und Gesellschaft widmen so weiterentwickeln, dass sie als theoretische Modelle die Lebensführung und die lebenspraktischen Problemlagen beschreiben (vgl. Scherr, 2002)?
- Wie lassen sich anwendungsorientierte Theorien entwickeln, die im Austausch mit der Praxis Sozialer Arbeit entstehen?
- Welche Notwendigkeiten ergeben sich für die empirische Sozialforschung, wenn Sie sich an Fragestellungen und Problemen orientiert, die sich in der Praxis stellen?

5. Soziale Arbeit und Soziologie – Vom funktionalen zum kommunikativen Verhältnis

Es dürfte am Beispiel der Soziologie deutlich geworden sein, dass Disziplin und Profession Sozialer Arbeit konstitutiv auf bezugswissenschaftliches Wissen angewiesen sind.

Das Verhältnis zwischen beiden ist dabei aber eher als instrumentell zu bezeichnen. Soziale Arbeit bedient sich der Soziologie hoch selektiv. Soziologie als Bezugswissenschaften wiederum verharrt nur allzu leicht in disziplinärer Selbstbezogenheit

---

[14] Z. B. theoretische Ansätze im Kontext von Ressourcenmodellen, Lebenslagen, sozialer Gruppen, sozialer Netzwerke, sozialer Raum u. a.

und disziplinären Interessen. Die Frage, was Soziale Arbeit grundsätzlich von ihren Bezugswissenschaften benötigt, wird kaum gestellt. Notwendig ist deshalb

- eine Verständigung auf die Herausforderungen und Aufgabenstellungen, die oben als Anfragen formuliert wurden;
- in einen wechselseitigen Lernprozess bezüglich der Anfragen einzutreten und sich auf gemeinsame Problemdefinitionen zu verständigen.

Bislang jedenfalls kann im Verhältnis von Soziologie zu Sozialer Arbeit nicht von einer gleichberechtigten Beziehung gesprochen werden, wie von Witterstätter (2002) euphorisch postuliert. Eine gleichberechtigte Kommunikation, eine symmetrische Austauschbeziehung und somit Neubestimmung des Verhältnisses zwischen Sozialer Arbeit und ihren Bezugswissenschaften setzt nach unserer Auffassung weitere Fortschritte in der Emanzipation Sozialer Arbeit als Wissenschaft von den Bezugswissenschaften voraus (vgl. Engelke, 2000). Dass dieser Emanzipationsprozess sich als mühsam und langwieriger erweist hat viele Ursachen, die zwar theoretische geschieden, im praktischen Handeln aber nicht getrennt werden können.

Eine davon ist sicherlich die gesellschaftliche Stellung Sozialer Arbeit, die Tatsache, dass sie es häufig mit Randgruppen der Gesellschaft zu tun hat und dadurch selbst an den Rand gedrängt wird. Dass es sich dabei nach wie vor überwiegend um einen Frauenberuf handelt, ist Auch die Tatsache Auch die es sich um einen Frauenberuf mit allen damit verbundenen Implikationen handelt, darf ebenfalls nicht unterschätzt werden.

Betrachtet man Soziale Arbeit als ein Praxissystem, das in einem sozialstaatlich konstituierten und geordneten Rahmen höchst unterschiedliche personenbezogene soziale Dienstleistungen erbringt, dürfte verständlich werden, dass eine ausschließliche Zuordnung des gesamten Feldes zu einer einzelnen Disziplin problematisch ist.

Soziale Arbeit, die eigenständige wissenschaftliche Disziplin sein und nicht als angewandte Psychologie, Soziologie u. a verstanden werden will,

- muss Wissen in geeigneter Weise aus den Nachbardisziplinen aufnehmen (Interdisziplinarität) und
- muss dieses Wissen in ein eigenes disziplinäres Wissenssystem integrieren (Transdisziplinarität).

Entscheidend wird nun sein, wie sich die Integrationsfigur darstellt, d. h. auf welche Weise Sozialarbeitswissenschaft bezugswissenschaftliches Wissen in Zukunft integriert.

Die Anerkennung Sozialer Arbeit als wissenschaftliche Disziplin im Kreis der etablierten Disziplinen wird davon abhängen, inwieweit sie ihren Gegenstand, ihr Begriffssystem und ihre Theorien vor dem Hintergrund ihres Gegenstandsbereiches und ihrer Aufgaben weiterentwickelt.[15]

---

[15] Die Studienordnungen der unterschiedlichen Studiengänge Sozialer Arbeit implementieren die Bezugswissenschaften curricular auf höchst unterschiedliche Weise. Fast immer aber bleibt es den Studierenden vorbehalten, sich die sozialarbeiterische Relevanz des bezugswissenschaftlichen

Sollte diese Weiterentwicklung gelingen, kann sich Sozialarbeitswissenschaft zunehmend selbstständig die oben aufgeworfenen theoretischen und forschungsmethodischen Anfragen über ein eigenständiges spezifisches Wissen erschließen und beantworten.[16] Die Nachbardisziplinen werden dadurch nicht überflüssig aber ihr Status für die Soziale Arbeit wandelt sich von Bezugswissenschaften zu Ergänzungswissenschaften.

Literatur

Beck, Ulrich, 1996: *Risikogesellschaft. Auf dem Weg in eine andere Moderne*, Frankfurt a.M.

Beck, Ulrich, 1997: *Was ist Globalisierung*, Frankfurt a.M.

Biermann, Benno / Bock-Rosenthal, Erika / Doehlmann, Martin / Grohall, Karl-Heinz / Kühn, Dietrich, 2006: *Soziologie. Studienbuch für Soziale Berufe*, 5. Aufl. München-Basel.

Biermann, Benno, 2007: *Soziologische Grundlagen der Sozialen Arbeit*, München-Basel.

Bommes, Michael / Scherr, Albert, 2000: *Soziologie Sozialer Arbeit. Eine Einführung in Formen und Funktionen organisierter Hilfe*, Weinheim-München.

Bourdieu, Pierre, 1983: Ökonomisches Kapital, kulturelles Kapital, soziales Kapital, in: *Soziale Ungleichheiten*, Soziale Welt, Sonderbd. 2, Göttingen, S. 183-198.

Engelke, Ernst, 2000: Gesellschaftlicher Wandel und Hochschulreform – Auswirkungen auf die Ausbildung in der Sozialen Arbeit, in: *Archiv für Wissenschaft und Praxis der sozialen Arbeit* 31, Heft 1, S. 73-96.

Gildemeister, Regine, 1997: Soziologie der Sozialarbeit, in: *Einführung in die Praxisfelder der Soziologie*, hg. von H. Korte u. B. Schäfers, 2. Aufl. Opladen.

Glaser, Barney / Strauss, Anselm L., 1977: *The Discovery of Grounded Theory. Strategies for Qualitative Research*, 8. Aufl. Chicago.

Habermas, Jürgen, 1981: *Theorie des kommunikativen Handelns*, 2. Bde, Frankfurt a. M.

Korte, Hermann / Schäfers, Bernhard, 2002: *Einführung in Hauptbegriffe der Soziologie*, 6. Aufl. Opladen.

Luhmann, Niklas, 1975: Interaktion, Organisation, Gesellschaft, in: *Soziologische Aufklärung*, Bd. 2: Aufsätze zur Theorie der Gesellschaft, Opladen.

Mogge-Grotjahn, Hildegard, 1996: *Soziologie: eine Einführung für soziale Berufe*, Freiburg i. Br.

Nowak, Jürgen, 2009: *Soziologie in der Sozialen Arbeit*, Schwalbach/Ts.

Peters, Helge, 2001: Soziale Probleme, in: *Handwörterbuch der Gesellschaft Deutschlands*, hg. von B. Schäfers u. W. Zapf, 2. Aufl. Opladen, S. 617-628.

Rauschenbach, Thomas, 1992: Soziale Arbeit und soziales Risiko, in: *Soziale Arbeit in der Risikogesellschaft*, hg. von T. Rauschenbach u. H. Gängler, Neuwied u. a., S. 25-60.

Scherr, Albert, 2002: Soziale Probleme, Soziale Arbeit und menschliche Würde, in: *Sozialextra*, Juni 2002, S. 35-39.

Simmel, Georg, 1908: Exkurs über das Problem: Wie ist Gesellschaft möglich, in: ders. (Hg.), *Soziologie*, Leipzig, S. 27-45.

Tatschmurat, Carmen, 2003: Zum Verhältnis von Sozialarbeitswissenschaft und Bezugswissenschaften an der KSFH München aus Sicht der Soziologie, in: *Die Identität der Sozialen Arbeit und ihre(r) Bezugswissenschaften*. Referate und Grußworte aus der akade-

---

Wissens zu erarbeiten und somit eine eigene Integrationsfigur zu schaffen.

[16] Z. B. Weiterentwicklung der Systemtheorien, von Theorien der Lebensführung, des Ressourcenmodells, der Netzwerksperspektive u. a.

mischen Feier zur Verabschiedung von Herrn Professor Andreas Hutter (9.05.2003), München (Sonderdruck), S. 21-27.

Thiersch, Hans / Rauschenbach, Thomas, 1984: Sozialpädagogik/Sozialarbeit: Theorie und Entwicklung, in: *Handbuch zur Sozialarbeit/Sozialpädagogik*, hg. von H. Eyferth u. a., Darmstadt.

Treibel, Annette, 2000: *Einführung in soziologische Theorien der Gegenwart*, 5. Aufl. Opladen.

Witterstätter, Kurt, 2002: *Soziale Beziehungen. Gesellschaftswissenschaftliche Grundlagen für die Soziale Arbeit*, 2. Aufl. Neuwied.

5 Pädagogik

Erziehung und Bildung als Perspektiven der Sozialen Arbeit

Hermann Sollfrank

Die Pädagogik als Reflexionswissenschaft und als Handlungswissenschaft in Bezug zu setzen zu einer wissenschaftlichen Disziplin Sozialer Arbeit, ist ein Unterfangen, das zunächst als zu komplex erscheint, um überhaupt Aussicht auf Erfolg zu haben. Dies liegt unter anderem darin begründet, dass sowohl die Pädagogik als auch die Wissenschaft Sozialer Arbeit, besser der mehr oder minder ausgeprägte disziplinäre Raum einer Wissenschaft Sozialer Arbeit, von einer verwirrenden Vielfalt der theoretischen Auffächerung und einer in Einzeltätigkeiten zergliederten pädagogischen Praxis geprägt ist. Dieser Status quo der Pädagogik als Wissenschaft ist in erheblichem Maß Resultat der historischen Genese der Erziehungs- und Bildungspraxis in den sich vor allem seit dem 18. Jahrhundert in Europa ausdifferenzierenden pädagogischen Institutionen. Bedeutsam waren in diesem Zusammenhang auch die zunehmenden wissenschaftlichen Diskurse im Laufe des „pädagogischen Jahrhunderts", in denen Aspekte der Pädagogik mit steigendem Interesse thematisiert wurden (vgl. Herrmann, 1981). Die Ausdifferenzierung der pädagogischen Landschaft im deutschsprachigen Raum geht einher mit der Genese dessen, was sich aus einer diachronischen Perspektive als Sozialpädagogik bezeichnen lässt. Ebenfalls ein Leitbegriff, der auf verschiedenste ideen-, institutionen- und sozialgeschichtliche Entwicklungslinien Sozialer Arbeit verweist und sich in mehren Dimensionen verfolgen lässt, seien es ideologische und sachliche, ethisch-normative und programmatische sowie wissenschaftlich gegenständliche Vorstellungen (Winkler, 2004, S. 903).

Erschwerend kommt hinzu, dass die Sozialpädagogik, je nach eingenommener Position im Streit um die Etablierung einer „Sozialarbeitswissenschaft", von den Diskutantinnen und Diskutanten entweder zu einem erziehungswissenschaftlich dominierten Gegenentwurf zur Sozialarbeitswissenschaft hochstilisiert und damit ihre Relevanz für die Soziale Arbeit in Frage gestellt wird oder die Sozialpädagogik als Teil einer sozialwissenschaftlich orientierten Erziehungswissenschaft angesehen werden soll, mit weitgehendem Zuständigkeitsanspruch für disziplinäre Fragen im Kontext der Sozialen Arbeit (vgl. Scherr, 2010). Doch auch innerhalb der Erziehungswissenschaft gibt es keine Einigkeit über den disziplinären Status einer Sozialpädagogik. Ihr Stellenwert als spezifische Pädagogik steht für manche zur Disposition (vgl. Prange, 1991 und Fatke, 2000), andere wiederum sehen die Sozialpädagogik ausdrücklich in der Erziehungswissenschaft verankert (vgl. Krüger, 2010).

Die hier vertretene Position ist vermutlich eine paradoxe und damit vor dem Hintergrund der oben skizzierten Ausgangslagen möglicherweise eine angemessene. Sozialpädagogik kann als inhärenter Bestandteil einer wissenschaftlichen Disziplin Sozialer Arbeit angesehen werden (vgl. Gahleitner u. a., 2010). Sie kann aber auch als integraler Bestandteil der Erziehungswissenschaft, neuerdings Bildungswissenschaft (vgl. Sailer, 2007), verstanden werden, die in einer bezugswissenschaftlichen Beziehung zur Wissenschaft Sozialer Arbeit steht (vgl. Krüger, 2010 und Krüger/Helsper, 2002).

Im ersten Fall wird die Auffassung vertreten, dass „im Laufe der historischen Entwicklung sich die eher sozialarbeiterische (oder im alten Sprachgebrauch fürsorgerische bzw. wohlfahrtspflegerische) und die eher sozialpädagogische Richtung aufeinander zu entwickelt haben" (Hering/Münchmeier, 2007, S. 12). Mit diesem historisch argumentierenden Konvergenzansatz wird auf die historisch gewordene, weitreichende Verquickung von erzieherisch-bildnerischen Zielsetzungen mit dem Gedanken der Hilfeleistung verwiesen. Damit wird auch deutlich gemacht, dass Soziale Arbeit im Wesentlichen auch pädagogisch angelegt ist, die (Sozial-)Pädagogik damit einen disziplinären Kern Sozialer Arbeit darstellt und nicht nur auf eine Bezugsdisziplin für die Soziale Arbeit reduziert werden kann. Diese Sichtweise wird im ersten Teil dieses Beitrages zu skizzieren sein.

Im Kontrast zu oben genannten, kann im Sinne eines interdisziplinären Verhältnisses von Erziehungswissenschaft und der Sozialen Arbeit als Wissenschaft allerdings auch von einer (Sozial-)Pädagogik als Bezugswissenschaft der Sozialen Arbeit gesprochen werden. Der Argumentation Schumachers folgend (vgl. Schumacher im ersten Kapitel in diesem Band) wäre dann eine vorläufige Antwort zu suchen, welches Wissen und welche Kompetenz die Pädagogik und mit ihr die Sozialpädagogik als spezielle Pädagogik für die Soziale Arbeit zur Verfügung stellen kann. Überlegungen zu pädagogischem Wissen, das für ein berufliches Handeln in der Sozialen Arbeit bedeutsam erscheint und im Rahmen eines interdisziplinären Studiums der Sozialen Arbeit vermittelt werden könnte, sollen hierzu im zweiten Teil des Beitrages entwickelt werden.

I. Sozialpädagogik als dem Proprium einer Wissenschaft Sozialer Arbeit zugehörig – Historische Skizzen

In pointierter Form kann man vor dem aktuellen Stand der historischen Forschung zur Sozialarbeit respektive Sozialpädagogik festhalten, dass sich die Soziale Arbeit professions- wie disziplingeschichtlich entlang verschiedener Traditionslinien wie der Fürsorge respektive Wohlfahrtspflege, der sozialpädagogischen Akzentuierung der Fröbelschen Kindergärtnerinnen, Hortnerinnen und Jugendleiterinnen, der sozialpädagogischen Linie der reformpädagogischen Jugendhilfe und, mit weniger Wirkung auf den sozialen Sektor als die vorgenannten, der volksbildnerisch-nationalerzieherischen Linie entwickelt hat (Hering/Münchmeier, 2007, S. 14).

Sozialpädagogisch motivierte Denk- und Handlungsmuster lassen sich bis in das Mittelalter rekonstruieren (vgl. Schilling/Zeller, 2010). Dessen ungeachtet werden im engeren Sinne die historischen Ursprünge der Sozialpädagogik durch die Skizzierung erster grundlegender pädagogischer Prinzipien auf der Basis sozialpolitisch-sozialstruktureller Motivationen durch Johann Heinrich Pestalozzi (1746-1827) markiert. Auch die heute inzwischen weitestgehend aus dem Blick geratenen, konfessionell geprägten Initiativen Johann Hinrich Wicherns (1808-1881) und Adolph Kolpings (1813-1865) müssen an dieser Stelle genannt werden. Deren Jugend- bzw. Gesellenvereinsarbeit in Preußen und anderen deutschen Territorien (vgl. Niemeyer, 2010, S. 136 ff.; Wedekind, 1975; Sollfrank, 2004) macht deutlich, dass die Geschichte der Sozialpädagogik zunächst als eine Geschichte kinder- und jugendfürsorgerischer Bemühungen begriffen werden kann. Für die erste Hälfte des 19. Jahrhunderts müssen in diesem Sinne auch die Rettungshausbewegung, ebenfalls unter der Ägide Wicherns stehend, und die konfessionell geprägten Kleinkinderschulen Erwähnung finden. Von hervorgehobener Bedeutung für die Genese der Sozialpädagogik ist auch das Wirken von Friedrich Fröbel (1782-1852). Sein Entwurf eines Plans zur Begründung und Ausführung eines allgemeinen deutschen Kindergartens bleibt in seiner Realisierung und Weiterentwicklung nicht auf den deutschsprachigen Raum beschränkt. Er erfährt weit darüber hinaus eine internationale Resonanz (vgl. Neumann u. a., 2010).

Mitte des 19. Jahrhunderts werden auch zunehmend pädagogische Konzepte entwickelt, die eine erweiterte theoretische Perspektive einnehmen. Dort wird der Versuch unternommen, verstärkt die Bedeutung gesamtgesellschaftlicher Entwicklungsprozesse und -perspektiven in die pädagogische Theoriebildung einzubinden. Die 1844 veröffentlichte Idee der „Social-Pädagogik" eines Karl Mager (1810-1858) wird schon zeitgenössisch als Inbegriff besonderer neuer pädagogischer Aufgaben und Einrichtungen verstanden, als eine Antwort auf typische Probleme der modernen Gesellschaft. Die sprachliche Neuprägung „Sozialpädagogik" wird von Mager als Gegenbegriff zur „Individualpädagogik" verwendet und strebt zugleich die Erweiterung des Begriffs der Pädagogik an. Die Engfassung der Pädagogik auf Erziehung und Unterrichtung der Kinder und Jugendlichen möchte er überwunden sehen. Pädagogik soll auch als „Gesellschaftserziehung" aufgefasst werden. Dies im zweifachen Sinne, einmal indem „Pädagogik als Theorie der Kulturerwerbung für jung und alt" zu verstehen sei, und zum anderen, dass der Wille des Educanden mit dem „allgemeinen oder gesellschaftlichen Willen", dem Kollektivwillen in wechselseitiger Durchdringung zu verschmelzen sei (Roeßler, 1995, S. 1211 ff.; vgl. Müller, 2005).

Magers Konzept steht für eine Reihe von Theoriefragmenten und -entwürfen. Sie reichen über Diesterweg, Natorp, Willmann, Nohl, Bäumer, Mollenhauer, um nur wenige zu nennen, bis in die Nachkriegszeit und damit in die Frühgeschichte der Bundesrepublik Deutschland. In ihnen wird zu klären versucht, was Sozialpädagogik ist und welchen Stellenwert sie in der Gesellschaft und der Erziehung einnimmt. Paul Natorp (1854-1924) und Otto Willmann (1839-1920) begreifen die Sozialerziehung als integratives Prinzip jeder Erziehung und damit jede Pädagogik wesensmäßig notwendigerweise als Sozialpädagogik. Herman Nohl (1879-1960) und Gertrud Bäumer (1873-1954) sehen hingegen die Sozialpädagogik als Fürsorgeerziehung bzw. als Pädagogik außerhalb von Familie und Schule an. Eine gesetzliche Fundierung der Jugendfürsorge und Jugendpflege ist inzwischen im Deutschen Reich seit 1924 mit dem Inkrafttreten des Reichsjugendwohlfahrtsgesetzes, in dessen Tradition heute das deutsche Kinder- und Jugendhilfegesetz steht, vollzogen. Die Sozialpädagogik kann damit, ganz im Sinne Nohls und Bäumers, als Theorie und Praxis der Jugendsozialarbeit und Jugendwohlfahrtspflege verstanden werden, orientiert an den im Jugendwohlfahrtsgesetz geregelten Aufgaben.

Die Sozialpädagogik Nohlscher Couleur hat ihren Ausgang in der Reformpädagogik und in der bürgerlichen Jugendbewegung. Sie bezieht sich explizit auf die damals überwiegend geisteswissenschaftlich geprägte Pädagogik und auf eine pädagogische Argumentationskultur, während die Sozialarbeit bis dato ihre Wurzeln vor allem in der armenfürsorgerischen Tradition hatte und maßgeblich von der bürgerlichen Frauenbewegung beeinflusst worden war. Unter anderem Nohl unternimmt während der Weimarer Zeit den Versuch, die Sozialpädagogik mit Blick auf die Sozialarbeit als Leitwissenschaft durchzusetzen. Ein Unterfangen, das von den Protagonistinnen und Protagonisten der wohlfahrtspflegerisch akzentuierten Sozialarbeit in Teilen entschieden bekämpft wird und zunächst nach dem Ende des Zweiten Weltkriegs in Deutschland seine Fortsetzung findet, wenngleich ohne rechten Erfolg (Niemeyer, 2010, S. 146).

In einer geradezu gegenläufigen Bewegung orientieren sich Vertreterinnen und Vertreter der Sozialarbeit in der Nachkriegszeit und in den Folgejahrzehnten vielmehr an der angelsächsischen Tradition des „Social Work". Dabei bleibt weitgehend unbedacht, dass diese andere gesellschaftlich-historische Verhältnisse als Ausgangspunkt hat. Der Rückgriff auf den Begriff „Social Work" und die Gleichsetzung mit dem Terminus Sozialarbeit, der bereits 1925 von der Gilde Soziale Arbeit in Deutschland verwendet wird (vgl. Schilling/Zeller, 2010, S. 114), entstammt, so ein Vorwurf von sozialpädagogischer Seite, eher „einer mangelnden sprachlichen Differenziertheit" als einer programmatischen Richtung (vgl. Iben, 1969, S. 393). Vernachlässigt wird auch der Aspekt, dass zentrale Methoden der Social Work wie Social Case Work, Community Organization und Social Group Work auch auf vormals sozialpädagogische Ansätze in Deutschland zurückgehen (ebd.; vgl. auch Konrad, 1993).

Es ist Schilling und Zeller zuzustimmen, wenn sie die Negierung und Ablehnung der Pädagogik durch die Verfechter einer eigenständigen Sozialarbeit in den 1960er und 1970er Jahren auf ein Fehlverständnis von Pädagogik zurückführen (Schilling/Zeller, 2010, S. 120). Die Engführung der Pädagogik auf patriarchal und autoritativ geprägte Erziehung und die eingeschränkte Wahrnehmung der ständigen Ausdifferenzierung und Vielfalt erzieherischer Konzepte gehen über in zunehmende Abgrenzungsbemühungen gegenüber der universitär geprägten Pädagogik. Diese wartet nach der Hochschulreform der 1960er und 1970er Jahre inzwischen mit eigenen sozialpädagogischen Studiengängen bzw. sozialpädagogischen Schwerpunkten in erziehungswissenschaftlichen Studiengängen auf, während zeitgleich an den neu gegründeten Fachhochschulen das Studium der Sozialarbeit und/oder der Sozialpädagogik möglich wird.

Während die ersten Versuche der Klärung von Grundlagen einer von der Sozialpädagogik zu unterscheidenden Sozialarbeitswissenschaft (vgl. Arlt, 1958; Lattke, 1955; Pfaffenberger, 1968; Rössner, 1977) sowohl in beruflicher Praxis als auch im wissenschaftlichen Sektor nicht von weitreichender Bedeutung sind (vgl. Scherr, 2010, S. 283), hat sich die überwiegend universitär verortete und erziehungswissenschaftlich fundierte Sozialpädagogik bis in die 1990er Jahre hinein als zentrale Disziplin für die wissenschaftliche Auseinandersetzung mit der Sozialen Arbeit durchgesetzt. Infrage gestellt wird diese Position allerdings dann durch die erheblichen Bemühungen, erneut eine eigene Sozialarbeitswissenschaft zu konturieren (vgl. Engelke, 1992; Mühlum, 1996; Staub-Bernasconi, 1995; Wendt, 1990; Kleve, 1999).

Nach einer fast zwei Jahrzehnte anhaltenden Auseinandersetzung zwischen der universitären, sozialwissenschaftlich orientierten Sozialpädagogik und der über Lehre und Forschung vor allem an Fachhochschulen zunehmend etablierten Sozialarbeitswissenschaft (vgl. Mühlum, 1996; Niemeyer, 1999, S. 13 ff. und 244 ff.), haben sich die Wogen wieder etwas geglättet. Der integrative Begriff „Soziale Arbeit" ist inzwischen sowohl in professionellen wie disziplinären Kontexten in Gebrauch. Die Unterscheidung von Sozialarbeitswissenschaft und Sozialpädagogik scheint auf der Ebene der Profession Sozialer Arbeit möglicherweise irrelevanter zu werden (Scherr, 2010, S. 284). Auf der disziplinären Ebene bleiben explizite Versöhnungsangebote zwischen den Vertreterinnen und Vertretern einer Sozialarbeitswissenschaft und „dem sozialpädagogischen Projekt" (Thole, 2010, S. 19), weitestgehend aus. Die Feststellung Tholes, dass ein maßgeblicher Unterschied zwischen Sozialpädagogik und Sozialarbeit aktuell nicht mehr festgestellt werden kann (ebd., S. 39), bedeutet nicht eine Negierung der sozialpädagogischen Haltung, sondern dass Sozialpädagogik und Sozialarbeit im Grunde und im Kern schon immer dem Erziehungsgedanken nachgehen (Lattke, 1955, S. 14) und – mit Blick auf die aktuellen Debatten um den Beitrag der Kinder- und Jugendhilfe im Konzert formaler, nonformaler und informeller Bildung im Kindes- und Jugendalter – neuerdings auch wieder den Bildungsgedanken verfolgen möchte (vgl. Rauschenbach u. a., 2004).

II. Pädagogik als Bezugsdisziplin einer Wissenschaft Sozialer Arbeit – Curriculare Erwägungen

Soziale Arbeit als Wissenschaft begriffen, steht mit Engelke im Dialog mit seinen Bezugswissenschaften und übernimmt gegenstandsrelevante Forschungsergebnisse und Theorien. Zugleich betreibt sie eigene Forschung und Theoriebildung, die für Teilgebiete der Bezugswissenschaften wiederum einen Erkenntnisgewinn bringen können (vgl. Engelke, 1992, S. 14 ff). Folgt man dieser Betrachtungsweise, stellt sich die Frage, welche pädagogischen Forschungsergebnisse und Theorien aus der Sicht der Sozialen Arbeit von Bedeutung wären, welchen disziplinären Beitrag eine „Pädagogik in der Sozialen Arbeit" leisten könnte. Damit verbindet sich eine Haltung, die Debatte um das Verhältnis von Sozialpädagogik und Sozialarbeit an dieser Stelle nicht in den Vordergrund zu rücken, der Sozialen Arbeit als Wissenschaft – zumindest programmatisch – eine Eigenständigkeit und disziplinäre Konsistenz zuzubilligen. Der Gewinn wäre, dass durch das damit angenommene interdisziplinäre Verhältnis zwischen Sozialer Arbeit und der Pädagogik, sich die letztgenannte der Sache nach und im Sinne einer Antizipation zukünftiger Aufgaben von pädagogisch Handelnden positionieren könnte. Dies scheint notwendig zu sein, wenn Soziale Arbeit auch als „ein sozialwissenschaftliches und praktisch-pädagogisches Instrument moderner Gesellschaften" begriffen wird (Erler, 2010, S. 14). Es finden sich in den zahlreichen Handbüchern und Lexika zur Sozialen Arbeit Hinweise darauf, dass Soziale Arbeit schon aufgrund ihrer institutionellen und arbeitsfeldspezifischen Beschaffenheit erziehungswissenschaftliche Antworten auf ihre disziplinären wie professionellen Fragen benötigt. Die Praxis Sozialer Arbeit – etwa in der Vorschulerziehung, der Schulsozialarbeit respektive Jugendsozialarbeit an Schulen, in den Horteinrichtungen und der Arbeit in Förderschulen, in der Jugendbildung in Bildungsstätten und Verbänden, im breiten Spektrum der Kinder- und Jugendarbeit, in der ambulanten und (teil-)stationären Kinder- und Jugendhilfe, in der Erwachsenenbildung und der Altenbildung und der Beratung und Begleitung von Familien und Kindern – ist eben auch eine pädagogische, ist entsprechend auf erziehungs- und bildungswissenschaftliche Wissensbestände angewiesen.

Folgt man dem Vorschlag Mollenhauers, die Pädagogik respektive Erziehungswissenschaft einmal nicht entlang ihrer vor allem durch die universitären pädagogischen Diplomstudiengänge und den entsprechenden institutionalisierten pädagogischen Berufsfeldern geprägten Gliederung zu denken, sondern betrachtet anstatt dessen die aktuellen Forschungsaufgaben der Pädagogik (Mollenhauer, 2008, S. 266 f.), eröffnen sich eine ganze Reihe von interessanten Beiträgen der Erziehungswissenschaft für die Soziale Arbeit. Vor allem die didaktische Forschung bzw. Theorie, die sich mit den verschiedenen pädagogischen Settings auch jenseits der Schule befasst, sowie eine Theorie der Mittel, der Medien und Methoden, der Instrumente der Erziehung sind solche Bereiche. Sie sind, wie im Nachfolgenden noch zu zeigen sein wird, genauso interessant für die Bewältigung pädagogischer Aufgaben von Sozialpädagoginnen und Sozialarbeiter, wie die gleichfalls von Mollenhauer hervorgehobene Bedeutung einer Theorie der Lebensalter und des Lebenslaufes.

Wenn sich die Soziale Arbeit als Disziplin mit den Fragen der beruflichen Praxis und so, mit Schumacher gesprochen, mit der nach außen gerichteten Seite einer Wissenschaft Sozialer Arbeit beschäftigt (vgl. Schumacher in diesem Band, s. o. S. 19), stellt sich hinsichtlich der Absolventinnen und Absolventen eines Studiums der Sozialen Arbeit natürlich die Frage, was man an pädagogischem Wissen erworben haben muss, um berufsfähig zu sein. Strukturbildend scheint hier ein Vorschlag Konrads zu sein, der ursprünglich auf erziehungswissenschaftliche Studiengänge zugeschnitten war, für die Pädagogik als Bezugsdisziplin Sozialer Arbeit ebenfalls plausibel erscheint. Er unterscheidet drei Elemente eines Studiums, die komplementär die Erwartungen auf Praxistauglichkeit der Absolventinnen und Absolventen erfüllen helfen könnten: Handlungswissen, Kommunikationswissen sowie Aufklärungs- und Orientierungswissen (vgl. Konrad, 2004).

Handlungswissen

„Immer dann und nur dann, wenn der Mensch im Lebenslauf vor Lernaufgaben steht, denen er nicht gewachsen ist, oder heranzuwachsen droht, ohne das lernen zu können, was für seine Entwicklung als nötig angesehen wird, ist er auf eine spezifische Lernhilfe seiner Mitmenschen angewiesen, die man Erziehung nennt" (Loch, 1979, S. 20). Begreift man professionelles pädagogisches Handeln als partikulares Handeln, als Lernhilfe, geht es also um die Handlungskompetenzen, die professionelle pädagogische Fachkräfte auszeichnen, dann lässt sich mit Giesecke feststellen, dass der Lernhelfer, die Lernhelferin unterrichtet, informiert, berät, arrangiert und animiert (Giesecke, 2010, S. 76 ff.).

In solch einer „operativ" ausgerichteten Pädagogik (vgl. Berdelmann/Fuhr, 2009) stellt sich, Bezug nehmend auf den eingangs erwähnten Mollenhauer, zunächst die Frage, inwieweit didaktisches und methodisches Denken Lernprozesse befördern helfen kann. Zur Frage des Methodischen in der Sozialen Arbeit liegen eine Reihe aktueller Monografien und Sammelwerke vor (Cassée, 2007; Früchtel u. a., 2010; Galuske, 2009; Michel-Schwartze, 2007; Stimmer, 2006). Für eine Didaktik sozialer Berufe besteht immer noch akuter Forschungsbedarf, denn für die oben genannten Felder der Sozialen Arbeit ist der derzeitige Stand der einschlägigen didaktischen Literatur als unzureichend zu bezeichnen (vgl. Schilling, 2008). Im Kontext einer Ausbildung von Fachkräften der Sozialen Arbeit ist der methodische Aspekt der Sozialen Arbeit in mehrfacher Hinsicht zu berücksichtigen. Er impliziert zunächst den Erwerb von Analysekompetenz, um Bedingungs- und Situationsanalysen erstellen zu können. Hinzu kommt der Aufbau von diagnostischer Kompetenz, die die Kenntnis von Diagnosemethoden (vgl. Krumenacker, 2004) aber auch ein Know-how über das anschließende methodische Vorgehen (vgl. Michel-Schwartze, 2009) voraussetzt. Letztendlich gilt es, Handlungskompetenz zu erlangen, basierend auf entsprechender Kenntnis von Mitteln, Methoden und Techniken pädagogischen Handelns.

Auf der Ebene dieser pädagogischen Mittel, Methoden und Medien scheint vor allem dem „Zeigen" als elementarer Grundform pädagogischen Handelns eine besondere Rolle zuzukommen (vgl. Prange, 2005), das sich in eine ostensive (Übung), repräsentative (Zeigen), direktive (Aufforderung) und reaktive Form (Rückmelden und Prüfen) ausdifferenzieren lässt (Prange/Strobel-Eisele, 2006).

Kenntnisse, Fähigkeiten und Fertigkeiten in der Anwendung komplexer Formen des Zeigens scheinen für angehende Sozialarbeiterinnen, Sozialarbeiter, Sozialpädagoginnen und Sozialpädagogen unabdingbar. Hierzu zählt zunächst das Arrangieren, die Gestaltung beziehungsweise Nutzung einer Situation zum „Zwecke des Lernens" (ebd., S. 107), eines Möglichkeitsraumes für Lerngelegenheiten. Eine erzieherische Absicht ist dabei nicht unmittelbar gegeben. Den Lernenden werden Angebote unterbreitet, die sie selbst entsprechend ihrer persönlichen Interessen für den eigenen Lernprozess wählen können. Im Arrangement finden sich vor allem das direktive und das reaktive Zeigen wieder.

Auch das Spiel mit seinem inhärenten Lernpotenzial für die Spielenden, als potenzielles Mittel für pädagogische Zwecke ist zu nennen, ganz zu schweigen von der Verortung der Spielpädagogik in der ästhetischen und musischen Erziehung (ebd., S. 119, vgl. weiterführend Fritz, 2004). Das Spiel stellt sich als eigener sozialer Raum dar, in dem sich das Lernen der Akteurinnen und Akteure während des Spielprozesses entwickelt. Dabei ist es möglich, Regeln und Normen zu erproben, die im sozialen Leben von Nutzen sind.

Die Arbeit, seit der Neuzeit eine wesentliche Bestimmung des Menschen, steht dem Spiel gegenüber und ist in ihrer identitätsstiftenden Bedeutung sowohl thematisch wie methodisch untrennbar mit pädagogischem Handeln und Wirkungsabsichten verbunden. Die spezifische erzieherische Bedeutung der Arbeit liegt darin begründet, dass sie diszipliniert und gesellschaftliche Erfordernisse vermittelt. Dabei entstehen individuelle Einstellungen und Haltungen sowie Kenntnisse und Fertigkeiten, die den Menschen jeweils definieren und ihn in einer arbeitsteiligen Gesellschaft handlungsfähig machen (vgl. Prange/Strobel-Eisele, S. 125 ff.).

Mit Blick auf das Erlebnis als komplexe Zeigeform, in der Erlebnispädagogik explizit im Mittelpunkt stehend (vgl. Heckmair/Michl, 2008), ist nicht entscheidend, was erlebt wird, sondern wie etwas erlebt wird. Dabei ist es Aufgabe der Pädagoginnen und Pädagogen, das Erlebte aufzunehmen, zu relativieren und zu Objektivität anzuhalten. Da ein Erlebnis stets individuell und somit schwer bestimmbar ist, ergibt sich für das pädagogische Handeln neben dem Arrangieren eine begleitende Funktion (vgl. Prange/Strobel-Eisele, 2006, S. 134 ff.).

Die Strafe respektive negative Sanktion als Zeigeform ist auch im sozialpädagogischen Kontext keine ungewöhnliche Handlung. Ihr erzieherisches Potenzial ist nicht nur in Zwangskontexten etwa innerhalb der ambulanten und stationären Kinder- und Jugendhilfe virulent, auch in den Kontexten der Schulsozialarbeit spielt sie eine Rolle (Olweus, 2009, S. 256). Grundlegend für ihre Wirkung ist allerdings, dass die Adressatin bzw. der Adressat bereits gelernt hat und ihm sein unangemessenes Handeln bewusst ist. Sinn der Strafe ist es, Fehlverhalten anzuzeigen und vorzubeugen, auch Anderen als dem Missverhaltenden. Der negativen Konnotation der Strafe kann entgegen gewirkt werden, denn durch Bestrafung wird dem Lernenden gezeigt, dass er als Person anerkannt und ihm zugetraut wird, Regeln zu verstehen, zu befolgen und Aufgaben und Pflichten wahrzunehmen (vgl. Prange/Strobel-Eisele 2006, S. 142 ff.).

Kommunikationswissen

Zum Handlungswissen und den darauf basierenden praktischen Kompetenzen kommen „die Inhalte bzw. Anlässe der Kommunikation" im Sinne eines Kommunikationswissens hinzu (Konrad, 2004, S. 49). Zu dieser professionellen Kompetenz von pädagogisch agierenden Sozialpädagoginnen und Sozialarbeitern gehört es „solche Problemstellungen, die erzieherisches Handeln ermöglichen, kommunikativ zu erzeugen" (ebd.).

In einer integralen Sicht von Sozialer Arbeit, die sozialpädagogische und sozialarbeiterische Traditionslinien aufnimmt, ohne den Aspekt der Bildung und Erziehung zu vernachlässigen oder zu überhöhen, kann Soziale Arbeit heute als eine gesellschaftliche Reaktion auf die Spannung von Sozialintegration und Lebensbewältigung in risikobehafteten modernen Gesellschaften angesehen und als Hilfeangebot für Menschen aller Altersstufen verstanden werden. Sie bezieht sich nicht nur auf Verwahrlosung und abweichendes Verhalten, sondern es geht ihr auch um den Erhalt bzw. Wiederherstellung von Normalität eines Menschen. Hilfestellungen der Sozialen Arbeit, im engeren Sinne Lernhilfen, im erweiterten Sinne Angebote der Erziehung und Bildung sind entsprechend über die Lebensalter hinweg zu finden (vgl. hier und im Folgenden Böhnisch 2008).

Im Kindesalter ist Soziale Arbeit gefordert, Kindern mit Bezug auf deren soziale Räume und deren Anforderungen an Individualität, Anpassung und Normierung sowohl Entfaltung als auch Bewältigung zu ermöglichen. Thematisch stehen hier nicht nur Entwicklungsthemen im Vordergrund, sondern auch Fragen der Partizipation von Kindern an Bildungsprozessen und -orten (ebd., S. 107 ff.). Die Jugendphase hingegen stellt einen Zeitraum des Experimentierens und Bewältigung der Rolle des bzw. der Heranwachsenden dar, der zwischen den Polen Eigenständigkeit und Abhängigkeit, zwischen Bildungsanforderungen und Integrationsversprechen bei gleichzeitig fragilen biografischen Perspektiven und sozialen Sicherheiten verortet ist. Zentrale Themen wie Konsumorientierung, Medienumgang, Geschlechterrolle/-identität, Bildungsanforderungen, Arbeit/Berufsfindung oder spezielle Risiken wie Gewalt und Kriminalität sowie Möglichkeitsräume durch kulturelles und politisches Engagement oder Jugendbildung treten hier in den Vordergrund (ebd., S. 142 ff.), während die Bewältigungskonstellation im Erwachsenen- und Erwerbsalter dadurch geprägt ist, dass maßgebliche Strukturprinzipien wie Erwerbstätigkeit, Hausarbeit, Familienorganisation brüchiger werden und neue Bewältigungsdimensionen auftauchen (ebd., S. 211 ff.). Im Zuge der Transformation der industriellen Produktionsgesellschaft in eine Wissensgesellschaft muss instrumentelles Wissen genauso neu erworben werden wie Funktions- und Orientierungswissen. Damit käme einer sozialpädagogisch motivierten Erwachsenenbildung mit ihrem breiten Spektrum an Themen von der inhaltlich akzentuierten beruflichen Bildung bis zur formal orientierten Persönlichkeitsbildung eine besondere Rolle zu. Im letzten Lebensabschnitt realisiert sich hingegen Lebensbewältigung vor dem Hintergrund sich wandelnder und ausdifferenzierender Altersbilder und -stereotype. Dem Bild der aktiven, hedonistisch orientierten und konsumfreudigen Alten steht das der abhängigen, kranken und hilfebedürftigen alten Menschen gegenüber. Die partielle Juvenalisierung, die zunehmende Entberuflichung, die Feminisierung, Singularisierung und Hochaltrigkeit des Alters sind in ihrer Wirkung durchaus ambivalent und können für die Betroffenen einerseits eine Bedrohung und andererseits einen Möglichkeitsraum darstellen. Für die Soziale Arbeit bedeutet dies eine Neuorientierung weg von der Fokussierung auf einen Defizitansatz hin zu einer kompetenzorientierten Sicht auf die Alten unter Einbezug einer biografischen Perspektive (ebd., S. 256 ff.).

An dem Beispiel einer Orientierung an einem Bewältigungsparadigma und der lebensalterspezifischen Bewältigungskonstellationen wird deutlich, mit welchen unterschiedlichen Themen Sozialarbeiterinnen und Sozialpädagogen je nach Einsatzbereich im Sinne der Gestaltung von pädagogischer Kommunikation arbeiten können. Ein Kennenlernen der Inhalte, die für die Erzeugung pädagogisch motivierter Kommunikation Bedingung sind, und ein Erarbeiten der damit verbundenen Wissensbereiche wird dabei durch ein thematisch orientiertes Studium aus der Perspektive unterschiedlicher wissenschaftlicher Fächer gefördert. Hier bietet der interdisziplinäre und in der Regel generalistisch angelegte Studiengang Soziale Arbeit eine Reihe von Möglichkeiten, Gegenstände der pädagogischen Kommunikation zu gewinnen.

Aufklärungs- und Orientierungswissen

Das dritte von Konrad vorgeschlagene Element pädagogischen Wissens, das allgemeine Aufklärungs- und Orientierungswissen, verweist abschließend auf den Beitrag von Bezugs- und Nachbardisziplinen. „Es handelt sich um die pädagogisch relevanten Anteile der Psychologie, der Soziologie, der Politologie, eventuell auch der Geschichtswissenschaft, der Wirtschaftswissenschaft – also alles, was neuerdings zunehmend häufiger unter dem Stichwort „Bildungswissenschaft" subsumiert wird" (Konrad, 2004, S. 50). Sicherlich lässt sich die Liste mit Blick auf eine Pädagogik im Kontext Sozialer Arbeit ergänzen, etwa um die Ethik und damit um die Philosophie, die Theologie und die Gesundheitswissenschaften. Auch scheint es bedeutsam zu sein, ob man als disziplinären Nukleus der Sozialen Arbeit eine Wissenschaft der Sozialen Arbeit bestimmt und die Pädagogik entsprechend als Bezugswissenschaft zuordnet oder die Soziale Arbeit als im Kern pädagogisch begreifen möchte. Nichtsdestotrotz scheint das allgemeine Aufklärungs- und Orientierungswissen dahingehend bedeutsam, dass es das eigene Handeln „gleichsam kritisch begleitet und dadurch hilft" (ebd., S. 51). Gerade mit Blick auf die Antinomien (sozial-)pädagogischen Handelns, das sich als „interaktiv-asymetrisches [sic!] Vermittlungsverhältnis in der Spannung von Fallverstehen und subsumtivem Regelwissen" darstellt (Krüger/Helsper, 2002, S. 31) und angesichts des ökonomischen Drucks auf die Soziale Arbeit, der utilitaristische und sozialtechnologische Handlungsmodelle anscheinend attraktiver werden lässt, scheint solch ein distanz- und reflexionsförderndes Wissen für akademisch ausgebildete Fachkräfte der Sozialen Arbeit nötiger denn je zu werden.

Literatur

Arlt, Ilse, 1958: *Die Grundlagen der Fürsorge*, Wien.
Berdelmann Kathrin / Fuhr Thomas (Hg.), 2009: *Operative Pädagogik. Grundlegung, Anschlüsse, Diskussion*, Paderborn.

Böhnisch, Lothar, 2008: *Sozialpädagogik der Lebensalter. Eine Einführung*, 5. Aufl. Weinheim-München.

Bude, Heinz, 1985: Was ist pädagogisches Handeln, in: *Neue Praxis* 15, Heft 6, S. 527-531.

Cassée, Kitty, 2010: *Kompetenzorientierung: eine Methodik für die Kinder- und Jugendhilfe. Ein Praxisbuch mit Grundlagen, Instrumenten und Anwendungen*, 2. Aufl. Bern.

Engelke, Ernst, 1992: *Soziale Arbeit als Wissenschaft. Eine Orientierung*, Freiburg i. Br.

Erler, Michael, 2010: *Soziale Arbeit. Ein Lehr- und Arbeitsbuch zu Geschichte, Aufgaben und Theorie*, 7. Aufl. Weinheim-München.

Fatke, Reinhard, 2000: Der „Heros makelloser Menschenliebe" und die „schmuddelige Lebenswelt", Pestalozzi und die heutige sozialpädagogische Theoriebildung, in: *Neue Pestalozzi Blätter, Zeitschrift für Historiographie* 6, Heft 1, S. 9-17.

Fritz, Jürgen, 2004: *Das Spiel verstehen. Eine Einführung in Theorie und Bedeutung*, Weinheim-München.

Früchtel, Frank / Budde, Wolfgang / Cyprian, Gudrun, 2010: *Sozialer Raum und Soziale Arbeit. Fieldbook: Methoden und Techniken*, 2. Aufl. Wiesbaden.

Gahleitner, Silke / u. a. (Hg.), 2010: *Disziplin und Profession Sozialer Arbeit. Entwicklungen und Perspektiven*, Opladen-Farmington Hills.

Galuske, Michael, 2009: *Methoden der Sozialen Arbeit. Eine Einführung*, 8. Aufl. Weinheim-München.

Giesecke, Hermann, 2010: *Pädagogik als Beruf. Grundformen pädagogischen Handelns*, 10. Aufl. Weinheim-München.

Heckmair, Bernd / Michl, Werner, 2008: *Erleben und Lernen. Einführung in die Erlebnispädagogik*, 6. Aufl. München.

Hering, Sabine / Münchmeier, Richard, 2007: *Geschichte der Sozialen Arbeit. Eine Einführung*, 4. Aufl. Weinheim-München.

Herrmann, Ulrich, 1981: *Das pädagogische Jahrhundert. Volksaufklärung und Erziehung zur Armut im 18. Jahrhundert in Deutschland*, Weinheim-Basel.

Iben, Gerd, 1969: Die Sozialpädagogik und ihre Theorie, in: *Zeitschrift für Pädagogik* 15, Heft 4, S. 385-401.

Kleve, Heiko, 1999: *Postmoderne Sozialarbeit*, Aachen.

Koller, Hans-Christoph, 2004: *Grundbegriffe, Theorien und Methoden der Erziehungswissenschaft. Eine Einführung*, Stuttgart.

Konrad, Franz-Michael, 1993: Sozialarbeit und Pädagogik, in: *Soziale Arbeit* 42, Heft 6, S. 182-189.

Konrad, Franz-Michael, 2004: Was müssen Pädagog(inn)en können? Ein Vorschlag zur Neustrukturierung des erziehungswissenschaftlichen Studiums, in: *Erziehungswissenschaft* 15, Heft 29, S. 43-52.

Koring, Bernhard, 1997: *Das Theorie-Praxis-Verhältnis in Erziehungswissenschaft und Bildungstheorie. Ein didaktisches Arbeitsbuch für Studierende und DozentInnen*, Donauwörth.

Krumenacker, Franz-Josef, 2004: *Sozialpädagogische Diagnosen in der Praxis. Erfahrungen und Perspektiven*, Weinheim.

Krüger, Heinz-Hermann / Helsper, Werner, 2002: *Einführung in Grundbegriffe und Grundfragen der Erziehungswissenschaft*, 5. Aufl. Opladen.

Krüger, Heinz-Hermann, 2010: Erziehungswissenschaft und Sozialpädagogik, in: *Grundriss Soziale Arbeit. Ein einführendes Handbuch*, hg. v. W. Thole, 3. Aufl. Wiesbaden, S. 325-336.

Lattke, Herbert, 1955: *Soziale Arbeit und Erziehung*, Freiburg i. Br.

Loch, Werner, 1979: *Lebenslauf und Erziehung*, Essen.

Marotzki, Winfried, 2006: Erziehung, in: *Wörterbuch Erziehungswissenschaft*, hg. v. C. Grunert u. H.-H. Krüger, 2. Aufl. Opladen-Farmington Hills, S. 146-151.

Michel-Schwartze, Brigitta (Hg.), 2009: *Methodenbuch Soziale Arbeit. Basiswissen für die Praxis*, 2. Aufl. Wiesbaden.

Mollenhauer, Klaus, 2008: Erziehungswissenschaft, in: *Wörterbuch Soziale Arbeit. Aufgaben, Praxisfelder, Begriffe und Methoden der Sozialarbeit und Sozialpädagogik*, hg. v. D. Kreft u. I. Mielenz, Weinheim-München, S. 263-267.

Mühlum, Albert, 1996: *Sozialpädagogik und Sozialarbeit. Ein Vergleich*, Frankfurt a. M.

Müller, Carsten, 2005: Sozialpädagogik und Arbeitsschule. Der vergessene Beitrag von Carl Gottfried Scheibert, in: *Sozialpädagogik im Wandel. Historische Skizzen*, hg. v. F.-M. Konrad, Münster, S. 55-68.

Neumann, Karl / Sauerbrey, Ulf / Winkler, Ulf (Hg.), 2010: *Fröbelpädagogik im Kontext der Moderne. Bildung, Erziehung und soziales Handeln*, Jena.

Niemeyer, Christian, 1999: *Theorie und Praxis der Sozialpädagogik*, Münster.

Niemeyer, Christian, 2010: Sozialpädagogik, Sozialarbeit, Soziale Arbeit – „klassische" Aspekte der Theoriegeschichte, in: *Grundriss Soziale Arbeit. Ein einführendes Handbuch*, hg. v. W. Thole, 3. Aufl. Wiesbaden, S. 135-150.

Olweus, Dan, 2009: Mobbing in Schulen: Fakten und Intervention, in: *Jugendhilfe und Schule, Handbuch für eine gelingende Kooperation*, hg. v. A. Henschel u. a., 2. Aufl. Wiesbaden, S. 245-266.

Pfaffenberger, Hans, 1968: Das Theorie- und Methodenproblem der sozialpädagogischen und Sozialen Arbeit, in: *Die Sozialpädagogik und ihre Theorie*, hg. v. H. Röhrs, Frankfurt a. M, S. 30-52.

Prange, Klaus, 1991: *Pädagogik im Leviathan. Ein Versuch über die Lehrbarkeit der Erziehung*, Bad Heilbrunn.

Prange, Klaus, 2005: *Die Zeigestruktur der Erziehung. Grundriss der Operativen Pädagogik*, Paderborn.

Prange, Klaus / Strobel-Eisele, Gabriele, 2006: *Die Formen des pädagogischen Handelns. Eine Einführung*, Stuttgart.

Rauschenbach, Thomas / u. a., 2004: *Konzeptionelle Grundlagen für einen Nationalen Bildungsbericht. Non-formale und informelle Bildung im Kindes- und Jugendalter*, Berlin.

Ricken, Norbert, 2009: Zeigen und Anerkennen. Anmerkungen zur Form pädagogischen Handelns, in: *Operative Pädagogik*, hg. v. K. Berdelmann u. T. Fuhr, Paderborn, S. 111-134.

Roeßler, Wilhelm, 1995: Sozialpädagogik, in: *Historisches Wörterbuch der Philosophie*, Bd. 9. Darmstadt, S. 1211-1217.

Rössner, Lutz, 1977: *Erziehungs- und Sozialarbeitswissenschaft. Eine einführende Problemskizze*, München-Basel.

Sailer, Maximilian, 2007: Bildungswissenschaft und Bildungsforschung. Eine Rückbesinnung auf den Gegenstand Bildung, in: *Homo educabilis, Studien zur Allgemeinen Pädagogik, Pädagogischen Anthropologie und Bildungsforschung*, hg. v. F.-M. Konrad u. M. Sailer, Münster, S. 127-142.

Scherr, Albert, 2010: Sozialarbeitswissenschaft, in: *Grundriss Soziale Arbeit. Ein einführendes Handbuch*, hg. v. W. Thole, 3. Aufl. Wiesbaden, S. 283-296.

Schilling, Johannes, 2008: *Didaktik/Methodik Sozialer Arbeit*, 5. Aufl. München-Basel.

Schilling, Johannes / Zeller, Susanne, 2010: *Soziale Arbeit. Geschichte – Theorie – Profession*, 4. Aufl. München-Basel.

Sollfrank, Hermann, 2004: *Katholische Jugendpflege. Diskurse und institutionelle Entwicklungen von 1819-1926*, Eichstätt-Ingolstadt.

Staub-Bernasconi, Silvia, 1995: *Systemtheorie, soziale Probleme und Soziale Arbeit: lokal, national, international*, Bern-Stuttgart-Wien.

Stimmer, Franz, 2006: *Grundlagen des Methodischen Handelns in der Sozialen Arbeit*, 2. Aufl. Stuttgart.

Thole, Werner, 2010: Die Soziale Arbeit – Praxis, Theorie, Forschung und Ausbildung, in: *Grundriss Soziale Arbeit. Ein einführendes Handbuch*, hg. v. W. Thole, 3. Aufl. Wiesbaden, S. 19-70.

Trabandt, Henning, 2009: Pädagogische Interventionen in der Sozialen Arbeit, in: *Methodenbuch Soziale Arbeit. Basiswissen für die Praxis*, hg. von B. Michel-Schwartze, 2. Aufl. Wiesbaden, S. 27-74.

Wedekind, Klaus, 1975: *Die Entstehung der Jugendpflege und ihre Ausgestaltung zu einem neuen Bereich öffentlicher Erziehung*, Köln.

Wendt, Wolf Rainer, 1990: *Ökosozial denken und handeln*, Freiburg i. Br.

Winkler, Michael, 2004: Sozialpädagogik, in: *Historisches Wörterbuch der Pädagogik*, hg. v. D. Benner u. J. Oelkers, Weinheim-Basel; S. 903-928.

6 Rechtswissenschaft

Soziale Arbeit und die Regeln menschlichen Zusammenlebens

Peter Obermaier-van Deun

Blick in die Partitur – Variationen der Melodie des Rechts

Versteht man das Verhältnis von Sozialer Arbeit und ihren Anforderungen an die Bezugswissenschaften als Sinfonie, sind die einzelnen Stimmen der Partitur herauszuhören und damit auch ihr Verhältnis zum Gesamtklang. Die Melodie des Rechts könnte dabei bis heute eher wie als eine Art Kontrapunkt empfunden werden. Denn schaut man zurück auf die Entwicklung der Studienordnungen für Fachhochschulstudiengänge der Sozialen Arbeit, dann fällt auf, dass die rechtlichen Inhalte bis heute in den meisten Fällen Sonderstellungen eingenommen haben. Während andere Bezugswissenschaften sich schon von den Studienbereichs- bzw. Modulbezeichnungen her in Thematiken der Sozialen Arbeit nach und nach haben einschließen lassen, behielten die Rechtsinhalte stets ihre abgrenzende Bezeichnung als unmittelbare Nennung der betroffenen Rechtsbereiche (Familienrecht, Kinder- und Jugendhilferecht, Sozial- und Verwaltungsrecht etc.) und ließen damit wenig Inklusionsbereitschaft erkennen. Dies überrascht möglicherweise, denn Theorien der Sozialen Arbeit öffnen sich doch geradezu wohlfeil für die Bezugswissenschaft Recht, denken wir etwa an die Menschenrechtsprofession. Auch die drei Haltungen, die Schumacher aufzeigt[1] – Hilfe als Verpflichtung, Soziale Arbeit und ihre ordnungspolitische Funktion sowie die Verwirklichung einer akzeptablen Gesellschaft als Anspruch der Sozialen Arbeit –, sind Ansatzpunkte, welche unmittelbar das Recht auf den Plan rufen, denn: wieweit – wenn überhaupt – werden diese Haltungen als gemeinwesenrelevant geregelt? Immerhin geht es dabei um die Frage der Verpflichtung (wessen?), einer ordnungspolitischen Funktion (wie soll sie gestaltet sein?) bzw. der Realisierung einer akzeptablen (wie sieht diese aus?) Gesellschaft.

---

[1] Vgl. den Beitrag „Zum Verständnis Sozialer Arbeit als Wissenschaft" von Schumacher in diesem Band.

Es besteht die Vermutung, dass es für derlei Überraschungen im Zusammenhang mit Separationstendenzen des Rechts pragmatische Gründe gibt, wie etwa eine notwendige Offensichtlichkeit von angebotenen Rechtsgebieten für die Beurteilung der Studieninhalte im Rahmen der staatlichen Anerkennung. Gleichzeitig lässt sich parallel zu diesem „Separatismus" auch eine fehlende nähere Affinität der beiden Disziplinen befürchten und folglich ein Fuchs-und-Hase-Verhältnis verzeichnen.[2] Dieses gründet wohl auch darin, dass das Klientel der Sozialen Arbeit und dessen Fälle nicht selten in irgendeiner Weise aus einem rechtlichen Rahmen „gefallen" sind und sich eben so erst als ihre Objekte anbieten. Zudem stoßen in diesem Zusammenhang angebrachte sozialarbeiterische Interventionen nicht selten an rechtliche Grenzen, was dem Recht im Kontext von Handlungsstrategien der Sozialen Arbeit nicht eben den Status offener Türen einräumt. Schließlich ist seine Komplexität wenig durchschaubar, seine Sprache Nichtjuristen schwer zugänglich und somit erscheint sein System im Rahmen der Hilfe zur Selbsthilfe als eher hinderlich denn hilfreich. Es besteht allerdings auch die Vermutung, dass Recht als Regelsystem menschlichen Zusammenlebens Komplexität des Gemeinwesens vorgedacht, lediglich dieses Vordenken nicht sehr verständlich wiedergegeben hat, soweit jene nebulöse Verständlichkeit nicht sogar eine immanente Eigenschaft der zu regelnden Komplexität ist, wofür dann das Recht in Erfüllung seiner Aufgabe nicht verantwortlich zu machen wäre. Dieses Vordenken allerdings kann und muss für die soziale Arbeit von hohem Interesse sein, weil Regeln menschlichen Zusammenlebens auch ihr Thema sind. So ist im Sinne einer Sinfonie der Notensetzung nachzuspüren dahingehend, ob sich hier eine offensichtlich doch bestehende, jedoch hinter komplexen Zusammenhängen gut verborgene Affinität auch im Zusammenspiel als beziehungsimmanente Zuneigung, als Harmonie entwickeln könnte. Dabei wird deutlich, dass es sich beim Verhältnis von Sozialer Arbeit zu ihren Bezugswissenschaften um eine wandelbare Komposition handeln muss, deren sinfonischer Gesamtklang in wachsende Harmonie münden und Adressaten zunehmend damit verzaubern kann. Jedenfalls was die Stimme des Rechts betrifft, soll zu einem solchen „Stimm(ungs)"-Wandel hier beigetragen werden.

Gesamtklang: Menschenrechtsprofession Soziale Arbeit

Bestimmt die Soziale Arbeit die Wirkung der Sinfonie als Gesamtklang im Wechselspiel mit den Bezugswissenschaften, dann erfordert die Partitur Sätze der Bezugswissenschaften, die sich am Klangziel orientieren. Für die Bezugswissenschaft Recht wird eine erste Orientierung die Definition sein können, die wir beim DBSH, dem Berufsverband der Sozialen Arbeit, finden.[3] Diese geht davon aus, dass Soziale Arbeit als Beruf den sozialen Wandel und die Lösungen von Problemen in zwischenmenschlichen Beziehungen fördert und die Menschen befähigt, in freier Entscheidung ihr Leben besser zu gestalten. Das führt uns direkt zum bereits oben

---

[2] Vgl. Obermaier-van Deun, 1999.

[3] Vgl. www.dbsh.de: DBSH – Was ist Soziale Arbeit? (Stand 2010)

genannten bezug: die Soziale Arbeit als Menschenrechtsprofession. Wird diese nicht neoliberal verstanden als Kundenorientierung im Doppelmandat Träger/ Gesellschaft – Klient/Kunde, dann ergibt sich ein dreifaches Mandat, die Erweiterung auf eine Verpflichtung gegenüber der Profession als solcher.[4]

Diese Verpflichtung beinhaltet die Einbeziehung der Bezugswissenschaften und ihrer Erkenntnisse ebenso wie des Berufscodex, der auch die Verpflichtung zur Einhaltung und Durchsetzung der Menschenrechte einschließt. In Verfolgung dessen ist es unumgänglich unterscheiden zu können zwischen legalen (gesetzeskonformen) und legitimen (wert- und ethisch begründeten, menschenrechtskonformen) Forderungen, Verfahren und Gesetzgebungen. Diese Plattform des dritten Mandates für selbstdefinierte Aufgaben der Sozialen Arbeit ermöglicht Entscheidungen unabhängig von den beiden anderen Mandaten, dem illegitimen Konformitätsdruck aus der Gesellschaft über die Träger ebenso wie den illegitimen Ansprüchen der Klienten. Voraussetzung für derlei Aufgabendefinition ist eine intensive Kenntnis von Legalität, aber auch Legitimität. Die Rechtswissenschaft erfasst beide Begriffe, beschränkt sich aber nicht selten auf die Erläuterung der Legalität als gesetzlichem Status quo. Schon hierin könnte einer der Gründe zu sehen sein, weshalb Recht und seine Affinität zur Sozialen Arbeit als eher gestörtes Verhältnis wahrgenommen werden. In der Tat ist es schon schwierig genug, eine Bestandsaufnahme von sozialarbeitsrelevanter Legalität näher zu bringen. Wesentlich diffiziler erscheint es, Legitimitätsbewusstsein zu erzeugen, das auch noch vom Gerechtigkeitsempfinden abzugrenzen ist. Dennoch kann hier festgehalten werden, dass die Anforderungen der Sozialen Arbeit an die Bezugswissenschaft Recht nicht nur ein Handeln auf legaler Basis ermöglichen sollen, sondern auch eines zur Verwirklichung von Legitimität. Dazu ist stets die gesamte Bandbreite rechtlicher Gegebenheiten zu vermitteln, also nicht nur das warum so, sondern auch das warum nicht anders. Zusätzlich ist das warum und warum nicht anders auf der Basis menschenrechtlicher Grunderkenntnisse als zutreffend oder nicht zu hinterfragen. Das wiederum verlangt genau jenes Grundverständnis, dem wir im folgenden näher treten wollen.

Grundmelodie der Menschenwürde – ein verbindendes Leitmotiv

Basis unseres Grundgesetzes ist die Menschenwürde als oberster, unantastbarer Wert in unserem Gemeinwesen. Als solcher ist er Rechtfertigung und Auftrag an den Staat und somit vorstaatlich gegeben.[5] Das als Staat organisierte Gemeinwesen hat als Folge die Verpflichtung einer Garantie der Menschenwürde für die dort lebenden Individuen. Aus der Sicht des Tripelmandates könnte man sagen, dass bereits über den Träger Sozialer Arbeit als im Gemeinwesen verpflichtend eingebettet sich ein solcher Auftrag ergibt. Ist allerdings dies über zeitgeistliche Entwicklung in den Nebel der Orientierung geraten, ergibt sich diesbezüglich eine Klärung

---

[4] Vgl. Staub-Bernasconi, 2003 sowie Staub-Bernasconi, 2004.

[5] Vgl. Maunz/Dürig (2010) zu Art. 1 GG.

durch die Verpflichtung an die Profession und deren unabdingbaren Bezug zu diesem Wert der Menschenrechte, der laut Grundgesetz unverletzliche und unveräußerliche Grundlage jeder menschlichen Gemeinschaft ist.

Aus rechtlicher Sicht ist die Annahme vorstaatlicher Gegebenheit von Interesse und insoweit auch eine Bestätigung für das Tripelmandat der Sozialen Arbeit. Die rechtsphilosophische Auseinandersetzung zwischen Naturrecht (Recht wird aus der menschlichen Natur abgeleitet) und Rechtspositivismus (Recht wird durch regelkonform zustandegekommene Ordnung bestimmt)[6] findet hier eine Antwort zugunsten des Naturrechts, indem die Verfassung davon ausgeht, dass die Menschenwürde und damit die Menschenrechte nicht in der Verfügung des Staates stehen, sondern von ihm lediglich als eben solche festgeschrieben werden. Was ist wird als Regel manifestiert. Damit ist allerdings diese Auseinandersetzung rechtlichen Theoriestreits nicht entschieden. Der Rechtspositivismus hat über die Systemtheorie erneut Aufwind erhalten, zumal die Anhänger des Naturrechts nur schwer definieren können, was denn nun Natur ist. Rousseau[7] und die Philosophen der Aufklärung haben hier zwar Vorarbeit geleistet, in dem sie das Recht des Stärkeren über die Logik widerlegen. Dies allerdings definiert noch nicht positiv den Naturbegriff als Quelle des Naturrechts. Die verfassungsmäßige Festlegung der Menschenwürde als vorstaatliches Recht allerdings ergibt zumindest für diesen Grundwert eine eindeutige Regelung dahin, dass diesbezüglich keine Unterwerfung unter Machtentwicklungen zulässig ist.[8] Dies ist zu Beginn der Betrachtungen eine wesentliche Gemeinsamkeit mit Theorien der Sozialen Arbeit.

Was nun ist der Inhalt der Menschenwürde und der sich daraus entwickelnden Menschenrechte? Das Grundgesetz definiert ihn unmittelbar nicht, wenngleich sich aus den nachfolgenden Regelungen, die im Anschluss zu untersuchen sind, eine Fülle von Inhalten ergibt. Wichtig ist dennoch, was unter Menschenwürde als Nährboden der Menschenrechte verstanden wird. Es ist letztlich die Achtung des Individuums, die Einzigartigkeit jedes einzelnen Menschen, die seine Würde ausmacht.[9] Somit besteht als Basis allen gesellschaftlichen Zusammenlebens das Recht auf Entwicklung der eigenen Identität, Leben als eigene Person im jeweiligen Stand des eigenen Entwicklungsprozesses. Eine Herabwürdigung eines Individuums zur Sache, zur die Eigenheit des Einzelnen zerstörenden Massenorientierung, ist als Menschenrechtsverletzung zu betrachten. Auch dann, wenn sich jemand selbst verschuldet in den Bereich dieser Herabwürdigung begibt, etwa als Obdachloser oder Leibeigener, wird dies im Gemeinwesen auf gesetzlicher Ebene nicht aufrechterhalten. Es wird Sozialhilfe als Existenzminimum gewährt und auch selbst verpflichtete Sklaverei ist rechtlich nicht wirksam.

Letzteres Beispiel zeigt, dass dieser Grundwert Bindungswirkung hat. Das bedeutet, dass darin nicht nur eine Absichtserklärung staatlicherseits zu sehen ist,

---

[6] Vgl. Gastiger, 2010.

[7] Vgl. Rousseau, 2006.

[8] Siehe hierzu auch Habermas, 1992.

[9] Vgl. Maunz/Dürig (2010) zu Art. 1 GG.

sondern geltendes und anzuwendendes Recht. Alle drei Staatsgewalten – Exekutive, Judikative und Legislative – sind unmittelbar daran gebunden. Deshalb bindet diese Garantie auch in privatrechtlichen Vereinbarungen, wie etwa einem Vertrag, in dem sich jemand als Sklave verpflichtet. Ein solcher Vertrag ist mit Blick auf die unmittelbar geltende Menschenwürde ungültig. Dies bedeutet, dass auch das Individuum selbst sich nicht rechtswirksam seines Grundwertes entledigen kann.

An dieser Stelle wird etwas Weiteres deutlich, nämlich die Diskrepanz zwischen individueller Wirklichkeit und der Rechtsordnung. Selbstverständlich kann die Rechtsordnung nicht verhindern, dass sich jemand als Leibeigener verhält, als Sklave verdingt. Selbst der moderne Menschenhandel ist mit den gesetzlichen Regelungen in der Realität nicht leicht zu unterbinden. Sie können nur ohne jeden Zweifel verdeutlichen, dass sie derlei Wirklichkeit weder gutheißen noch im Rahmen von Rechtsgeltung akzeptieren. Deshalb gewährt die Rechtsordnung bei rechtlich relevantem Bekanntwerden von menschenunwürdiger Existenz auch Sozialhilfe, ohne behördliche Kenntnis nicht. Der geregelte Raum ermöglicht erst Rechtsgeltung. Beide Beispiele zeigen gleichzeitig auf, dass es Räume gibt, in denen selbst Basisregelungen keine Wirkung haben.

Für die Soziale Arbeit ergibt sich daraus, dass eine gemeinsame Wurzel besteht zwischen ihr und der Rechtsordnung. Beide gehen von der Würde des menschlichen Individuums aus und dem daraus folgenden Recht, die je eigene Identität zu entwickeln. Ziel für das Gemeinwesen ist demnach aus Sicht beider Disziplinen, diesem Recht bei allen Individuen der Gesellschaft Geltung und Wirkung zu verschaffen. Für die Soziale Arbeit gilt dies wegen des Tripelmandates auch in rechtsfreien Räumen. Dabei muss deutlich sein, dass diese Räume im Kontext der Menschenwürde als vorstaatlichem Recht nur deshalb rechtsfrei sind, weil das Recht sich zu seiner Geltung der staatlichen Instanzen bedient. Sind diese durch Wirklichkeiten nicht berührt, führt dies zu keinen rechtlichen Konsequenzen. Die Menschenwürde und sich daraus ergebende Menschenrechte bestehen aber dennoch als vorstaatliches Recht. Derart innige, aber doch verstellte Affinität lässt erwarten, dass auch bei der Umsetzung der Menschenwürde und Menschenrechte im Gemeinwesen sich harmonisierende Melodiestränge freisetzen lassen.

Identitätsentwicklung in Freiheit – und Solidarität

Erste tatsächliche inhaltliche Ausgestaltung der Menschenwürde im Grundgesetz der Bundesrepublik Deutschland ist Art. 2 Abs. 1. Er formuliert die oben schon angerissene Garantie einer Identitätsentwicklung jedes Menschen, in dem er den Raum für die freie Entfaltung der Persönlichkeit regelt. Nachdem dieser Raum jedem Menschen garantiert ist ergibt sich eine Grenze dieses Raumes in der Verletzung der Rechte anderer. Dabei ist dies als dialektisches Verhältnis zu verstehen[10] und nicht als eine Art Rangfolge dahingehend, dass zum einen die Freiheit der Persönlichkeitsentwicklung und zum andern die Verletzung anderer als nachrangige

---

[10] Vgl. Maunz/Dürig (2010) zu Art. 2 GG.

Regelung vorliegen. Dies wird gerade im Neoliberalismus häufig übersehen. Dialektik in diesem Verhältnis wird auch bedeuten, dass ich mich nicht so lange persönlich entfalte, bis ich Dritte, weniger Entfaltungsbewusste in ihren Rechten berühre oder gar verletzte, sondern eine Empathie für mein Gegenüber entwickle und somit Solidarität entstehen lasse. Es ist dies jene Haltung, welche die französische Revolution als Folge der Aufklärung mit Brüderlichkeit – und natürlich auch Schwesterlichkeit – bezeichnet, welche ein Ziel gesellschaftlicher Veränderungen sein soll. Das Grundgesetz hat sich hier wohl etwas unpräzise ausgedrückt, meint aber nicht, dass Rechte anderer erst verletzt sind, wenn die Verletzung sich schon ereignet hat und/oder das Gegenüber sich in einem solchen Fall wehren muss. Dies käme wohl eher jener Rangfolgeregelung nahe. Dialektischer Zusammenhang wird bedeuten, dass ich in all meinem Entfaltungsstreben gleichzeitig stets die Entfaltung anderer und deren gleiches Recht darauf im Auge habe oder haben sollte. Nur dann kann ich Grenzen erkennen, ohne sie zu verletzen.

Die Regelung des Art. 2 Abs. 1 GG unterstreicht dies, in dem sie gleichzeitig regelt, dass auch zusätzlich weder gegen die verfassungsmäßige Ordnung noch gegen das Sittengesetz verstoßen werden darf. Dies bedeutet, dass die in der oben genannten Dialektik begründete Gemeinschaftsgebundenheit[11] des Menschen ihren Niederschlag findet in der Gesamtheit aller Rechtsnormen, sich also auch im Rahmen der Gesetze und der sie verlängernden Verordnungen und Satzungen widerzuspiegeln hat. Nachdem zwar heute sehr viel geregelt ist, aber möglicherweise doch nicht alles, ist zusätzlich das Korrektiv des Sittengesetzes eingebaut, das die ethische Lücke schließen soll, wenn gesetzliche Regelungen einen Sachverhalt nicht erfassen.

Wir finden somit in jener Basisregelung menschlichen Zusammenlebens ein sich deckendes Grundverständnis mit Theorien der Sozialen Arbeit. Zuerst eine systemische Sichtweise bezüglich menschlichen Werdens als einer Entwicklung in Gemeinschaft, wobei hier zur freien Entfaltung sowie den Rechten anderer durchaus auch der Schutz der ökologischen Räume gehört, ohne deren Qualität optimale Entwicklung der Menschen nicht möglich ist. Hierzu ist besonders Art. 2 Abs. 2 GG zu beachten, der das Recht auf Leben und körperliche Unversehrtheit hervorhebt. Des Weiteren und parallel erkennen wir Legalität und Legitimität in der verfassungsmäßigen, also legalen Ordnung und einer ergänzenden ethischen Ausrichtung im Sittengesetz als Legitimitätsraum für nicht geregelte Tatbestände.

Nicht direkt dadurch angesprochen, aber auch im dialektischen Verhältnis stehend zu verzeichnen ist die Legitimität der verfassungsmäßigen Ordnung, also die Frage danach, welche bestehenden Regelungen tatsächlich den Inhalten von Menschenwürde und Menschenrechten entsprechen. Im rechtlichen Sprachgebrauch ist das die Frage nach der Verfassungsmäßigkeit als Voraussetzung der verfassungsmäßigen Ordnung. Da diese Ordnung verfassungsmäßig zu sein hat, müssen bestehende Regelungen darauf hin überprüft werden können. Hierzu ist auch Raum für erkannten Prüfungsbedarf zu schaffen als Rechtsweg und Prüfungs-

---

[11] Vgl. Maunz/Dürig (2010) zu Art. 2 GG.

instanz. Da beides über Rechtswegordnungen und Gerichte umgesetzt ist, sind Wege geschaffen, den Auftrag der Sozialen Arbeit zu erfüllen, nicht nur Legalität umzusetzen, sondern auch der Legitimität nachzugehen.

Somit besteht eine rechtliche Basis zur Umsetzung des Tripelmandates der Sozialen Arbeit. Aufgabe der Bezugwissenschaft ist es, diese Basis in jedem erforderlichen Fall deutlich zu machen und so auf der Ebene aller drei Mandate den Ausgangspunkt für die jeweilige Handlung zu klären.

Gleichheit – vor dem Gesetz

Aus der Menschenwürde ergibt sich die Achtung der individuellen Verschiedenheit. Diese mündete wegen unterschiedlicher Machtverteilung und Willkür in Wertlosigkeit, bestünde nicht gleichzeitig eine Gleichheit aller Individuen vor dem Gesetz (Art. 3 GG). An dieser Stelle tritt somit ein Strukturerfordernis in die Überlegungen zur Umsetzung der Menschenwürde. Regeln des gesellschaftlichen Zusammenlebens, noch so anthropologisch fundiert, bedürfen bezüglich ihrer Umsetzung der Strukturen als Unterstützung der Bewusstwerdung sowie im Konfliktsfall zu deren Durchsetzung. Solche Struktur stellt das Gesetz als allgemeinverbindliche Regelung dar. Ein weiterer Strukturaspekt ist die Regelung des Gesetzgebers.

Die in Art. 3 Abs. 2 und 3 noch näher ausgestaltete geschützte Vielfalt jeglicher Art menschlicher Entwicklungsgeschichte bedarf somit einer Regelung zu ihrem Schutz. Hierin zeigt sich ein Grunddilemma menschlicher Koexistenz. Freie Entfaltung des einzelnen Menschen als Garantie realisiert sich nicht ohne Garantieschein und damit ohne Garanten. Die Gemeinschaft, auf die der und die Einzelne bezogen sind, wird naheliegender Weise die Garanten darstellen, da die Einzelwesen darin alle das gleiche Interesse an ihrer Entwicklung jedenfalls haben müssten. Sie verpflichten sich somit gleichermaßen selbst zu dieser Garantenstellung, in dem sie für ihr Zusammenleben sich für das Gemeinwesen verbindliche Regelungen geben.

Diese haben für alle in gleicher Weise zu gelten, da es Leibeigene nicht mehr gibt und jedes Individuum einen gleichermaßen zu schützenden Wert innehat. Sichergestellt werden kann das in der jeweiligen Gemeinschaft. Diese Feststellung gilt für die Kleinfamilie so wie für das Gemeinwesen Staat. Da – wie an beiden Beispielen schon zu erkennen ist – im Zusammenleben sich vielfältige Formen von solchen Gemeinschaften bilden, ergibt sich eine weitere Fragestellung: welche dieser Gemeinschaften regelt was wie? Dabei ist auch zu beantworten, welche Gemeinschaft wie legitimiert wird, was zu regeln? Darf etwa der Staat etwas regeln, was die Gemeinschaft Familie betrifft? Und wie wird ein Gemeinwesen mit welchen Individuen von diesen legitimiert für sie Regeln des Zusammenlebens aufzustellen? Die Antworten auf diese Fragestellungen gibt – zum jeweiligen Stand der Entwicklung – die Rechtsordnung.

Im Kontext der Mandate der Sozialen Arbeit enthält sie somit auch differenzierte Hinweise auf das Verhältnis der Mandate Träger/Gesellschaft und Klient als Einzelwesen sowie auf die jeweils korrektive Frage der Profession zur Gesamtbeurteilung des Vorgehens. Welche das sein können, ist im Folgenden darzulegen.

Polis und Individuum – Schutzraum für Entwicklung

Hinweise für das rechtliche Herangehen an das Verhältnis von Gemeinwesen und Individuum führen uns zum Begriff Polis aus der griechischen Antike. Dies ist die Bezeichnung für einen damaligen Stadtstaat, ein Gemeinwesen also, das Regelungen des Zusammenlebens für seine Bürger und Bürgerinnen vorsieht. Dabei ist von Bedeutung, dass bereits damals die Definition der Polis sich mehr aus den Mitgliedern bestimmt als dem Territorium, wobei letzteres zumindest in dem Zusammenhang Bedeutung hatte, dass die Personen zur Polis gehörten, welche in einem gewissen örtlichen Zusammenhang zum Stadtkern standen. Platon hat in seiner Politeia[12] sich mit den Regeln dieses Zusammenlebens beschäftigt und sich dabei insbesondere Fragen zur optimalen Ausgestaltung der Polis gestellt.

Erheblich später spricht Kant[13] von der Transzendenz des Verhältnisses vom Gemeinwesen zu seinen Mitgliedern und meint damit den unmittelbaren Zusammenhang zwischen Bürger/Bürgerin und der durch sie gebildeten Gemeinschaft, die über die Einzelpersonen als ihre Elementarteile legitimiert ist, sich und damit den Bürgern und Bürgerinnen Regeln des Zusammenlebens zu geben. Jener unmittelbare Zusammenhang ist der Ausgangspunkt für die Polis als Garant der Menschenwürde und die Politik als Feld der Auseinandersetzung zur optimalen Umsetzung der Garantenstellung. Somit ist im Sinne jener von Kant erkannten Transzendenz Politik die Aufgabe jeden Bürgers/jeder Bürgerin, da sie dessen/deren Angelegenheiten regeln soll.

Genau genommen ist somit jedes Mitglied des Gemeinwesens Garant seiner eigenen Würde als Elementarteil der Gemeinschaft, die den Schutzraum für seine Entwicklung bieten soll. Bei dieser Umsetzung entstehen Probleme und Fragen dahingehend, wie jede/r Einzelnen seine politische Aufgabe einbringen kann, etwa in einen Rat, der die anstehenden Fragen berät. Und bilden alle Mitglieder diesen Rat oder nur einige? Wie werden diese auserwählt, wenn doch alle betroffen und verantwortlich sind? Und gehören wirklich alle dazu? Oder etwa solche nicht, die nicht die Polis als ganze im Sinn haben, sondern nur wirtschaftliche Interessen und damit lediglich eine Teilverantwortung verfolgen, wie Platon[14] dies konsequenterweise fordert.

Die jeweils bestehende verfassungsmäßige Ordnung hat aktuelle Antworten auf diese Fragen. Die Gleichheit vor dem Gesetz jedenfalls bringt somit nicht als neue Idee die Struktur von Gesetz und Gesetzgebung ins Spiel, sondern auch diese Idee ist letztlich vorstaatlich, als sie der Gemeinschaftsbezogenheit des Menschen entspringt. Dieses Axiom bringt gleichsam mit sich, dass Gemeinschaft dem Einzelnen seine Identität zu gewähren hat und dies gegenseitig. Da das „wie" vorstaatlich nicht „mitgeliefert" wird, ist es politische Aufgabe hier optimale Lösungen zu entwickeln. Diese Entwicklung als Prozess beinhaltet real legale – also dem

---

[12] Vgl. Platon, 2004.

[13] Vgl. Kant, 1990.

[14] Vgl. Platon, 2004.

Status quo der jeweiligen Regeln entsprechende – und potentiell legitime – jenem transzendentalen Zusammenhang von Individuum und Gemeinschaft besser oder bis zur Gänze entsprechende – Lösungen.

Somit hat auch die Soziale Arbeit aus den Erfahrungen ihres Handelns heraus Beiträge zu dieser politischen Entwicklung zu leisten und so ihrem Tripelmandat gerecht zu werden. Freilich sind zu einer fachlichen Umsetzung noch weitere Aspekte rechtlicher Lösungswege zur Kenntnis zu nehmen.

Schutzraum und Macht – zwei Rechtsebenen

Im Verhältnis Individuum – Gemeinwesen ergeben sich zwei wesentliche Aspekte. Einmal jener des Schutzraumes einer Polis für die Individuen und ihre je eigene Identitätsentwicklung. Gleichzeitig entsteht durch die Übernahme der Garantenstellung des Gemeinwesens dafür eine Machtposition, die der Grenzen und Kontrolle bedarf. Dem entspricht auf Ebene des Individuums der schon bekannte dialektische Zusammenhang von freier Entfaltung der Persönlichkeit und Beachtung der Grenzen des Gegenübers. Dieser Spiegel der Transzendenz erfordert dem Bild gerecht werdende Regelungen.

Aktuell wird dies gelöst durch die zwei Ebenen rechtlicher Regelungen, der des Öffentlichen Rechts für das Verhältnis Staat – Bürger und des Privatrechts für das Verhältnis der Bürger/innen untereinander. Dieser Lösungsversuch enthält insoweit die Überlegungen zu Schutzraum und Macht, als er einerseits Raum gibt für Regelung des Privaten durch Akteure des Privaten. In diesem Bereich besteht Freiheit des Handelns im Wesentlichen in den Grenzen des Art. 2 Abs. 1 GG. In diesen Grenzen kann durch die Beteiligten autonom Recht gesetzt werden (s. u.). Die Regelungen hierzu – etwa im BGB – sind im Wesentlichen Klärungshilfen für den Fall des Konfliktes unter den Beteiligten. Sie orientieren sich somit am Gebot der Freiheit der Entfaltung bei gleichzeitigem Schutz der Rechte des Anderen. Der Freiraum autonomer Rechtsetzung ist dabei dem Freiheitsgebot geschuldet, die privatrechtlichen Regelungen hierzu dem Schutzgebot.

Andererseits regelt der öffentlich-rechtliche Bereich das Verhältnis vom Staat zu seinen Bürgern unter dem Aspekt der Macht und ihrer Kontrolle. Schutz der Individuen bedarf der Macht. Da diese letzlich von den Individuen ausgeht, bedarf der Schutzakteur Staat auch der Machtkontrolle, um nicht zum Selbstzweck zu degenerieren und dadurch die Individuen nicht mehr zur Gänze als seinen Ursprung und seine Bestimmung zu erkennen. Machtkontrolle auf dieser Rechtsebene erfolgt derzeit etwa über das Erfordernis der Gesetzmäßigkeit der Verwaltung. Dies bedeutet, dass jegliches Handeln des Staates auf institutionell geregelter Basis erfolgen muss. Gleichzeitig ist jene institutionell geregelte Basis Gegenstand des Öffentlichen Rechts. Das Gemeinwesen gibt sich somit seine Regeln, auf Grund derer es zu handeln hat. Auch dies ist eine Machtposition. Kontrollinstanzen hierzu sind die Verfassungen und die Verfassungsgerichte.

Diese Zweiteilung der Rechtsebenen gewährt somit Freiräume für eigene Rechtsetzung der Individuen im Gemeinwesen, die ausschließlich für den Konfliktfall mit dem Gegenüber aus Schutzgründen Regelungen unterworfen sind. Sind sich die beteiligten Partner einig, wird ohne Blick auf Regelungen und ohne Einbeziehung von Instanzen des Gemeinwesens das Vereinbarte vollzogen. Sie sieht weiterhin Handlungsebenen des Gemeinwesens vor, Verhältnisse mit seinen Bürgern zu regeln. Derlei Handeln ist ausschließlich nach den Regeln des Gemeinwesens zu vollziehen. Verstöße dagegen kann das Individuum behördlich und sodann gerichtlich überprüfen lassen. Der Bürger hat auf dieser Ebene keine eigenen Gestaltungsrechte, lediglich Initiationsrechte für ein Tätigwerden des Gemeinwesens. Grund hierfür ist die gesetzliche Autorisierung des Gemeinwesens für diese Handlungsbereiche, welche sich an der Vorrangigkeit erforderlicher Schutzräume für die Individuen orientiert.

Aus dieser Frage der Vorrangigkeit ergibt sich, dass es der Beurteilung und damit der unterschiedlichen Beurteilung obliegt, was in diesem Sinne vorrangig ist. Eine Vorrangigkeit wird zu ermitteln sein dahin, dass die Gemeinschaft ihre Gemeinwesen etwa als Staat und Kommunen zu organisieren gedenkt, also für eine Organisation der Polis als politischem Territorium. Solche Regelungen finden sich sodann auf der Ebene des Öffentlichen Rechts. Vorrangig wird auch sein, wie diese so organisierten Gemeinwesen ihre Entscheidungen des Verwaltungshandelns, der Gesetzgebung oder der Rechtsprechung treffen, da dies neben der Gemeinwesenstruktur die entscheidende Frage für das Zustandekommen der Regelungen und ihrer Kontrolle ist.

Daneben gibt es jedoch Bereiche, in denen nicht so deutlich ist, auf welcher Ebene ein verfasstes Gemeinwesen zu handeln hat. Dazu gehören etwa der Versorgungsbereich (Energie, Abfallwirtschaft, Verkehr etc.), der Gesundheitsbereich oder auch der Bereich der Angebote der Sozialen Arbeit. Hier besteht derzeit die Tendenz, Zuständigkeiten für Verantwortung in diesen Bereichen öffentlich zu regeln, die Durchführung jedoch auch auf die Ebene des Privatrechts verlegen zu können. Dies entspricht einerseits dem Grundsatz, dass das Gemeinwesen auf der öffentlich-rechtlichen Ebene nur handeln soll, wo dies die Verantwortungsübernahme unbedingt erfordert. Jedoch auch dieser Grundsatz beinhaltet einen Beurteilungsspielraum hin zum konkreten Vorliegen dieser Voraussetzung. Insbesondere in eben diesen Bereichen eines Handelns im Gemeinwesen können sich Verwerfungen im Verhältnis Gemeinwesen – Bürger ergeben, die auf ihre Legitimität hin zu überprüfen sind.

Zur Abgrenzung von öffentlichem und privatem Recht gehört auch eine Lösung dahin, wann eine Gemeinschaft Gemeinwesen im öffentlich-rechtlichen Bereich darstellt und wann eine solche Gemeinschaft als Gesellschaft im Privatrechtsbereich anzusiedeln ist. Hierzu gesellt sich die Annahme, dass solche Gesellschaften unter bestimmten Voraussetzungen eigenständige Rechtssubjekte, juristische Personen, sein können und dass ihnen als Zusammenschluss von Individuen auch aus den Menschenrechten entwickelte Garantien zustehen. Für die Soziale Arbeit ist hier die Frage grundgelegt, wer Träger der Handlung und damit Gegenüber des Klienten ist. Diese Trägerschaft leitet sich aus dem gesellschaftlichen (Gemeinwesen-)Auftrag ab. Insoweit ist zu differenzieren, ob die Trägerschaft staatlich, kommunal oder privatrechtlich organisiert ist.

Die Kenntnis eines Lösungsweges zur Sicherstellung von Rechtsgarantien durch die jeweilige Polis lässt sich zur Beurteilung eines legitimen Verhältnisses Gemeinwesen – Bürger heranziehen. Sie kann aber auch auf jede Gruppe übertragen und auf ihre Tauglichkeit hin überprüft werden. Zusammenleben und Kooperation in Gruppen haben genau genommen dieselben Anliegen eines optimalen Wirksamwerdens der vorhandenen Einzelpotentiale in einem koordinierten Gruppenprozess, getragen von gemeinschaftlich akzeptierten Regelungen mit optimalem Freiraum für alle Gruppenglieder. Insoweit kann die soziale Arbeit in Gruppen stets einen Blick werfen auf Lösungen, die das Recht für ein qualitatives Zusammenleben im Gemeinwesen bietet. Und es ergeben sich aus diesen Überlegungen systemische Zusammenhänge und Vorgehensweisen.

Durch die Organisation gemeinwesenorientierter Schutzräume für die Rechte der Einzelnen ergibt sich eine weitere Fragestellung hieraus. Es ist jene nach den Möglichkeiten einer Selbstinitiative, Selbsthilfe des Einzelnen im organisierten Gemeinwesen. Die Organisation von Schutz birgt auch die Gefahr der Fremdbestimmung unter Schutzaspekten, eine Kritik an bestimmten Formen des Sozialstaates, etwa der des sogenannten Wohlfahrtsstaates.

Hilfe zur Selbsthilfe

Das Prinzip der Sozialen Arbeit, Hilfe zur Selbsthilfe zu gewähren, geht davon aus, dass Selbstbestimmung Ausgangspunkt der Identitätsbildung und Wurzel von Veränderung ist. Hier sind wir wieder bei einem Ausgangspunkt unserer Überlegungen gelandet, denn Selbstbestimmung entspricht den Menschenrechten als Ursprung von Individualität. Somit macht jede fremdbestimmte Hilfe für Individuen nur Sinn, wenn sie zu selbstbestimmtem Handeln veranlassen kann. Dies erfordert auch strukturell Raum für Selbstbestimmung.

Solch strukturellen Raum zu gewähren, wird im Gemeinwesen einerseits über die Schaffung der Privatrechtsebene versucht. Andererseits ist es auch im öffentlich-rechtlichen Bereich erforderlich, Räume selbstbestimmten Gemeinwesenhandelns zu gewähren und nicht alles zentral durch eine einzige Polis zu steuern. Derlei Versuch wird als Subsidiarität bezeichnet und meint, dass die nächst höhere Instanz nur dann übernehmen soll, wenn die jeweilige Aufgabe die durch die höhere Instanz erfasste kleinere Systemeinheit überfordert. So übernehmen Landkreise etwa nur Aufgaben, welche die Gemeinde im Regelfall überfordern. Dieses Prinzip gilt nicht nur im Bereich des Öffentlichen Rechts, sondern auch im Verhältnis Öffentliches Recht – Privatrecht dahingehend, dass privatrechtlich organisierten Trägern das überlassen wird, was sie in eigener Verantwortung als Aufgabe des Gemeinwesens übernehmen können. Die differenzierte Ausgestaltung obliegt dabei den jeweiligen gesetzlichen Regelungen.

Das Subsidiaritätsprinzip gilt verfassungsimmanent (d. h. auch dann, wenn es dort nicht unmittelbar geregelt ist), weil es Selbstbestimmung als Menschenrecht gewährleisten will, indem es in Abwägung von Verantwortungsübernahme (Schutz-funktion) und Aufgabenkompetenz (Entfaltungsmöglichkeit) Räume der Partizipation und Selbstbestimmung schafft. Die differenzierte Ausgestaltung in einzelnen Handlungsbereichen, wie etwa dem Sozialrecht, kann dabei freilich wegen der komplexen Abwägungsfragen einen nicht optimalen Lösungsweg darstellen, der im Rechtssetzungsprozess verbessert werden kann.

Das Subsidiaritätserfordernis als Folge der Menschenrechtsgarantie steht somit auch in engem Zusammenhang zur Solidarität, da es Räume zu selbstbestimmter Entfaltung schafft, die jedes Individuum beanspruchen kann. Dies freilich nur in eben den dadurch gesteckten Grenzen und gleichzeitig als Solidarakt des Gemein-wesens für eine Selbstbestimmtheit seiner Mitglieder.

Solidarität und Subsidiarität als gemeinwesenimmanente Prinzipien entsprechen somit dem Prinzip der Hilfe zur Selbsthilfe. Gleichzeitig sind erstere der Weg zur Ermöglichung des letzteren. Als unverzichtbare Rechtsprinzipien stellen erstere eine Affinität zur Sozialen Arbeit über die Affinität zu einem ihrer Handlungs-prinzipen dar. Wie im Folgenden festzustellen ist, gibt es weitere vergleichbare Aspekte zu verzeichnen.

Kontrakt

Ein Kernstück des Privatrechts ist die Privatautonomie jeder geschäftsfähigen Person mit der Möglichkeit hieraus, Verträge zu schließen. Die Privatautonomie als Folge des Rechtes auf freie Entfaltung der Persönlichkeit bringt es mit sich, Wil-lenserklärungen abgeben zu können und mit einem Gegenüber gegenseitig gelten-des Recht zu setzen, indem sich deckende Erklärungen eine Regelung für beide Vereinbarungspartner ergeben. Alle Vereinbarungsinhalte im Rahmen der verfas-sungsmäßigen Ordnung gelten somit als selbst gesetztes Recht mit einer Gültigkeit unter allen Partnern, welche entsprechende Erklärungen des sich deckenden Inhalts verbindlich abgegeben haben.

Vertragsrecht des BGB räumt somit autonome Rechtsetzungsfähigkeit für geschäftsfähige Personen untereinander ein. Hier zeigt sich eine Abgrenzung dahin, dass miteinander gesetztes Recht nur im Untereinander gelten kann, nicht allgemein wie etwa über Gesetze. Der Raum des Privatrechts kann Vertragsrecht als die logische Konsequenz aus dem Schutz der freien Entfaltung der Persönlichkeit regeln, indem Vereinbarungen unter freien, ihre Freiheit auch erkennen und nutzen könnenden (geschäftsfähigen) Personen, gelten wie gesetztes Recht. Im Unter-schied zu Öffentlichem Recht gilt dies freilich nicht gemeinwesenimmanent, son-dern personenorientiert.

Lediglich für den Konfliktfall eines Einigungsmangels oder Regelungsdefizits stellt das BGB allgemeine Regelungen auf, die zur Konfliktlösung herangezogen werden können. Daneben finden sich auch zwingende Regelungen für die Verein-barungspartner, soweit der Gesetzgeber ihren Schutz in diesen Punkten so hoch bewertet, dass er dies der Privatautonomie nicht überlassen will. Hierin zeigt sich dann die Verantwortung des Gesetzgebers für die Umsetzung der Wahrung der

Rechte Anderer, also seine Schutzfunktion, die er auch im privatrechtlichen Bereich hat.

Als Konsequenz aus dem Ansatz der Hilfe zur Selbsthilfe ergibt sich in der Sozialen Arbeit der Kontrakt zwischen Klient und Träger der Maßnahme bzw. dessen Mitarbeitern. In diesem Kontrakt wird vergleichbar zum privatrechtlichen Vertrag vereinbart, was das Ziel der Krisenintervention ist und auf welchem Weg es zwischen den Kontraktpartnern erreicht werden soll. Grundlage für die Hilfe zur Selbsthilfe ist somit auch eine Vereinbarung zwischen Klient und Helfer aus der sich die gegenseitigen Pflichten der Intervention ergeben. Auch hier geht es um die Erstellung einer Verbindlichkeit zwischen autonomen Personen. Diese Verbindlichkeit hat das Mandat der Sozialen Arbeit zum Gegenstand, das durch diesen Kontrakt zustande kommt.

Somit ist das Kernstück des Privatrechts auch das Kernstück der Sozialen Arbeit, eine verbindliche Vereinbarung zwischen mündigen Personen zur Gestaltung eines Verhältnisses bzw. einer Beziehung. Grundlagen dieser Verbindlichkeit sind dabei Gleichheit und Autonomie der beteiligten Personen als gemeinsame Basis in Gestalt einer gegenseitigen solidarischen Zuerkennung. In dieser Basis vollzieht sich die Entwicklung des Doppelmandats zum Tripelmandat über die Einbeziehung anthropologischer Grundannahmen in die Beziehung von Träger/ Gesellschaft und Klient. Gleichheit und Autonomie als Elemente der Menschenwürde bestimmen die Beziehung der Akteure untereinander. Als Folge davon ist dieses Verhältnis auch an den die Basis bestimmenden Elementen zu messen. Ihre Einbeziehung in den Kontrakt ist unverzichtbar. Die Abwicklung von Rechtsverhältnissen und Entwicklungsprozessen der Interventionen Sozialer Arbeit hat denselben Beurteilungsmaßstab. Dem wird bisher im Studium der Sozialen Arbeit zu wenig Bedeutung beigemessen, da Vertragsverständnis und Vertragsrecht kaum Raum in den Studieninhalten haben.

Beziehung und Verbindlichkeit

Das Gemeinwesen ist als Raum der Koexistenz von Individuen geprägt durch deren Beziehung zu einander und die dabei entstehenden Verbindlichkeiten sowie deren Qualität. Gesetze und Vertragsrecht schaffen hierfür Strukturen. Sie machen solche Beziehungen und Verbindlichkeiten deutlich, ermöglichen sie, regeln sie und stellen sie klar, verändern sie und heben sie auf. Recht hat somit die Existenz von Beziehungen und Verbindlichkeiten zu seinem fundamentalen Thema. Insbesondere Vertragsrecht räumt Beziehung im wahrsten Sinne des Wortes ein. Aber auch gesetzliche Regelungen gehen von Verbindlichkeit aus und bahnen Beziehungen an oder geben Bahnen für solche vor. Menschliche Entwicklung vollzieht sich über Erleben von Beziehung und Verbindlichkeit. Lange vor den Erkenntnissen der Gehirnforschung dazu hat Recht hierfür ein Verständnis und Strategien der Abwicklung in vielfältiger Ausgestaltung entwickelt.

Hierin besteht bisher der wesentliche Teil der Rechtsinhalte, welche im Studium der Sozialen Arbeit vermittelt werden. Sozial- und Verwaltungsrecht als Hauptgebiete bilden solche Rechtsverhältnisse und Beziehungen von Bürgern oder juristischen Personen des Privatrechts zum Gemeinwesen oder von Kommune zu Staat ab. Die Vielfältigkeit der Regelungsinhalte hierzu verstellt häufig die dahinter liegenden Grundaussagen. Das Familienrecht als weiterer wesentlicher Ausschnitt aus der Rechtsordnung regelt den Raum des Privatrechts für den Bereich Partnerschaft sowie Eltern – Kind und Verwandtschaftsverhältnisse. Hierbei wird die Abgrenzung von Privatrecht und Öffentlichem Recht deutlich, da Familienrecht dem Privatrechtsbereich als Teil des BGB angehört. Es lässt sich dabei einerseits die Privatautonomie etwa an der inhaltlichen Ausgestaltung einer ehelichen Gemeinschaft aufzeigen, welche in erster Linie den Partnern obliegt, während das Gesetz hierzu konsequenterweise nur wenig regelt. Andererseits kann sehr klar der Schutzauftrag des Gemeinwesens für seine Glieder deutlich gemacht werden, wenn z. B. die verbindlichen Regelungen zur elterlichen Sorge Gegenstand der Ausbildung sind. Die Gesetzmäßigkeit der Verwaltung oder pflichtgemäßes Ermessen als Grenzziehung zu staatlicher Willkür lassen sich im Bereich des Öffentlichen Rechts gut darstellen, gleichsam als Antipode zur Privatautonomie des Bürgers. Über das Zusammenwirken von öffentlichen und privaten Trägern im Rahmen des Subsidiaritätsprinzips sind die Prämissen des Miteinanders beider organisationsrechtlichen Ebenen aufzeigbar.

Das elementare Phänomen menschlicher Koexistenz und ihres Regelungsbedarfes ist auch eine Grundannahme der Sozialen Arbeit. Menschliche Entwicklung gestaltet und vollzieht sich wesentlich in Beziehung und deren Qualität bestimmt sich aus je angemessener Verbindlichkeit. Die hierzu entwickelten rechtlichen Regelungen lassen Lösungsmodelle ebenso wie die Differenzen des Miteinander erkennen. Hieraus können Entwicklungsansätze entnommen werden.

Privatrecht – Beziehung und Bezogenheit

Privatrecht als Gestaltungsraum für Privatautonomie ist ein vorwiegend unter Schutzaspekten vorstrukturierter Raum für im übrigen freie vertraglich gestaltete Beziehung. Insoweit ist Privatrecht in erster Linie Freiraum für Beziehungsgestaltung. Hierin liegt ein wesentlicher Unterschied zum vorgeregelten Raum des Öffentlichen Rechts mit dem Ziel der Wahrung des Schutzzwecks der Gesetzmäßigkeit der Verwaltung. Die frei vertraglich gestaltete Beziehung freilich findet ihre rechtliche Verbindlichkeit nur im jeweiligen Vertragspartner. Sie kennt somit keinen Allgemeinbezug, sondern den konkreten Partnerschaftsbezug. Derartige Bezogenheit begründet eine Partnerschaftsperspektive. Die Perspektive des Gemeinwesens als Gesamtgemeinschaft von Individuen tritt dabei in den Hintergrund.

Dies ist bemerkenswert, weil eine frei gestaltete, das Gegenüber rechtlich achtende Partnerschaft sicherlich gut geeignet ist, Solidarität zum Partner zu beleben, jedenfalls dann, wenn die Vereinbarung getragen ist von den menschenrechtlichen Werten, die Grundlage des Vertrages sein sollen und im übrigen keine Defizite in der Vereinbarung vorhanden sind. Da das Gegenüber Pol der Solidarität ist, entsteht eine polarisierte Solidarität. Im privatrechtlichen Raum fehlt somit ein Modell für allgemeinorientierte Solidarität.

Wenn sich, was im Zuge von Privatisierung zu beobachten ist, das kommunale und staatliche Gemeinwesen zunehmend auf diese Organisations- und Handlungs-ebene begibt, wird es somit zwar als konkreter Partner der Bürger und Bürgerinnen im Bedarfsfall, nicht jedoch als gesamtverantwortlich und somit gesamtpartner-schaftlich im Gemeinwesen wahrgenommen. Es kann zudem der Effekt eintreten, dass hier das Gegenüber als Geschäftspartner und nicht mehr als Kommune oder Staat wahrgenommen wird, weil nicht mehr bewusst wird, wer hinter der jeweiligen Träger-GmbH oder -AG steckt, obwohl häufig Alleingesellschafter ein öffentlich-rechtlicher Träger ist. Auch ein partnerschaftliches Auftreten öffentlich-rechtlicher Instanzen wird somit nicht als solches wahrgenommen, weil der Partner nicht als öffentlich-rechtliche Instanz wahrgenommen werden kann. Insoweit birgt der Rückzug dieser Instanzen ins Private, auch als Rücknahme staatlicher Handlungen im Sinne einer Öffnung zu Gestaltung von Rechtsverhältnissen im Privatrecht verfassungskonform gedacht, als Wirkung mit sich, dass das staatlich organisierte Gemeinwesen dort keine allgemeingerichtete Solidaritätsentwicklung begünstigen kann, allenfalls eine bilaterale zum jeweiligen Benutzer oder Leistungsnehmer. Eine Entwicklung transzendentaler Zusammengehörigkeit von Bürgern und Bürgerinnen und dem durch sie existierenden Gemeinwesen erscheint aber angesichts von Staatsmüdigkeit bis Staatsablehnung erforderlich.

Öffentliches Recht – Macht und Solidarität

Andererseits haben Staat und Kommune als Akteure für die Allgemeinheit der Individuen auf der Ebene des Öffentlichen Rechts ihre Gestaltungsmacht, zwar entlang der Gesetzmäßigkeit, die sie aber selbst herstellen. Über diese Regelungs- und Gestaltungsbefugnis geht Solidarität mit den Bürgern verloren, denn die Regelung und Gestaltung richtet sich zwar an die Bürger, es ist dies aber keine freie Vereinbarung mit ihnen, sondern ein Gestaltungsakt der Verwaltung bzw. Gesetz-gebung aus eigener, verfassungsmäßig übertragener Befugnis, also Macht. Das Wahlmandat der Demokratie befördert hier Fremdbestimmung. Der Bürger ist ihr Adressat, nicht – wie beim Vertrag – ein Gestaltungspartner. Fehlende Gestaltungs-partnerschaft lässt eher Machtbewusstsein, denn Solidarität entstehen und dies auf beiden Seiten des Verhältnisses. Dies zeigt sich im Wahl-Kampf und dem Denken und Handeln in Legislaturperioden der Politiker, Haltungen, welche die Bürger und Bürgerinnen zunehmend kritischer begleiten, jedoch dabei Ohnmacht erleben.

Somit läuft die zweidimensionale Rechtsordnung hinsichtlich eines transzenden-talen Zusammenlebens und des Wachsens eines Bewusstseins dafür unrund. Auf der Privatrechtsebene entsteht – wenn überhaupt, weil durch marktwirtschaftliches Konkurrenzdenken verstellt – vorwiegend polarisierte Solidarität, keine hin zu einem Gemeinwesenbewusstsein. Das Öffentliche Recht hat die Tendenz einer Machtausübung, zwar in gesetzlichen Bahnen, jedoch ohne Boden für das Wachsen einer Solidarität des Gemeinwesens zum Bürger und der Bürgerin. Quelle einer solchen Solidarität ist hier lediglich die Verfassung, meist nicht eine Partnerschaft der Akteure untereinander. Vielmehr ist – auch etwa im Wahlverhalten als demokratischer Handlungsmöglichkeit – Entfremdung zu bilanzieren.

Die Zweiteilung der Rechtsordnung als Modell für Umsetzung von Freiheit und Schutz der Individuen im Gemeinwesen stellt somit auch ein Problemfeld für die Entwicklung von Zusammengehörigkeitsbewusstsein der Individuen und des über ihre Koexistenz bestehenden Gemeinwesens dar. In diesem Problemfeld scheint die Soziale Arbeit anzusiedeln zu sein.

Wandlung der Ordnung als Auftrag

Soziale Arbeit kann mit ihrem politischen Auftrag im Tripelmandat über den Kontrakt zum Klienten hinaus Bezüge zur Polis herstellen und so dem rechtstheoretischer Regelungsproblematik entspringenden, oben dargestellten Dilemma fehlender transzendenter Solidaritätsbildung (im Verhältnis Gemeinwesen – Individuen) weiter helfen, in dem es legitime Hilfen verwirklicht, die Individuen mündig machen und das Gemeinwesen in seiner Legalitätsentwicklung weiterbringen. So kann das Mandat Gesellschaft/Träger – Klient über seine dritte Ebene der Werteorientierten Intervention das umsetzen, was auf den beiden Rechtsebenen defizitär abgewickelt wird. Entscheidend ist dabei die Interaktion im Alltag[15] als Möglichkeit einer Veränderung durch Handeln. Recht handelt nicht, es gibt nur vorgedacht die Wege des Handelns vor. Darin liegt sein Defizit, dass sich diese Wege erst durch Handeln als gangbar erweisen müssen. Zeigen sich hier Differenzen, muss das Recht reagieren.

So entdecken wir inhaltlich und strukturell enge Affinitäten, der Kern zeigt Gegensätzlichkeit darin, dass Recht Wege für Handlungen der menschlichen Koexistenz weist, Soziale Arbeit aber auf diesen Wegen zu handeln hat. Affinität und Gegensätzlichkeit können freilich an dieser Kreuzung über das Tripelmandat der Sozialen Arbeit als Spross der Affinität eine Richtung einschlagen dahin, neue Pfade der Legitimität für das Recht auszutreten. Der Sozialen Arbeit obliegt dabei in erster Linie die Aufgabe, die Mündigkeit der Bürger und Bürgerinnen weiterzuentwickeln. Um hier nicht in einem Statement zu verbleiben, sei zu solcher Handlungsorientierung Reiser[16] zitiert: „Als integrativ im allgemeinsten Sinne bezeichnen wir diejenigen Prozesse, bei denen „Einigungen" zwischen widersprüchlichen psychologischen Anteilen, gegensätzlichen Sichtweisen, interagierenden Personen und Personengruppen zustande kommen. Einigungen erfordern nicht einheitliche Interpretationen, Ziele und Vorgehensweisen, sondern vielmehr die Bereitschaft, die Position der jeweils anderen gelten zu lassen, ohne diese oder die eigene Position als Abweichung zu verstehen. Einigung bedeutet den Verzicht auf die Verfolgung des Andersartigen und stattdessen die Entdeckung des gemeinsam

---

[15] Vgl. Thiersch, 2005.
[16] Vgl. Reiser, 2006.

Möglichen bei Akzeptanz des Unterschiedlichen". Hirnforscher[17] sprechen hier von kommunikativen Kooperationen unterschiedlicher Individuen, die ein Erleben konstruktiver Ergebnisse mit sich bringen können und dadurch neurobiologisch Selbstheilungskräfte aktivieren und verstärken.

Platons Modell einer idealen Polis sah dabei die Lösung in einem idealen Führer. Auch Kant[18] sah die Einführung der Demokratie unter einem Fürsten. Die Vision der Zukunft im Sinne der Rechtsordnung und der Sozialen Arbeit ist wohl eher ein Gemeinwesen als autopoietische Koexistenz aller es definierenden idealen Individuen. Hierin deutet sich ein langer Weg an, den vor allem die Soziale Arbeit zu bestimmen hat mit der Entwicklung legitimer Partizipationen am kommunalen und staatlichen Geschehen, welche Destruktivität der Macht dort und Ohnmacht bei den Bürgern abbauen und eine Solidarität zwischen Individuen und Gemeinwesen wachsen lassen. Das Recht wird mit dem entsprechenden Ausbau von Strukturen Partner im Prozess sein, hierbei sich herauskristallisierende Regelentwicklungen präzise dokumentierend und gleichzeitig das immanente Regelwerk der Schöpfung als Konservator nie aus seinem Auge verlierend.

Rückblick in die Partitur

Der Melodieführung des Rechts im Gesamtklang der Partitur der Sozialen Arbeit kontrapunktische Elemente zuzuschreiben erscheint gerechtfertigt. Sie liegen im Entwicklungsfeld zwischen Legalität und Legitimität bei Regeln die vorzeichnen, jedoch in dieser Eigenschaft oft auch nachlaufen und so den Handlungserfordernissen des jeweiligen Jetzt nicht immer gewachsen sind, weshalb sie Gegenklänge erzeugen. Im Zusammenspiel kann das warnend zum Wandel blasen, Sensibilität für Veränderung erzeugen und die Regeln oder das Handeln in neue Klangmuster führen. Von Menschen interpretierte Musik klingt auch bei gleicher Partitur nie gleich. Im Zusammenspiel von Sozialer Arbeit und einer Bezugswissenschaft steht zu erwarten, dass auch die zugrundeliegende Partitur einem Wandel unterzogen sein will.

Literatur

Gastiger, Sigmund, 2010: *Erste Hilfe im Recht*, 5. Aufl. March.

Habermas Jürgen, 1992: *Faktizität und Geltung*, Frankfurt a. M.

Hüther, Gerald, 2006: Die Bedeutung sozialer Erfahrungen für die Strukturentwicklung des menschlichen Gehirns in: *Neurodidaktik. Grundlagen und Vorschläge für gehirngerechtes Lehren und Lernen*, hg. v. U. Herrmann, Weinheim-Basel, S. 41-48.

Hüther, Gerald, 2009: Das Glück und die Neurowissenschaften, in: *Wunschlos glücklich? Konzepte und Rahmenbedingungen einer glücklichen Kindheit*, hg. v. M. Schächter, Baden-Baden, S. 28-34.

Kant, Immanuel, 1990: *Kritik der reinen Vernunft*, hg. v. R. Schmitt, Hamburg.

---

[17] Vgl. Hüther, 2006; vgl. auch Hüther, 2009.

[18] Vgl. Kant, 2004.

Kant, Immanuel, 2004: *Zum ewigen Frieden*, hg. v. O. Höffe, Berlin.

Maunz, Theodor / Dürig, Günter, 2010: Grundgesetz, hg. v. R. Herzog u. a., München.

Obermaier-van Deun, Peter, 1999: Recht und Soziale Arbeit – Visionen einer solidarischen Koexistenz. Versuch einer Grundlegung eines bezugswissenschaftlichen Modells Soziale Arbeit – Recht, in: *Recht und Soziale Arbeit*, hg. v. d. Katholischen Stiftungsfachhochschule München, Kronach u. a., S. 87-95.

Platon, 2004: *Politeia – der Staat*, München.

Reiser, Helmut, 2006: *Psychoanalytisch-Systemische Pädagogik, Erziehung auf der Grundlage der Themenzentrierten Interaktion*, Stuttgart.

Rousseau, Jean-Jacques, 2006: *Der Gesellschaftsvertrag*, Wiesbaden.

Staub-Bernasconi, Silvia, 2003: *Soziale Arbeit als (eine) „Menschenrechtsprofession"*, in: Soziale Arbeit zwischen Politik und Wissenschaft, hg. v. R. Sorg, Münster, S. 17-54.

Staub-Bernasconi, Silvia, 2004: *Menschenrechtsbildung in der Sozialen Arbeit*, in: Menschenrechtsbildung. Bilanz und Perspektiven, hg. v. C. Mahler u. A. Mihr, Wiesbaden, S. 233-244.

Thiersch, Hans, 2005: *Lebensweltorientierte Soziale Arbeit. Aufgaben der Praxis im sozialen Wandel*, 6. Aufl. Weinheim-München.

7 Gesundheitswissenschaft

Soziale Arbeit und der Weg zum Gesund-Sein

Monika Fröschl

Zahlreiche Absolventinnen und Absolventen der Sozialen Arbeit arbeiten in gesundheitsbezogenen Arbeitsfeldern: So gibt es neben den klassischen Arbeitsbereichen wie Klinische Sozialarbeit und öffentlicher Gesundheitsdienst, Stellen in der psychosozialen Beratung bei chronischer Krankheit der privaten Träger, der Rehabilitation, der Suchthilfe, in innovativen Projekten der Gesundheitsförderung oder im Wellness-Bereich, der betrieblichen Sozialarbeit.

Auch in zahlreichen Arbeitsfeldern wie Familienhilfe, Allgemeiner Sozialdienst, Bezirkssozialarbeit stehen nicht selten Fragen um Gesundheit und Krankheit an.

Demgegenüber ist das Verhältnis Sozialer Arbeit auf der Seite der Disziplin oft von Ignoranz und Vorurteilen geprägt und die Gesundheit taucht bestenfalls als Randthema auf (Sting, 2006, S. 9).

Im § 20, SGB V ist die „Verminderung von sozial bedingter Ungleichheit von Gesundheitschancen" verankert und damit Aufgabe der gesetzlichen Krankenversicherung.

Gesundheitswissenschaft – ein transdiziplinärer Ansatz

In der Literatur findet sich eine sehr uneinheitliche Abgrenzung der Begriffe Gesundheitswissenschaft bzw. Gesundheitswissenschaften und Public Health (Mühlum, 1997; Hurrelmann, 1998; Kolip, 2002).

Im folgenden soll hier unter Gesundheitswissenschaft die wissenschaftliche Reflexion des menschlichen Gesund-Seins in der Umwelt verstanden werden. Dabei geht es um die Berücksichtigung individueller und struktureller Faktoren. Die Gesundheitswissenschaft benötigt dazu eine transdisziplinäre Wissenschaftsbasis aus Natur-, Sozial- und Geisteswissenschaften. Wesentliche für eine tatsächliche Gesundheitswissenschaft ist der Blick aus Sicht des Gesund-Seins von Frauen, Männern und Kindern und der dazu gehörenden personalen, ökosozialen und spirituellen Ressourcen unter Einbezug der Krank-Seins und der Risiken.

Zur Reflexion bietet sich ein spirituell-systemisches Modell von Gesund-Sein an, das in Weiterentwicklung des systemischen Modells (Fröschl, 2000, S. 11 ff.) entstanden ist.

Spirituell-systemisches Modell von Gesund-Sein

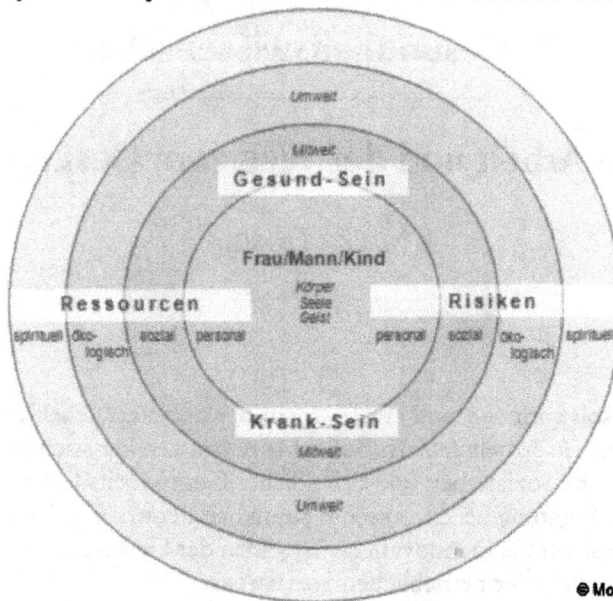

Umwelt

Mitwelt

Gesund-Sein

Frau/Mann/Kind

Körper
Seele
Geist

Ressourcen　　　　　　　Risiken

spirituell　ökologisch　sozial　personal　　personal　sozial　ökologisch　spirituell

Krank-Sein

Mitwelt

Umwelt

© Monika Fröschl

Das althochdeutsche Wort „gisunt", das angelsächsische „gesund" und das alt-friesische „sund" bedeuten heil, wohlbehalten, lebendig. Der Begriff krank leitet sich von althochdeutsch „kranc" ab und heißt eigentlich gebeugt, gekrümmt. Erst im späten Mittelalter ersetzt dieses Adjektiv das Wort siech:elend.

Die Weltgesundheitsorganisation (WHO) schlägt in ihrer Definition von 1948 eine Richtungsänderung ein, indem Gesundheit als *„ein Zustand vollkommenem körper-lichen, seelisch-geistigen und sozialen Wohlbefinden und nicht allein als Fehlen von Krankheit oder Gebrechen"* definiert wird (WHO, 1948). Die Aussage, dass umfassendes somatopsy-chosoziales (körperliches, seelisches und soziales) Wohlbefinden mit Gesundheit gleichzusetzen ist, stellt einen wichtigen, da positiven Blickwinkel dar. Ergänzungs-bedürftig ist dieser Begriff um ein Wohlbefinden im spirituellen Bereich. Aber es bleibt ein Rest der Negativ-Definition von Gesundheit übrig: „nicht allein das Fehlen von Krankheit oder Gebrechen". Das Wort Zustand suggeriert zudem, dass Gesundheit etwas Statisches ist. Das Werden von Gesundheit, die Veränderung des Wohlbefindens im Laufe des Tages oder der Woche findet keinen Ausdruck.

Und wer ist schon „vollkommen" gesund? Die Begriffsbestimmung suggeriert die Erreichbarkeit eines Idealzustandes (Fröschl, 2000, S. 1).

Der Subjektbezug ist hier deutlich ausgedrückt. „Das, was Menschen unter Gesundheit verstehen oder mit Gesundheit assoziieren, ist von ihrem gesell-schaftlich-kulturellen Hintergrund abhängig. Damit prägen Faktoren wie Lebens-phase, Alter, soziale Herkunft, Bildungsgrad, Geschlecht, Erziehung und die Struk-turen des Gesundheitswesens das Gesundheitsverständnis des einzelnen und von

Gruppen" (Bundesministerium für Bildung, 1997, S. 5). Dabei schließt Gesund-Sein Aspekte des angemessenen Umgangs mit Krankheit, Sterben und Tod ein. Gesund-Sein ist dann gelingendes Leben, das Gestaltungskraft und Bewältigungs-fähigkeit integriert (Paulus ,1992, S. 109; Schäfer, 1989). Dieses Verständnis macht es auch Frauen und Männern mit Behinderungen oder chronischer Krankheit möglich, gesund zu sein.

Es wird immer deutlicher, dass individuelle Vorstellungen von Gesundheit und individuelles Handeln im Umgang mit Gesundheit und Krankheit eine zentrale Bedeutung haben. Die Forschung belegt vielfältige soziale und kulturelle Unter-schiede (alters-, geschlechts-, krankheitsbedingte) in subjektiven Vorstellungen von Gesundheit und Krankheit. Gesundheit und Krankheit werden in unterschiedlichen sozialen Gruppen und kulturellen Kontexten unterschiedlich erlebt, definiert und dargestellt. Dabei verwenden Angehörige der mittleren und oberen Schicht eher mehrdimensionale, positive und selbstbezogene Konzepte als Angehörige der unteren Schicht, die eher eindimensionale, negative und funktionale Aspekte betonen (Frank, 1998, S. 59).

Damit ist Gesundheit Gegenstand und Ergebnis subjektiver und sozialer Kon-struktionen (Flick, 1998, S. 7 ff.). Dabei dienen subjektive Theorien der Orientie-rungsgewissheit, Rechtfertigung und der Selbstwertstabilisierung (Flick, 1998, S. 14). Aktuelle Forschungsprojekte, insbesondere aus der Gesundheitspsychologie und den Sozialwissenschaften beschäftigen sich mit dem Thema der subjektiven Sicht von Gesundheit. Dabei ergeben sich übereinstimmend interessante Ergeb-nisse: Laien haben ein umfassendes Verständnis von Gesundheit, das überwiegend positiv bestimmt wird. Sie integrieren in ihre Vorstellungen durchgehend somati-sche und psychische Aspekte und berücksichtigen die soziale Perspektive, indem sie ihren Beruf und das Familienleben einbeziehen. Subjektive Vorstellungen über Bedingungen von Gesundheit enthalten psychosoziale Faktoren wie Ausgeglichen-heit und positive soziale Beziehungen, Faktoren der Lebensweise wie gute Ernäh-rung und körperliche Bewegung. Die Lebensweise, psychische Einstellungen und Belastungen (im Beruf und in der Familie) sowie Zeit zur Ruhe und Entspannung spielen in allen Studien als Bedingungen von Gesundheit eine wichtige Rolle (Herz-lich, 1973; Faltermaier, 1998a; Flick, 1998). In einer empirischen Untersuchung mit 86 gesunden Männern und Frauen stellen Frank u. a. fest: „Es entscheidet für die Befragten nicht das Vorhandensein eines Symptoms über den Gesundheitszustand, sondern die Fähigkeit, trotz dieses Symptoms Aufgaben zu bewältigen, ohne fremde Hilfe damit umgehen zu können und angstfrei Beschwerden als normale Erscheinungen akzeptieren zu können. Die befragten Personen sehen sich als Experten des eigenen Wohlbefindens und des eigenen Körpers" (1998, S. 68).

Die erste umfassende wissenschaftliche Studie zum Gesundheitshandeln in Deutschland stammt aus der Frauenforschung. Deutlich wurde die Einbettung des Gesundheitshandelns in die Lebensgeschichte der Frauen (Kleese u. a., 1992). 65 junge Mütter im Alter von 20 bis 35 Jahren wurden zu ihrer Lebensgeschichte und der darin enthaltenen Gesundheitsgeschichte in umfangreichen qualitativen Interviews befragt.

Die meisten Frauen in dieser Untersuchung weisen ein sehr weit gefächertes und ausdifferenziertes explizites Gesundheitskonzept auf. Wohlbefinden, sich gut fühlen ist dabei stets die zentrale Kategorie. Explizit bedeutet hier, dass die Frauen direkt danach befragt wurden, was für sie Gesundheit heißt. Beim impliziten Gesundheitskonzept wurde das Thema Gesundheit eingebunden in die Bereiche Alltag und Alltagsbewältigung, Lebensgeschichte und Frau-sein in dieser Gesellschaft. Bei den impliziten Gesundheitskonzepten wird deutlich, dass der Grad des sich Gesundfühlens davon beeinflusst wird, in welchem Ausmaß es einer Frau gelingt, trotz der vielfältigen Verhinderungen, ihre Identität und ihr Selbstwertgefühl zu entwickeln, zu sichern und zu fördern (Kleese u. a., 1992, S. 18 ff.).

Aus der Studie von Rosemarie Kleese u. a. (1992, S. 51 ff.) wird Gesundheitshandeln beschreibbar als soziales Handeln, eingebettet in die verschiedenen Lebensweisen von Frauen. Folgende fünf Strategien Gesundheit zu erhalten konnten differenziert werden:

1. Schwierigkeiten begrenzen, Überforderungen vermeiden
2. Gefühlsbereitschaft und Gefühlsfähigkeit entwickeln
3. Ernstnehmen und Ausleben von Gefühlen
4. Handlungsfähigkeit herstellen
5. Widersprüche und Ambivalenzen aushalten und integrieren.

Die Vorstellungen von Laien gehen sehr stark von einer aktiven Gestaltbarkeit des eigenen Gesund-Seins aus.

Darüber hinaus ist die Gesundheit in allen Altersstufen eng mit der sozialen Lage assoziiert und umgekehrt stellt die Einbindung in das Sozialgefüge einen zentralen Bedingungsfaktor für Gesundheit dar. Gesundheit ist dabei ein zentrale Dimension sozialer Ungleichheit und gewinnt in allen Feldern der Sozialen Arbeit zunehmend an Bedeutung. Faktoren wie Armut, Arbeitslosigkeit und fehlende soziale Unterstützung stellen wesentliche Risikofaktoren für chronische Krankheiten dar (Lützenkirchen, 2005, S. 7).

Gesundheitsfürsorge – zentrale Wurzel der Sozialen Arbeit

Die Praxis Sozialer Arbeit bezog sich seit ihren Anfängen auf menschliche Bedürfnisse und auf die Entwicklung menschlicher Möglichkeiten und Ressourcen (United Nations, 1994, S. 4). Eine zentrale Wurzel Sozialer Arbeit ist die Gesundheitsfürsorge, die sich aus freiwilligen Diensten von Frauen mit Beginn der Industrialisierung zunehmend zu einem Beruf entwickelt hat, in dem nach wie vor weit überwiegend Frauen tätig sind. Anfang des 20. Jahrhunderts war die Gesundheitsfürsorge neben der Armen- und Jugendfürsorge eine der drei Säulen der Sozialen Arbeit.

Dabei ist der Blickwinkel der Sozialen Arbeit stets das Individuum in seiner Umwelt. Daraus ergeben sich neben individuenzentrierten auch politische Aufgaben. Der Auftrag ist ein Beitrag zur Lebensbewältigung und zur sozialen Integration von Individuen und Gemeinwesen (Mühlum u. a., 1997, S. 43 u. 170). Systemtheoretisch formuliert Tilly Miller (1999, S. 85) als Aufgabe Sozialer Arbeit, „Systeme mit Blick auf ihre Funktionalität strukturieren zu helfen, in ihrem Ressourcenmanagement zu unterstützen, ebenso in ihrer Kommunikationsfähigkeit, ihrer Selbstreferentialität und Selbstorganisation und in ihrer Anpassungsfähigkeit". Soziale Arbeit in einem systemischen Verständnis leistet eine lebensbegleitende Unterstützungsarbeit, die Menschen in der Bewältigung ihrer Lebenspraxis professionell unterstützt, mit Blick auf Ressourcen, Kommunikation, Beziehungen und Kontakte, Integration und Teilhabe.

Derzeit ist aber auch die Leistungserstellung sozialer Wohlfahrt nahezu ausschließlich reaktiv organisiert. Das bedeutet, dass ein Handeln erst einsetzt bei einer bereits vorhandenen Störung. Und über diese Störung werden die Betroffenen definiert. SozialarbeiterInnen dominieren die Angebote. Wir haben eine expertInnenorientierte psychosoziale Versorgung, die der Beachtung der Rechte und der Kompetenzen der Hilfesuchenden methodisch und strukturell zu wenig Raum lässt und das Individuum zu einem belieferungsbedürftigen Mängelwesen macht (Stark, 1996, S. 23). Soziale Arbeit läuft dabei Gefahr abhängige Klientinnen und Klienten zu erzeugen, statt mit autonomen ExpertInnen für ihre Gesundheit zu kooperieren.

Eine Gegenbewegung kann hier durch eine Rückgewinnung des Politischen erfolgen z. B. durch BürgerInnenausschüsse oder Arbeitskreise mit politischem Mandat. Selbstorganisierte Initiativen bieten Beteiligten vor allem unmittelbare Begegnung zwischen Menschen und stellen ein Gemeinschaftsgefühl her.

Trotz der Betonung des ressourcenorientierten Arbeitsansatzes ist in der Praxis „unter der Decke modernisierter Sprachformen (ist) die Defizit-Perspektive ungebrochen". Zudem trifft das Expertensystem, das Einverständnis der Betroffenen meist ohne zu fragen voraussetzend, die Entscheidungen in Hinblick auf fachliche Diagnose, helfendes Interventionsprogramm, Falldefinition und Hilfeplan. Ebenso selbstverständlich wird eine aktive und produktive Mitarbeit im Vollzug der Hilfe, basierend auf rückhaltloser Offenheit erwartet. Daraus folgen zwangsläufig Asymmetrie, eine passive Rolle und die Zementierung von Machtlosigkeit mit der Delegation von Verantwortung (Herriger, 1997, S. 70 f.).

Die Ottawa-Charta – ein Minilehrbuch der Sozialen Arbeit

Als Handlungsleitfaden der Gesundheitsförderung kann die 1986 von der Weltgesundheitsorganisation verabschiedete *Ottawa-Charta* gelten (WHO, 1986).

Eine zentrale Aussage der Ottawa-Charta bezieht sich auf Gesundheitsförderung als *„Prozess, der allen Menschen ein höheres Maß an Selbstbestimmung über ihre Gesundheit ermöglicht".* Zentrale Begriffe sind hierbei die Betonung des Prozesshaften von Gesundheit und Gesundheitsförderung und die Selbstbestimmung. Dies bedeutet, dass Maßnahmen der Gesundheitsförderung dem einzelnen, sich entwickelnden Individuum in seiner spezifischen, sich verändernden Umwelt angepasst sein müssen. Selbstbestimmung zielt auf eine aktive Beteiligung – *Partizipation* – an der Planung und Gestaltung von Maßnahmen ab. Selbstbestimmung im Sinne der Ottawa-Charta bedeutet, Mann oder Frau, Mädchen oder Junge als Experten bzw. Expertinnen für ihre Gesundheit zu sehen. Daraus resultiert wiederum ein besonderes Anforderungsprofil an die Fähigkeiten der professionell Handelnden.

Gesundheitsförderung ist ein komplexer sozialer und politischer Prozess, der über individuelle Fragestellungen hinaus darauf abzielt, soziale, ökonomische und kulturelle Umweltbedingungen im Sinne des Gesund-Seins zu verändern.

Die für die Gesundheitsförderung erforderlichen Handlungsqualifikationen können wie folgt benannt werden:

Befähigen und ermöglichen (Enabling)

Um das größtmögliche Gesundheitspotential verwirklichen zu können, werden eine unterstützende soziale Umwelt, Information und praktische Fähigkeiten benötigt, in einer Atmosphäre, die eine eigene Entscheidungsfindung möglich macht. Betont werden soll dabei die Befähigung zu selbstbestimmtem Handeln im Sinne des Empowerment durch die Mobilisierung von Ressourcen. Fachleute und andere GesundheitsaktivistInnen haben dabei eine Katalysator-Rolle inne. „Diese Rolle erfüllen sie dadurch, dass sie Zugang zu gesundheitsrelevanten Informationen eröffnen, die Entwicklung von Kompetenzen unterstützen und Zugang zu solchen politischen Prozessen unterstützen, in denen gesundheitsrelevante öffentliche Politiken geschaffen werden" (WHO, 1998, S. 6).

Interessen vertreten (Advocacy)

Durch ein aktives anwaltschaftliches Eintreten sollen professionell Handelnde Umwelt- und Verhältnisfaktoren im Auftrag von Individuen und Gruppen positiv beeinflussen. Aber auch Individuen und Gruppen sind aufgefordert, politische Verantwortung zu übernehmen. Das Ziel ist die Schaffung von Lebensbedingungen, die für das Gesund-Sein und das Erlangen gesunder Lebensstile förderlich ist. Lebensbedingung bezeichnet dabei die alltägliche Umwelt, in der Menschen leben, spielen, ihre Freizeit verbringen und arbeiten. Die Lebensbedingungen sind das Ergebnis von sozialen und ökonomischen Umständen und der physikalischen Umwelt. Lebensstil ist eine Lebensweise, die auf identifizierbaren Verhaltensmustern als Ergebnis der Wechselwirkung von Persönlichkeitsmerkmalen und der Lebensbedingungen beruht (WHO, 1998, S. 19).

Vermitteln und vernetzen (Mediation)

Zu einer effektiven Gesundheitsförderung ist eine breite Kooperation über den Gesundheitssektor hinaus vonnöten. Für diese interdisziplinäre Zusammenarbeit muss in der Gesundheitsförderung gesorgt werden. „In der Gesundheitsförderung ist Vermittlung der Prozess, durch den die verschiedenen Interessen (persönliche, soziale und ökonomische) von Individuen und Gemeinschaften sowie unterschiedlichen Sektoren (öffentlichen und privaten) in einer Art und Weise in Einklang gebracht werden, dass Gesundheit gefördert und geschützt wird" (WHO, 1998, S. 25). Diese Aussage birgt ein großes Konfliktpotential zwischen unterschiedlichen Interessen.

Für die Umsetzung sind drei Ebenen von zentraler Bedeutung: die personale Perspektive, die Lebensweisen und die Lebensbedingungen. Als Ausgangspunkt für eine umfassende Gesundheitsförderung ist eine Analyse der aktuellen Lebenssituation, der subjektiven Gesundheitsvorstellungen, der etablierten gesundheitsbezogenen Handlungen, der individuellen Motive und Lebensziele einschließlich deren sozialer und biografischer Einbettungen erforderlich (Faltermaier, 1998, S. 200).

Zusammengefasst werden diese in fünf Handlungsstrategien:

- **Persönliche Kompetenzen und Fähigkeiten entwickeln:** Synonym zu verwenden ist der Begriff der Alltagskompetenzen und -fähigkeiten (Life Skills), die der Anpassung und dem positiven Handeln dienen, die es Individuen ermöglichen, mit den Anforderungen und Herausforderungen des Lebens wirksam umzugehen. Es sind individuelle, zwischenmenschliche, kognitive und körperliche Fähigkeiten und Kompetenzen wie u.a. die Fähigkeit Entscheidungen zu treffen und Probleme zu lösen, kreatives und kritisches Denken, Selbstwahrnehmung und Einfühlsamkeit, Kommunikationsfähigkeiten und Fähigkeit zu zwischenmenschlichen Beziehungen und das Bewältigen und Umgehen können mit Emotionen und Stress (WHO, 1998, S. 6).

- **Gesundheitsbezogene Gemeinschaftsaktionen unterstützen:** Eine Gemeinschaftsaktion ist eine Anstrengung im Hinblick auf eine zunehmende Kontrolle der Determinanten von Gesundheit einer spezifischen Gruppe von Männern, Frauen und Kindern. Diese Gruppe teilt Kultur, Werte und Normen und die entsprechend bestimmten Beziehungen, die über die Zeit hinweg in der Gemeinschaft entstanden sind. Durch diese aktive Beteiligung (Partizipation) bieten die Individuen und die Gruppe soziale Unterstützung (WHO, 1998, S. 9).

- **Gesundheitsförderliche Lebenswelten schaffen:** Gesundheitsförderliche Lebenswelten bieten Schutz vor Gesundheitsgefahren und befähigen Menschen, ihre Fähigkeiten auszuweiten und Selbstvertrauen in Bezug auf gesundheitliche Belange zu entwickeln. Lebenswelten sind Orte, an denen Menschen leben: die Gemeinde, ihr Zuhause, Orte, an denen sie arbeiten, spielen und ihre Freizeit verbringen. Sie bieten Ressourcen für Gesundheit und die Möglichkeit zu selbstbestimmtem Handeln (WHO, 1998, S. 13).

- **Gesundheitsfördernde Gesamtpolitik schaffen:** Eine gesundheitsförderliche Gesamtpolitik ist gekennzeichnet durch eine ausdrückliche Sorge und Verantwortlichkeit für Gesundheit in allen Politikbereichen mit dem Ziel der Schaffung von unterstützenden Lebenswelten und Umwelten (WHO, 1998, S. 12).

- **Gesundheitsdienste neu orientieren:** Diese Neuorientierung ist dadurch charakterisiert, dass in der Art, wie das Gesundheitssystem organisiert und finanziert wird, ausdrückliches Gewicht auf die Erreichung von bevölkerungsbezogenen Gesundheitsergebnissen gelegt wird. Gesundheitsergebnisse werden üblicherweise durch die Messung von Gesundheitsindikatoren wie z. B. Lebensqualität, Alltagskompetenzen und Alltagsfähigkeiten, aber auch die Auswertung von politischen Maßnahmen bewertet. Dabei könnten Aktivitäten von anderen gesellschaftlichen Sektoren wirksamer sein als die des Gesundheitssektors (WHO, 1998, S. 15 u. 21). Diese Neuorientierung umfasst eine deutlich stärkere Gewichtung der Gesundheitsförderung.

Gesundheit wird nach dem Verständnis der Ottawa-Charta als ein wesentlicher Bestandteil des täglichen Lebens gesehen und nicht als vorrangiges Lebensziel. Dabei steht Gesundheit für ein positives Konzept, das die Bedeutung sozialer und individueller Ressourcen ebenso betont wie die körperlichen Fähigkeiten.

Die Ottawa-Charta hat wesentliche Impulse für den *Setting-Ansatz* der Gesundheitsförderung geliefert. Ein Setting ist dabei ein Ort oder ein sozialer Kontext, in dem Menschen ihren Alltagsaktivitäten nachgehen, in dem Menschen die Umwelt aktiv nutzen und gestalten und dadurch gesundheitsbezogene Probleme erzeugen oder lösen. Settings können daran identifiziert werden, dass sie physische Grenzen, eine Reihe von Menschen mit definierten Rollen sowie eine Organisationsstruktur haben. Beispiele für Settings sind Schulen, Arbeitsstätten, Krankenhäuser, Dörfer und Städte (WHO, 1998, S. 23). Unter systemtheoretischen Gesichtspunkten sind diese Settings offene Systeme.

Projekte, die in der Folge entstanden sind beispielsweise das Gesunde-Städte-Projekt oder das Projekt gesundheitsfördernder Krankenhäuser (HPH Health promoting hospital). Die Lebenswelt von einem einzelnen Individuum umfasst zahlreiche solcher Settings.

Salutogenetische Gesundheitsförderung – ein Handlungsansatz für die Soziale Arbeit

Der amerikanische Medizinsoziologe und Stressforscher Aaron Antonovsky (1923-1994) leistet Ende der siebziger Jahre einen entscheidenden Beitrag zum Paradigmenwechsel. Er stellt die entscheidende Frage: was hält eigentlich Menschen gesund, anstatt zu fragen, was macht sie krank. Seine „Kehrtwendung", wie er es selbst nennt, beginnt 1970 als er in einer empirischen Studie israelische Frauen und ihre Anpassung an das Klimakterium (Wechseljahre) untersucht. Dabei fällt sein Augenmerk auf Frauen, die im Konzentrationslager waren. 29% dieser Frauen verfügen über eine gute psychische Gesundheit. Wie kann eine Frau die unglaublichen Torturen im Konzentrationslager überleben und trotzdem gesund bleiben? Dieser entscheidenden Frage ist sein Grundlagenwerk Health, Stress and Coping (1973) gewidmet. Der Begriff der *Salutogenese*, gefunden von seiner Frau, wird geprägt. Salutogenese stellt die Frage nach der Entstehung von Gesundheit (Salus lat. Unverletztheit, Heil, Glück, Erlösung; Genese griech. Entstehung).

Zentral in seinem Konzept ist der Umgang mit den allgegenwärtigen Stressoren. Stressoren sind definiert als eine „von innen oder außen kommende Anforderung an den Organismus, die sein Gleichgewicht stört und die zur Wiederherstellung des Gleichgewichtes eine nicht-automatische und nicht unmittelbar verfügbare energieverbrauchende Handlung erfordert" (Antonovsky, 1979, S. 72). Von Bedeutung sind dabei insbesondere chronische Stressoren, wichtige Lebensereignisse und akute tägliche Widrigkeiten (1997, S. 44). Auf diese Stressoren antwortet der Organismus mit Spannung. Diese Spannung kann sowohl negativ, neutral oder gar positiv sein (Antonovsky, 1979, S. 94). Dabei sind zwei Aspekte zentral: Stressoren müssen nicht zwangsläufig zu gesundheitlich negativen Folgen führen, sondern können auch gesund sein. So kann das Immunsystem auf die Auseinandersetzung mit Keimen positiv im Sinne einer Immunstärkung oder eines Immungedächtnisses reagieren (als positive Spannung), aber bei aggressiven Viren wie HI (AIDS-Virus) auch überfordert sein (als negative Spannung).

Außerdem versteht Aaron Antonovsky die Auseinandersetzung mit Stressoren als alltägliches Phänomen, nicht als Ausnahme.

Der Spannung können generalisierte *Widerstandsressourcen* (Generalized Resistance Ressources, GRR) entgegengesetzt werden (1979, S. 99). Widerstandsressourcen sind potentielle Ressourcen, die eine Person mobilisieren und dann bei der Suche nach einer Lösung für das instrumentelle Problem anwenden kann (Antonosky, 1997, S. 19). Er unterscheidet dabei psychosoziale und konstitutionelle GRR. Psychosoziale Widerstandsressourcen sind materielle Ressourcen, Wissen und Intelligenz, Ich-Identität, Coping-Strategien, soziale Unterstützung, Kontrolle, kulturelle Stabilität, magische Faktoren, Religion, Philosophie und Kunst und eine präventive Gesundheitsorientierung. Unter konstitutionellen GRR versteht er die körperliche Ausstattung unter Einbezug genetischer Faktoren (Antonovsky, 1997, S. 200).

Zentraler Begriff: Kohärenzgefühl

Der zentrale Begriff bei Aaron Antonovsky ist das *Kohärenzgefühl (sense of coherence, SOC)*: es beschreibt *wie* ein Phänomen als Widerstandsressource wirkt. Das Kohärenzgefühl soll dazu verhelfen, dass die Welt es wert ist, dass man sich trotz seines Leidens in ihr engagiert (Schüffel u. a., 1998, Vorwort).

Das Kohärenzgefühl beschreibt: „eine globale Orientierung, die das Maß ausdrückt, in dem man ein durchdringendes, andauerndes aber dynamisches Gefühl des Vertrauens hat, dass die eigene interne und externe Umwelt vorhersagbar ist und dass es eine hohe Wahrscheinlichkeit gibt, dass sich die Dinge so entwickeln werden, wie vernünftigerweise erwartet werden kann" (1997, S. 16).

Die drei zentralen Komponenten des SOC sind:

1. *Verstehbarkeit* (comprehensibility) als Ausmaß, in welchem interne und externe Stimuli als kognitiv sinnhaft erlebt werden. Eine Person glaubt, Stimuli sind vorhersehbar oder zumindest einzuordnen und erklärbar.

2. *Handhabbarkeit* (manageability) als Ausmaß, in dem man wahrnimmt, dass man geeignete Ressourcen zur Verfügung hat, um den Anforderungen, die von den Stimuli ausgehen, zu begegnen. Auch der Glaube daran, dass Angehörige oder Bekannte oder Gott bei der Bewältigung Unterstützung leisten, ist in dieser kognitiv-emotionalen Komponente enthalten. Derjenige der über ein hohes Maß an Handhabbarkeit verfügt wird nicht ewiges Opfer sein.

3. *Sinnhaftigkeit* (von Alexa Franke mit Bedeutsamkeit übersetzt) (meaningfulness) als motivationales Element in dem Sinne, dass diese Anforderungen

Herausforderungen sind, die Anstrengung und Engagement lohnen (1997, S. 36).

Der Begriff Sinnhaftigkeit wurde von mir gewählt, da Aaron Antonovsky selbst ausführt, dass er bei der Formulierung dieser Komponente von Victor Frankls Logotherapie stark beeinflusst war (1997, S. 35). Diese Komponente hält er selbst für die wichtigste. Dabei ist es entscheidend, ob es bestimmte Lebensbereiche gibt, die von subjektiver Sinnhaftigkeit sind. Nicht jeder Mann und jede Frau muss beispielsweise die Lokalpolitik als bedeutsam erwählen.

Vier Bereiche hält er doch generell für das Erleben von Sinnhaftigkeit für entscheidend: die eigenen Gefühle, unmittelbare interpersonelle Beziehungen, die wichtigste eigene Tätigkeit und existentielle Fragen wie Tod, persönliche Fehler oder Konflikte.

„Konsistente Erfahrungen schaffen die Basis für die Verstehbarkeitskomponente, eine gute Belastungsbalance diejenige für die Handhabbarkeitskomponente und, weniger eindeutig, die Partizipation an der Gestaltung des Handlungsergebnisses diejenige für die Bedeutsamkeitskomponente" (Sinnhaftigkeit). „Wenn Partizipation an Entscheidungsprozessen zu Bedeutsamkeit führen soll", muss „sie sich auf Aktivitäten beziehen, die sozial anerkannt sind" (1997, S. 93 f.). Das Negativbeispiel ist die typische Hausfrau. Ihr Handeln ist verstehbar und handhabbar, aber sozial wenig anerkannt und wird daher nicht als sinnhaft erlebt.

Es ergeben sich folgende Unterschiede bei Personen mit hohem versus niedrigem SOC: wird eine Anforderung als Stressor eingeschätzt, dann interpretiert die Person mit hohem SOC den Stressor wahrscheinlicher als irrelevant oder günstig. Bei Personen mit hohem SOC werden durch einen Stressor (ob positiv oder negativ) Emotionen hervorgerufen, die eine motivationale Handlungsbasis schaffen, bei niedrigem SOC tritt eine Paralyse ein.

Auch die Wahrnehmung des Problems hängt vom SOC ab: ob als großer Berg von schwierigen Aufgaben oder als Herausforderung. Daraus folgt dann ein anderer instrumenteller Umgang. „Das Ausmaß, in dem man mit der generalisierten Erwartung an die Welt herangeht, dass Stressoren bedeutsam und verstehbar sind, legt die motivationale und kognitive Basis für das Handeln und dafür, dass die Umwandlung von Anspannung in Stress verhindert wird." „Eine Person mit einem hohen SOC wählt aus dem Repertoire generalisierter und spezifischer Widerstandsressourcen, die ihr zur Verfügung steht, die Kombination aus, die am angemessensten zu sein scheint" (1997, S. 127 ff.). Eine Person mit starkem SOC kann mit ihrem Rentenantritt ihre eigene Rolle in der Welt bezahlter Arbeit ausklingen lassen, während sie sich in neuen Lebensbereichen wie kommunaler oder künstlerischer Tätigkeit engagiert (1997, S. 38 ff.).

Personen mit einem hohen SOC befinden sich auf dem Gesundheits-Krankheits-Kontinuum nahe an der Gesundheit, wobei Antonovsky die Begriffe Gesundheit und Krankheit nie explizit definiert. Gesundheit befindet sich auf einem multidimensionalen Kontinuum mit den beiden extremen Polen einer vollständigen Gesundheit (health-ease) und extremer Krankheit (dis-ease) (Antonovsky, 1979, S. 69).

Davon abgegrenzt werden muss ein rigider SOC (1997, S. 41) bei Personen, die starr an ihren sozialen Rollen festhalten und dadurch glauben alles im Griff zu haben. Der rigide SOC steht dem niedrigen SOC nahe.

Für die Forschung bemängelt er, dass die pathogenetischen Fragestellungen nach wie vor den überragenden Raum einnehmen: auch im sozialen Bereich betrachtet man lebensverändernde Ereignissen und bringt sie in Zusammenhang mit Krankheiten. Die Risikofaktorenforschung ist ein anderes Beispiel. Aber: man bewegt sich nicht automatisch auf Gesundheit zu, wenn man wenig Risikofaktoren aufweist (1997, S. 25).

Dabei stellt die Salutogenese nicht einfach die andere Seite der Medaille dar: „Ich denke tatsächlich, dass die pathogenetische Orientierung ... nur einen geringen Teil der uns vorliegenden Daten erklären kann. Darüber hinaus hat ihre nahezu totale Dominanz viele einschränkende Konsequenzen". Aaron Antonovsky zitiert dazu eine Studie, die zeigt, dass die Sterblichkeit an Krebs für als depressiv klassifizierte Personen mehr als doppelt so hoch ist wie für als nicht-depressiv klassifizierte Männer und Frauen. Aber: die meisten Menschen in dieser Studie sterben nicht an Krebs (1997, S. 29 f.). Er plädiert im weiteren dafür, nicht nur nach der Ätiologie (Entstehung) von Krankheiten, sondern nach individuellen Geschichten zu fragen. Wir könnten ein adäquatere Diagnose erzielen, wenn wir die Geschichte der Person – nicht des Patienten! – mehr verstehen als den Erreger. „Wenn man nach effektiver Adaptation des Organismus sucht, kann man sich über den postkartesianischen Dualismus hinausbewegen und sich Phantasie, Liebe, Spiel, Bedeutung, Willen und soziale Strukturen ansehen, die die Adaptation fördern" (1997, S. 27).

„Wir sind alle sterblich. Ebenso sind wir alle, solange noch ein Hauch von Leben in uns ist, in einem gewissen Ausmaß gesund. Der salutogenetische Ansatz sieht vor, dass wir die Position jeder Person auf diesem Kontinuum zu jedem Zeitpunkt untersuchen. Epidemiologische Forschung würde sich auf die Verteilung von Gruppen auf dem Kontinuum beziehen. Klinische Mediziner würden dazu beitragen wollen, dass sich einzelne Personen, für die sie verantwortlich sind, in Richtung des Gesundheitspols verändern" (1997, S. 24). Demgegenüber wird der Pathogenetiker zu einem beschränkten Spezialisten für eine Krankheit. Dabei bezieht sich die Einseitigkeit nicht nur auf die medizinische Diagnose, sondern sie betrifft ebenso die Einengung im psychosozialen Bereich. Auch dort ist die Gefahr groß, sich defizitär zu spezialisieren. Selbst soziale Unterstützung wird überwiegend pathogenetisch definiert: als Puffer bei Krankheiten und bei Mangel an sozialer Unterstützung als krankmachend (1997, S. 47).

Aaron Antonovksy Ansatz ist deshalb herausragend, weil er anspruchsvoll und deutlich genug ist, um eine echte Diskussion hervorzurufen. Das Konzept beinhaltet Wissen aus verschiedenen Disziplinen und eignet sich daher für eine interdisziplinäre Zusammenarbeit.

Aaron Antonovsky war nicht nur Vordenker, er hat auch die notwendige Forschungsbasis geschaffen. Zur wissenschaftlichen Überprüfung seines Kohärenzgefühls wurde von Antonovsky selbst anhand der Auswertung von 51 Interviews ein Fragebogen entworfen, der die testtheoretischen Voraussetzungen erfüllt

(BzgA, 1998, S. 41). Dieser Fragebogen erfasst das Kohärenzgefühl mit 29 Items mit siebenstufigen Einschätzskalen. Eine Kurzform mit 13 Items liegt ebenso vor (Antonovsky, 1997, S. 191 ff.).

Bei Auswertung von ca. 50 empirischen Studien zum SOC-Konstrukt ergeben sich folgende Ergebnisse: Das Ausmaß des Kohärenzgefühls korreliert stark zu Parametern von psychischer Gesundheit, es korreliert negativ zu Ängstlichkeit und Depressivität. Der Zusammenhang zwischen SOC und körperlicher Gesundheit ist nicht eindeutig. Ein starkes Kohärenzgefühl erleichtert die Anpassung an schwierige Lebenssituationen wie Behinderung oder Pflege eines erkrankten Angehörigen. Menschen mit ausgeprägtem Kohärenzgefühl können in dieser Aufgabe einen Sinn sehen (BzgA, 1998, S. 44 ff.). Eine aktuelle Untersuchung von Ullrich Frommberger u. a. findet bei 51 Frauen und Männern, die sechs Monate nach einem schweren Verkehrsunfall nachuntersucht wurden, dass ein hoher SOC-Wert vor einer posttraumatischen Belastungsstörung und weiteren psychiatrischen Diagnosen infolge des Unfalls schützt (Schüffel u. a., 1998, S. 337 ff.).

Alexa Franke kommt in ihrer Literaturanalyse im Anhang zu Antonovsky (1997, S. 172 ff.) zu deckungsgleichen Aussagen. Sie ergänzt jedoch eine wesentliche Aussage: ein entscheidender Vorteil der salutogenetischen Herangehensweise ist es, dass sie es ermöglicht den Tod einzubeziehen. Im pathogenetischen Verständnis geht es um die Beseitigung von Krankheit und Leid, der Tod wird ausgespart. Der Tod ist aber nicht das Versagen von Reparaturmethoden, sondern Bestandteil des Lebens.

Mehrere Studien bestätigen Geschlechtsunterschiede: Frauen haben niedrigere Werte bezüglich des Kohärenzgefühls.

Eine schöne Metapher fasst die salutogenetische Orientierung bildlich zusammen: an einem Fluss kurz nach einer Biegung werden ertrinkende Menschen herausgezogen. Medizin, Soziale Arbeit und Pflege widmen sich hingebungsvoll dieser Aufgabe. Sie schauen aber nicht darauf, was vor der Flussbiegung passiert. Ob etwa jemand oder etwas die Frauen und Männer in den Fluss stößt.

Der Fluss ist der Fluss des Lebens. Die Salutogenese stellt die Frage, wie Mann oder Frau ein guter Schwimmer bzw. eine gute Schwimmerin wird, um im Fluss des Lebens bestehen zu können (Antonovsky, 1997, S. 91 f.).

Personale, ökosoziale und spirituelle Ressourcen

Der Blick auf die Ressourcen bietet eine hoffnungsvolle positive Perspektive auf einen „Möglichkeitsraum" (Stark, 1996, S. 17).

Frieden, soziale Gerechtigkeit, ein ausreichendes Nahrungsangebot, Bildungsmöglichkeiten, zumutbare Wohnverhältnisse und die Möglichkeit eine sinnreiche Aufgabe zu übernehmen, nennt die WHO in ihrem Programm „Gesundheit 2000" (1995) als elementare Ressourcen für Gesundheit. Ressourcen, die praktisch ausschließlich dem gesellschaftlichen Sektor angehören. Hier wird klar benannt, dass Gesundheit weit über individuelle Fragestellungen hinausgeht. Nach Schätzungen der amerikanischen Centers for Disease Control (CDC; amerikanische Gesundheitsbehörde) ist der Einfluss der sozialen Umwelt und der Lebensweisen auf die Sterblichkeit doppelt so groß wie die Einflüsse der natürlichen Umwelt und der biologischen Prädisposition und diese wiederum doppelt so groß wie das Gesundheitswesen (zit. nach Bundesministerium, 1997, S. 13).

Personale Ressourcen beziehen Körper und Seele des Individuums mit ein. Nach Hurrelmann lassen sich persönliche Ressourcen in Persönlichkeitsmerkmale und Handlungskapazität gliedern (Hurrelmann, 1988, S. 93 ff.).

- **Handlungskapazität**
  - Alltagsbezogenes Gesundheitshandeln
- **Persönlichkeitsmerkmale**
  - Körperliche Fähigkeiten
  - Immunkompetenz
  - Körperbewusstsein
  - Sinnliche Wahrnehmung
  - Aufmerksamkeitsorientierung
  - Selbstwertschätzung
  - Liebesfähigkeit
  - Kontakt- und Kommunikationsfähigkeit
  - Kontrollüberzeugung
  - Emotionale und kognitive Fähigkeiten
  - Zuversicht
  - Selbstvertrauen
  - Optimismus
  - Lust und Freude am Leben

Personale Ressourcen (Fröschl, 2000, S. 32)

Der Terminus der Handlungskapazität macht es möglich, subjektives *Gesundheitshandeln* einzubeziehen. Handlungskapazität bezeichnet die Fähigkeit „als richtig Erkanntes" tatsächlich in eine Gesundheitshandlung umzusetzen. Effektives Gesundheitshandeln muss dabei unbedingt in die Handlungsstruktur des Alltags passen. Findet Gesundheitshandeln im Alltag statt, so sind nach Faltermaier u. a. (1998, S. 118) zwei Formen unterscheidbar: ein Gesundheitshandeln mit einem spezifischen Handlungsschwerpunkt und ein Gesundheitshandeln, das in die Lebensweise integriert ist. Der Handlungsschwerpunkt kann auf Ernährung, Bewegung, Natur, Schadstoffe oder den Abbau eines Risikoverhaltens bezogen sein.

Zahlreiche empirische Belege existieren mittlerweile für die gesundheitsschützende Wirkung der *sozialen Unterstützung*.

Die protektive Bedeutung des sozialen Netzwerkes, dessen Hauptfunktion die soziale Unterstützung ist, wurde in Deutschland insbesondere von Bernhard Badura und Klaus Hurrelmann untersucht. Auch hier ging die Forschung zunächst von der schützenden Funktion bei chronischer Krankheit aus. Hurrelmann (1988, S. 113) definiert soziales Netzwerk als „das Gefüge von sozialen Beziehungen, in das eine Person einbezogen ist. Das Netzwerk bildet sich aus dem Gesamt der Kontakte, die eine Person zu anderen Personen besitzt. Die strukturelle Beschaffenheit sowie Qualität und Funktion in einem Netzwerk unterscheiden über das mögliche Unterstützungspotential".

Einen eindrucksvollen Beleg für die Wirkung sozialer Unterstützung liefert die klassische Alameda-County-Studie von Lisa Berkman und Leonard Syme (1979): sie befragten fast 7000 Personen über einen Zeitraum von neun Jahren. Soziale Unterstützung wurde nach einem einfachen Stufenmodell konzeptualisiert:

- enge soziale Bindungen (EhepartnerIn, LebensgefährtIn)
- weniger enge soziale Bindungen (Bekannte und Verwandte)
- schwache soziale Bindungen (Mitgliedschaften in Kirchengemeinden etc.)

Enge Bindungen erwiesen sich als der wichtigste Prädiktor für die Lebenserwartung unabhängig von Alter, Geschlecht und Lebensalter. Männer profitierten stärker als Frauen von engen sozialen Bindungen. Vergleicht man die Gruppen mit engen sozialen Bindungen und schwachen sozialen Bindungen ergibt sich ein relatives Mortalitätsrisiko von 1:4, d. h. das Risiko im Beobachtungszeitraum zu versterben, ist in der Gruppe mit den engen sozialen Bindungen 4mal geringer.

Soziale Netzwerke können sich jedoch nicht nur um ein Individuum bilden, sondern auch um eine Aufgabe oder ein gemeinsames Interesse, wie die Organisation von BürgerInnenbewegungen.

Die wichtigen ökosozialen Ressourcen (Badura, 1981; Becker, 1992; Bundesministerium, 1997, S. 22 ff.; Hurrelmann, 1988, S. 112 ff.; Waller, 1995, 35 ff.) sind im Folgenden zusammengefasst.

- Soziales Unterstützungsnetzwerk
- Bildung
- Wohnung und günstige Wohnbedingungen
- Arbeit und günstige Arbeitsplatzbedingungen
- gesundheitsrelevante Angebote und Dienstleistungen
- sichere demokratische und rechtsstaatliche Rahmenbedingungen
- gesunde Umwelt

Ökosoziale Ressourcen (Fröschl, 2000, S. 36)

Neben der personalen und der ökosozialen Ebene gilt es zunehmend spirituelle Ressourcen zu berücksichtigen.

Spiritualität, ein heute viel gebrauchter Begriff, der nicht leicht in Worte zu fassen ist. Gleiches gilt für spirituelle Erfahrungen. Das lateinische Spiritus bedeutet Hauch, Atem, Wind, Geist. Spiritualität hat zu tun mit dem eigenen Lebendig-Sein, der eigenen Lebensmitte und sie weist über mich hinaus. Spiritualität hat einen Alltagsbezug und beruht auf Erfahrungen. Sie will in der Gegenwart geübt werden in Atem- oder Körperübungen, im intensiven Hören von Musik oder im Sein in der Natur. Dann kann etwas geschehen: ein Wach-Sein, eine tiefe Wahrnehmung, ein intensives Gefühl... (Fröschl, 2009 und 2010).

Eine Zusammenfassung empirischer Untersuchungen zum Thema Glauben zeigt, dass der Glaube eine wesentliche Ressource für das Gesund-Sein darstellt. Allerdings nur, wenn dieser Glaube mit einem gütigen Gott verbunden ist. Die

Wirkung beruht auf regelmäßigem Beten oder dem Besuchen von Gottesdiensten, dem Vertrauen auf eine höhere Macht, dem Erleben von Sinn und sozialer Unterstützung (Ernst, 1997, S. 21).

Menschen, die glauben,

- bewältigen Lebenskrisen und psychosoziale Konflikte leichter
- vertrauen auf den Heilungsprozess
- konsumieren weniger Suchtmittel
- erleben die letzte Lebensphase weniger angstvoll (Mochon, 2008, S. 632 ff.)

- Glaube
- Vertrauen
- Sinn im Leben finden
- Trostfähigkeit
- Achtsamkeit

Spirituelle Ressourcen

Auf dem Weg zu einer neuen Heilkultur

In der klassischen Heilkultur steht an oberster Stelle die Beachtung der Lebensordnung und Lebensführung, die Diätetik (Schipperges, 1990, S. 81). Die Diätetik ist die Lehre von einer Lebensweise, die auf das Wohlbefinden ausgerichtet ist. Nicht in unserem heutigen reduktionistischen Sinn des Wortes Diät: möglichst wenig essen. Diaita meint dabei vor allem die Gestaltung der Lebensweise, das Gleichgewicht der Lebensbedürfnisse und das Haushalten mit den Lebensmitteln durch eine bewusste Öko-nomie. Nomos ist dabei die Kunst der Steuerung des Haushaltens (oikos griech. Haus) in eine für den Menschen nützliche Richtung (Ökonomie). Philosophie und Heilkunde wiesen eine enge Verbindung auf.

Galen, ein bedeutender, griechisch schreibender Arzt der Römerzeit, sieht als vornehmstes Ziel der Heilkunst das Gesund-Sein zu erhalten und zu bilden. Er stellt eine Theorie der Gesundheit auf, die sich mit den Regelkreisen Licht und Luft, Essen und Trinken, Bewegung und Ruhe, Schlafen und Wachen, dem Stoffwechsel und den Gemütsbewegungen beschäftigt. Der Regelkreis Licht und Luft bezieht die natürliche Umwelt als erstes und wichtigstes Feld mit ein. Der Mensch in seiner ganz spezifischen Umwelt lebt in einer Welt, die an der Haut beginnt und draußen im Kosmos endet. Der Regelkreis Essen und Trinken befasst sich mit der Kultivierung der Lebensmittel. Der dritte Regelkreis dient der inneren Ausgewogenheit im Wechselspiel von Bewegung und Ruhe, von Arbeit und Muße. Auch Schlafen und Wachen, der Wechsel zwischen Aktion und Kontemplation ordnen die Zeit im Rhythmus. Im fünften Regelkreis geht es um die tägliche Pflege des Körpers. Der letzte Regelkreis beschäftigt sich mit der Beziehung zu anderen. Bei Betrachtung der alltagsbezogenen Diätetik wird deutlich, dass sie Elemente der Sozialen Arbeit, die den Blickwinkel auf das Individuum in seiner Umwelt richtet, der Pflege mit dem Blickwinkel der Unterstützung bei den Aktivitäten des täglichen Lebens und einer anthropologisch orientierten Heilkunde als Medizin integriert.

Dieses Verständnis ist geprägt von einer Integration naturwissenschaftlicher, sozialwissenschaftlicher und geisteswissenschaftlicher Komponenten.

Im 17. Jahrhundert kommt es zunehmend zu einem mechanischen Verständnis des Menschen. Dem Verständnis des Körpers als eine Maschine folgt die Ausrichtung der Medizin auf dieses Denken. Die modernen Naturwissenschaften entstehen, in denen es auf eine Erklärung mit quantitativen, mechanischen Methoden ankommt und die Medizin beschränkt sich immer mehr mit Abweichungen und Defiziten der Maschine Körper. Sie vergisst das Seelisch-geistige und Soziale immer mehr. In der Folge bilden sich neue Berufe heraus: die Soziale Arbeit die sich der Nöte der Menschen in den Hospitälern annimmt, die Pflege als medizinischer Hilfeberuf oder die Psychologie. Naturwissenschaft, Sozialwissenschaft und Geisteswissenschaft schaffen ihr jeweils spezifisches Verständnis des Menschlichen und sind in Abgrenzungsbemühungen voneinander gefangen.

Die Beschränkung der Medizin auf die Betrachtung des individuellen kranken Körpers führt in unserem Jahrhundert dazu, dass sich eine Gesundheitswissenschaft etabliert, die ihre wichtigsten Wurzeln in der Sozialwissenschaft hat. Gesundheitswissenschaft versucht, die Spaltung der Disziplinen wieder aufzuheben, indem ein transdisziplinärer Diskurs befördert wird. Sie soll die Prozesse des kulturellen Wandels und der gesundheitsbezogenen Restrukturierung öffentlicher Organisationen und Institutionen empirisch fundieren helfen. Gesundheitswissenschaft ermöglicht einen transdisziplinären Wissenschaftsdiskurs und bietet den Rahmen für eine metatheoretische Reflexion grundlegender gesellschaftlicher Orientierungsprobleme. Dieser Diskurs ist gegenwärtig an den Fachhochschulen stärker verbreitet als an den Universitäten.

Die Separierung und Spezialisierung betrifft auch den privaten Raum. In der Zeit der zunehmenden Industrialisierung wird der Umgang mit Gesund-Sein und Krank-Sein immer mehr aus dem Kontext der Familie herausgenommen und institutionalisiert, aus einer matriarchalen in eine patriarchale Struktur. Dort herrscht dann eine absolute Experten-Macht vor: das hilfesuchende Individuum wird zum Objekt.

Heute wird wieder vermehrt über eine Rückverlagerung der Aufgaben „nach Hause" diskutiert. Aus staatlicher Sicht vor allem mit dem Argument des Kostendruckes, eine sehr einseitige Betrachtung. Die zunehmende Bedeutung der häuslichen Pflege ist ein Ausdruck davon.

Dabei kommt es jetzt aber vermehrt zu Spannungen zwischen Expertinnen und Experten und Laien. Aber auch Männer und Frauen, die sich aus der absoluten Fremdbestimmung der Institutionen wie Krankenhaus und Pflegeheim befreien wollten, haben nach Formen gesucht, wo umfassendere Selbstbestimmung möglich ist: Hausgeburten oder selbstbestimmte Wohnformen von Menschen mit Behinderung sind nur ein Ausdruck davon. Die große Bedeutung der Selbsthilfe-Bewegung im Gesundheitsbereich ist ein eindrucksvolles Zeugnis dieser Tendenzen der Deinstitutionalisierung.

Der Ansatz der Gesundheitsförderung zeichnet sich durch einen bewussten Bezug zu Ressourcen statt Defiziten und zum Subjekt in seiner Umwelt auf. Die Gesund-Seins-Förderung stellt einen Zugang dar, der für alle Menschen anwendbar ist: für gesunde, kranke, behinderte und sterbende Männer, Frauen und Kinder. Ein Problem der täglichen Praxis ist jedoch, dass heute beinahe jede(r) von Ressourcen-orientierung spricht, aber (k)eine(r) tut es!

Ausgangspunkt für eine wirkliche Gesundheitsförderung kann die Betrachtung der aktuellen Lebenssituation, der subjektiven Gesundheitsvorstellungen, der bereits etablierten gesundheitsbezogenen Handlungen, der individuellen Motive und Lebensziele einschließlich deren sozialer und lebensgeschichtlicher Einbettungen sein.

Wenn die Betonung auf der Einbeziehung des Subjekts und einer Förderung des Gesund-Seins liegt, stellen sich insbesondere Fragen nach der Qualität des Lebens. Mit der Frage der Lebensqualität lässt sich der Bogen zur griechischen Diätetik spannen: Fragen nach dem Lebensraum und seiner Gestaltung, der Ernährung und ihren Prinzipien, dem Alltag und seiner Ordnung, dem Kräftehaushalt und seinem Ausgleich, dem Körper und seiner Pflege und dem Gefühlsleben und seiner Dynamik (Schipperges u. a., 1988) verweisen auf zentrale Dimensionen des menschlichen Seins. Die Beschäftigung mit der Kultivierung von Essen und Trinken, Schlafen und Wachen, Arbeiten und Muße, Sexualität, Wohnen, Luft-, Boden- und Wasserqualität aus unterschiedlichen Perspektiven kann neue Sichtweisen auf Gesund-Sein und Krank-Sein erschließen.

Literatur

Antonovsky, Aaron, 1979: *Health, stress and coping: New perspectives on mental and physical well-being*, San Francisco.

Antonovsky, Aaron, 1997: *Salutogenese. Zur Entmystifizierung der Gesundheit*, Tübingen.

Badura, Bernhard, 1981: *Soziale Unterstützung und chronische Krankheit*, Frankfurt a. M.

Becker, Peter, 1992: Die Bedeutung integrativer Modelle von Gesundheit und Krankheit für die Prävention und Gesundheitsförderung, in: *Prävention und Gesundheitsförderung*, hg. v. P. Paulus, Köln, S. 91-108.

Berkman, Lisa / Syme, Leonard, 1979: Social networks, host resistance, and mortality, in: *American Journal of Epidemiology* 109, S. 186-204.

Bundesministerium für Bildung, Wissenschaft, Forschung und Technologie (Hg.), 1997: *Gesundheit und allgemeine Weiterbildung. Beitrag zu einer neuen Perspektive der Gesundheitsförderung*, Bonn.

Ernst, Heiko, 1997: Macht Glauben gesund?, in: *Psychologie heute* 24, Heft 6, S. 20-21.

Faltermaier, Toni / Kühnlein, Irene / Burda-Viering, Martina, 1998a: *Gesundheit im Alltag*, Weinheim.

Flick, Uwe (Hg.), 1998: *Wann fühlen wir uns gesund? Subjektive Vorstellungen von Gesundheit und Krankheit*, Weinheim.

Frank, Ulrike / Belz-Merk, Martina / Bengel, Jürgen / Strittmatter, Regine, 1998: Subjektive Gesundheitsvorstellungen gesunder Erwachsener, in: *Wann fühlen wir uns gesund? Subjektive Vorstellungen von Gesundheit und Krankheit*, hg. v. U. Flick, Weinheim, S. 57-69.

Fröschl, Monika, 2000: *Gesund-Sein. Integrative Gesund-Seins-Förderung als Ansatz für Pflege, Soziale Arbeit und Medizin*, Stuttgart.

Fröschl, Monika, 2009: *Die heilende Kraft des Labyrinths*, München.

Fröschl, Monika, 2010: *Gesund durch Vertrauen – ein Lebensprinzip*, München.

Herriger, Norbert, 1997: *Empowerment in der Sozialen Arbeit*, Stuttgart.

Homfeldt, Hans-Günter / Sting Stephan, 2006: *Soziale Arbeit und Gesundheit*, München.

Hurrelmann, Klaus, 1988: *Sozialisation und Gesundheit*, Weinheim.

Hurrelmann, Klaus / Laaser Ulrich, 1998: *Handbuch Gesundheitswissenschaften*, Weinheim.

Kleese, Rosemarie / Sonntag, Ute / Brinkmann, Marita / Maschewsky-Schneider, Ulrike, 1992: *Gesundheitshandeln von Frauen*, Frankfurt a. M.

Kolip, Petra, 2002: *Gesundheitswissenschaften* Weinheim.

Lützenkirchen, Anne, 2005: *Soziale Arbeit im Gesundheitswesen*, Stuttgart.

Miller, Tilly, 1999: *Systemtheorie und Soziale Arbeit*, Stuttgart.

Mochon, Daniel / u. a., 2008: Getting off the hedonic treadmill, one step at a time. The impact of regular religious practice and exercise on well-being, in: *Journal of Economic Psychology* 29, S. 632-642.

Mühlum, Albert / Bartholomeyczik, Sabine / Göpel, Eberhard, 1997: *Sozialarbeitswissenschaft – Pflegewissenschaft – Gesundheitswissenschaft*, Freiburg i. Br.

Paulus, Peter (Hg.), 1992: *Prävention und Gesundheitsförderung*, Köln.

Salomon, Alice, 1998: Grundlegung für das Gesamtgebiet der Wohlfahrtspflege, in: *KlassikerInnen der Sozialen Arbeit*, hg. v. W. Thole u. a., Neuwied.

Schaefer, Gerhard, 1998: *Balanceakt Gesundheit*, Darmstadt.

Schipperges, Heinrich, 1995: *Hildegard von Bingen*, München.

Schüffel, Wolfram / Brucks, Ursula / Johnen, Rolf / Köllner, Volker / Lamprecht, Friedhelm / Schnyder, Ulrich (Hg.), 1998: *Handbuch der Salutogenese*, Wiesbaden.

Stark, Wolfgang, 1996: *Empowerment. Neue Handlungskompetenzen in der psychosozialen Praxis*, Freiburg i. Br.

United Nations, 1994: *Human Rights and Social Work. A Manual for Schools of Social Work and Social Work Profession*, New York-Geneva.

Waller, Heiko, 1995: *Gesundheitswissenschaft*, Stuttgart.

WHO, 1948: *World Health Organization. Constitution*, Genf.

WHO, 1986: *Ottawa Charta for Health Promotion*, Genf.

WHO, 1995: *Nursing Practice. Report of WHO Expert Committee*, Genf.

WHO, 1998: *Glossar Gesundheitsförderung*, Genf.

8 Theologie

Um des Menschen willen
Zur Relevanz des christlichen Sinnhorizonts
in der Sozialen Arbeit

Markus Babo

Einleitung

Theo-logie bezeichnet, wörtlich übersetzt, die Rede von Gott. Darunter ist nicht nur die wissenschaftliche Theologie im engeren Sinne zu verstehen, sondern jedes vernünftige Sprechen über „Gott und die Welt". Theologie in einem weiteren Sinne meint also nicht nur spekulative Reflexionen über das Wesen des Absoluten, sondern jedes Nachdenken über Welt, Mensch und Gesellschaft im Kontext des Glaubens.

Gerade in der christlichen Theologie ist das Heil des Menschen keine rein jenseitige Größe, hat doch das Reich Gottes mit Jesus bereits begonnen. Dem christlichen Glauben eignet daher eine politische Dimension, was die Befreiungstheologie nachhaltig deutlich gemacht hat. Auch als Wissenschaft hat die Theologie immer schon eine (lebens-)praktische Bedeutung. Sie wird die Wirklichkeit mit der befreienden Botschaft ihres liebenden Gottes kontrastieren, um daraus Handlungsoptionen für eine je evangeliumsgemäßere Praxis der Nachfolge Jesu und damit für eine je menschengerechtere Welt zu entwickeln und in den gesellschaftlichen Diskurs einzubringen (vgl. Kessler, 1997).

Sieht man das Ziel Sozialer Arbeit und damit ihr wissenschaftliches Profil darin, den Menschen ein würdiges Leben in einer gerechten Gesellschaft zu ermöglichen, so kann in der Tat Theologie, insbesondere Theologische Ethik über die Bereitstellung von Motivationsgrundlagen und Sinndeutungsangeboten hinaus einen Beitrag zur Profilierung des Faches beisteuern. Im Folgenden soll deshalb der Versuch unternommen werden, basierend auf einem experientiellen Ansatz (vgl. Mieth, 1998), den Erfahrungsschatz des Christentums exemplarisch im Hinblick auf Wertorientierungen zu befragen, um diese dann für das Handeln einzelner SozialarbeiterInnen, für die Profession und deren wissenschaftliches Profil, für die Kirche und die Gesellschaft fruchtbar zu machen.

1 Zur Bedeutung der Erfahrung für soziales Handeln

Menschen, die in sozialen Berufen tätig sind, verfügen über einen geradezu unermesslichen Schatz an Erfahrung im Umgang mit sozialem Elend. Dieser Erfahrungsschatz setzt sich analog zum Aristotelischen Begriff der Erfahrung als Einheit von Wissen und Können[1] zusammen aus einer theoretischen und einer praktischen Ebene. Während theoretische Erfahrung aus der Anwendung methodischer Fachkenntnisse insbesondere der Human- und Sozialwissenschaften resultiert, die mit empirischen Methoden beschreiben, welche Grundbedürfnisse der Mensch hat, welche Güter erforderlich sind, damit menschliches Leben und Zusammenleben gelingen kann, umfasst die praktische Erfahrung die Deutung des Erlebten im Hinblick auf den dahinterstehenden Sinnzusammenhang. Bei ersterer geht es mithin um die Ebene des Seins, bei letzterer hingegen um die Ebene des Sollens (vgl. Beckmann/Greis, 2000, S. 156 f.).

Damit Erfahrung nicht rein subjektiv bleibt, muss sie sich stets dem Diskurs mit eigenen Erfahrungen und mit Erfahrungen anderer Personen stellen (vgl. Gruber, 2009, S. 36). Dies geschieht in der Regel durch direkte oder medial vermittelte Erzählungen, die mit Hilfe der Vernunft gedeutet werden. Erst auf diese Weise reflektierte Erfahrung ist kompetente Erfahrung und damit ethisch bedeutsam (vgl. Mieth, 1998, S. 230). Daher kommt der Reflexion beruflicher Erfahrung unterschiedlicher Art in der Praxis der Sozialen Arbeit zu Recht ein hoher Stellenwert zu, dient er doch auch der steten Kompetenzerweiterung und Qualitätsverbesserung. Es wäre jedoch zu kurz gegriffen, würde diese Reflexionsarbeit ausschließlich auf der Ebene des methodisch richtigen Handelns stehenbleiben; vielmehr geht es in

---

[1] Vgl. Aristoteles, *Metaphysik*, 980 a 24 ff.: Eine Erfahrung (ἐμπειρία) entsteht aus vielen Erinnerungen (μνήμη) an denselben Sachverhalt, der über die Sinne wahrgenommen (αἴσϑησις) wird. Aus der Erfahrung als dem Wissen des Besonderen (γνῶσις τῶν καϑ' ἕκαστον) entsteht die Kunst (τέχνη) als das Wissen des Allgemeinen (γνῶσις τῶν καϑόλου), ohne dass damit freilich das Wissen des Besonderen vernachlässigbar wäre. Unmittelbar praktisch relevant ist weniger das allgemeine Ursachenwissen als vielmehr das konkrete Tatsachenwissen, das seinerseits aus richtigen Einzelurteilen entstanden sein muss. „Insofern ist Erfahrung von Aristoteles verstanden einerseits als ein Wissen des Besonderen im Hinblick auf das in ihm enthaltene, allererst konkret wahrzunehmende Allgemeine; dies aber zugleich dergestalt, daß in Ansehung des Konkreten das Zusprechen (bzw. Absprechen) eben des ihm zugehörigen (oder nicht zugehörigen) Allgemeinen, des richtigen (falschen) Prädikators ... als seiner richtigen (falschen) Bestimmung mitgelernt und dann beherrscht wird. Im Konkreten das Allgemeine ‚wahrzunehmen‘, wird also zugleich mit dem Urteil und der Verwendungsregel des generellen Terminus mitgelernt. Somit kann die auf einer Vielzahl von Wahrnehmungen basierende Einheit der Erfahrung in der Tat als eine *Einheit von Wissen* (um die Richtigkeit und Falschheit elementarer Urteile und Aussagen) *und Können* (kraft der Beherrschung der an vielen Fällen und Beispielen gewonnenen Urteilsregel des richtigen Treffens von Unterscheidungen als zu- und Absprechen von Prädikaten) angesehen werden. Deshalb ist Erfahrungs‚wissen‘ immer auch ein Regel‚wissen‘ im Umgang der Verwendung von allgemeinen Bestimmungen und Unterscheidungen kraft genereller Termini *angesichts* konkreter Fälle. Mit einem Wort: *Erfahrung* zu haben, heißt, *Einzelnes* als *richtig beurteiltes Besonderes zu kennen*, Wissen des Besonderen *in* seiner richtigen Beurteilung zu sein. Erfahrung ist je konkretionsbezogene, habitualisierte *Urteilskraft, in eins* Wissen des Besonderen ... vermöge seiner Beurteilung durch das Allgemeine.“ (Elm, 1996, S. 100)

der Sozialen Arbeit ganz zentral um normative Fragen und (damit zusammenhängend) um Wert- und Sinnfragen, die immer den Menschen als Ganzes betreffen. Eine weitere wichtige Aufgabe der Vernunft liegt deshalb gerade auch darin, die beiden Ebenen des Empirisch-Deskriptiven und des Normativ-Präskriptiven miteinander zu verbinden, ohne dabei Fehlschlüssen vom Sein zum Sollen und umgekehrt zu verfallen (vgl. Beckmann/Greis, 2000, S. 151 ff.). Auf disziplinärer Ebene spiegeln sich diese beiden Ebenen in unterschiedlichen Bezugswissenschaften der Sozialen Arbeit wider, zu denen neben den Human- und Sozialwissenschaften auch Geisteswissenschaften wie Praktische Philosophie und Theologie gehören. Vielleicht können gerade diese beiden Wissenschaften die pluridisziplinär angelegten Bezugswissenschaften der Sozialen Arbeit in der Frage nach einem guten und gelingenden Leben in einigermaßen gerechten gesellschaftlichen Strukturen einen und damit zur Theoriebildung des Faches beitragen.

In jedem Fall können auch Praktische Philosophie und Theologie an dem Erfahrungsschatz von SozialarbeiterInnen nicht einfach vorbeigehen, sondern sollten gerade dort ansetzen. *Dietmar Mieth* hat deshalb zu Recht die Erfahrung als die eigentliche Quelle sittlicher Erkenntnis bezeichnet (Mieth, 1998, S. 225) und beschrieben, wie sittliche Einsichten aus der Erfahrung entstehen und damit eine sozialtherapeutische Wirkung entfalten können (vgl. Mieth, 1999, S. 135 ff.). Er unterscheidet dabei drei Erfahrungsstufen:

- Positive Werteinsichten und Handlungsweisen gehen häufig aus einer *Kontrasterfahrung* hervor. „Die Kontrasterfahrung ist eine Erfahrung, in welcher Gegensätze im Modus der Empörung bewusst werden. Wir erleben etwas Schreckliches, Bedrückendes, etwas, das uns gegen den Strich geht, weil es eben so ,nicht geht' oder so nicht weitergeht" (Mieth, 1998, S. 21). Das Schicksal jedes Menschen, der im Strom gesellschaftlicher Ungerechtigkeiten unterzugehen droht, kann in anderen Menschen eine Kontrasterfahrung hervorrufen, weil vorgegebene oder bereits internalisierte Wertmuster in einem krassen Gegensatz zur Realität stehen. Durch die Kontrasterfahrung wird gleichsam ein Veto dagegen eingelegt, was offensichtlich nicht geht, ohne dass damit aber schon im Detail klar wäre, wie es besser geht. Diese Frage nach konkreten Handlungsmöglichkeiten, die den betroffenen Menschen gerechter werden, ist dann schon Gegenstand des zweiten Erfahrungsschrittes:

- „Humane Möglichkeiten bedrängen uns am intensivsten im Kontext ihrer Bedrohung" (Mieth, 1999, S. 143). D. h. angesichts von Kontrasterfahrungen erleben wir oft *Sinnerfahrungen*: Uns gehen Möglichkeiten auf, wie einem sozialen Missstand abgeholfen werden kann. Diese Möglichkeiten erschließen sich nicht durch Deduktion abstrakter Theorien, sondern können dem praktizierten Berufsethos von SozialarbeiterInnen entstammen. Gerade Menschen, die in sozialen Berufen tätig sind, finden in ihrem (beispielsweise in Teambesprechungen) reflektierten beruflichen Erfahrungsschatz eine Fülle konkreter ethischer Modelle in Form „lebendiger" Geschichten vor, an denen sie sich angesichts von Kontrasterfahrungen orientieren können. Dies ermöglicht dann auch ein spontan richtiges (und das bedeutet oft angemessenes) Handeln.

- Häufig bleiben aber Sinneinsichten noch nicht von solcher Intensität, dass ihnen auch aktuale und praktische Relevanz zukommt. „Wen nichts rührt, für den sind Einsichten akademisch. Deshalb werden Sinnerfahrungen oft erst im Leiden zu durchschlagenden Motivationserfahrungen. Im Leid kulminiert die Intensitätsform der menschlichen Lebenserfahrung: im Leid des Übels, im Leid des Unrechts, im Leid der Liebe. Die Erfahrung von Differenzen und die Erfahrung von sinnvollen Möglichkeiten wird erst in der zureichenden Intensität der Betroffenheit und damit in der zureichenden Motivation bestimmend" (Mieth, 1999, S. 144). D. h. die Tiefe, wie uns etwas berührt und buchstäblich unter die Haut geht, ist oft entscheidend dafür, dass man letztlich nicht nur überhaupt handelt, sondern geradezu unausweichlich handeln muss. Mieth spricht in diesem Zusammenhang von der *Intensitäts- oder Motivationserfahrung*. Diese Intensität kann erreicht werden durch Gefühle, durch persönliche Betroffenheit – und ebenso durch den Glauben.

2 Bilder die Sinn machen

In einer von Individualismus und Marktgesetzlichkeiten dominierten und durchdrungenen Gesellschaft erweisen sich gerade Religionsgemeinschaften als wichtige Ressource für „Wertschöpfungen" und politische Tugenden, wie Solidarität und Gerechtigkeit. Denn „in heiligen Schriften und religiösen Überlieferungen [sind] Intuitionen von Verfehlung und Erlösung, vom rettenden Ausgang aus einem als heillos erfahrenen Leben artikuliert, über Jahrhunderte hinweg subtil ausbuchstabiert und hermeneutisch wach gehalten worden" (Habermas, 2009, S. 115). Solche Menschheitsgedächtnisse erweisen sich gerade auch für SozialarbeiterInnen, die permanent mit Grenzsituationen des Lebens und darin mit Sinnfragen konfrontiert sind, als wichtige Quelle für humane Lösungen.

2.1 Das Menschenbild

Eine grundlegende Orientierung liefert die christliche Tradition sicher in ihrem Bild vom Menschen, das sich zwar nicht als exakt umrissene und unwandelbar feststehende Größe in der Tradition erkennen lässt, sondern sich eher in Zeit und Raum angesichts der jeweiligen Herausforderungen je unterschiedlich entfaltet, dessen Grundkoordinaten aber einen „Deutungshorizont" eröffnen, „auf den hin menschliches Leben in Gesellschaft zu entwerfen ist und vor dem bestimmte gesellschaftliche Entwicklungen einer kritischen Sichtung zu unterziehen sind" (Heimbach-Steins, 2003, S. 24). Zu diesen Grundkoordinaten gehört zunächst die Überzeugung, dass der Mensch seine Existenz einem guten Schöpfer verdankt, der ihn in seinem Leben trägt und begleitet. Jeder Mensch bleibt zwar als Individuum einmalig, ist aber doch auch zugleich verwiesen und angewiesen auf das Zusammenleben mit anderen Menschen. Er wird von seinem Schöpfer nicht wie eine

Marionette geführt, sondern bleibt zu freiem und verantwortlichem Handeln fähig. Er ist ausdrücklich aufgerufen, das Lebenshaus seines Schöpfers ebenso wie sein eigenes Leben und das Zusammenleben mit anderen Menschen zu gestalten, kann dabei aber auch scheitern, Zerstörung anrichten und Schuld auf sich laden. Doch auch in diesem Fall sind ihm Umkehr und Neuanfang zugesagt. Zwar verfügt der Mensch über die Fähigkeit, Distanz zu sich selbst zu gewinnen und die Sinnfrage zu stellen, verstummt aber oft angesichts der Erfahrungen von Leid und Tod. „Die Theodizeefrage findet im Horizont biblischer Gotteserfahrung und ihrer christlichen Deutungen keine Antwort. Sie wird – klagend – offen gehalten in der Hoffnung auf den Gott, der sich selbst mit der menschlichen Leidens- und Todeserfahrung gemein gemacht hat. Nicht als der große Vertröster kommt er ins Spiel, sondern als der, in dessen Namen buchstäblich alles Mögliche für die Überwindung leidverursachender Ungerechtigkeit getan, aber zugleich jeder leidende Mensch in seiner unveräußerlichen Menschenwürde unbedingt geschützt und geachtet werden muss" (Heimbach-Steins, 2003, S. 26).[2] Dieses Menschenbild, nach dem die Fragmentarität, Fehlerhaftigkeit und Endlichkeit ganz wesentlich zum Menschsein gehören, kann sich als notwendiges kritisches Korrektiv im Sinne einer „*zeitgemäßen Unzeitgemäßheit*" (Mieth, 1999, S. 191) gegenüber bisweilen karikaturesk vereinseitigten Idealvorstellungen eines absolut freien, in jeder Lebenslage autonomen und ewig jungen, schönen und erfolgreichen Individuums erweisen und wird damit auch zu einer wichtigen Grundlage, um den KlientInnen der Sozialen Arbeit auf gleicher Augenhöhe zu begegnen und ihnen Gerechtigkeit widerfahren zu lassen, d. h. ihnen zu den Rechten zu verhelfen, die ihnen als Menschen zustehen.

2.2 Die vorrangige Option für die Armen

Neben dem Menschenbild finden sich in Bibel und Tradition der Kirche Erzählungen vom befreienden Handeln Gottes und konkrete Modelle, die eine Orientierung für humane Lösungen bieten. So erzählt das Erste Testament die Botschaft von einem befreienden Gott, der sein Volk Israel aus der Knechtschaft in Ägypten geführt hat (Dtn 26,5-9). Diese Solidarität Gottes mit seinem armen, rechtlosen Volk wird auch bestimmend für das Verhältnis der Menschen untereinander, was sich in zahlreichen rechtsförmigen Schutzbestimmungen zugunsten der Armen, Witwen, Waisen und Flüchtlinge niedergeschlagen hat (vgl. z. B. Dtn 23,16-17; 24,17-18). Umgekehrt werden ungerechte gesellschaftliche Verhältnisse, insbesondere die Ausbeutung der Armen als Zeichen für einen Abfall von JHWH gedeutet und entsprechend scharf von den Propheten kritisiert. „Dem Glauben an den Gott der Befreiung kann nur eine freie und befreiende Praxis gegenüber Gott und den Mitmenschen entsprechen" (Heimbach-Steins, 1993, S. 6).

Im Zweiten Testament wird diese Linie konsequent fortgeführt und zugespitzt, wenn Gott selbst in Jesus Christus Menschengestalt annimmt, als Obdachloser

---

[2] Vgl. zum christlichen Menschenbild Heimbach-Steins, 2003, S. 25 f., und zu dessen ethischer Bedeutung Mieth, 1999, 174 ff.

inmitten der Armen und Geächteten der damaligen Zeit (sc. der Hirten) zur Welt kommt, immer wieder Zeichen unbedingter Solidarität mit den Marginalisierten setzt und sie durch heilsames Tun befreit. Der von seiner Krankheit geheilte Aussätzige (Lk 5,12-16), der wieder in die Gesellschaft zurückkehren kann, oder der von seiner Blindheit geheilte Bettler Bartimäus (Mk 10,46-52), der sich wieder frei bewegen kann, stehen exemplarisch für Menschen, denen durch solidarisches Handeln Gerechtigkeit widerfuhr und neue Perspektiven für ein würdiges Leben in der Gesellschaft eröffnet wurden. Das Leben Jesu erweist sich insofern als umfassendes Modell von Solidarität und Gerechtigkeit, das uns gerade nicht auf ein besseres Leben im Jenseits vertröstet, sondern uns im Hier und Jetzt Orientierung geben kann und dazu auffordert, alles zu unternehmen, damit jeder Mensch ein Leben in Würde führen kann, wie es dem Schöpferwillen entspricht. Auf diese Weise können wir dazu beitragen, das Reich Gottes zumindest anfanghaft Wirklichkeit werden zu lassen (vgl. Heimbach-Steins 1993; Boff/Pixley, 1987, bes. S. 124 ff.; weiterführend Haslinger, 2009, S. 273 ff.). Vielleicht ist es gerade die Macht dieser Bilder, die „den opaken Kern" (Habermas, 2009, S. 150; vgl. auch Habermas, 2008, S. 29 ff.) der christlichen Theologie gegenüber rein philosophischen Überlegungen zu Solidarität, Gerechtigkeit und Menschenwürde ausmachen und daher zu Recht ihren Platz im gesellschaftlichen Diskurs beanspruchen. Die beiden großen Kirchen in Deutschland haben deshalb in ihrem gemeinsamen Sozialwort (DBK/EKD 1993, Nr. 105-107) die vorrangige Option für die Armen[3] als „Leitmotiv gesellschaftlichen Handelns" (107) bezeichnet:

> „In der Perspektive einer christlichen Ethik muss ... alles Handeln und Entscheiden in Gesellschaft, Politik und Wirtschaft an der Frage gemessen werden, inwiefern es die Armen betrifft, ihnen nützt und sie zu eigenverantwortlichem Handeln befähigt. Dabei zielt die biblische Option für die Armen darauf, Ausgrenzungen zu überwinden und alle am gesellschaftlichen Leben zu beteiligen. Sie hält an, die Perspektive der Menschen einzunehmen, die im Schatten des Wohlstands leben und weder sich selbst als gesellschaftliche Gruppe bemerkbar machen können noch eine Lobby haben. Sie lenkt den Blick auf die Empfindungen der Menschen, auf Kränkungen und Demütigungen von Benachteiligten, auf das Unzumutbare, das Menschenunwürdige, auf strukturelle Ungerechtigkeit. Sie verpflichtet die Wohlhabenden zum Teilen und zu wirkungsvollen Allianzen der Solidarität." (107)

Für den geforderten Perspektivenwechsel bietet Soziale Arbeit einen idealen Nährboden. Versucht man die orientierende Funktion[4] der vorrangigen Option für die

---

[3] Das Theologumenon der „Vorrangigen Option für die Armen" hat ihren Ursprung in der Befreiungstheologie (vgl. Boff/Pixley, 1987; Collet, 1992; Bleyer, 2009, S. 209 ff.), ist inzwischen aber gesamtkirchlich akzeptiert. Zur Rezeption in der Sozialethik vgl. Kruip, 1997, bes. S. 63 ff.

[4] Zur Bedeutung der Option für die Armen im ethischen Erkennen vgl. die sehr grundlegenden Ausführungen von Fraling, 1992, der die Option für die Armen eher der Ebene sittlicher Güte zuordnet und sie damit als Bedingung, nicht aber hinreichendes Kriterium sittlicher Richtigkeit sieht (bes. S. 43 ff.) – was in gleicher Weise auch für das Menschenbild gilt.

Armen für das Berufsfeld der Sozialen Arbeit fruchtbar zu machen, so bedeutet dies, dass Marginalisierte nicht zu Objekten gut gemeinter Fürsorge degradiert werden dürfen, sondern als Subjekte ernst zu nehmen sind. Sie haben Rechtsansprüche gegenüber der Gesellschaft. Deshalb hat Organisation und Reform der Gesellschaft aus der Perspektive der Ausgegrenzten zu erfolgen. Sie müssen dazu befähigt werden, aktiv an der Gesellschaft zu partizipieren. Dies wird ohne Umverteilung nicht möglich sein. Soziale Arbeit, die aus der vorrangigen Option für die Armen motiviert ist, wird nicht bei der konkreten Hilfe für die betroffenen Menschen stehenbleiben, sondern als Stimme der Schwachen im gesellschaftlichen Diskurs eine anwaltliche Funktion wahrnehmen, die strukturellen Ursachen von Armut und Exklusion offenlegen und deren Beseitigung einfordern. Damit darf sie weder an den Grenzen des Nationalstaats noch am Horizont der jetzt lebenden Generation Halt machen.

2.3 Konkrete Modelle helfenden Handelns

Neben allgemeinen Orientierungen, wie dem Menschenbild oder der vorrangigen Option für die Armen, bietet die Tradition des Christentums auch konkrete Modelle, wie sie beispielsweise in biblischen Geschichten auf uns gekommen sind. Modelle sind Förderungsgestalten des Humanen, die uns nicht eine heile Welt vorführen, sondern zeigen, wie aus einer defekten Situation das bestmögliche gemacht werden kann. Insofern sind Modelle sehr lebensnah, läuft doch sittliches Handeln in Konfliktsituationen in der Regel immer auf einen verantwortbaren Kompromiss hinaus.

Das Modell schlechthin für Soziale Arbeit ist das Gleichnis vom Barmherzigen Samariter (Lk 10,25-37). Die Erzählung stellt Jesu Antwort dar auf die Frage des Gesetzeslehrers „Wer ist mein Nächster?" (V. 29). Statt einer theoretischen Abhandlung oder zumindest einer Aufzählung, die man auf diese Frage erwarten könnte, folgt eine Geschichte, an der deutlich wird, wie man sich im täglichen Leben als Nächster seiner Mitmenschen erweisen kann. Jesus geht es dabei nicht um das Objekt der Nächstenliebe, sondern um das Subjekt; die Hilfebedürftigkeit des in Not Geratenen wird also selbstverständlich vorausgesetzt und geht uns an. Die Wirklichkeit fordert den Menschen heraus und bestimmt über verantwortliches Verhalten in der jeweiligen Situation, d. h. die Wirklichkeit und nicht eine normgebende und -definierende Instanz bestimmt, wer jeweils der Nächste ist. Die Geschichte selbst bewirkt beim Gesetzeslehrer gleichsam eine Kontrasterfahrung, muss er doch selbst erkennen (V. 37), dass seine Maßstäbe so nicht mehr tragen. Er kann sich, zugespitzt formuliert, „seine" Nächsten nicht mehr aussuchen, sondern muss damit rechnen, von jedem als Nächster identifiziert zu werden und jedem Nächster sein zu müssen. Wenn Jesus ihn dann auffordert, „genauso" zu handeln (V. 37), d. h. diese Geschichte in seinem eigenen Leben umzusetzen, so kann das auch als Aufforderung an heutige LeserInnen begriffen werden, sich kreativ an dieser Geschichte zu orientieren. Modelle enden nicht mit einer „Moral von der Geschichte" im Sinne normativer Aussagen, denn das würde die Sprengkraft solcher

Geschichten unnötig reduzieren. Modelle können weder sklavisch nachgeahmt noch wie Normen schlicht befolgt werden; sie regen zunächst zum Nachdenken an und bieten durch den in ihnen enthaltenen allgemeinen Kern eine Grundlage zur Orientierung in ähnlich gelagerten Situationen (zum Modellbegriff vgl. Mieth, 1999, S. 85 ff.; S. 110 ff.; S. 145 ff.).

Wie in den Geschichten Jesu nicht ganz unüblich, enthält auch diese Parabel gewisse Zuspitzungen. Der Priester und der Levit, zwei hochrangige Repräsentanten des Judentums, von denen man selbstverständlich gesetzeskonformes Verhalten und damit Hilfe erwarten würde, gehen an dem Verletzten einfach teilnahmslos vorbei. Vielleicht spiegelt sich darin eine allzu menschliche Erfahrung, dass man sich gegen die Not anderer Menschen immunisiert oder bewusst wegsieht. Insofern können Priester und Levit nicht nur zur Identifikationsfigur für den Gesetzeslehrer werden, sondern auch uns heute herausfordern, unser Handeln immer wieder kritisch daraufhin zu befragen, ob es dem Menschen gerecht wird, d. h. ob wir in der Rolle des Priesters bzw. Leviten oder des Samariters handeln. Denn ausgerechnet ein Samariter, also ein Angehöriger eines mit den Juden verfeindeten und von diesen verachteten Volkes, dem man alles zutraut, nur nichts Gutes, zeigt die nötige Empathie und hilft – und erweist sich insofern als derjenige, der das Gesetz erfüllt. Das Gesetz der Liebe ist also nicht Selbstzweck, sondern es muss im Handeln verwirklicht werden. „Die radikale, bedingungslose, alle ethnischen, religiösen und sozialen Grenzen überschreitende heilsam-befreiende Zuwendung zum Mitmenschen – mit der ‚nur‘ die grenzenlose, bedingungslose Zuwendung Gottes zu jedem Menschen abgebildet wird – ist das Kriterium, nach dem sich das Gesetz hinsichtlich seiner richtigen Erfüllung bemessen lassen muss." (Haslinger, 2009, S. 251) Dies erfordert in der Praxis manchmal auch ein hohes Maß an Flexibilität, Bereitschaft zum Umdenken, Verlassen herkömmlicher Richtlinien und konventioneller Verhaltensweisen, wenn die Situation, d. h. das Wohl des betroffenen Menschen es erfordert. Einen ähnlichen Umdenkprozess musste auch der Gesetzeslehrer in der Rahmenerzählung durchleben.

Für die Soziale Arbeit nicht uninteressant ist nun freilich, dass der Samariter sich zwar von der Not seines Mitmenschen berühren lässt, dessen Leben rettet, ihn in Sicherheit bringt und versorgt, aber doch nicht gänzlich in der Hilfe aufgeht. Mit dem Wirt, den er für die weitere Versorgung des Verletzten zahlt, wird ein strukturelles Moment eingeschaltet, das eine gewisse Distanz schafft, die Abhängigkeit zwischen Helfer und Verletztem minimiert und beiden ermöglicht, in ihr „normales" Leben zurückzukehren. Damit ist freilich für den Samariter die Episode nicht „abgehakt". Denn mit der Zusicherung, dem Wirt ggf. mehr zu bezahlen, wenn er zurückkomme, übernimmt er über die unmittelbare Nothilfe hinaus weiter Verantwortung für das Opfer. Die helfende Tat hat sein Leben also doch verändert (vgl. zur Interpretation Haslinger, 2009, S. 246 ff.).

Zu Recht kann man die Samaritererzählung als Modell für Nächstenliebe deuten, konkretisiert sie doch in gewisser Weise das Hauptgebot der Liebe. Bedenkt man allerdings, dass dieses Hauptgebot der Liebe ja auch die Gottesliebe mit umfasst, so stellt sich die Frage nach dem Verhältnis von Gottesliebe und Nächstenliebe und damit zusammenhängend auch die Frage, ob durch solidarisches Handeln das Leben des Helfers nicht noch weitaus grundlegender berührt oder gar verändert werden kann.

3 Soziale Arbeit als Ort von Gotteserfahrungen

Selbst wenn die beschriebenen Bilder und Modellgeschichten an sich schon sehr ausdrucksstark sind, so erhalten sie spätestens dadurch eine motivationale Bedeutung, dass Gott selbst im Armen erfahren werden kann. In einer sehr zentralen Stelle, sc. dem Hauptgebot der Liebe (Mt 22,34-40; Mk 12,28-34; Lk 10,25-28), das Jesus als Zusammenfassung der gesamten Tora bezeichnet, wird die Liebe zum Nächsten – und darunter sind im Unterschied zur Ersttestamentlichen Überlieferung des Liebesgebots in Lev 19,18 nicht nur Nahestehende, also Angehörige des Volkes Israel, sondern *alle* Menschen, insbesondere Bedürftige und Notleidende gemeint – so eng mit der Liebe zu Gott verbunden, dass die Gottesliebe ohne die Nächstenliebe überhaupt nicht mehr denkbar ist. In der Liebe zum Nächsten findet auch die Liebe zu Gott ihren Ort. Und durch diese Verbindung mit der Gottesliebe erhält die tätige Liebe gegenüber dem Nächsten für den Gläubigen ihre unbedingte Verpflichtung (vgl. Haslinger, 2009, S. 237 ff.; Hilpert, 1997, S. 27).

In der Rede vom Weltgericht (Mt 25,31-46) wird dies in gewisser Weise sogar noch radikalisiert, wenn das Verhalten gegenüber notleidenden Mitmenschen, mithin die Ortho*praxie* – und nicht die Ortho*doxie* – zum Kriterium des ewigen Heils wird. Wenn der Mensch am Ende der Zeiten für sein Leben Rechenschaft abgeben muss, zählen nur die Taten der Nächstenliebe. In der zentralen Aussage des Menschensohn-Richters „Was ihr für einen meiner geringsten Brüder getan habt, das habt ihr mir getan" (Mt 25,40) wird zum Ausdruck gebracht, dass in jedem Notleidenden – unabhängig von dessen weltanschaulicher Einstellung – Gott begegnet.[5] Soziale Arbeit ist in dieser Perspektive Ort der Gottesbegegnung;

---

[5] Diese Aussage beruht auf einer universalistischen Interpretation der Textstelle, wonach das Gericht über „alle Völker" (πάντα τὰ ἔθνη) die gesamte Menschheit einschließlich der Christen und die „geringsten Brüder" (ἑνὶ τούτων τῶν ἀδελφῶν μου τῶν ἐλαχίστων) alle notleidenden Menschen unabhängig von deren weltanschaulichem Bekenntnis bezeichne. Eine exklusivistische Deutung des Gerichtsdialogs sieht hingegen in den „geringsten Brüdern" nur die Glaubensbrüder und in „allen Völkern" nur die nichtchristlichen Menschen, die sich dann vor dem Weltgericht aufgrund ihres Verhaltens den Christen gegenüber zu verantworten hätten. Bedenkt man freilich, dass sich Jesu Botschaft an alle Menschen richtet und dass ferner die Christen als Adressaten der Erzählung vom Weltgericht nicht ausgeschlossen werden dürfen, so spricht dies für eine universalistische Deutung des Ausdrucks „alle Völker". Bedenkt man ferner, dass der Autor des Matthäus-Evangeliums unter „Bruder" zwar Mitchristen versteht, die Formulierung „geringste Brüder" aber sonst nicht verwendet, so liegt es nahe, darin eine redaktionelle Veränderung zu sehen. Eine universalistische Deutung der „Geringsten" würde der Praxis Jesu entsprechen, sich mit allen Notleidenden und Marginalisierten unabhängig von deren Glaubensüberzeugung zu solidarisieren, so dass „Brüder" vermutlich die redaktionelle Ergänzung darstellt, durch die besonders auf die Gruppe der asketisch und arm lebenden Wanderprediger abgehoben wurde. Aber selbst dann begründet nicht ihre Glaubensüberzeugung, sondern ihre Not die Hilfeverpflichtung. Vgl. zur Deutung Gnilka, 1988, S. 365 ff.; Luz, 1997, S. 515 ff.; Haslinger, 2009, S. 262 ff.

sie ist Gottes-dienst im besten Sinn des Wortes – und zwar selbst dann, wenn sich der Handelnde dessen gar nicht bewusst ist (vgl. Rahner, 1967, S. 679). Deshalb kann die Befreiungstheologie auch im Armen ein Sakrament Gottes erkennen (vgl. etwa Gutiérrez, 2009, S. 43 ff.).

Wenn Gott uns wirklich im Nächsten so „greifbar" nah ist, liegt in der Begegnung mit ihm an den Orten seiner Präsenz in der Welt auch eine mindestens ebenso gute Möglichkeit, seinem Wesen auf die Spur zu kommen, als in der theoretischen Frage, wer Gott sei:

> „Wo ist Gott? Er ist nicht bei den Kennern seiner Identität, er ist nicht in den Institutionen, die ihn repräsentieren – er ist genau da, wo ihn keiner erwartet: Wer nichts besitzt, beherbergt und bezeichnet Gott. (…) Die Lokalisierung Gottes im Ausgestoßenen, vor allem im Armen, sagt nichts aus über dessen Heiligkeit; er versinnbildlicht aber Gott als Prophezeiung gegen unsere in sich abgeschlossene und ungerechte Gesellschaft. Diese Lokalisierung kann als perspektivische Scharfeinstellung verstanden werden: Jede Handlung, die die Mauern der Ausschließung und Armut durchbricht, ist der Wirksamkeit des Heiligen Geistes zuzuschreiben." (Duquoc 1992, S. 287)

4 Zur Bedeutung dieser Gotteserfahrungen für das Handeln von SozialarbeiterInnen

Wenn nun Gott in den Notleidenden, Armen, Ausgegrenzten, den Randständigen unserer Gesellschaft selbst erfahrbar wird, bedeutet dies noch nicht, dass er in den Reichen, Bessergestellten, denen, die auf der Sonnenseite des Lebens stehen, nicht präsent wäre. Grundsätzlich ist Gott in jedem Menschen erfahrbar. Aber im Hilfebedürftigen ist er in besonderer Weise erfahrbar. Man könnte auch sagen: Gott ist gerade mit jenen, mit denen sonst niemand ist. Er ist mit denen, die auf die Solidarität mit anderen Menschen angewiesen sind und darauf oft vergeblich hoffen, unbedingt solidarisch. Damit ist freilich keine Jenseitsvertröstung gemeint in dem Sinne, dass im Jenseits ja alles besser würde und man im Zweifelsfall im Diesseits für diese Menschen gar nichts tun müsse. Damit ist auch keine Glorifizierung von Armut gemeint in dem Sinne, als sei die Armut von Gott gewollt. Vielmehr ist das entschiedene Eintreten Gottes als Anwalt der Würde und Integrität jedes einzelnen ausgegrenzten Menschen ein Imperativ an uns, sich entschieden für diese Menschen und für entsprechende gesellschaftliche Strukturen einzusetzen, die jedem Menschen ein eigenverantwortliches und gelingendes Leben ermöglichen. An der vorrangigen Option für die Armen, die an das Differenzprinzip von John Rawls anschlussfähig ist, muss alles Handeln in Gesellschaft, Wirtschaft und Politik gemessen werden.

Sozialarbeiterinnen und Sozialarbeiter, die in der Nachfolge Jesu stehen, wissen außerdem um ihre Verantwortung für die Gestaltung der Welt, die sich aus dem Schöpfungsauftrag ergibt; sie wissen sich in ihrem „heilsamen" Handeln in der Welt von Gott getragen und können daraus die nötige Motivation zum Handeln überhaupt und auch zu einem hohen Einsatz schöpfen. Sie werden sich vielleicht nicht mit einer bloßen Gerechtigkeitsforderung begnügen, sondern den Hilfebedürftigen persönliche Zuwendung, Liebe und Barmherzigkeit zuteil werden lassen. Sie werden vielleicht nicht nur „ihren Job" machen, sondern sich auch politisch zu Gunsten der Armen einsetzen. Und sie werden für solidarisches Handeln keine Gegenleistung erwarten. Kurz: Der christliche Glaube orientiert, motiviert und radikalisiert das Handeln des Einzelnen.

Andererseits werden Sozialarbeiterinnen und Sozialarbeiter, die um die Bedingtheit und die Grenzen dieser Welt und ihres eigenen Bemühens wissen, die also darum wissen, dass auf dieser Welt keine volle Gerechtigkeit herstellbar ist, weil das Reich Gottes mit Jesus zwar begonnen hat, aber noch nicht vollendet ist, vielleicht auch eine gewisse Gelassenheit ausbilden, d. h. sie können vor kurzatmiger Hektik ebenso bewahrt werden wie vor Enttäuschung und Resignation und werden trotz vieler Erfahrungen des Scheiterns weiter an der Seite der Notleidenden stehen.

5 Soziale Arbeit als Entstehungsort von Theologie

Jede Sozialarbeiterin und jeder Sozialarbeiter, der seine Erfahrung im Kontext des Glaubens reflektiert, setzt dadurch Theologie. Soziale Arbeit wird deshalb zu Recht als „theologiegenerativer Ort" bezeichnet (Krockauer, 1998). Gegenstand dieses theologischen Fragens sind dann weniger abstrakte Fragen beispielsweise nach dem Wesen Gottes: Gegenstand dieser Theologie ist vielmehr die Frage nach der Präsenz und Erfahrbarkeit Gottes in der Welt (beispielsweise in den Kategorien Gerechtigkeit und Ungerechtigkeit, Heil und Unheil etc.).

Diese Soziale Theologie, die aus der Kontrasterfahrung mit Inhumanitäten entspringt und Sinnangebote entfaltet, kann keine periphere, „minderwertige" Theologie (gegenüber abstrakten spekulativen Reflexionen) sein, sondern sie ist ein eigenständiger, gleichwertiger Ansatz, der das Leben und die Erfahrung der betroffenen Menschen (der SozialarbeiterInnen und der Hilfebedürftigen) in den Mittelpunkt stellt und eben gerade nicht die Praxis abstrakt gewonnenen Wahrheiten mehr oder minder zwangsweise anpasst. Eine solche in der caritativen Praxis Sozialer Arbeit „geerdete" Theologie malt keine Rettungsringe, sondern kann aus der Praxis heraus Handlungsmodelle für die Praxis zur Verfügung stellen. Sie fragt nicht primär nach den Schuldigen von Leid und Ungerechtigkeit, flüchtet sich nicht angesichts von Leid in theoretische Überlegungen und vergisst dann ganz die hilfebedürftige Kreatur, sondern diese Theologie drängt zur konkreten Abhilfe auf individueller und struktureller Ebene. Deshalb wird sie sich entsprechend der Differenziertheit der sozialen Arbeitsfelder kontextuell ausdifferenzieren.[6]

Eine solche Soziale Theologie kann auch die von der Realität der Armen, Notleidenden und Marginalisierten in der Regel weit entfernte universitäre Theolo-

---

[6] Einen ersten Überblick liefert das Handbuch von Krockauer/Bohlen/Lehner, 2006, S. 145 ff..

gie[7] dadurch bereichern, dass sie überhaupt eine Sensibilität für Fragen und Probleme der Menschen heute schafft, diese ins Zentrum der wissenschaftlichen Beschäftigung rückt, ohne sich damit gegenüber profanen Modellen einer menschengerechten Welt zu verschließen (vgl. Fuchs, 1990, S. 20), dass sie auf dieser Basis neue, dem Leben der heutigen Menschen entstammende Bilder, Begriffe und Symbole für Gott findet und krank machende oder gesellschaftliche Ungerechtigkeiten zementierende Gottesbilder entlarvt (vgl. Klein, 1996, S. 66 ff.). Aufgrund ihres Selbststandes zwischen theoretisch-spekulativer Theologie und Praxis kann sie ein kritisches Potential nach beiden Seiten hin entfalten: Sowohl hinsichtlich der Praxis Sozialer Arbeit als auch hinsichtlich einer rein theoretischen Theologie.

6 Zur Bedeutung Sozialer Theologie für die Sozialarbeitswissenschaft

Eine solche induktiv arbeitende „praktische" Theologie wird sich auch den Humanwissenschaften als gleichberechtigte Gesprächspartnerin anbieten können und nicht mit dem Anspruch lehramtlicher Besserwisserei auftreten. Als eine eigenständige Bezugswissenschaft der Sozialen Arbeit kann sie über die inhaltliche „Zuarbeit" hinaus die Bemühungen dieser Disziplin um ihren Wissenschaftscharakter durch eigene Erfahrungen vielleicht befruchten und auch ein Stück weit entdramatisieren. Obwohl Theologie zu den ältesten Universitätsdisziplinen gehört, sieht sie sich doch immer wieder herausgefordert, ihren Wissenschaftscharakter unter Beweis stellen zu müssen. Als wissenschaftliche Disziplin ist Theologie in unterschiedliche Fächer ausdifferenziert, die nach ihren je eigenen historischen, philologischen, sozialwissenschaftlichen, philosophischen oder juristischen Methoden arbeiten, mitunter ein mehr oder minder starkes Eigenleben führen, bisweilen auch die Fragestellung ihrer Teildisziplin höchst eigenständig definieren, so dass der einende Kern, den man vielleicht mit der Frage nach Gott und seiner Bedeutung für das Leben der Menschen umschreiben könnte, letztlich mitunter unscharf bleibt. Kann man der Theologie trotzdem im Wissenschaftsgefüge der Universität mit gutem Grund eine integrative Kraft als *universitas in universitate* zubilligen (vgl. Wiedenhofer, 1999; Arens, 2009b, S. 85 f.), so kann sie eine ähnliche Bedeutung auch in der Sozialarbeitswissenschaft erlangen, zumal die dort tätigen TheologInnen ohnehin den Kraftakt vollbringen müssen, die Gräben der ausdifferenzierten Teildisziplinen der Theologie zu ausgewählten, von der Sozialarbeitswissenschaft her bestimmten Fragestellungen zu überwinden, um eine kontextualisierte Soziale Theologie zwischen universitärer Theologie und Sozialer Arbeit zu entwickeln. Diese Soziale Theologie könnte dann auch eine Vermittlerrolle zwischen religiöser Gemeinschaft,

---

[7] Ottmar Fuchs weist wiederholt darauf hin, dass selbst die Praktische Theologie als Teilbereich der universitären Theologie in der sozialen Praxis zu wenig „geerdet" sei und deshalb „praktisch-theologisch" von den in der Sozialen Arbeit Tätigen lernen müsse; deshalb solle die universitäre Praktische Theologie in ihrem ureigenen Interesse neben der persönlichen Begegnung mit Betroffenen die Entstehung und Entfaltung einer originären diakonischen Theologie fördern (vgl. Fuchs, 1990). Ein privilegierter Ort für die Entfaltung einer solchen diakonischen Theologie sind Hochschulen für Soziale Arbeit (vgl. auch Lechner, 2000, S. 232 ff.).

Zivilgesellschaft und Staat wahrnehmen. Theologie sollte allein schon deshalb ihren selbstverständlichen Platz im Studium der Sozialen Arbeit haben – und das nicht nur an kirchlichen Hochschulen (vgl. Lechner, 2000).[8]

Gleichwohl kann sich eine Theologie, die Wissenschaftstheorie immer wieder zum Gegenstand macht und nach innen reflektiert, auch als unbequemer Partner der anderen Bezugswissenschaften erweisen und auch dort Selbstverständigungsprozesse in Gang setzen. Sie zeigt mit ihrem transzendentalen Horizont die Grenzen alles Irdischen und damit auch des wissenschaftlichen Wissens auf, verhindert Verengungen, Verabsolutierungen und Verblendungen jedweder Art und macht den Blick frei für den Menschen in seiner Ganzheitlichkeit (vgl. Arens 2009b, S. 86 f.; Bohlen, 2006, S. 26 ff.). Dies kann dem gemeinsamen Ziel der wissenschaftlichen Profilierung der Sozialen Arbeit langfristig nur zuträglich sein kann.

7 Zur binnenkirchlichen Bedeutung Sozialer Theologie

Aufgrund ihrer Zwischenstellung zwischen dem diakonischen Handeln der Kirche einerseits und der sozialstaatlich verfassten Gesellschaft andererseits sind die kirchlichen Wohlfahrtsverbände Herausforderungen von beiden Seiten ausgesetzt: Auf der einen Seite wird der Anspruch einer spezifisch christlichen bzw. kirchlichen Gestalt der Caritas erhoben, auf der anderen Seite sieht sich Caritas aber in Konkurrenz zu gewinnorientierten Sozialdienstleistern der marktgesetzlichen Dominanz einer säkularisierten Gesellschaft gegenüber. Jede Auflösung dieser Spannung zu Gunsten der einen Seite würde der Caritas ihren spezifischen Charakter rauben und ihre Vermittlerfunktion zu Lasten der jeweils anderen Seite auflösen (vgl. Gabriel, 2007, S. 152; S. 130 ff.; S. 38 ff.; Krockauer, 2004, S. 169 ff.). Diese fragile Zwischenstellung immer wieder neu zu vermessen und nach beiden Seiten hin zu vermitteln, ist eine wichtige Aufgabe Sozialer Theologie (vgl. Krockauer, 2005, S. 143).

Dabei ist gegenüber dem binnenkirchlichen Bereich zu betonen, dass die Aufgabe der Diakonie als Soziale Arbeit im Kontext der Kirche[9] eben keine periphere Angelegenheit darstellt, die die Kirche grundsätzlich auch anderen Institutionen überlassen könnte, die sie aber in einer säkularen Gesellschaft als „Lockmittel" benötigt, „mit dem man einzelne aus der Alltagswelt, in der sie bislang ganz aufgingen, in die Welt von Glaube, Gottesdienst, Gebet und so weiter ‚locken' kann" (Hilpert, 1997, S. 19). Diakonie gilt nach dieser immer noch sehr weit verbreiteten Vorstellung als bloße Vorstufe auf dem Weg zum „Eigentlichen", sc. der Verkündi-

---

[8] Zu Anschlussfähigkeit und Schnittstellen zwischen Theologie und den verschiedenen Ansätzen der Sozialarbeitswissenschaft vgl. Lechner, 2000, S. 153 ff..

[9] „Diakonie" ist zunächst kein konfessionell gebundener Begriff, mit dem der Wohlfahrtsverband der Evangelischen Kirche im Gegensatz zur katholischen „Caritas" („Deutscher Caritasverband") bezeichnet würde; vielmehr bezeichnet διακονία im Neuen Testament den freiwilligen Dienst am bedürftigen Nächsten in der Nachfolge Jesu und umfasst deshalb (synonym zu *caritas*) konfessionsübergreifend „*das christliche Hilfehandeln zugunsten notleidender Menschen*" (Haslinger, 2009, S. 19). Vgl. ausführlich zu den terminologischen Fragen Haslinger, 2009, S. 15 ff.

gung des Wortes Gottes und – gleichsam als Höhepunkt – der Feier der Liturgie. „Die diakonische Praxis wird daran gemessen, ob von den betroffenen Menschen das sogenannte ‚eigentliche' Ziel, die Liturgie, als gleichsam höchste Form des kirchlichen Lebens erreicht wird. Ist dies nicht der Fall, gilt die ‚Startinvestition' Diakonie als wert- oder erfolglose Initiative und diejenigen Personen, die zwar für die diakonische Zuwendung empfänglich sind, die weiteren Stufen der Verkündigung und der Liturgie aber nicht vollziehen können oder nicht vollziehen wollen, werden mit der Klassifizierung ‚desinteressiert' oder ‚kirchenfern' versehen und so wieder aus dem Relevanzbereich kirchlicher Praxis ausgesondert" (Haslinger 2009, S. 167). So verstandene Diakonie würde letztlich den Notleidenden nicht als Person ernst nehmen, sondern für kircheninterne Zwecke instrumentalisieren und ihn damit seiner Würde berauben, widerspräche also in fundamentaler Weise theologischen Grundpositionen.

Demgegenüber kann Soziale Theologie das diakonische Profil der Kirche schärfen und aus der Erfahrung kirchlicher Sozialarbeit letzte Zweifel daran zerstreuen, dass Diakonie, Verkündigung und Liturgie nicht hierarchisch geordnete, sondern gleichberechtigt und untrennbar verbundene Grundvollzüge[10] der Kirche darstellen. Diakonie wird deshalb in der Enzyklika *Deus Caritas est* Papst Benedikts XVI. (2005) als „unverzichtbarer Wesensausdruck" der Kirche bezeichnet (25a), der

> „nicht Mittel für das sein [dürfe], was man heute als Proselytismus bezeichnet. Die Liebe ist umsonst; sie wird nicht getan, um damit andere Ziele zu erreichen. (…) Wer im Namen der Kirche karitativ wirkt, wird niemals dem anderen den Glauben der Kirche aufzudrängen versuchen. Er weiß, dass die Liebe in ihrer Reinheit und Absichtslosigkeit das beste Zeugnis für den Gott ist, dem wir glauben und der uns zur Liebe treibt. Der Christ weiß, wann es Zeit ist, von Gott zu reden, und wann es recht ist, von ihm zu schweigen und nur einfach die Liebe reden zu lassen. Er weiß, dass Gott Liebe ist (vgl. *1 Joh* 4,8) und gerade dann gegenwärtig wird, wenn nichts als Liebe getan wird." (31c)

Soziale Arbeit ist also der Ort, an dem Gottes Gegenwart in der Welt am besten sichtbar und spürbar wird. Und hier kann Kirche über die individuelle Nothilfe hinaus auch eine gesellschaftsverändernde und -verbessernde Funktion erfüllen. Theologisch gesprochen, kann sie dazu beitragen, dass das Reich Gottes ein Stück weit näher rückt. Würde die Kirche „ihre" Soziale Arbeit eher als periphere Dienstleistung (ggf. mit dem Ziel der Missionierung) betrachten, würde Diakonie letztlich zur „Restmüllentsorgung" anderer gesellschaftlicher Teilsysteme degradiert, die über die Nothilfe für „Personenbelastungen und Schicksale…, die in anderen Funktionssystemen erzeugt, aber nicht behandelt werden" (Luhmann, 1977, S. 58) zwar den betroffenen Menschen unmittelbar helfen könnte, ohne freilich auf die

---

[10] Zu Herkunft, Verwendung, Begründung und Plausibilität des Terminus „Grundvollzug" für die Diakonie vgl. die sehr grundlegenden Ausführungen von Haslinger, 2009, S. 166 ff.

ursächlichen systemischen Defizite korrektiv einwirken zu können. Vielmehr müsste sich Diakonie, damit sie von den anderen gesellschaftlichen Teilsystemen auch akzeptiert wird, zunehmend deren Erwartungshaltung und jeweiligen Eigengesetzlichkeiten anpassen, würde damit noch mehr eigenes (d. h. christliches) Profil verlieren, dadurch das eigene Teilsystem Religion kompromittieren und letztlich paradoxerweise gerade dazu beitragen, dass das gesellschaftliche System mit all seinen Fehlern sogar noch weiter stabilisiert würde (vgl. auch Haslinger, 2009, S. 117 ff.; S. 201). In jedem Fall droht dieses Ansinnen Caritas einem höchst kontraproduktiven Zerreißprozess auszusetzen. Die systemverändernde Kraft der biblischen Botschaft,[11] die das Individuum nicht zu einem Rädchen im gesellschaftlichen Getriebe degradiert – dies entspräche, zugespitzt formuliert, der Auffassung der Systemtheorie –, sondern davon ausgeht, dass der Mensch in Freiheit geschaffen ist und verantwortlich seine Um- und Mitwelt und damit auch gesellschaftliche Strukturen gestalten kann, ginge damit ebenso verloren wie das ohnehin zu wenig genutzte politische Potential der Berufserfahrung von SozialarbeiterInnen. Die Erhaltung des intermediären Charakters der kirchlichen Wohlfahrtsverbände liegt deshalb im ureigenen Interesse der Kirchen selbst. Für die kirchlichen Wohlfahrtsverbände stellt sie eine klare Chance dar, sich auch inhaltlich zu profilieren gegenüber dem profitorientierten Sozialmarkt. Dass dabei die organisierte Caritas innerhalb der Kirche als relativ eigenständig erscheint, muss nicht unbedingt negativ bewertet werden. Vielleicht ist dies ja lediglich das Ergebnis einer Ausdifferenzierung innerhalb des Christentums im Sinne einer „Kirche am Ort der institutionalisierten Diakonie", die dann „zum sichtbaren Zeichen der Liebe Gottes in den Strukturen einer modernen ausdifferenzierten Gesellschaft" würde (Krockauer, 2005, S. 149).

8 Zur gesellschaftlichen Bedeutung Sozialer Theologie

Die Erhaltung der kirchlichen Wohlfahrtsverbände als (nicht mit der einen oder anderen Seite vollständig verschmolzene) Verbindungsglieder zwischen Kirche und Gesellschaft liegt auch im Interesse der Gesellschaft selbst, können diese dadurch Sinnbilder und Orientierungsgrößen der kirchlichen Tradition für die Gesellschaft fruchtbar machen, die angesichts der Säkularisierungstendenzen sonst verloren gingen. Soziale Theologie kann universalisierbare und rational aufweisbare Forderungen, wie ein Leben in Würde, die Verpflichtung zu Solidarität sowie gerechte gesellschaftliche und globale Strukturen in einem partikularen Ethos interreligiös offen reflektieren und vertiefen.

Das Ziel christlicher Theologie ist dabei jedoch stets das Wohl der gesamten Gesellschaft und nicht nur das Wohl der partikularen christlichen Gemeinschaft.

---

[11] Nach Luhmann (1977) hat Religion in der funktional ausdifferenzierten Gesellschaft die Funktion der Kontingenzbewältigung, d. h. das Subsystem Religion verleiht dem jeweils aktuellen, durch Komplexitätsreduktion entstandenen System der Gesellschaft Sinn und stabilisiert es damit, ohne es freilich verändern zu können.

Caritative Tätigkeit der Kirche richtet sich deshalb immer auch an alle Menschen (nicht nur an Christen); sie ist „ökumenisch" im ureigenen Sinn des Wortes. Im Kontext einer pluralen Gesellschaft muss Soziale Theologie die Partikularität des christlichen Glaubens mit bedenken. Dann wird sie andere Religionen und Weltanschauungen nicht negieren oder bekämpfen, sondern gemeinsam mit ihnen am Aufbau einer menschenwürdigeren und gerechteren Welt arbeiten. Eine solche für den interreligiösen und interkonfessionellen Dialog selbstverständlich offene Theologie dient dem Selbstverständnis der Sozialarbeiterinnen und Sozialarbeiter ebenso wie der Profession in kirchlicher Trägerschaft und ermöglicht den künftigen Angestellten kirchlicher caritativer Einrichtungen eine Orientierung im Hinblick auf ihre zukünftigen Arbeitgeber. Für Nichtchristinnen und Nichtchristen kann darin auch eine Chance bestehen, ihr eigenes partikulares Gottesverhältnis zu aktivieren und zu schärfen; zumindest aber kann ein Verständnis für eine theologische Argumentation entwickelt werden, das nach Jürgen Habermas auch in einer (post-) säkularen Gesellschaft nicht verloren gehen sollte (vgl. Habermas 2001).[12] Somit kann Soziale Theologie auch einen Beitrag zur interkulturellen Verständigung in einer offenen Gesellschaft leisten.

9   Zur Relevanz der Theologie für die ethischen Fragen Sozialer Arbeit

Will man abschließend die Bedeutung des theologischen Sinnhorizonts für ethische Fragen Sozialer Arbeit auf den Punkt bringen, lässt sich diese wie folgt umschreiben:[13]

- Diakonische Theologie integriert soziales Handeln in den Kontext des christlichen Glaubens. Sie begründet die Notwendigkeit sozialer Arbeit nicht neu, sie ersetzt auch nicht die Handlungswissenschaften oder die anderen Bezugswissenschaften, sie ersetzt auch ethische Reflexion nicht, sie entschlüsselt aber eine tiefere Sinndimension

- Die christliche Botschaft von der Erschaffung der Menschen durch Gott, von der unbedingten Solidarität Gottes mit den Menschen und von der Hoffnung auf Erlösung begründet ein Menschenbild, das in einem Selbstver-

---

[12] Explizit wendet sich Habermas, der sich selbst gerne als „religiös unmusikalisch" bezeichnet, gegen einen „unfairen Ausschluss der Religion aus der Öffentlichkeit", mithin also gegen eine Verdrängung des Religiösen in die Privatsphäre, und fordert, dass „sich auch die säkulare Seite einen Sinn für die Artikulationskraft religiöser Sprachen bewahrt" (Habermas, 2001, S. 22; vgl. darüber hinaus Habermas 2008; Habermas, 2009, bes. S. 114 ff; 135 ff.). Die weltanschauliche Neutralität des Staates sei letztlich „unvereinbar mit der politischen Verallgemeinerung einer säkularistischen Weltsicht. Säkularisierte Bürger dürfen, soweit sie in ihrer Rolle als Staatsbürger auftreten, weder religiösen Weltbildern grundsätzlich ein Wahrheitspotential absprechen, noch den gläubigen Mitbürgern das Recht bestreiten, in religiöser Sprache Beiträge zu öffentlichen Diskussionen zu machen. Eine liberale politische Kultur kann sogar von den säkularisierten Bürgern erwarten, dass sie sich an Anstrengungen beteiligen, relevante Beiträge aus der religiösen in eine öffentliche Sprache zu übersetzen." (Habermas, 2009, S. 118) Vgl. dazu auch Arens, 2009a.

[13] Vgl. zur Bedeutung der Theologie für die Ethik grundlegend Auer 1995a; Auer 1995b.

ständigungsprozess der SozialarbeiterInnen zum orientierenden Leitbild Sozialer Arbeit werden kann. Theologische Reflexion dient somit der Selbstverständigung der Profession.

- Die Einordnung Sozialer Arbeit in die Botschaft vom Reich Gottes erzeugt ferner eine dynamische, gesellschaftsverändernde Kraft. Sie drängt dazu, die Vision einer gerechten Gesellschaft, in der jeder Mensch ein gutes und gelingendes Leben in Würde führen kann, auch in die Realität umzusetzen. Die christliche Botschaft entfaltet hier eine politische Wirkung für die gesamte Gesellschaft.

- Diese Visionen und Modelle einer gerechten Gesellschaft entfalten schließlich auch ein kritisches Potential. Sie erzeugen eine Sensibilität für Ungerechtigkeit, entlarven Inhumanitäten und drängen dazu, diese im Hier und Jetzt zu korrigieren. Dieses kritische Potential zeigt sich sowohl gegenüber der Gesellschaft als auch gegenüber der eigenen Profession. Eine von einem umfassenden Menschenbild geprägte Soziale Arbeit wird beispielsweise gegenüber marktwirtschaftlichen Trends, die Einrichtungen der Sozialen Arbeit zu möglichst profitablen Dienstleistungsunternehmen und die hilfebedürftigen Personen zu Kunden und damit letztlich Objekten im Supermarkt der Sozialdienstleistungen reduzieren, ein Korrektiv bilden müssen. Nach einem christlichen Menschenbild ist nämlich jeder Mensch aufgrund seiner unveräußerlichen Würde als Subjekt zu behandeln, der ein Recht auf ein eigenverantwortliches Leben und eine Beteiligung an gesellschaftlichen Strukturen hat, die dieses eigenverantwortliche Leben ermöglichen; er ist nicht Kunde, sondern Schwester oder Bruder und hat einen Anspruch auf einen entsprechend geschwisterlichen (und nicht anonymen) Umgang. Das theologisch fundierte Profil Sozialer Arbeit kann somit zu einem Qualitätsmerkmal kirchlicher Einrichtungen werden, die sich damit gegen die Konkurrenz behaupten, absetzen und diese vielleicht sogar positiv beeinflussen können (vgl. auch Haslinger, 2004, S. 159 ff.). M. a. W.: Kirchliche Sozialarbeit würde selbst modellhaften Charakter annehmen.

Zusammenfassung

Sozialarbeiterinnen und Sozialarbeiter, die in einer Beziehung zu Gott stehen, begegnen ihm täglich in ihrem Beruf. Sie auf diese Dimension aufmerksam zu machen und in der Reflexion und Entfaltung dieser Gottesbeziehung zu begleiten, kann eine Aufgabe eines Theologen/einer Theologin im Studium sein. Die Erweiterung der Reflexion beruflicher Erfahrungen mit hilfebedürftigen Menschen und ungerechten gesellschaftlichen Strukturen um die transzendente Dimension liefert keine eigenständige Begründung für Soziale Arbeit und ersetzt sozial- und humanwissenschaftliche Erkenntnisse keineswegs, erweitert diese aber um die Sinndimension des Verhältnisses von Mensch, Welt und Gott. Im Konzert der Bezugswissenschaften schließt damit Theologie eine Lücke: Sie kann eine integrierende Wirkung entfalten und den Blick schärfen für das gemeinsame Ziel, sc. ein

würdiges Leben des Menschen in gerechten gesellschaftlichen Strukturen. Sinnbilder der christlichen Tradition können SozialarbeiterInnen für Ungerechtigkeiten
zusätzlich sensibilisieren, zu prosozialem Handeln motivieren und das Handeln im
Wissen um den Beistand Gottes auch radikalisieren. Für die Soziale Arbeit als
Profession besteht die Bedeutung der Theologie darin, dass sie aus der Botschaft
vom befreienden Handeln Gottes Profil gewinnen kann. Sie wird gegen menschen-
unwürdige Zustände und Strukturen in der Gesellschaft unbedingte (statt auf
Gegenseitigkeit beruhende) Solidarität, eine vorrangige Option für die Armen (auch
als Gratmesser für die Gerechtigkeit einer Gesellschaft) und eine personale Zuwendung zu den hilfebedürftigen Mitmenschen einfordern und politisch für eine je
menschengerechtere Gesellschaft und Weltordnung als anfanghafte Verwirklichung
des Reiches Gottes eintreten. Einrichtungen, die auf diesem Wertefundament
aufbauen und es in der Praxis umsetzen, können sich dadurch qualitativ gegen
profitorientierte Sozialdienstleister behaupten und profilieren und vielleicht auch
auf diese positiv einwirken. Über die Grenzen ihrer Profession hinaus vermag eine
theologisch profilierte Sozialarbeit einen Beitrag zur inneren Reform der Gesellschaft leisten und am Aufbau einer (diakonischen) Kirche „von unten" mitwirken.

Literatur

Arens, Edmund, 2009a: Was die moderne Gesellschaft von den Religionen erwartet. Der
    Ansatz von Jürgen Habermas, in: *Orientierung und Innovation. Beiträge der Kirche für Staat und
    Gesellschaft*, hg. v. B. Nacke, Freiburg u. a., S.149-165.
Arens, Edmund, 2009b: Universitäre Bildung und wissenschaftliche Theologie. Eine
    Bestandsaufnahme mit Ausblick, in: *Kirche, Theologie und Bildung*, hg. v. M. Durst u. H. J.
    Münk, Fribourg, S. 61-101.
Auer, Alfons, 1995a: *Autonome Moral und christlicher Glaube*, 2. Aufl. Düsseldorf.
Auer, Alfons, 1995b: *Zur Theologie der Ethik. Das Weltethos im theologischen Diskurs*, Fribourg
    u. a.
Beckmann, Dorothee / Greis, Andreas, 2000: Vernunft – Natur – Erfahrung. Das Struk-
    turfeld sittlicher Entscheidungsfindung, in: *Theologische Ethik: Ein Werkbuch*, hg. v. G. W.
    Hunold u. a., Tübingen-Basel, S. 149-169.
Benedikt XVI., 2005: Enzyklika *Deus Caritas est*, Bonn.
Bleyer, Bernhard, 2009: *Subjektwerdung des Armen. Zu einem theologisch-ethischen Argument im
    Zentrum lateinamerikanischer Befreiungstheologie*, Regensburg.
Boff, Clodovis / Pixley, Jorge, 1987: *Die Option für die Armen*, Düsseldorf.
Bohlen, Stephanie, 2006: Theologie im Lernfeld der Sozialen Arbeit, in: *Theologie und Soziale
    Arbeit. Handbuch für Studium, Weiterbildung und Beruf*, hg. v. R. Krockauer u. a., München,
    S. 23-31.
Collet, Giancarlo, 1992: „Den Bedürftigsten solidarisch verpflichtet". Implikationen einer
    authentischen Rede von der Option für die Armen, in: *Jahrbuch für Christliche Sozialwissen-
    schaften 33*, S. 67-84.
DBK/EKD, 1997: *Für eine Zukunft in Solidarität und Gerechtigkeit. Wort des Rates der Evange-
    lischen Kirche in Deutschland und der Deutschen Bischofskonferenz zur wirtschaftlichen und sozialen
    Lage in Deutschland*, Bonn.
Duquoc, Christian, 1992: Von der Frage „Wer ist Gott" zur Frage „Wo ist Gott?", in:
    Concilium 28, S. 282-288.

Elm, Ralf, 1996: *Klugheit und Erfahrung bei Aristoteles*, Paderborn u. a.

Fraling, Bernhard, 1992: Gerechtigkeit: Option für die Armen, in: *Gerechtigkeit in Gesellschaft, Wirtschaft und Politik*, hg. v. E. Wilhelm, Fribourg-Freiburg, S. 31-56.

Fuchs, Ottmar, 1990: Wie kommt Caritas in die Theologie?, in: *Caritas* 91, S. 11-22.

Gabriel, Karl, 2007: *Caritas und Sozialstaat unter Veränderungsdruck. Analysen und Perspektiven*, Berlin.

Gnilka, Joachim, 1988: *Das Matthäusevangelium. Zweiter Teil: Kommentar zu Kapitel 14,1–28,20 und Einleitungsfragen*, Freiburg-Basel-Wien.

Gruber, Hans-Günter, 2009: *Ethisch denken und handeln. Grundzüge einer Ethik der Sozialen Arbeit*, 2. Aufl. Stuttgart.

Gutiérrez, Gustavo, 2009: *Nachfolge Jesu und Option für die Armen. Beiträge zur Theologie der Befreiung im Zeitalter der Globalisierung*, Fribourg-Stuttgart.

Habermas, Jürgen, 2001: *Glauben und Wissen. Friedenspreis des Deutschen Buchhandels 2001*, Frankfurt a. M.

Habermas, Jürgen, 2008: Ein Bewusstsein von dem was fehlt, in: *Ein Bewusstsein von dem was fehlt. Eine Diskussion mit Jürgen Habermas*, hg. v. M. Reder u. J. Schmidt, Frankfurt a. M., S. 26-36.

Habermas, Jürgen, 2009: *Zwischen Naturalismus und Religion. Philosophische Aufsätze*, Frankfurt a. M.

Heimbach-Steins, Marianne, 1993: Gottes Option für die Armen. Vorgabe einer evangeliumsgemäßen Ethik, in: *Theologie der Gegenwart* 26, S. 3-12.

Heimbach-Steins, Marianne, 2003: Menschenbild und Menschenrecht auf Bildung. Bausteine für eine Sozialethik der Bildung, in: *Bildung und Beteiligungsgerechtigkeit. Sozialethische Sondierungen*, hg. v. M. Heimbach-Steins u. G. Kruip, Bielefeld, S. 23-43.

Haslinger, Herbert, 2004: Was ist Caritaswissenschaft?, in: *Theologie und Glaube* 94, S. 145-164.

Haslinger, Herbert, 2009: *Diakonie. Grundlagen für die soziale Arbeit der Kirche*, Paderborn u. a.

Hilpert, Konrad, 1997: *Caritas und Sozialethik. Elemente einer theologischen Ethik des Helfens*, Paderborn u. a.

Hoburg, Ralf (Hg.), 2008: *Theologie der helfenden Berufe*, Stuttgart.

Kessler, Hans, 1997: Was ist Theologie? Was heißt Theologie treiben? Zehn Thesen für den Grundkurs Theologie, in: *„Den Armen eine frohe Botschaft". Festschrift für Bischof Franz Kamphaus zum 65. Geburtstag*, hg. v. J. Hainz, Frankfurt a. M., S. 383-406.

Klein, Stephanie, 1996: Erfahrung der Spuren Gottes als Perspektive der Praktischen Theologie, in: *Pastoraltheologische Informationen* 16, S. 53-70.

Krockauer, Rainer, 1998: Soziale Arbeit als theologiegenerativer Ort, in: *Pastoraltheologische Informationen* 18, S. 69-80.

Krockauer, Rainer, 2004: „Gegenlager Prophetie" – Die verbandliche Caritas zwischen institutioneller Dienstleistung und prophetischer Anwaltschaft, in: *Prophetie in einer etablierten Kirche. Aktuelle Reflexionen über ein Prinzip kirchlicher Identität*, hg. v. R. Bucher u. R. Krockauer, Münster, S. 168-183.

Krockauer, Rainer, 2005: Praktische Theologie am Ort der institutionalisierten Diakonie, in: *Praktische Theologie. Bestandsaufnahme und Zukunftsperspektiven. Ottmar Fuchs zum 60. Geburtstag*, hg. v. D. Nauer u. a., Stuttgart, S. 142-150.

Krockauer, Rainer / Bohlen, Stephanie / Lehner, Markus (Hg.), 2006: *Theologie und Soziale Arbeit. Handbuch für Studium, Weiterbildung und Beruf*, München.

Kruip, Gerhard, 1997: Die Rezeption der Theologie der Befreiung in der Christlichen Sozialethik in Deutschland, in: *Befreiungstheologie: kritischer Rückblick und Perspektiven für die Zukunft*, Bd. 3, hg. v. R. Fornet-Betancourt, Mainz, S. 41-66.

Lechner, Martin, 2000: *Theologie der Sozialen Arbeit. Begründung und Konzeption einer Theologie an Fachhochschulen für Soziale Arbeit*, Benediktbeuern.

Luhmann, Niklas, 1977: *Funktion der Religion*, Frankfurt a. M.

Luz, Ulrich, 1997: *Das Evangelium nach Matthäus. Bd. 3: Mt 18,1–25,46*, Zürich u. a.

Mieth, Dietmar, 1998: *Moral und Erfahrung II. Entfaltung einer theologisch-ethischen Hermeneutik*, Fribourg u. a.

Mieth, Dietmar, 1999: *Moral und Erfahrung I. Grundlagen einer theologisch-ethischen Hermeneutik*, 4. Aufl. Fribourg u. a.

Rahner, Karl, 1967: Praktische Theologie und kirchliche Sozialarbeit, in: ders., *Schriften zur Theologie*, Bd. 8, Einsiedeln, S. 667-688.

Wiedenhofer, Siegfried, 1999: Theologie als Wissenschaft. Eine theologische Reflexion, in: *Bindung an die Kirche oder Autonomie? Theologie im gesellschaftlichen Diskurs*, hg. v. A. Franz, Freiburg u. a., S. 90-124.

9 Philosophie

Grundlagen des Erkennens in der Sozialen Arbeit

Thomas Schumacher

1   Der philosophische Ansatz und die Anknüpfungspunkte für die Soziale Arbeit

1.1 Philosophische Lebenshilfe?

Man ist geneigt, Philosophie als eine Wissenschaft zu sehen, die ein offenes Interesse an allen Fragen hat, die menschliches Leben aufwirft. Gemeinhin gelten als ihre Stärke, ja als ihr Wesen logisches Denken und Reflexion. Als „Liebe zur Weisheit" scheint sie ihr Ziel dort zu erreichen, wo beliebige Inhalte in richtiger Weise bedacht werden. Das bedeutet auch, dass die Philosophie über die lange Zeit, in der sie nun schon als Wissenschaft besteht, umfänglich Perspektiven und Antworten produziert hat, die menschlichem Leben Orientierung geben wollen und können. Diesbezüglich gilt sie als ein Fundus von Konzepten und Deutungszugängen. Ein Anreiz, *heute* Philosophie zu betreiben, scheint entsprechend darin zu bestehen, solche Ansätze weiter kritisch zu erwägen und für Antworten auf aktuelle Lebensfragen nutzbar zu machen.[1]

Man möchte hier unmittelbar ansetzen und mutmaßen, dass auch und gerade Soziale Arbeit von solcher Haltung profitiert: Wenn Philosophie als eine Wissenschaft zu verstehen ist, die traditionell menschliche Lebenspraxis betrachtet und analysiert, sind Schnittmengen zum Anliegen Sozialer Arbeit zu erwarten, Menschen in schwierigen Lebenslagen zu unterstützen. Soziale Arbeit könnte über Philosophie ihre eigene Analyse schärfen und – was sonst? – sicherer argumentieren.

---

[1] Es ist nicht leicht, sich auf ein solches Philosophieverständnis zu beziehen, das immer Gefahr läuft, eine über Jahrtausende gepflegte Disziplin des Denkens an die Substanzlosigkeit moderner Befindlichkeitsdiskurse zu verlieren. Einen entsprechend „traurigen Zustand der Gegenwartsphilosophie" konstatiert Hösle (1997, S. 59). Die aktuell in Deutschland virulente sog. „Sloterdijk-Debatte", die 2009 durch Sloterdijks Diktum von der „Staats-Kleptokratie" ausgelöst wurde, scheint den Befund geradezu zu bestätigen. Auf der anderen Seite steht die Philosophie für eine Tradition systematischer Problemlösung im Wortsinne. An dieses Potential gilt es anzudocken.

Dennoch ist gerade diese einschlägige Qualität philosophischer Wissenschaft der schwächste aller Schnittpunkte zwischen Philosophie und Sozialer Arbeit. Dafür gibt es zwei Gründe. Der erste liegt in der Unterschiedlichkeit, mit der beide jeweils Praxis thematisieren. Das gilt auch und gerade in Hinblick auf ein wissenschaftliches Sozialarbeitsverständnis. Praxis, wie sie die Philosophie interessiert, ist immer eine theoriebestimmte Praxis, eine Praxis, in der sich Theorie bewähren kann. Zwar ist längst nicht mehr vom aristotelischen Verständnis auszugehen, das in der Theorie die beste Form der Praxis gesehen hat;[2] aber auch moderne Philosophie erfasst Lebenspraxis konzeptionell – mindestens hinsichtlich der Perspektive einer gestaltenden, „rationalen Entscheidungstheorie", in deren Kontext auch empirische Ansätze vermittelt werden können (vgl. Nida-Rümelin, 2010, S. 31 f.). Soziale Arbeit dagegen entfaltet ihr Praxisverständnis über Vorstellungen von Hilfebedarf. Darin wirken durchaus *Konzepte* von Hilfe; doch in ihrem Hilfeauftrag tritt Soziale Arbeit als berufliches Handeln Menschen nahe und in eine Form von Praxis ein, die sich – häufig explorativ – ganz lebensweltlicher Dynamik aussetzt. Das hier auf das Kriterium der Qualität sozialer Beziehungen abgestellte und weitgehend vom Hilfemotiv durchdrungene Lebensweltverständnis erlaubt schließlich die Einmischung in reale Lebenssituationen.[3]

Das Praxisverständnis der Philosophie, das die „reflektierte, begründete Wahl" fokussiert (vgl. Schmid, 1999, S. 315), und das Praxisverständnis der Sozialen Arbeit, das auf die Beseitigung individueller Notlagen abgestellt ist, zeigen gegenläufige Tendenzen. Der zweite Grund, warum sich Soziale Arbeit nicht ohne weiteres auf philosophische Analysen zur menschlichen Lebenspraxis zu stützen vermag, liegt im unterschiedlichen historischen Anspruch beider Wissenschaften. Philosophie denkt – so weit man ihren Ansatz auf diese Weise generalisieren kann – *vom Menschen her* und das so, dass sie sich der grundlegenden Wirkung ihrer Konzepte über die Jahrhunderte seit Anbeginn abendländischer Wissenschaft bewusst ist. Sozialarbeitsdenken geht, beinahe im Gegensatz dazu, von Kontingenzbefunden in der gesellschaftlichen Wirklichkeit aus, d. h. es geht Veränderungsprozessen in der Entwicklung des Menschen nicht voran, sondern folgt ihnen.[4] Die mit gerade einmal 100 Jahren noch sehr junge Geschichte sozialarbeiterischer Wissenschaft ist gegenüber dem 2500-jährigen wissenschaftlichen Fragen der Philosophie als Indiz auch dafür zu werten, dass das spezifische Interesse am Menschen in der Sozialen

---

[2] Vgl. dazu Aristoteles, *Protreptikos*, B 38-57.

[3] Wenn Nida-Rümelin (2010, S. 16) eine Bedeutungsverschiebung des Lebensweltbegriffs in den Sozialwissenschaften beklagt und kritisch anmerkt, dass dieser dort eine Verwendung finde, „die mit der von Husserl intendierten nur noch entfernt verwandt ist", berührt er mit seiner Kritik im Grunde in dieser Weise differierende Praxisbilder.

[4] Das gegenüber dem Sozialarbeitsdenken *andere* Herangehen der Philosophie findet entsprechenden Ausdruck bei Marten (1977, S. 21): „Die wahrheitsfähige exoterische Öffentlichkeit als Verantwortungsbereich des Philosophen ist nicht die Welt der Tatsachen als die Welt der jeweiligen wirklichen Vorfälle. Das Falsche und das Wahre des ganzen Seins, wie es der Philosoph kennt, besteht nicht als die Fülle einzelner Vorfälle, sondern als grundsätzliche Unterscheidung von Schein und Wahrheit."

Arbeit, gemessen am Menschenverständnis in der Philosophie, anderen historischen Bezügen folgt.

Für die Philosophie kann dieses als *grundlegendes* Interesse gefasst werden. Der Mensch in seiner Qualität als Mensch steht zur Betrachtung (vgl. Marten, 1988); die Tendenz darin zum Allgemeinen ist vor dem Hintergrund zu sehen, dass sich Philosophie von alters her für das Seiende *als Seiendes* interessiert.[5] Der Mensch ist das Ziel, aber nicht der einzige Gegenstand philosophischer Theorie. Als Gegenstand aber tritt er an sich selber hervor. Anderes und *den Anderen* braucht er zur Selbstvergewisserung,[6] aber nicht, um sich dort jeweils zu verwirklichen. Nicht dass soziale Beziehungen damit undenkbar wären – sie sind, um den Menschen als Menschen zu begreifen, schlichtweg nicht relevant. Zum einen hat das damit zu tun, dass sich, philosophischer Diktion gemäß, der „menschliche Mensch" (Marten, 1988) im Spiegel des Anderen selbst inszeniert (ebd., S. 14), doch das keineswegs in solipsistischer Manier, sondern zur Offenlegung „eigenheitlichen Seins" (ebd., S. 19). Zum andern bleibt dem Menschen, der sich darauf geworfen sieht, die ihm gegebenen menschlichen Qualitäten zu entfalten, die „stumme, unaufhebbare Distanz zum Anderen" (vgl. Schmid, 1999, S. 19). Das ist nicht irgendein Aspekt in der philosophischen Deutung, sondern wiederum grundlegend für den philosophischen Deutungsanspruch selbst. Bevor in der Philosophie menschliche Beziehungen und soziales Gefüge greifbar und begreifbar werden, muss sich die Lage des Menschen in der Welt klären.[7]

1.2 Perspektiven der Ethik

Den Rahmen und das Feld dafür stecken bis heute jene zwei Stoßrichtungen ab, die im 19. Jahrhundert in der Nachfolge Hegelschen Denkens jeweils mächtige Impulse gesetzt haben. Das eine ist der Ansatz des Marxismus, die Spannung divergierender individueller und sozialer Belange in neuer materialistischer Manier in „menschliche Gesellschaft" resp. in „gesellschaftliche Menschheit" bzw. „vergesellschaftete Menschheit" hinein aufzuheben.[8] Das andere ist Nietzsches Vision der Überhö-

---

[5] Vgl. diesen Grundsatz der Ontologie bei Aristoteles, *Metaphysik*, 4. Buch, 1003 a 21 ff.: „Es gibt eine Wissenschaft, die das Seiende, insofern es seiend ist (τὸ ὄν ᾗ ὄν), betrachtet."

[6] Für diesen Akt der Selbstvergewisserung vgl. Marten (1988) und dort die Art, wie der Mensch als Mensch „im Spiegel des Anderen" (S. 7) und weiter „im Spiegel der ‚Menschlichkeit'" (S. 44), „im Spiegel reiner Vernunft" (S. 84), „im Spiegel dienlicher Vernunft" (S. 134) und schließlich „im Spiegel des gegenwärtigen Zeitalters" (S. 166) zu sich selbst kommt.

[7] Diese Reihung sowie auch eine Ahnung davon, dass der philosophische Blick das soziale Gefüge menschlichen Zusammenlebens nicht ignorieren sollte, vermittelt Lenk, wenn er den Menschen als „soziales Wesen der Gegenseitigkeiten und Rechte" fokussiert (2010, S. 367 ff.). Eine „Erweiterung des Blickfelds" hält er dabei „angesichts der heutigen Weltkultur" für notwendig (ebd., S. 386).

[8] Vgl. Marx in seiner *zehnten These über Feuerbach* (1845): „Der Standpunkt des alten Materialismus ist die bürgerliche Gesellschaft; der Standpunkt des neuen die menschliche Gesellschaft, oder die gesellschaftliche Menschheit." Siehe *Marx-Engels Werke*, Bd. 3, Berlin, 1978, S. 7. Die Wendung „vergesellschaftete Menschheit" findet sich in der 1888 von Engels herausgegebenen Fassung der Thesen (siehe ebd., S. 535).

hung des Einzelnen, der als *Übermensch* den Menschen mit seinen Fehlern und Schwächen hinter sich lässt.[9] Beide Stoßrichtungen markieren Extreme. Aber es ist deutlich, dass sich philosophisches Denken erklären muss, wenn es den Menschen denkt, aber die gesellschaftliche Perspektive ausblendet. Das zeigt sich beispielsweise bei Schmid, der seinem Entwurf zur *Lebenskunst* die Bemerkung vorausschickt: „Wenn in dieser Philosophie der Lebenskunst sehr viel vom Individuum die Rede ist, so heisst dies nicht, dass die Dimension der Gesellschaft für nichtig erachtet wird." (Schmid, 1999, S. 11) Das Spannungsfeld, um ein weiteres Beispiel zu nennen, ist ebenso bei Hastedt markiert, wenn er gegen gesellschaftlichen Holismus argumentiert und zu einer „Verteidigung des Individualismus" antritt (vgl. Hastedt, 1998, S. 21 f.). Schließlich verweist auch Sloterdijk mit dem Imperativ *Du mußt dein Leben ändern* auf den Menschen als „Artisten", der sich widrigen und ihn „behindernden" Umständen zum Trotz behauptet.[10]

Philosophie tendiert also, vorsichtig formuliert, zur Stärkung des Einzelnen *gegen* die Anderen. Des Weiteren befasst sie sich eher nicht mit sozialen Beziehungen.[11] Diese jedoch spielen wiederum in der Sozialen Arbeit eine große Rolle; und auch wenn sich dort berufliche Akteure in der Hilfesituation jeweils als Beistand für Klienten verstehen, ist Ziel ihres Handelns doch deren Inklusion in soziale Zusammenhänge.[12] Schnittpunkte zur Philosophie sind erkennbar. Denn auch die Soziale Arbeit wirkt im Spannungsfeld von Individualität und Sozialität; und auch sie muss Perspektiven und Grenzen menschlicher Vereinzelung als solcher einschätzen können. Nicht zuletzt braucht sie, um soziale Lebenslagen beurteilen und Gefährdungen einschätzen zu können, ein schlüssiges Verständnis gesellschaftlichen Zusammenlebens.

Auch wenn bisher Berührungspunkte zwar erkennbar sind, die wissenschaftlichen Orientierungen aber in unterschiedliche Richtungen weisen, ist doch klar, dass Soziale Arbeit von der Philosophie dort, wo sie ihr nahe kommt, lernen kann. Deren Anspruch, Zusammenhänge möglichst grundsätzlich zu erhellen, geht mit dem Anspruch in der Sozialen Arbeit zusammen, Belastungsfaktoren im Leben von Menschen aufzudecken und wünschenswerte Bedingungen für gelingendes soziales

---

[9] Vgl. Nietzsche, *Also sprach Zarathustra* (1887). Siehe dort bes. Zarathustras Vorrede, 3: „*Ich lehre euch den Übermenschen. Der Mensch ist etwas, das überwunden werden soll.*" Vgl. *Friedrich Nietzsche. Werke*, hg. v. K. Schlechta, Bd. 2, München ⁶1969, S. 279.

[10] Sloterdijk (2009) verbindet diesen Gedanken mit Hinweisen auf eine, wie er es bewusst nennt, „Krüppelanthropologie" (ebd., S. 69 ff.), anhand derer er zeigt, wie behinderte Menschen darauf angewiesen sind, „aus der Not der Anomalie eine artistische Tugend zu machen" (ebd., S. 78). Das „Krüppeltum" (ebd., S. 97) ist ihm dabei Symbol für die Deutung, dass „Menschen ausnahmslos auf verschiedene Weisen Krüppel sind" (ebd., S. 98).

[11] Vgl. die Ausrichtung am Individualinteresse auch in der sozialphilosophischen Perspektive von Forschner, der die Ausprägungen sozialer Ordnung in der Funktion der „Sicherung von Handlungsspielräumen persönlichen Beliebens" sieht (vgl. Forschner, 1989, S. 115).

[12] Vgl Näheres für das Zusammenspiel von Inklusions- und Exklusionsmotiven in der Sozialen Arbeit weiter oben S. 8 im Kapitel zur Sozialarbeitswissenschaft.

Leben zu formulieren. So muss Soziale Arbeit wissen, welche Lebensform dem Menschen adäquat ist und welche Varianten dazu denkbar sind.

Damit aber tritt die *Ethik* als offenkundigste Schnittstelle zur Philosophie zu Tage. Über ethische Entwürfe und Konzepte wird Philosophie als Bezugswissenschaft für die Soziale Arbeit am deutlichsten wahrgenommen. Das rührt daher, dass die Ethik als ein ursprüngliches Feld philosophischer Wissenschaft gelten kann, gesetzt und etabliert bereits im Zuge der Profilbildung philosophischer Theorie durch sokratisches und aristotelisches Denken.[13] Aber es hat auch mit der Bedeutung zu tun, die der Ethik innerhalb der Sozialen Arbeit zukommt. Wer sich mit Sozialer Arbeit befasst, kennt deren Bedarf, Handlungskompetenz auch ethisch zu legitimieren. Ausgereifte und erprobte philosophische Konzepte bieten da eine gute Argumentationsbasis.

Dennoch fügt sich nicht beides reibungslos aneinander. Dazu zwei kritische Anmerkungen: So ist auf der einen Seite zu beachten, dass auch die philosophische Ethik vielfältig ist. Eine Entscheidung für das eine oder andere Konzept müsste, wenn eine tragfähige Legitimationsbasis entstehen soll, seitens der Sozialen Arbeit wiederum begründet werden. Woher aber sollte Begründung kommen, wenn nicht aus der Sozialen Arbeit selbst? Auf der anderen Seite ist davon auszugehen, dass der ethische Bedarf Sozialer Arbeit auch nicht einfach durch ein Konzept zu decken ist. Dessen philosophische Herkunft stellt Soziale Arbeit vor dieselben Probleme, die oben bereits in Hinblick auf das gegenläufig tendierende Praxisverständnis beider Wissenschaften deutlich geworden sind. Zu lösen gesucht wird die Schwierigkeit in der Regel dadurch, dass Sozialer Arbeit ein ethischer Eklektizismus verordnet wird, der passende Bezüge je nach Perspektive und Handlungsziel setzt. Lässt sich dann aber noch von einem ethischen *Profil* des Sozialarbeitsberufs sprechen?

Mehr als philosophische Konzepte braucht sozialarbeiterische Ethik daher, will sie Beliebigkeit vermeiden und mit Argumenten überzeugen, eine Klarheit über Handlungszusammenhänge und -perspektiven. Anders ausgedrückt: Soziale Arbeit braucht für ihre Ethik keine philosophische, sondern eine fachliche Argumentationsbasis. Mit dieser versetzt sie sich zugleich in die Lage, ihr eigenes Ethikkonzept zu entwerfen und zu etablieren. Das freilich geschieht nicht ohne Abgleich mit philosophischen – und theologischen – Ethiküberlegungen; zugleich ermöglicht solche wissenschaftliche Ausrichtung Sozialer Arbeit genau jene Auswahl an passenden ethischen Bezügen. Das zeigt aber auch: Die mutmaßliche Schnittstelle Ethik ist zunächst einmal auch nicht mehr als ein Berührungspunkt.

---

[13] Hinzuweisen ist hier auf die Einschätzung des Diogenes Laertius (3. Jh. n. Chr.), der Sokrates als den „Begründer der Ethik" (ὁ τὴν ἠθικὴν εἰσαγαγὼν) sieht (vgl. Diogenes Laertius, *Leben und Meinungen berühmter Philosophen*, I, 14), sowie auf die Systematisierung der Ethik durch Aristoteles, der sie neben Politik und Ökonomie als eine der praktischen Wissenschaften führt und einen Nutzen für diejenigen verspricht, „die ihr Begehren und Handeln vernunftgemäß einrichten" (vgl. Aristoteles, *Nikomachische Ethik*, 1095 a 10).

1.3 Philosophisches Wissen

Die Stellen, an denen sich Soziale Arbeit und Philosophie thematisch berühren, markieren in beiden Wissenschaften zentrale Anliegen. Die bislang deutlich gewordenen Berührungspunkte Praxisorientierung, Menschenverständnis, Gesellschaftsbild und Ethik setzen nicht nur in der Sozialen Arbeit die entscheidenden Akzente; wie zu sehen war, prägen diese Themen auch das wissenschaftliche Profil der Philosophie. Gewissermaßen wird der *Philosoph* an der Bearbeitung genau dieser Themen *erkannt*.[14] Dennoch divergieren philosophisches und sozialarbeiterisches Interesse in jenen für beide Wissenschaften jeweils so ausschlaggebenden Fragestellungen.

Aus solcher Beobachtung sind verschiedene Schlüsse möglich: zum einen der, dass es sich bei Philosophie und Sozialer Arbeit eben um verschiedene Wissenschaften handelt, die unterschiedlichen methodischen Zugängen folgen; zum andern aber auch der, dass die Soziale Arbeit als Wissenschaft in eine große inhaltliche Nähe zur Philosophie tritt, wenn auch dort individuelles und soziales Leben Brennpunkte der Aufmerksamkeit bilden. Zu sehen war allerdings auch, dass die Soziale Arbeit philosophische Denkansätze nicht ohne Weiteres verwerten kann – und dass sich die Philosophie nicht für das sozialarbeiterische Problemlösungsdenken interessiert. Am Ende führt eine dritte Schlussfolgerung weiter, nämlich die, dass das auf grundlegende Klärung ausgerichtete Fragen der Philosophie Sozialer Arbeit zuarbeitet. Gerade weil es sich um unterschiedliche wissenschaftliche Zugänge handelt, ist Soziale Arbeit nicht in der Lage, solche Klärung selbst herbeizuführen; und doch ist sie darauf angewiesen, mit einem stimmigen Praxisverständnis, mit tragfähigen Vorstellungen vom Menschen, mit einem schlüssigen Gesellschaftsbild und nicht zuletzt mit einer zustimmungsfähigen Ethik zu agieren.

Dieses Ergebnis überrascht vielleicht nicht. Dennoch ist es die Grundlage dafür, dass die Philosophie in ein bezugswissenschaftliches Verhältnis zur Sozialen Arbeit tritt. Wichtig an dem Ergebnis und an den Überlegungen, die zu ihm geführt haben, ist allerdings, dass die bezugswissenschaftliche Einbindung der Philosophie in die Soziale Arbeit nicht einfach in der Abbildung von Inhalten zu realisieren ist. So etwas hieße letztlich, Äpfel mit Birnen zu vergleichen. Sie realisiert sich vielmehr über eine Basis, über die Soziale Arbeit einen passenden Zugang zu den philosophischen Inhalten findet. Diese Basis ist das philosophische Wissen. Zugegeben, auch diese Feststellung erscheint zunächst trivial – oder aber vermessen angesichts der Tatsache, dass die wissenschaftliche Arbeit der Philosophie die gesamte europäische Geistesgeschichte umfasst. Der Blick auf einige wenige Akzente dieser Arbeit

---

[14] Eine Klarstellung diesbezüglich kann wiederum der schon angesprochenen „Sloterdijk-Debatte" entnommen werden. Ein neuerer Beitrag dazu stammt vom Kulturwissenschaftler Thomas Wagner. In seinem Artikel „Der Rechthaber" (SÜDDEUTSCHE ZEITUNG vom 6.12.10) notiert er: „Was tut eigentlich ein Philosoph? Nach herkömmlicher Ansicht befasst er sich mit den grundlegenden Fragen der menschlichen Existenz und des Zusammenlebens."

aber genügt, um zu ersehen, welche Art von Basis bereitet ist und wie Soziale Arbeit darauf zugreift.

Ungeachtet der Vielschichtigkeit, Heterogenität, Konflikthaftigkeit und Historizität des Wissensbestands der Philosophie gibt es für die philosophische Wissensbildung ein Motiv, von dem sie herkommt und das sie bis heute prägt. Man kann es als das Interesse an den frühesten Gründen verstehen. Ausgangspunkt und Grundgedanke ist dabei, dass Geschehen kausal verläuft und man davon ausgehen kann und muss, dass alles, was ist, eine Ursache hat und – das ist das für das Entstehen der Philosophie letztlich Entscheidende – über diese Ursache auch erkannt wird. Die Frage nach dem Warum, nach dem Grund eines Sachverhalts, ist die Grundfrage aller Wissenschaft, vornehmlich aber der Philosophie, die solches Wissenschaftsverständnis ursprünglich geformt hat. Für die Soziale Arbeit gilt nichts anderes: An der Genauigkeit ihres Problemverständnisses, d. h. an ihrer Fähigkeit, für eine Handlungssituation erklären zu können, warum von einem Problem zu sprechen ist und wodurch es aufgeworfen wird, hängt ihre Fähigkeit, das Problem adäquat und nachhaltig zu lösen.

In der Philosophie wird aber auch gesehen, dass solch allgegenwärtige und unauflösliche Kausalität bedeutet, dass auch Gründe und Ursachen wiederum Gründe und Ursachen haben. Wenn Einsicht durch die Kenntnis des *Warum* zustande kommt, gilt es, gleichsam wie die Kinder immer weiter zu fragen, um zu jenem letzten Warum zu gelangen, das den Wissensdurst schließlich stillt.[15] Dass es dabei jeweils um *vorausgehende* Gründe und Ursachen und so etwas wie Letztbegründung geht, liegt auf der Hand. So ist es auch nicht einfach das Interesse an den frühesten Gründen, das Philosophie auf den Weg bringt, sondern die Suche nach dem *ersten* Grund. Das ist im Wortsinn zu verstehen: Die Wissenschaft, die Philosophie betreibt, beginnt in dem Moment, in dem Menschen beginnen, nach dem *Urgrund* zu fragen – und erste Antworten geben.[16]

Sicherlich ist die Beobachtung richtig, dass durch eine solche Haltung der Weg in ein Gottesverständnis und in die Religion eröffnet wird. Dennoch ist der Ansatz philosophischer Wissenschaft ein ausgesprochen religionskritischer. Der Erste, der nach dem Urgrund geforscht habe, und damit der „Urheber der Philosophie" sei, so pointiert es Aristoteles, der Milesier Thales gewesen.[17] Thales, dessen Lebenszeit um 545 v. Chr. endete, proklamierte, obwohl er archaischen religiösen Vorstellungen offensichtlich nicht abgeneigt war,[18] hier dennoch kein Entstehen aus

---

[15] Diesen Zug von Philosophie hat bereits Platon in anderem Zusammenhang angemerkt und notiert, der Philosoph müsse sich daran orientieren, „wie die Kinder zu begehren pflegen" (κατὰ τὴν τῶν παίδων εὐχήν); vgl. Platon, *Sophistes*, 249 c-d.

[16] Zum Grundverständnis einer nach wie vor an Letztbegründung interessierten – und in der Antwort auf das umfassende *Warum* nach Vollendung strebenden – Philosophie siehe bei Mues, 1994, S. 700 f.

[17] Vgl. Aristoteles, *Metaphysik*, 1. Buch, 983 b 20 f.; siehe auch *Politik*, 1259 a 6 f.

[18] Vgl. auch dazu das Zeugnis bei Aristoteles, *De anima*, 411 a 8 f.: „Thales glaubte, dass alles von Göttern voll sei." Vgl. Thales, Fr. A 22 Diels/Kranz.

übersinnlicher, göttlicher Kraft, sondern lehrte, „das Wasser sei dieser Urgrund".[19] Thales gilt Aristoteles daher als der Erste, der eine konsequente Erkenntnishaltung eingenommen und nach im Denken greifbaren Ursachen geforscht hat. In seiner Analyse unterstreicht Aristoteles, dass solches Forschen und der Rückgang zu den Ursachen der Ursachen – d. h. zu gewissen *Prinzipien* – Wissen nicht nur entstehen lässt, sondern auch absichert.[20]

Das Argument, das Aristoteles, wenn man so will, seinem gesamten philosophischen Ansatz voranstellt, ist, dass nach Wissen zu streben als Grundzug des Menschen verstanden werden muss.[21] Ihr Durst nach Wissen und Erkenntnis mag Menschen auch manche Ernüchterung gebracht haben; er war aber immer auch der Motor für Fortschritt und Entwicklung gewesen. Der aristotelische Gedanke liegt den modernen Bildungsvorstellungen ebenso weiter zugrunde wie der Entschlossenheit westlicher Gesellschaften, die Welt weiter nach den Bedürfnissen des Menschen zu gestalten. Präsent ist er aber auch in jeder fortschrittsskeptischen Haltung, die angesichts aktueller globaler Probleme ebendiesen Menschen auf Grenzen des Wachstums hinweist. – *Verstehen* kann weiter als der „Kernbereich des Menschlichen" gelten (Tugendhat, 2010, S. 39).

Mit der Philosophie verbindet Soziale Arbeit an dieser Stelle, dass sie, auch und gerade im Zuge des beruflichen Wirkens, darauf angewiesen ist, ihre Erkenntnissituation zu klären (vgl. Schumacher, 2010, S. 476). Darin liegt zum einen, dass Sozialarbeitshandeln aus Sozialarbeitswissen fließt; und zum anderen, dass die Ausbildung von Wissen in der Sozialen Arbeit nicht beliebig erfolgen kann, sondern so geschehen muss, dass Kausalitäten beachtet und möglichst Schlüsselursachen – bis hin zu systemisch gedachter Schlüsselursächlichkeit – fokussiert werden. Soziale Arbeit profitiert von der Art, wie philosophisches Wissen gesetzt wird. Dessen argumentative Kraft ist es auch, was sie selbst zu ihren eigenen Erkenntniszielen in Theorie und Praxis voranbringt.

2   Ansatzpunkte für das Erkennen in der Sozialen Arbeit

2.1 Probleme der Erkenntnistheorie

Philosophisches Erkenntnisstreben zielt auf die „Letztbegründung" (vgl. Hösle, 1997, S. 152). Deren Perspektiven haben sich aber gewandelt, seit in der Philosophie ein *Urgrund* ontologisch in Frage gestellt ist. War sich das philosophische Denken in Antike und Mittelalter noch sicher, dass eine erste Ursache von allem,

---

[19] Vgl. Aristoteles, *Metaphysik*, 1. Buch, 983 b 21. Für den *Urgrund* steht im Griechischen der Begriff der archē (ἀρχή), von dem auch bereits das oben verwendete Wort „archaisch" herrührt.

[20] Das lateinische *principium* kann als Übersetzung des griechischen ἀρχή gelten. Zugleich stellt es in der Eindeutschung als *Prinzip* einen Begriff dar, der wissenschaftlich wie umgangsprachlich im Sinne einer nicht weiter zu hinterfragenden Verursachung gebraucht wird. Zur Philosophie als „Prinzipienforschung" siehe Forschner, 1989, S. 1.

[21] Vgl. den bekannten Eröffnungssatz „Alle Menschen streben von Natur aus nach Wissen" bei Aristoteles, *Metaphysik*, 1. Buch, 980 a 21.

was ist, – seit Aristoteles auch in der Philosophie als *Gott* verstanden[22] – existiert, so hebt neuzeitliches Denken mit Zweifeln an solch ursprünglicher Existenz an. Noch deutlicher gesagt: Die Neuzeit beginnt mit einer Krise des Denkens, das sich vormals hinsichtlich seiner *Wahrheitsfähigkeit* recht sicher gewesen war.

Die vormalige Wahrheitsperspektive rührte wiederum von einer konsequenten Auslegung des ersten philosophischen Erkenntnisanstoßes her. Das tragende Gerüst der philosophischen Argumentation war, Kausalität als Grundkategorie menschlicher Erkenntnis zu sehen und mit einem wiederum aristotelischen Gedanken dahingehend zu interpretieren, dass Verursachung, als Grundlage für Existenz, dort ihren Anfang nehmen muss, wo eine erste Ursache wirkt, die nicht selbst schon wieder Wirkung einer anderen Ursache ist. Das zunächst nur für die Logik gültige Paradigma, gemäß dem es keine unendliche Reihe von Ursachen geben kann,[23] wurde umgehend ontologisch – seinslogisch – ausgelegt, weil die Ursache von Seiendem stets auch wieder ein Seiendes darstellen muss. Bedenken freilich blieben bestehen, denn der Gedanke, dass Seiendes ist, indem es *bewirkt* ist, ließ sich nicht ohne weiteres auf das Sein der ihrerseits *nicht bewirkten* ersten Ursache übertragen.

Positiv gewendet, besagte dieser Befund allerdings, dass sich zwei philosophische Ideen jedenfalls berührten, auch wenn sie darin noch nicht vermittelt waren: die Idee, dass eine erste Ursache alles Seienden, das als *Bewirktes* letztlich dorthin zurückgeführt werden muss, gemäß der Logik vorauszusetzen ist; und die Idee, die erste Ursache ihrerseits lebendig wirken zu sehen. Der begonnene, an diesem Punkt aber stockende Weg von Logik zu Wirklichkeit erhielt im 11. Jahrhundert massiven Anschub, als Anselm von Canterbury sein *Argument*, das Kant später das *ontologische* nennen sollte, vorlegte. Wenn man Gott, so Anselms Gedanke, als eine Vorstellung versteht, über die hinaus nichts Größeres gedacht werden kann – eine Variante zu der logischen Figur, die Gott als Ursache sieht, der keine Ursache mehr vorausgeht[24] –, dann impliziert diese Vorstellung notwendig die reale Existenz Gottes („in re"), denn diese Vorstellung ist größer als eine, die Gott nur als Gedanken („in intellectu") versteht.[25] Anselm sah in diesem Argument einen unwiderlegbaren Hinweis darauf, dass die Vorstellung von Gott dessen lebendiges Sein *enthält*. Damit weitete sich der Denkhorizont; Anselms Vorstoß war, zumal bei mittelalterlichen Theologen, Anlass für eine Reihe weiterer prominenter Versuche, das Dasein Gottes zu *beweisen*.

---

[22] Vgl. Aristoteles, *Metaphysik*, 12. Buch, 1072 b 27 f.

[23] Vgl. die Darlegung dieses Paradigmas bei Aristoteles, *Metaphysik*, 2. Buch, 994 a 1 ff.

[24] Vgl. dazu Anselm von Canterburys „Anrede" an Gott (*Proslogion*, 2): „Wir glauben, dass du etwas bist, über das hinaus nichts Größeres gedacht werden kann" („credimus te esse aliquid, quo nihil maius cogitari possit"). – Zum Gottesbeweis Anselms vgl. Barth, Karl: *Fides quaerens intellectum. Anselms Beweis der Existenz Gottes im Zusammenhang seines theologischen Programms*, München 1931.

[25] Vgl. Anselms Schlussfolgerung (ebd.): „Es existiert also ohne Zweifel etwas, über dem Größeres nicht gedacht werden kann, sowohl im Denken als auch in Wirklichkeit" („existit ergo procul dubio aliquid quo maius cogitari non valet, et in intellectu et in re").

Das Aus für die philosophischen Gottesbeweise markiert im 18. Jahrhundert Kants *Kritik der reinen Vernunft*. Darin legt Kant die „Unmöglichkeit eines ontologischem Beweises vom Dasein Gottes" dar.[26] Sein Argument dabei: Existenzurteile sind synthetische Urteile, und ergeben sich als solche niemals immanent aus einer Vorstellung oder Idee, sondern immer nur aus der Erfahrung.[27] Kants Fazit ist so konsequent und eindrücklich, dass es hier wiedergegeben werden soll:

> „Es ist also an dem so berühmten ontologischen … Beweise vom Dasein eines höchsten Wesens aus Begriffen alle Mühe und Arbeit verloren, und ein Mensch möchte wohl eben so wenig aus bloßen Ideen an Einsichten reicher werden, als ein Kaufmann an Vermögen, wenn er, um seine Zustand zu verbessern, seinem Cassenbestande einige Nullen anhängen wollte."[28]

Kants Erkenntniskritik entsteht nicht aus dem Nichts. Sie reicht zurück auf die cartesische Formel des *cogito ergo sum* aus dem Jahr 1637,[29] durch die die Erkenntnissituation des Menschen neu aufgestellt worden war: Jene Formel lenkt das philosophische Suchen nach sicherer Erkenntnis ganz auf den Wissen Suchenden selbst, der weiß, dass er *ist*, indem er *denkt*. Das heißt weiter, dass der Schluss von Denkinhalten auf etwas anderes, als auf die Existenz des Denkenden – namentlich auf die Existenz jener Denkinhalte – wieder neu justiert werden musste. Was mit dem cartesischen Ansatz aufgeworfen und schließlich von Kant systematisch aufgegriffen worden war, ist letztlich die, so weit zu sehen ist, die gesamte neuzeitliche Wissenschaft bis in unsere Tage prägende Frage nach dem Charakter von Wahrheit.[30]

Insofern hat Descartes mit der seiner Formel einwohnenden Plausibilität das wissenschaftliche Denken revolutioniert. Die erste Folge war, dass philosophisches Denken nicht mehr davon ausgehen konnte, dass Gedachtes – und im Denken als richtig Erkanntes – eine Wirklichkeit abbildete – und in diesem Sinn *wahr* war. Als zweite Folge ist zu erkennen, dass sich ein neues Wissenschaftsverständnis herausbildete, getragen, wenn man so will, vom Anliegen, alle *möglichen* Wissensbezüge auf ihre *realen* Wahrheitsgehalte hin anzugehen (vgl. Janich, 2000, S. 37 f.). So oder so war es zu einer neuen Leitfrage geworden, ob und wie Wahrheit im Denken auch Wirklichkeit bzw. *Sein* bedeutete. Eine der Logik nach stimmige Vorstellung konnte fortan entweder weiter als wirklich aufgefasst werden; oder als wahr nur im Sinne eines richtigen Sachverhalts; oder, am Ende, nur als rein subjektive Sichtweise,

---

[26] Vgl. Kant, *Kritik der reinen Vernunft*, B 620 ff.

[27] Vgl. Kant, ebd., B 630. Demnach gelingt der ontologische Beweis nicht, „weil das Merkmal der Möglichkeit synthetischer Erkenntnisse immer nur in der Erfahrung gesucht werden muß, zu welcher aber der Gegenstand einer Idee nicht gehören kann".

[28] Kant, ebd. Vgl. für den Zusammenhang auch Spaemann, 2007, S. 26.

[29] René Descartes hat sein berühmtes Diktum „Ich denke, also bin ich" erstmals in seiner 1637 erschienen Schrift *Discours de la méthode* (Abhandlung über die Methode) formuliert, dort (vgl. ebd., IV, 1) in der französischen Fassung: „Je pense, donc je suis."

[30] Vgl. dazu die Darstellung bei Puntel, 1993.

deren Gültigkeit und Für-wahr-Halten erst durch einen Konsens mit anderen Erkenntnisträgern erreicht wird.[31]

Für die Philosophie bedeutete das eine neue Herausforderung. So weit zu sehen ist, hat sie bis heute eine Linie nicht verlassen, auf der sie kritisch, aber weiter bestimmt das Mysterium des Seins – in postmoderner Zuspitzung als die Ambivalenz von völlig selbstbestimmten Ich-Welten und den Erfordernissen sozialen Lebens vernehmbar – zu erhellen sucht. Zurückhaltend gegenüber ihrer eigenen, metaphysischen Tradition, hat sie, im 20. Jahrhundert, Phänomenologie und Hermeneutik als Erkenntnissysteme auf den Weg gebracht. Nach wie vor finden sich aber auch Zugänge, die mit der auf Letztbegründung zielenden Erkenntnishaltung der Metaphysik auch moderne Problemstellungen abbilden (vgl. Hösle, 1995, S. 166).[32]

Für die Soziale Arbeit ergibt sich aus der Kenntnis dieser wissenschaftlichen Lage der Philosophie eine ganz entscheidende Orientierungshilfe. Das gilt für ihre Praxis wie für ihre Theorie. In Blick auf das berufliche Handeln sollte Soziale Arbeit wissen, dass sich objektive Wahrheit nicht über subjektive Schlussfolgerungen einstellt. Eine Faktenlage ist das eine; deren Interpretation das andere. Das bedeutet, Soziale Arbeit, in Gestalt ihrer Akteure, sieht nicht, *wie es ist*, sondern registriert lediglich Merkmale, die sich zu Mustern fügen lassen und dann Schlussfolgerungen ermöglichen. Zugleich ist es, weil berufliches Handeln in die Lebenssituation von Menschen eingreift, unumgänglich, dass Soziale Arbeit darstellen und erklären kann, was sie tut und warum. Und drittens ist in der beruflichen Praxis stete Bereitschaft erforderlich, eigene Fehleinschätzungen aufzuspüren und zu korrigieren. Die sozialarbeiterische Theoriebildung wiederum profitiert von solch vorsichtigem Herangehen. Die jeweils schwierige „Wahrheitsfindung" sowie die kaum adäquat einzubindenden individuellen Besonderheiten einer Lebensituation schärfen grundsätzlich den erkenntniskritischen Blick. Daran anknüpfend ist es wichtig, dass Soziale Arbeit das Repertoire der „geisteswissenschaftlichen Erkenntnismethoden" (Callo, 2008, S. 225) kennt, um abzuschätzen, was sie wissen kann und was nicht.[33]

Das Verständnis Sozialer Arbeit als Wissenschaft schließlich *gründet* sich auf die Kompetenz, wissenschaftliches Wissen nach den Regeln der Kunst zu entfalten. Das beinhaltet die Auseinandersetzung solcher Wissenschaft mit Fragen von „Wirklichkeit und Wahrheit" (Callo, 2008, S. 205 f.). Das bedeutet weiterhin, dass sich Soziale Arbeit als Wissenschaft mit den Grundanliegen wissenschaftlicher

---

[31] Vgl. für diese Differenzierung Janich, 2000, S. 52 ff., sowie Heller, 2005, S. 85 ff.

[32] Hösle, der ebd. seinen Blick auf die „Metaphysik der ökologischen Krise" richtet, zeigt damit beispielhaft, dass Philosophie weiterhin in Kategorien der metaphysischer Letztbegründung denkt (siehe dazu auch Hösle, 1997, S. 159). Das Wissen um die Bedeutung der Metaphysik für die Philosophie ist aber auch dort präsent, wo deren Ablösung als Leitperspektive (als „erste Philosophie") gefordert wird (vgl. Tugendhat, 2010, S. 34).

[33] Vgl. dazu bei Kleve/Wirth (2008, S. 41), die Perspektive, dass Soziale Arbeit zur Ausbildung ihrer Praxis auch eine „Haltung des Nichtwissens" einnimmt, um unangebrachtes „Kritisieren und Moralisieren" zu unterbinden.

Erkenntnis befasst, und das heißt, um die Bedeutung von Ursachenfindung und die Rolle frühester Ursachen bei der wissenschaftlichen Erkenntnissuche weiß. Dazu ist es nicht zuletzt wichtig, die Erkenntnis- und Deutungsansprüche der Metaphysik sowie die Erkenntnis- und Deutungswege philosophischer Phänomenologie und Hermeneutik zu kennen. Und das schließt auch mit ein, dass weitere Erkenntnisansätze, die wissenschaftlich genutzt werden, darunter der an objektive Messverfahren angebundene Positivismus und der individuelle Perspektivität favorisierende Konstruktivismus, kritisch erwogen und auf ihren Erkenntniswert für die Soziale Arbeit hin überprüft werden. Maßstab auch für diese Überprüfung ist das philosophische Wissen.[34]

Schließlich profitiert die Sozialarbeitswissenschaft vom philosophischen Wissen auch in Hinblick auf ihr wissenschaftliches Selbstverständnis. Welche Art von Wissenschaft Soziale Arbeit zu betreiben vermag, welchen Gegenstand sie dabei auf welchem Weg erforscht, welcher *Begriff* von Sozialer Arbeit in solchem Rahmen entsteht und nicht zuletzt wie das Zusammenspiel von Theorie und Praxis in Gang kommt und berufliches Handeln eröffnet – all dies lässt sich mit philosophischen Überlegungen voranbringen und stützen (vgl. Schumacher, 2010, S. 476). Das gelingt umso nachhaltiger, wenn die Philosophie auch inhaltliche Anknüpfungspunkte liefert, über die eine wissenschaftlich ausgerichtete Soziale Arbeit philosophisch relevante Perspektiven auszuführen in der Lage ist.

2.2 Sozialarbeitsperspektiven in der Philosophie

Solche Anknüpfungspunkte gibt es freilich eine ganze Reihe. Die oben angesprochenen Berührungspunkte gehören dazu und zeigen, wie die Philosophie Sozialarbeitsthemen anschneidet. Das in der Philosophie anders gelagerte Interesse ist für die Soziale Arbeit kein Hinderungsgrund, dem philosophischen Themenaufriss nachzugehen. Zu erwarten ist nicht nur ein Zugang, der den Deutungshorizont für das sozialarbeiterische Interesse erweitert, sondern auch – und das ist entscheidend – grundsätzliche Klärung der in Sozialarbeitsausschnitten betrachteten, aber zuvor geistesgeschichtlich geformten Themenfelder verspricht.

Der Ertrag könnte gering sein, wenn sich herausstellte, dass Philosophie als Wissenschaft der Sozialarbeitsperspektive in keiner Weise zugeneigt ist – oder wenn davon auszugehen wäre, dass Soziale Arbeit nicht in der Lage ist, philosophisches Wissen ihrerseits wissenschaftlich zu verarbeiten. Letzteres mag manchen so scheinen, die sich Soziale Arbeit als Wissenschaft nur in engen bis engsten Grenzen vorstellen können – hier ist allerdings schon deutlich geworden, dass selbst das berufliche Handeln in der Sozialen Arbeit an Qualität gewinnt, wenn dort philosophische Regeln der Erkenntniskunst zur Geltung kommen. Die richtige Einschätzung eines Handlungsbedarfes durch eine Sozialpädagogin – sagen wir einmal in der sozialpädagogischen Familienhilfe – hängt von einer doppelten Erkennt-

---

[34] Für einen solchen Ansatz vgl. meine Überlegungen zum Geltungsanspruch des Konstruktivismus; siehe Schumacher, 2007, S. 292.

niskompetenz ab: einerseits davon, dass sie in der Lage ist, verschiedene Sichtweisen, darunter die der Familienmitglieder, zusammenzuführen und die „Wahrheit" nur im Kontext von bestehenden Interessenlagen, Rollenbildern, Erwartungs-
haltungen und nicht zuletzt Autonomieansprüchen zu suchen; andererseits aber
auch davon, dass sie Problemlagen über eine präzise Ursachenanalyse zu erfassen
vermag und dabei weiß, dass nur die genaue Kenntnis des kausalen Zusammen-
hangs, ganz gleich, ob linear oder zirkulär gedacht, nachhaltiges Lösungshandeln
ermöglicht.

Was die Neigung philosophischer Wissenschaft zu sozialarbeiterischen Fragestellungen angeht, so ergibt sich allein schon aus dem elementaren Interesse der
Philosophie an der Ursachensuche, dass ihr auch Fragen der Alltagsbewältigung
nicht gleichgültig sind. Wenn Philosophie auch nicht zur konkreten Hilfestellung
antritt, so liefert sie dennoch Anhaltspunkte, schwierige Situationen zu bewerten –
und bietet Konzepte für die individuelle Lebensführung. Auf solche Ansätze ist
hier weiter unten noch einzugehen (vgl. Abschn. 2.3). Besagte Neigung zeigt sich
aber auch in einer an Sozialarbeitsperspektive heranreichenden Sensibilität der
Philosophie für das Misslingen oder Scheitern von Lebensführung, die sich – das
ist nicht unerheblich – schon früh Gehör verschafft. Einen Hinweis darauf gibt das
Denken Demokrits.

Demokrit war Zeitgenosse von Sokrates, wird aber zu den Vorsokratikern
gerechnet, weil es üblich ist, zwischen vorsokratischem Denken und jener von
Sokrates begonnenen und von seinem Schüler Platon und wiederum dessen Schüler
Aristoteles fortgeführten Systematisierung zu unterscheiden. Was wir von ihm an
Textstücken haben, macht deutlich, dass er den seinerzeit von Thales als Anfang
gesetzten und die Vorsokratik beherrschenden Erkenntnisimpuls vollkommen
verinnerlicht hatte. So ist von Demokrit die Aussage überliefert, er wolle „lieber
eine einzige Ursachenerklärung finden als König von Persien werden".[35]

Demokrit war es dann auch, der sich – rund 150 Jahre nach Thales – für die
menschliche Entwicklung interessierte. So kam er zu dem Schluss, dass Lernen
(bzw. Unterweisung) die Natur eines Menschen formt.[36] Dieser Grundgedanke der
Pädagogik ist bei Demokrit durchaus schon auf die Notwendigkeit erzieherischer
Unterweisung hin angelegt, denn „Natur und Unterweisung kommen einander
gleich".[37] Sein Ansatz eröffnet ihm entsprechend auch den Blick auf Fehlentwicklungen und zuletzt dafür, dass eine häusliche Lebensituation ebenso wie die persönliche Lebensführung „erkranken" können. Wenn Demokrit davon spricht, dass es
analog zur Krankheit des Körpers auch eine „Krankheit des Hauses und der Le-

---

[35] Vgl. Demokrit, Fr. B 118 Diels/Kranz. Der Ansatz des Findens der *Ätiologie* (εὑρεῖν αἰτιολογίαν)
verweist schon ganz auf Herrschaftsanspruch von Wissenschaft.

[36] Vgl. Demokrit, Fr. B 33 Diels/Kranz.

[37] Vgl. Demokrit, ebd.; ἡ φύσις καὶ ἡ διδαχὴ παραπλήσιόν ἐστι. Der Begriff der διδαχή, mit dem
Bedeutungsfeld Lehre, Unterricht, Unterweisung, wird an dieser Stelle von H. Diels in den *Fragmen-
ten der Vorsokratiker* (Bd. 2, S. 153) mit „Erziehung" wiedergegeben.

bensführung" gibt,[38] setzt er einen ersten sozialpädagogischen Impuls. Seine Einschätzung ist in doppelter Hinsicht bemerkenswert, denn einerseits bekennt sie, dass problematische Entwicklungen im Bereich individueller und sozialer Lebenslagen grundsätzlich beeinflussbar sind; andererseits macht sie deutlich, dass Menschen in solchen Situationen keine Schuld zukommt, vielmehr Anspruch auf *Heilung* besteht.

Das Beispiel Demokrits zeigt, wie die Philosophie im Zuge ihrer anfänglichen Erkenntnisarbeit auf die Umstände privater Lebensführung aufmerksam werden konnte. Es war für sie naheliegend abzuwägen, welche Einflusskraft auf den Menschen selber richtiger resp. wahrer Erkenntnis innewohnt. Der Gewährsmann Demokrit hielt den Einfluss der angestrebten „Ursachenerklärung" jedenfalls für umfassend. Das Sozialarbeitsbild, das von daher gewonnen werden kann, ist das einer klärenden und beratenden Praxis – nicht mit philosophischen Argumenten, aber mit Rückbezug auf die Deutungs- und Überzeugungskraft des durch die Philosophie gewiesenen Wegs. Der weitere Gang der Entfaltung philosophischen Wissens macht schließlich deutlich, wie weitere für den späteren Sozialarbeitsansatz wichtige Themen – besagte *Berührungspunkte* – philosophisch bearbeitet und vorbereitet werden.

2.3 Ethisches Wissen

Zwei Schritte bleiben nun noch zu gehen. Der eine ist zu sehen, wie philosophisches Denken das Sozialarbeitswissen auch über ein entsprechendes Gesellschaftsverständnis stützt; der andere aufzuzeigen, dass auch die Ethik, die von vielen als die offenkundigste Schnittstelle von Sozialer Arbeit und Philosophie angesehen wird, bezugswissenschaftliche Bedeutung über die philosophische Tendenz zur *Letztbegründung* erhält. Klären wird sich damit die Art und Weise, wie Soziale Arbeit in zwei zentralen inhaltlichen Fragen Absicherung durch die Philosophie erhält, indem sie auch hier von dem Weg profitiert, auf dem Philosophie ihr Wissen erwirbt.

Zum ersten Schritt: Dazu ist nochmals auf die Zeit des historischen Entstehens Sozialer Arbeit als Beruf zu blicken. Ein wesentliches Anliegen neuzeitlich-aufgeklärter Philosophie war die Kritik an der überkommenen staatlichen Verfasstheit des Menschen gewesen. Von Hobbes über Rousseau und Kant bis zu Marx spannt sich der Bogen, eines neu konzipierten Gesellschaftsverständnisses, das Herrschaft *für* und nicht *über* den Menschen regelt. Die Grundlage dafür, dass sich schließlich Gesellschaft einem neuen, zunächst rein ordnungspolitisch verstandenen, bald aber inhaltlich eigenständig argumentierenden Korrekturinstrument gegenüber sah, hat Hegel geschaffen. Dessen Denken kommt, blickt man auf die geistesgeschichtliche Entwicklung im 19. Jahrhundert, gleichsam eine Mittlerfunktion zu. Es greift die Impulse der europäischen Aufklärung, insbesondere den kritischen Ansatz Kants,

---

[38] Vgl. Demokrit, Fr. B 288: νόσος οἴκου καὶ βίου.

auf und entwickelt sie systematisch weiter.[39] Zugleich wird es damit Ansatzpunkt für weitere Perspektiven neuzeitlicher Gesellschaftskritik, darunter auch für das Konzept des Marxismus (vgl. Henrich, 2010, S. 188 ff.).

Soziale Arbeit entspricht, als Korrekturinstrument gesetzt und *gedacht*, dem von Hegel formulierten, gesamtgesellschaftlichen Anspruch, jedes der Mitglieder zu Wohlverhalten zu drängen. Hegels Argument dabei: „Weil die bürgerliche Gesellschaft schuldig ist, die Individuen zu ernähren, hat sie auch das Recht, dieselben anzuhalten, für ihre Subsistenz zu sorgen."[40] In Hegels Sicht vermittelt die *bürgerliche Gesellschaft* dabei zwischen den sittlichen Grundlagen menschlicher Gemeinschaft, die sich in sozialem Handeln zeigen, und den formalen Ansprüchen staatlichen Kontrollhandelns.[41] Als sittliche Grundlage wiederum – und das ist letztlich das Entscheidende – wirkt die „Idee der Freiheit", die sich in der Gesellschaft über Pflichten und Rechte der Mitglieder realisiert.[42]

Hegel liefert, das soll diese kurze Skizze zeigen, Sozialer Arbeit eine philosophische Grundlage für ihr Wirken in der Gesellschaft, getragen von dem Bewusstsein, dass das zugrunde liegende Gesellschaftsverständnis ganz „der modernen Welt angehört".[43] Zugleich geht Hegel von einer sittlichen Grundlage der Gesellschaft aus, wodurch es möglich wird, ethische Ansprüche sowohl an deren Struktur als auch an die Verhaltensweisen der Mitglieder zu formulieren. Die Soziale Arbeit wiederum erhält dadurch die normative Grundausrichtung ihrer Ethik.

Nun zum zweiten und letzten Schritt: Ihren ethischen Anspruch gewinnt Soziale Arbeit von ihrem Gesellschaftsverständnis her. Die Philosophie ist dazu insofern nützlich, als sie es möglich macht, moderne Gesellschaft grundsätzlich und im Kontext letztbegründender Ursachen zu denken (vgl. Forschner, 1989). Dergleichen schafft durchaus eine offene und nicht notwendig eine ideologische Perspektive; entscheidend ist, dass letztbegründend der Mensch mit dem Anspruch herangezogen wird, der ihn seit Descartes unverlierbar begleitet und bestimmt: dem Anspruch, die Angelegenheiten der eigenen Lebensführung selbst in die Hand zu nehmen. Die hier angelegte, ursprüngliche Freiheit, gedacht als Anspruch auf Selbstbestimmtheit („Autonomie"), folgt nicht einfach einem selbstherrlichem Impuls zur Abwehr von Fremdbestimmung, sondern ist Folge der Einsicht, dass ein Mensch in seinem Urteil über die Umstände, die sein Leben bestimmen, letztlich auf sich allein gestellt ist.[44]

---

[39] Zu diesen „historischen Voraussetzungen" von Hegels eigenem System vgl. Henrich, 2010, S. 41 ff.

[40] Vgl. Hegel, *Grundlinien der Philosophie des Rechts*, § 240.

[41] Hegels Aussage (ebd., § 182): „Die bürgerliche Gesellschaft ist die Differenz, welche zwischen die Familie und den Staat tritt", ist dabei in Verbindung mit dem Verständnis zu sehen, dass in der Familie „der unmittelbare oder *natürliche* sittliche Geist" zum Ausdruck kommt (vgl. ebd., § 157).

[42] Wie dezidiert Hegels Pflicht-Verständnis vom Freiheitsgedanken getragen ist, zeigt seine Aussage: „Der Sklave kann keine Pflichten haben" (ebd., § 155).

[43] Vgl. Hegel, ebd., § 182.

[44] Vgl. dazu auch die Art und Weise, wie Blumenberg (1996, S. 209) den „absoluten Anfang der Neuzeit" charakterisiert: „Aus der Not der Selbstbehauptung ist die Souveränität der Selbstbegründung geworden ..."

Der besagte Anspruch zeigt sich darin – gut hegelisch gedacht – zugleich auch als die *Pflicht* zur Freiheit. Auf die Gesellschaft bezogen ist das eine Pflicht, individuelle Wege der Selbstbestimmtheit zu ermöglichen und zu gewähren. Neuzeitliche Ethik allerdings gerät durch solche Vorgabe in die Krise. Grundsätzlich sind viele Wege denkbar, auf denen Menschen im Gefüge individueller und gemeinschaftlicher Interessen selbstbestimmt ihr Leben führen können. Entsprechend vielfältig sind die Entwürfe philosophischer Ethik der vergangenen Jahrhunderte bis in unsere Tage. Unterschiedliche Tendenzen sind darin erkennbar: auf der einen Seite solche, die Ethik über eine philosophische Anthropologie, mit oder ohne ontologischen Anspruch, abzusichern bzw. zu systematisieren suchen;[45] auf der anderen Seite die Neigung, Ethik als Thema über Erkenntniskritik anzugehen und zu hinterfragen.[46] Des weiteren gibt es pragmatische Ansätze, die allein von der Notwendigkeit einer moralischen Orientierung ausgehen und nach tragfähigen – plausiblen – Wegen suchen.[47] Es gibt das diskursorientierte Modell, das auf die Rekonstruktion einer „Grundnorm der Ethik" setzt.[48] Und es gibt schließlich eine weitere, neuere Tendenz in der philosophischen Ethik, den Einzelnen und seine Verantwortung für sich und für andere stärker zu fokussieren und mehr oder weniger systematische Hinweise zur individuellen, sozialverträglichen Lebensführung zu geben.[49]

Die philosophische Ethikdiskussion ist mit dieser Andeutung inhaltlicher Diversität nur an der Oberfläche berührt. Grundsätzlich ist, mit Habermas gesprochen, „die Situation des gegenwärtigen Philosophierens" weiterhin „unübersichtlich" (vgl. Habermas, 1992, S. 35). Insofern wäre Soziale Arbeit auch mit der Ausbildung eines eigenen Ethikprofils zum Scheitern verurteilt, wollte und würde sie sich solcher Unübersichtlichkeit ungeschützt aussetzen. Schutz aber erfährt sie in dem Moment, da sie erkennt, dass der eigentliche bezugswissenschaftliche Beitrag philosophischer Ethik für die Soziale Arbeit wiederum in der Sensibilisierung für das Erkenntnisanliegen des Menschen liegt. Nichts anderes als der *Grund* für die Diversifizierung philosophischer Ethikkonzepte muss Soziale Arbeit interessieren; nichts anderes als dieser *Grund* bringt sie auf ihrem Weg zum eigenen Ethikkonzept voran.

---

[45] Zum entsprechenden Anstoß in der deutschen Philosophie der 1920er Jahre vgl. bei Tugendhat, 2010, S. 18.

[46] Eine solche Haltung lassen Adornos *Meditationen zur Metaphysik* erkennen, die sich und „jede Behauptung von Positivität des Daseins" von der Situation „nach Auschwitz" irritieren lassen (vgl. Adorno, 1973, S. 354 f.).

[47] Vgl. dazu den Ansatz von Patzig (1983), der über ein „Plädoyer für utilitaristische Grundsätze in der Ethik" (S. 127 ff.) am Ende den kategorischen Imperativ pragmatisch passend – „abgelöst von den metaphysischen Voraussetzungen" – einfügt (S. 167).

[48] Vgl. dazu den Ansatz von Apel (1997). Zur Voraussetzung einer „fundamentalen ethischen Norm", die „auf dem Wege der Konsensbildung ... zu konkreten situationsbezogenen Normen" führt, siehe dort S. 45 f. Dazu vgl. auch Habermas, 1983, S. 86.

[49] Vgl. die Perspektive einer *konkreten Humanität* von Lenk (1998). Auch schon der auf Selbstsorge gerichtete *integrative Ansatz* von Krämer (1992) weist diese Richtung. Vgl. außerdem die *Philosophie der Lebenskunst* von Schmid (1999).

So liefert und erhellt die Philosophie Sozialer Arbeit vor allem die Grundlagen des Erkennens. Drei elementare Bezüge sind deutlich geworden:

(1) Die Zuarbeit beginnt mit der philosophisch angeregten, kritischen Haltung bei der Gewinnung und der wissenschaftlichen Verarbeitung von Erkenntnissen.

(2) Sie führt weiter zu einem Menschenverständnis,
   – das den Einzelnen fokussiert und für die Wertschätzung empfiehlt;
   – das daraus ein Verständnis gesellschaftlichen Zusammenlebens gewinnt;
   – das Anhaltspunkte für menschengerechte, ethische Sinnstiftung vermittelt.

(3) Sie reicht bis zur begrifflichen Absicherung des sozialarbeiterischen Wissenschaftsverständnisses (vgl. Schumacher, 2010, S. 476).

Philosophie trägt so zur Letztbegründung sozialarbeiterischen Handelns bei. Die entscheidenden inhaltlichen Bezugspunkte kommen aber aus der Sozialen Arbeit selbst. Dort wird der Erkenntnisweg ausgewählt, der zielführend erscheint; dort werden Autonomieansatz, Gesellschaftsbild und ethische Argumente fachlich abgeglichen; dort wird das Wissenschaftsverständnis auf das berufliche Handeln abgestimmt.

Die Philosophie – das sei abschließend mit Nida-Rümelin verdeutlicht – weiß ihrerseits, dass menschliches Leben den „Rahmen einer humanen Lebensform" (Nida-Rümelin, 2010, S. 30) bzw. einer „vernünftigen Lebensform" (Nida-Rümelin, 2009, S. 193) braucht, um sich entfalten zu können. Solche Entfaltung aber zielt auf eine „lebensweltliche Verständigungspraxis" (Nida-Rümelin, 2010, S. 47), für die wiederum „gute Philosophie" (ebd.) vonnöten ist. An diesem Punkt kann auch die Philosophie vom wissenschaftlichen Wirken einer Sozialen Arbeit profitieren, die ihrerseits um die Nöte und Hoffnungen der Menschen weiß und die im Rahmen ihrer ethischen Handlungskompetenz selbst ein Stück *gute Philosophie* zu geben vermag; denn: „Die ethische Theorie kann sich von der lebensweltlichen Erfahrung, von der Sinnstiftung unseres jeweiligen Lebens, von der Praxis der alltäglichen Interaktion nicht allzu weit entfernen, wenn sie ernst genommen werden will." (Nida-Rümelin, 2009, S. 221)

So tritt die Philosophie in ihrem Blick auf den Menschen nahe an die Sozialarbeitsperspektive heran. Sie stützt diese durch ihr erprobtes und weit entfaltetes Programm des *Verstehens* und weiß selbst um ihre Nähe zur sozialen Lebenswirklichkeit des Menschen. Vor allem aber bringt sie mit diesem Programm den Menschen selbst zur Geltung, denkt ihn als Einzelnen und als soziales Wesen und eröffnet ein Verständnis seiner vitalen Interessen, das in Blick auf die gesellschaftliche Wirklichkeit historische Erfahrungen, politische Dynamik und nicht zuletzt sozialarbeiterische Zielstellungen zuordnen lässt. Auf dieser wissenschaftlichen Basis kommen Philosophie und Soziale Arbeit zueinander (vgl. Schumacher, 2010, S. 478). Auf dieser Basis kann Soziale Arbeit *ihr* Programm eines wertschätzenden, verstehenden und heilenden Dienstes am Menschen in der Gesellschaft entfalten.

Literatur

Adorno, Theodor W., 1973: Meditationen zur Metaphysik, in: ders., *Gesammelte Schriften*, Bd. 6, hg. v. R. Tiedemann, Frankfurt a. M., S. 354-400.

Apel, Karl-Otto, 1997: *Diskurs und Verantwortung. Das Problem des Übergangs zur postkonventionellen Moral*, 3. Aufl. Frankfurt a. M.

Bango, Jenö, 2000: Philosophie in der Sozialarbeit, in: *Soziale Arbeit* 49, S. 100-107.

Bayertz, Kurt, 2005: Die menschliche Natur und ihr moralischer Status, in: ders. (Hg.), *Die menschliche Natur: welchen und wieviel Wert hat sie?*, Paderborn, S. 9-31.

Bender-Junker, Birgit, 2006: Ethik in der Sozialen Arbeit zwischen Gerechtigkeit, Anerkennung und Sorge. Ein Blick auf Vermittlungsdilemmata, ethische Haltepunkte und begriffliche ethische Reflexion in der Sozialen Arbeit, in: *Soziale Arbeit und Ethik im 21. Jahrhundert. Ein Handbuch*, hg. v. S. Dungs u. a., Leipzig, S. 51-61.

Blumenberg, Hans, 1996: *Die Legitimität der Neuzeit*, Frankfurt a. M.

Callo, Christian, 2008: *Das bewegte Denken. Geisteswissenschaftliche Grundlagen der Sozialen Arbeit*, München.

Forschner, Maximilian, 1989: *Mensch und Gesellschaft. Grundbegriffe der Sozialphilosophie*, Darmstadt.

Habermas, Jürgen, 1983: *Moralbewußtsein und kommunikatives Handeln*, Frankfurt a. M.

Habermas, Jürgen, 1992: *Nachmetaphysisches Denken. Philosophische Aufsätze*, Frankfurt a. M.

Hastedt, Heiner, 1998: *Der Wert des Einzelnen. Eine Verteidigung des Individualismus*, Frankfurt a. M.

Heller, Bruno, 2005: *Wie entsteht Wissen? Eine Reise durch die Wissenschaftstheorie*, Darmstadt.

Henrich, Dieter, 2010: *Hegel im Kontext*, Frankfurt a. M.

Höffe, Otfried, 2007: *Lebenskunst und Moral oder: Macht Tugend glücklich?*, München.

Hösle, Vittorio, 1995: *Praktische Philosophie in der modernen Welt*, 2. Aufl. München.

Hösle, Vittorio, 1997: *Die Krise der Gegenwart und die Verantwortung der Philosophie. Transzendentalpragmatik, Letztbegründung, Ethik*, 3. Aufl. München.

Holzer, Boris, 2008: Das Leiden der Anderen: Episodische Solidarität in der Weltgesellschaft, in: *Soziale Welt* 59, S. 141-156.

Janich, Peter, 2000: *Was ist Erkenntnis? Eine philosophische Einführung*, München.

Kather, Regine, 2007: *Person. Die Begründung menschlicher Identität*, Darmstadt.

Krämer, Hans, 1992: *Integrative Ethik*, Frankfurt a. M.

Kraimer, Klaus, 2009: Soziale Arbeit im Modus autonomer Erfahrungsbildung – Überlegungen im Anschluss an modellbildende Paradigmen zur Professionalisierung, in: *Professionalität in der Sozialen Arbeit. Standpunkte, Kontroversen, Perspektiven*, hg. v. R. Becker-Lenz u. a., Wiesbaden, S. 73-88.

Lenk, Hans, 1998: *Konkrete Humanität, Vorlesungen über Verantwortung und Menschlichkeit*, Frankfurt a. M.

Lenk, Hans, 2010: *Das flexible Vielfachwesen. Einführung in die moderne philosophische Anthropologie zwischen Bio-, Techno- und Kulturwissenschaften*, Weilerswist.

Levinas, Emmanuel, 1989: *Humanismus des anderen Menschen*, übers. u. eingel. v. L. Wenzler, Hamburg.

Marten, Rainer, 1977: „Esoterik und Exoterik" oder „Die philosophische Bestimmung wahrheitsfähiger Öffentlichkeit", demonstriert an Platon und Aristoteles, in: *Esoterik und Exoterik in der Philosophie. Beiträge zu Geschichte und Sinn philosophischer Selbstbestimmung*, hg. v. H. Holzhey u. W. Ch. Zimmerli, Basel-Stuttgart, S. 13-31.

Marten, Rainer, 1988: *Der menschliche Mensch. Abschied vom utopischen Denken*, Paderborn.

Marquard, Odo, 2003: Zukunft braucht Herkunft. Philosophische Betrachtungen über Modernität und Menschlichkeit, in: ders., *Zukunft braucht Herkunft. Philosophische Essays*, Stuttgart, S. 235-246.

Mues, Albert, 1994: Philosophische Skepsis oder Letztbegründung der Philosophie?, in: *Sein – Erkennen – Handeln. Interkulturelle, ontologische und ethische Perspektiven. Festschrift für Heinrich Beck zum 65. Geburtstag*, hg. v. E. Schadel u. U. Voigt, Frankfurt a. M., S. 693-701.

Nida-Rümelin, Julian, 2009: *Philosophie und Lebensform*, Frankfurt a. M.

Nida-Rümelin, Julian, 2010: *Lebensform und Philosophie*, hg. v. W. Hogrebe, Göttingen.

Patzig, Günther, 1983: *Ethik ohne Metaphysik*, 2. Aufl. Göttingen.

Puntel, Lorenz Bruno, 1993: *Wahrheitstheorien in der neueren Philosophie. Eine kritisch-systematische Darstellung*, 3. Aufl. Darmstadt.

Schmid, Wilhelm, 1999: *Philosophie der Lebenskunst. Eine Grundlegung*, 3. Aufl. Frankfurt a. M.

Schumacher, Thomas, 2008: Konstruktion und Wirklichkeit. Von Sinn und Unsinn einer konstruktivistischen Erkenntnishaltung in der Sozialen Arbeit, in: *Neue Praxis* 38, S. 287-295.

Schumacher, Thomas, 2010: Soziale Arbeit und die Philosophie. Ansatzpunkte für eine Verhältnisbestimmung, in: *Soziale Arbeit* 59, S. 475-479.

Sloterdijk, Peter, 2009: *Du mußt dein Leben ändern. Über Anthropotechnik*, Frankfurt a. M.

Spaemann, Robert, 2007: *Der letzte Gottesbeweis*, München.

Stemmer, Peter, 2000: *Handeln zugunsten anderer. Eine moralphilosophische Untersuchung*, Berlin-New York.

Stemmer, Peter, 2008: *Normativität. Eine ontologische Untersuchung*, Berlin-New York.

Tugendhat, Ernst, 2010: *Anthropologie statt Metaphysik*, München.

10 Politikwissenschaft

Soziale Arbeit und die Aufgaben der Gesellschaft

Andreas Schwarz

Ist Soziale Arbeit politische Arbeit? Dieser Beitrag beleuchtet potenzielle Verbindungen zwischen der Sozialen Arbeit und der Politikwissenschaft, um sich dieser Fragestellung zu nähern. Dabei wird die Disziplin der Politikwissenschaft mit ihren möglichen Zugängen für Soziale Arbeit skizziert. Ziel ist es, sozialarbeiterische Anschlussmöglichkeiten in Theorie und Praxis benennen und bezugswissenschaftliche Erkenntnisgewinne für die Profession der Sozialen Arbeit extrahieren zu können.

Soziale Arbeit ist immer auch Spiegel der Zeit, bildet ab, was in der Gesellschaft diskussionswürdig und -nötig ist. Damit führt Soziale Arbeit auch die strukturellen Gegebenheiten dieser deutschen Gesellschaft vor Augen. Sie ist, neben ihrer Funktion für das Gemeinwohl, auch dessen Beobachter. Es tritt allerdings jene Problematik zutage, die Niklas Luhmann als den „blinden Fleck" bezeichnet. „Jede Beobachtung (Erkennen und Handeln eingeschlossen) ist und bleibt an die Selektion einer Unterscheidung gebunden, und Selektion heißt zwangsläufig: etwas unberücksichtigt lassen" (Luhmann, 1998, S. 187). Soziale Arbeit beschreibt, kritisiert und hinterfragt somit hier, dort kann sie aber eben nur im Rahmen der Wahrnehmungen kommunizieren, die möglich sind. Luhmann stellt in seinem Theoriegebäude die Beobachtung zweiter Ordnung dar, die diesen blinden Fleck zu umgehen sucht. Die Beobachtung der Beobachtung als Gewährleistung einer umfassenden Betrachtung, oder, noch einmal Luhmann: „In all diesen Fällen geht es nicht darum, daß man die Teilnehmer an medienvermittelten Kommunikationen wie Objekte im Blick auf deren eigene Merkmale beobachtet, um voraussehen zu können, wie sie handeln werden. Das Interesse geht ausschließlich darauf, zu beobachten, was sie beobachten; und das schließt in vielen Fällen ein: zu beobachten, was sie nicht beobachten" (Luhmann, 1998, S. 374 f.).

Die Bezugswissenschaften der Sozialen Arbeit bilden, neben anderen Funktionen, die in den unterschiedlichen Beiträgen beschrieben werden, Hilfestellungen zur Beobachtung zweiter Ordnung. Mit den spezifischen Blickrichtungen, die außerhalb der Profession angesiedelt sind, werden die blinden Flecke der Sozialen

Arbeit erkennbar. Allerdings nur insoweit, als die Bezugswissenschaften selbst die Soziale Arbeit, und damit deren Beobachtungen, in den Blick nehmen.

Von einer anderen Position aus formuliert: Welche Aufgaben übernimmt Soziale Arbeit in und für Gesellschaft und wie gelingt es der Politikwissenschaft, diese Funktion abzubilden? Wie kann diese Bezugswissenschaft die Reichweite sozialarbeiterischen Handelns im politischen Kontext reflektieren und kritisch betrachten? Darüber hinausgehend stellt sich die Frage, welche politischen Dimensionen in Sozialer Arbeit selbst verortet sind und wie diese von Sozialer Arbeit beobachtet werden. Dieser Fragestellung folgend, ist es zunächst erforderlich, Politikwissenschaft in ihren Strukturen zu skizzieren, um damit den Erkenntnishorizont dieser Bezugswissenschaft der Sozialen Arbeit abzustecken.

1. Politikwissenschaft

Der Erkenntnisgegenstand der Politikwissenschaft ist das Zusammenleben der Menschen in verschiedenen Gesellschaftsformen. Sie untersucht deren Regularien und Gesetzmäßigkeiten, ihre grundlegenden Prinzipien und Entfaltungswege. Des Weiteren nimmt Politikwissenschaft auch die Ursache- und Wirkmechanismen sozialer Systeme in den Blick, wobei hier unterschiedliche Dimensionen gegeben sein können, beispielsweise eine Kommune ebenso wie eine politische Partei, NGOs[1] aber auch die internationale Staatengemeinschaft. Der Gegenstandsbereich des „Politischen" oder der „Politik" wird in der Politikwissenschaft aber divergierend und konkurrierend bestimmt und es existieren unterschiedliche Zugänge inhaltlicher und auch theoretisch-methodischer Art. „Es mag schwer verständlich sein, daß die Vertreter einer Wissenschaft wie der Politikwissenschaft sich offensichtlich nicht einig werden können über eine Definition des von dieser Wissenschaft zu bearbeitenden Gegenstandsbereichs" (Berg-Schlosser/Stammen, 1995, S. 23). Die vielseitige und widersprüchliche Verwendung des Begriffes des „Politischen" in der Alltagssprache lässt erkennen, dass eine eindeutige Definition von „Politik" nicht möglich ist. Hinzu kommt in der Fachdisziplin die Pluralität der Forschungsperspektiven, die letztlich dem großen Feld des „Politischen" geschuldet sind.

Einzelne dieser unterschiedlichen, mitunter konkurrierenden Bestimmungen des Politik-Begriffes sind bis die Antike zurückgehend. Der *normativ-ontologische Politik-Begriff* ist als Teil der praktischen Philosophie in der griechischen Antike verwurzelt; Platon und Aristoteles haben hier, neben anderen, sich intensiv mit dem Zusammenleben der Menschen befasst. Normativ ist dieser Ansatz dadurch zu nennen, als hier nicht nur gegebene, empirische Realitäten untersucht werden. Vielmehr wird ein „gutes Leben" in den Fokus gerückt, das zu erlangen aber eine

---

[1] Unter den Begriff der Non-Govermental-Organisation sind Organisationen subsumiert, die nicht profitorientiert handeln, keine Regierungsämter anstreben und sich durch ihre Nicht-Eigennützigkeit auch von Selbsthilfeorganisationen abgrenzen lassen. Sie sind „zwischen Markt und Staat" angesiedelt und sind somit der Zivilgesellschaft zuzurechnen. (Vgl. Nohlen, 1998, S. 422.)

soziale Ordnung voraussetzt. Ein an bestimmten Gütern und Zwecken orientiertes politisches Handeln ist grundlegend für eine solche soziale Ordnung. Die Ontologie (Seinslehre) ist dabei aber nur im Rahmen einer metaphysischen Philosophie vorstellbar, nimmt somit explizit Bezug auf den welt-jenseitigen, göttlichen, als real anerkannten Seins-Bereich. Dieser Politik-Begriff hat seine Qualität über die Zeit immer wieder dadurch unterstrichen, als an ihm die Normen-Konstrukte jeweiliger Gesellschaften hinterfragbar wurden.

Der *realistische Politik-Begriff* ist auch in der antiken Denkwelt verwurzelt; die Sophisten versuchten hier mit der Darstellung der verschiedenen Regierungsformen die Relativität des menschlichen Zusammenlebens zu verdeutlichen. Mit Niccolò Machiavelli wird dann in deutlicher Abgrenzung zur Fragestellung nach dem „guten Leben" ein Phänomen des Politischen in den Mittelpunkt gerückt, das in den überhöhten Zielen des normativ-ontologischen Ansatzes zweitrangig war: die Frage nach den Mitteln des Politischen. Als Schlüsselbegriff und weiter entscheidenden Kategorie wird in diesem Verständnis von Politik Macht angesehen. Verteilung, Aneignung, Verlust von Macht sind wesentliche Untersuchungsgegenstände dieses Politik-Begriffes. Damit weitet sich der Begriff des Politischen aber auch in jede Form von sozialer Beziehung, da dabei immer Machtaspekte inkludiert sind. Diese große Dimensionierung des Politik-Begriffes ermöglicht es einerseits die Durchdringung des Alltages mit Faktoren des Politischen zu veranschaulichen. Dem gegenüber steht aber die nicht mehr eindeutige Abgrenzung zur Soziologie, die den Handlungen des Menschen zugewandt ist.

Der *marxistische Politik-Begriff* ist in einem Punkt mit dem Realismus gedanklich zu verbinden: auch hier wird der Begriff des Politischen umfassend verstanden. Bei aller Unterschiedlichkeit der verschiedenen Ansätze unter dem marxistischen Politik-Begriff, wird Politik als eine Größe gedacht, die nur im Zusammenhang der sozio-ökonomischen Verhältnisse in einer tatsächlich existenten Gesellschaft analysiert werden kann. Dabei gibt es verschiedene Schlussfolgerungen: Lenin sieht im Marxismus eine Anleitung zum Handeln, also eine praktisch-politische Maxime. Neomarxistische Theorien der Gegenwart legen ihren Fokus auf die distanzierte Analyse von Gesellschaften und deren Mitglieder. Die Darstellung der Verknüpfungen von sozialen und ökonomischen Dimensionen einer Gesellschaft ist der Erkenntnisgewinn, der sich mittels dieses Politik-Begriffes erzielen lässt.

Diesen drei Politikbegriffen stehen die empirisch-analytischen Sozialwissenschaften kritisch gegenüber, die hier eine fehlende Exaktheit, mangelnde Operationalisierbar- und Leistungsfähigkeit in diesen Ansätzen kritisiert. Der *empirischanalytische Politik-Begriff* ist von Systemtheorie geprägt. Mit „System" wird sowohl die Interdependenz, als auch die Differenz charakterisiert. Eine empirische Analyse von Systemgrenzen, Wechselwirkungen, Inklusion und Exklusion und vieles mehr wird hier ermöglicht. Mit „politisch" wird in diesem Begriffsverständnis relevante Entscheidungssysteme definiert. Niklas Luhmann geht bei seiner Beschreibung von „politischem System" auch von gesamtgesellschaftlicher Relevanz aus, im Sinne eines tatsächlich existierenden Teilsystems der Politik, dass auf andere Teilsysteme der Gesellschaft Auswirkungen hat. Allerdings immer über Systemgrenzen hinweg und daher nie eindeutig vorherbestimmbare und in eigene Sinnzusammenhänge einfügbare Reaktionen hervorrufend. Der Vorteil dieses Politikbegriffes ist, dass dieser – auf der Kategorie des politischen Systems aufbauend – effektive Operationalisierung besitzt.

Der *praxisorientierte Politik-Begriff* ist, aus dem angelsächsischen politikwissenschaftlichen Raum kommend, in der deutschen Politikwissenschaft rezipiert worden. Die Politikfeld-Forschung, mit ihrem hohen Maß an Praxisbezug, differenziert drei Ebenen des Politischen:

- „polity" (= Verfassungsordnung)
- „policies" (= Politikfelder)
- „politics" (= politische Prozesse und deren Willens- und Entscheidungsbildung)

Diese inhaltlich erheblich differenzierten Termini tragen zur Analyse in der Politikfeld-Forschung ebenso bei, wie sie auch im politischen Kommunikationsprozess des 21. Jahrhundert mittlerweile nicht mehr wegzudenken sind.

Die Dimensionierung des Forschungsgegenstandes bringt es mit sich, neben der dargestellten Ausdifferenzierung der Begrifflichkeiten, dass die Politikwissenschaft divergierende Eingrenzungen der Forschungsperspektive beinhaltet. Die Teilbereiche der Politikwissenschaften, so bilden sie sich auch im universitären System ab, sind: Politisches System, Politische Theorie und Ideengeschichte, Vergleichende Politikwissenschaft und Internationale Beziehungen. Diese Teilbereiche werden nicht an allen Universitäten in Forschung und Lehre aufgegriffen, teilweise gibt es noch Ergänzungen z. B. Neuere Geschichte, als Kern sind dies aber die Zugänge, die das weitgesteckte Feld des Politischen bearbeiten helfen sollen. Dieser einführende Blick auf die Disziplin Politikwissenschaft findet seinen Abschluss mit der Skizzierung der Forschungsfelder, die innerhalb dieser Teilbereiche angesiedelt sind. Hier sind im Zusammenhang Politikwissenschaft als Bezugswissenschaft der Sozialen Arbeit zu nennen: Konfliktforschung, Parteienforschung und Wahlverhalten, Strukturprobleme der Demokratie, Soziale Bewegungen, Globalisierung, Soziale Marktwirtschaft und weitere. Auf diesen Gebieten werden für die Soziale Arbeit relevante Fragestellungen bearbeitet, Konstellationen ergründet und Entwicklungen in den Blick genommen. Diese Forschungsfelder dienen, um an den einleitenden Überlegungen anzuknüpfen, für die Beobachtungen der Sozialen Arbeit des Zusammenlebens in Gesellschaft als Projektionsfläche. Die „blinden Flecke" dieser sozialarbeiterischen Perspektive auf Gesellschaft können somit sichtbar gemacht werden.

2. Politikwissenschaft und die Soziale Arbeit

Soziale Arbeit als Profession des Handelns wird in der politikwissenschaftlichen Disziplin als Teil der Sozialpolitik perzeptiert. Diese Positionierung ergibt sich aus dem deutschen Sozialstaatsprinzip,[2] das als Verfassungsprinzip so allgemein gefasst ist, dass sie der politischen Ausgestaltung einen weiten Spielraum und den praxisrelevanten Theorien die Möglichkeit bietet, unterschiedliche Erklärungsansätze über Möglichkeiten und Grenzen sozialstaatlicher Aktivitäten zu entwickeln. In Artikel 20 (1) des Grundgesetzes heißt es: Die Bundesrepublik Deutschland ist ein demokratischer und sozialer Bundesstaat. Und in Artikel 28 (1) wird der Zusammenhang zwischen Demokratie und Sozialstaat nochmals betont: Die verfassungsmäßige Ordnung in den Ländern muss den Grundsätzen des republikanischen, demokratischen und sozialen Rechtsstaates im Sinne dieses Grundgesetzes entsprechen. Bäcker stellt hier fest: „Demokratie und Sozialstaat bedingen demnach einander: Denn die gleichberechtigte gesellschaftliche und politische Teilhabe aller Bürgerinnen und Bürger ist nur dann gewährleistet, wenn die formal verbürgten Freiheitsrecht auch materiell und sozial fundiert sind" (Bäcker u. a., 2010, S. 73). Verschiedene Erklärungsansätze des Sozialstaats nach Pilz und Ortwein sind:

Bedürftigkeits- und grenzenorientierter Ansatz

Hier soll Staat nur für einen engen Personenkreis Hilfen in sozialen Notfällen bereitstellen. Vertreter dieses konservativen Sozialstaatsansatzes begründen ihre Vorstellungen von der notwendigen Konzentration der sozialen Leistungen auf die wirklich Bedürftigen nicht nur verfassungsrechtlich, sondern auch auf gesellschaftspolitischer Ebene. Sie plädieren für die stärkere Beachtung der „Grenzen des Sozialstaates". Da im pluralistischen System nicht unbedingt die Bedürftigen, sondern vor allem mächtige Verbände und ihre Mitglieder aus dem Wohlfahrtsstaat Nutzen zögen, sollte primär den Aktivitäten dieser Organisationen Grenzen gesetzt werden. Soziale Arbeit wird hier durchaus als Teil des Problems des überbordenden Sozialstaates verstanden.

Bestandssichernder Ansatz

Für Vertreter dieses Ansatzes gebietet gerade die öffentliche Finanzknappheit zur Sicherung der Stabilität und Legitimation des sozialstaatlichen Systems eine selektive Politik. Der Kernbestand des Sozialstaates soll unangetastet bleiben, allerdings sind alle Mittelverwendungen in Kosten/Nutzen-Relationen zu betrachten. Einerseits wird damit die Ausgabenseite hinterfragt, sind z. B. Kindergeldzahlungen ohne Einkommensobergrenzen sozialpolitisch sinnvoll. Für Soziale Arbeit wird auf der anderen Seite hier die Beweisführung ihrer Wirksamkeit relevant; was ist der gesellschaftliche Nutzen ihres Tuns.

---

[2] Der Begriff „Sozialstaat" wird im Folgenden dem Begriff „Wohlfahrtsstaat" vorgezogen, da letzterer nicht nur in der medialen Öffentlichkeit, sondern auch im politikwissenschaftlichen Arbeiten eine negative Konnotation mit trägt. Weitere negative Termini zeigen Neumann und Schapner auf: „Gerade wegen seiner allumfassenden Präsenz wird die Kritik am Sozialstaat immer lauter. Eher abfällig beschrieben als Wohlfahrts-, Versorgungs- und Betreuungsstaat lähmt er nach Ansicht vieler Kritiker unser Wirtschaftssystem, hemmt unternehmerische Risikobereitschaft der Menschen und ihre Selbsthilfefähigkeit allgemein." (Neumann/Schaper, 2010, S. 12)

Gerechtigkeitsorientierter Ansatz

Nach dieser Interpretation wird dem Sozialstaat die Aufgabe zugewiesen, sich nicht nur um die Verhinderung und die Beseitigung von Not und Armut zu sorgen, sondern auch die für die individuellen und gesellschaftlichen Entwicklungsmöglichkeiten unverzichtbare öffentliche Infrastruktur wie Kindergärten, Schulen, Ausbildungsstätten, Jugendzentren, Altenheime etc. zur Verfügung zu stellen. Soziale Gerechtigkeit wird in erster Linie als Verteilungsprinzip verstanden, das allen Schichten der Bevölkerung ein angemessenes Niveau der Versorgung mit Gütern, Diensten und Ressourcen verschaffen will. Soziale Arbeit wird in diesem Ansatz mit einem doppelten Mandat ausgestattet gesehen. Einerseits die Vertretung der Klienteninteressen und andererseits die Umsetzung der Hilfeleistungen öffentlicher oder privater Träger.

Steuerungsorientierter Ansatz

Nach dem Politikverständnis dieses Sozialstaatsansatzes, das von der großen Offenheit der Sozialstaatsklausel des Grundgesetzes geprägt ist, bleibt es der politischen Führung überlassen, in einem offenen demokratischen Entscheidungsprozess nach ihrem Präferenzsystem die sozialstaatliche Politik konkret auszugestalten. In diesem Ansatz hat die Politik die Steuerungsverantwortung, den Wurzeln der sozialen Probleme und Folgeprobleme auf die Spur zu kommen. Um die vielfachen Schäden nicht erst nachträglich zu beseitigen, ist eine vorausschauend gestaltende Politik gefordert, möglichst früh wirtschaftlichen, sozialen und ökologischen Fehlentwicklungen entgegen zu wirken. Soziale Arbeit wird in diesem Ansatz als Steuerungsinstrument verstanden, das zur Problembehebung, wie auch zur Problemvermeidung eingesetzt werden kann.

(vgl. Pilz/Ortwein, 1995, S. 319 ff.)

Diese verschiedenartigen Erklärungsansätze, wie sie die Politikwissenschaft differenziert, sind auf zwei Kernelemente des deutschen Sozialstaates bezogen, die sich aufgrund der historischen Entwicklung ausformten. Das *Subsidiaritätsprinzip* und das *Solidaritätsprinzip* bilden die Grundidee des sozialpolitischen Handelns. Wobei ersteres zumeist in restriktiver Deutung Verwendung findet, als dass erst nach dem alle individuellen Hilfsquellen ausgeschöpft wurden, die übergeordneten Systeme das moralische Recht und auch die Pflicht zur Unterstützung haben. Das Solidaritätsprinzip wird grundlegend als System der gegenseitigen Hilfe innerhalb eines Gesellschaftssystems verstanden. In der deutschen Leistungsgesellschaft kommt ihm allerdings noch eine weitere Aufgabe zu: Die Leistungsgesellschaft der Postmoderne, die von Pluralisierung und Individualisierung geprägt ist, läuft Gefahr, sich in verschiedenartigste Milieus zu differenzieren, denen keine gemeinsame Basis mehr zugrunde liegt. Der politische Zusammenhalt des deutschen Gesellschaftssystems würde damit in Frage gestellt. Das Solidaritätsprinzip sorgt, bei allen Widersprüchlichkeiten dafür, dass die Bindekraft zwischen den Milieus erhalten bleibt.

Diese beiden Prinzipien waren auch für die Ausbildung der Profession der Sozialen Arbeit elementar, sodass sich aus ihnen der Rekurs zwischen Politikwissenschaft und Soziale Arbeit ergibt. Die oben skizzierten Ansätze veranschaulichen die Interpretationsmodelle der beiden Prinzipien aus politikwissenschaftlicher Sicht und verorten darin die Soziale Arbeit. Die Reichweite sozialarbeiterischen Handelns sind in den ersten beiden Ansätzen deutlich geringer angesetzt, als in den gerechtigkeits- und steuerungsorientierten Ansätzen. Hier wird auch die Relevanz der Sozialen Arbeit für die gesellschaftliche Entwicklungen und Aushandlungsprozesse unterstrichen. Der folgende Perspektivenwechsel nimmt nun die Bezugswissenschaft aus Sicht der Sozialen Arbeit in den Blick und untersucht die Relevanz der Politikwissenschaft für Praxis und Theorie der Sozialen Arbeit.

3. Soziale Arbeit und Politikwissenschaft

Einführend sei hier eine Position dargestellt, deren Gültigkeit im Weiteren noch zu prüfen sein wird: „Soziale Arbeit ist immer politisch. Sie ist nicht ohne gesellschaftliche (Kräfte-) Verhältnisse zu denken, sei es hinsichtlich ihres Gegenstands, aufgrund ihres Auftrags (‚Hilfe und Kontrolle‘), ihrer institutionellen und finanziellen Rahmenbedingungen oder der Art und Weise ihrer Interventionen" (Herrmann/Stövesand, 2009, S. 191). Eine solche Position ist mit Blick auf die Sozialarbeitslandschaft in Deutschland nicht sofort nachvollziehbar. Das „Politische" in der Sozialen Arbeit wird von verschiedenen Seiten, auch gerade innerhalb der Sozialen Arbeit, angezweifelt. „Allerdings scheint sich Soziale Arbeit als professionelle Institution mit einer ausreichenden Zahl gut ausgebildeter Fachkräfte auf dem ‚Weg ins politische Abseits‘ zu befinden" (Notz, 2009, S. 215). Hier ist Soziale Arbeit, wie oben skizziert, Reflexionsfläche für gesamtgesellschaftliche Entwicklungen, die ebenfalls eine „Entpolitisierung" der Lebenswirklichkeiten erkennen lassen. Diese „Entpolitisierung" ist allerdings nicht mit einem „Verschwinden" der Politik gleichzusetzen. „In der Bevölkerung ist – wohl nicht ohne Grund – das Vertrauen in die professionalisierte Parteipolitik stark gesunken. Zwar gibt es keine generelle Politikverdrossenheit, aber doch eine massive Parteienverdrossenheit … Die Wählerinnen und Wähler sind nicht mehr dauerhaft in bestimmte sozial-moralische Milieus eingebunden und bestimmten parteipolitischen Richtungen lebenslang zugewandt" (Gosewinkel/Rucht, 2008, S. 125). Die Partikularisierung der Gesellschaft bringt es mit sich, dass die Individuen ihre je spezifischen Belange in einem politischen Kontext verfolgen.[3] Gleichzeitig wird aber durch die Komplexitätssteigerung in der postmodernen Gesellschaft das „Betreiben" von Politik weniger nachvollziehbar. Diese Reduktion des Erlebens politischer Handlungs-

---

[3] Die Auseinandersetzung um das Vorhaben der Deutschen Bahn in Stuttgart einen neuen Durchgangsbahnhof zu errichten, ist hier als medial überformtes Beispiel dieser Entwicklung zu nennen. Es findet aber in einer Vielzahl von Bürgerbegehren in Deutschland Bestätigung. „Eine pluralistische Bürgergesellschaft verlangt nach einer erweiterten Teilhabe an politischen Entscheidungsprozessen" (Weixner, 2006, S. 18). Die Einführung von Plebisziten in den 1990er Jahren in allen deutschen Bundesländern ist die Reaktion auf diese Entwicklung.

fähigkeit und des Durchdringens politischer Entscheidungswege führt zum Rückzug der Individuen aus dem Feld der Politik. Darstellbar sind ferner die Auswirkungen der ungleichen Ressourcenverteilung: „Politische Beteiligung, zivilgesellschaftliches Engagement und politisches Interesse sind ungleich verteilt. Ohnehin benachteiligte Menschen, die beispielsweise arbeitslos sind oder unterhalb der Armutsgrenze leben müssen, partizipieren weniger und haben somit geringe Chancen, ihre Interessen zu vertreten" (Böhnke, 2011, S. 25). Diesen gesamtgesellschaftlichen Entwicklungen eingedenk, ist der politischen Impetus der Sozialer Arbeit in Deutschland im folgendem in unterschiedlichen Zugängen zur Profession der Sozialen Arbeit darzustellen.

Lutz schreibt zur Reformulierung des Sozialen, dass Soziale Arbeit bisher eng an die Vorstellungen eines Sozialstaates verknüpft sei, der umverteilend agiere und für Menschen in Problemlagen umfangreiche Hilfestellungen in institutionalisierter Form bereithielte. „Der erkennbare Umbau des Sozialstaates macht eine Neupositionierung und Veränderung des Selbstverständnisses auch der Sozialen Arbeit erforderlich. Das Soziale, wie es sich bisher in Begriffen und Konzepten der Sozialen Ungleichheit, der Sozialen Gerechtigkeit, der Sozialen Problemlagen und damit auch der Sozialen Arbeit niederschlug, bedarf einer fundamentalen Reformulierung" (Lutz, 2008, S. 3). Er spricht sich für eine aktivierende Soziale Arbeit aus, die mit Prinzipien der Wirtschaftlichkeit, Effizienz und Effektivität, Steuerungsmechanismen im Kontext von Leistungsvereinbarungen anwendet. Mit dem Verständnis des Klienten als „Kunden" führt er begrifflich die Soziale Arbeit in Sozialwirtschaft über. „Soziale Arbeit bietet sich im Konkurrenzverhältnis an und wird an dem gemessen, was sie leistet. Wie auch immer – sie muss sich mit der Ökonomie arrangieren, wobei es darauf ankommt, deren Sichtweisen aufzunehmen, ohne diese zu übernehmen" (ebd., S. 5). Damit verneint er ein doppeltes Mandat und eine „Parteilichkeit der Hilfe". Die Soziale Arbeit habe zwar, so Lutz, zweifellos ein politisches Mandat für ihre eigene Tätigkeit, aber hinsichtlich ihrer Klienten dürfe sie nicht in dem Sinne parteilich agieren, in dem sie sich ausschließlich an deren Interessen orientiere. Mit Lutz ist ein Verständnis der Sozialen Arbeit beschrieben, dass sich auf die von dieser Position aus wahrgenommenen Anforderungen des 21. Jahrhundert einlassen will, dabei sind die ökonomischen Entwicklungen, als die zentrale Herausforderung der Soziale Arbeit ausgemacht. Diese muss sich in einem Anpassungsprozess, der bisher vorhandene Zuschreibungen überwindet, der Herausforderung stellen. Aus politikwissenschaftlicher Sicht ist hier die Nähe zum bestandssichernden Ansatz zu erkennen. Die sozioökonomischen Theorien von Wagner oder Wilenskys stellen dabei Instrumente zur Verfügung, mit deren Hilfe die Rahmenbedingungen für sozialpolitische Reformvorhaben analysiert werden können. Damit können die gesamtgesellschaftlichen und ökonomischen Zwänge, die politisches Handeln intendieren, auch auf der Folie der Sozialpolitik abgebildet werden.

Ein gegenüberliegender Pol sei angefügt. Die sozialarbeiterische Realität wird hier ebenfalls mit geringem politischem Potenzial beschrieben. Allerdings nicht auf Grund ökonomischer Gegebenheiten, die zu Verschiebungen des sozialarbeiterischen Handelns führen. Vielmehr sind die gesellschaftspolitischen Friktionen und das Einrichten in sozialstaatlichen Nischen als Ursache für die unpolitische Sozialarbeit zu Beginn des 21. Jahrhunderts ausgemacht. Kusche und Krüger kritisieren eine solche Haltung, in dem sie darin den zentralen Widerspruch zu den eigentlichen Aufgaben und Zielen der Sozialen Arbeit verorten. Diese Ziele und Aufgaben lägen in der Beseitigung gesellschaftlicher Unterprivilegierung und im Mitwirken für soziale Gerechtigkeit. Kusche und Krüger verstehen Soziale Arbeit als verantwortliche Tätigkeit zur Ressourcengewinnung ihres Klientels. Daraus ergibt sich für die beiden ein gesellschaftspolitisches Mandat der Sozialen Arbeit. Sie schreiben weiter: „Letztlich ist es unerheblich, ob dieses Mandat sich aus sozialrechtlichen Regelungen ergibt, gesellschaftspolitisch legitimiert oder im Wege der Selbstaneignung realisiert wird. Entscheidend ist die inhaltliche Ausgestaltung dieses Auftrages in der Wahrnehmung sozialpolitischer Verantwortung und Gestaltung" (Kusche/Krüger, 2001, S. 16). In diesem Kontext steht der ethische Anspruch im Vordergrund, Missstände zu benennen, Abhilfe zu schaffen und im Vorfeld zur Vermeidung neuer Problemlagen beizutragen. Damit kann ein Bogen zur Position von Herrmann und Stövesand geschlagen werden, die eine Durchdringung der Sozialen Arbeit mit politischem Auftrag formulieren. Dieses Denken ist aus politikwissenschaftlicher Sicht unter dem gerechtigkeitsorientierten Ansatz zu subsumieren. Im Kern wird hier in einem normativ-ontologischen Kontext argumentiert, der Soziale Arbeit in ihren Inhalten und Methoden nicht ohne ethischen Gehalt zulässt. Die neueren Gerechtigkeitsansätze von Rawls, MacIntyre, Walzer und Dahrendorf, aber auch Gegenpositionen hierzu, wie von Hayek, Nozick und Kersting können aus der Bezugswissenschaft herangezogen werden, um diese Aussagen in der sozialarbeiterischen Disziplin zu verorten.

4. Theorien der Sozialen Arbeit und Politikwissenschaft

Soziale Arbeit als handlungsorientierte Wissenschaft verstanden, wird von Pfaffenberger spezifiziert als „die wissenschaftliche Erarbeitung und Bearbeitung der dienstleistenden und pädagogischen Intervention (besser: Funktion) im Rahmen, den sozialstaatliche Sozialpolitik bildet und setzt" (Pfaffenberger, 2009, S. 25). Damit stehen die Theoriekonstruktionen einer Disziplin der Sozialen Arbeit im Kontext dieses politischen Rahmens. Einige ausgewählte Theorien werden im Folgenden auf diese Relation hin beleuchtet, um die Bezugswissenschaft und deren Potenzial zur Theoriebildung der Sozialen Arbeit zu prüfen. Dabei werden spezifische Begriffe herangezogen, die auch in politikwissenschaftlicher Befassung Verwendung finden.

Sylvia Staub-Bernasconi konturiert in ihrem Buch „Systemtheorie, soziale Probleme und Soziale Arbeit: lokal, national, international oder: vom Ende der Bescheidenheit" den Begriff „Soziale Probleme". Diese ergeben sich dadurch, dass „wir in sozialen Systemen leben, in denen mit unterschiedlichen, realen wie künstlich hergestellten Knappheiten in Bezug auf unterschiedlich elastischen Bedürfnisse – die Grundlage für Macht – umgegangen werden muß" (Staub-Bernasconi, 1995,

S. 135). Sie beschreibt diese Formen von Knappheit und den Zugang zu Ressourcen, neben den menschlichen Bedürfnissen und Fähigkeiten, als von der Verfügbarkeit von Machtquellen abhängig. Der Position von Pfaffenberger, Soziale Arbeit innerhalb eines sozialstaatlichen Funktionssystems zu verorten, entgegnet Staub-Bernasconi, dass dadurch: „professionelles Handeln auf Rechtstatbestände und/oder bestimmte, von der (Sozial)Politik beachtete soziale Kategorien beschränkt bleibt und große Adressatengruppen wie Working Poor, Zugewanderte, Flüchtlinge ohne Aufenthaltsbewilligung, Sans Papiers, bis vor kurzem Alleinerziehende, Kinder usw. gar nicht ins Blickfeld geraten" (Staub-Bernasconi, 2009, S. 136). Sie problematisiert in ihrer Theorie den Machtbegriff, um den Auf- und Abbau von Einfluss- und Machtstrukturen und die Aufgaben der Sozialen Arbeit hierzu beschreiben zu können. Wichtige Machtquellen sind für sie physische, körperliche Stärke, Bodenbesitz, ökonomisches Kapital und Bildungskapital, Kommunikationsvermögen, gesellschaftliche Stellung und soziale Beziehungen. Regeln der Machtverteilung sieht sie begrenzend oder behindernd und die Aufgabe der Sozialen Arbeit besteht für sie darin, diese Hemmnisfaktoren zu beheben. (vgl. Staub-Bernasconi, 1994, 12 ff.). Politikwissenschaftlich sind hier sicherlich die Arbeiten von Machiavelli, aber auch neue Arbeiten aus dem realistischen Ansatz zum Machtbegriff relevant, wie sie etwa Münkler in seinen Arbeiten vornimmt. Darin werden die Zugänge zu Machtquellen analysiert und Machtstrukturen verdeutlicht, auch Kindermann mit seiner Konstellationsanalyse wäre hier dienlich,[4] um zunächst die Machtpotenziale aufdecken zu können. Die Systematik seiner Methodik besteht aus den sechs Analysebereichen zu: System, Perzeption, Interessen, Macht, Normen und Verhalten, die synoptisch zusammengeführt werden. Unter Zuhilfenahme dieser bezugswissenschaftlichen Methoden und Ansätze könnte die Theorie der Sozialen Arbeit bei Staub-Bernasconi eigenständige Aussagen darüber formulieren, wie für spezifische Gesellschaftsgruppen der Zugang zu Machtressourcen erhöht werden kann und wie die von ihr beschriebenen Dimensionen von Macht – Behinderungsmacht und Begrenzungsmacht (vgl. Staub-Bernasconi, 2007, S. 381 ff.) – die in einem fluiden Kontext zu einander stehen, differenziert werden können.

Die Theorie von Germain und Gitterman ist unter der Begrifflichkeit der Macht hier sinnvoll anzufügen, da auch diese beiden den Machtaspekt innerhalb ihres Theoriekonstruktes in eine problematisierende Konnotation stellen. „Machtlosigkeit und soziales Elend bedrohen die Gesundheit, das soziale Wohlbefinden und das Leben selbst. Sie bürden den Unterdrückten enorme Anpassungsleistungen auf. Solche Zustände sind Ausdruck destruktiver Person-Umwelt-Beziehungen infolge einer sozialen Ordnung, die zuläßt, daß einige wenige den übrigen Menschen schwere Ungerechtigkeit und Leiden zufügen" (Germain/Gitterman, 1999, S. 28). Sie beschreiben im Weiteren zwangausübende und ausbeutende Macht, gehen in ihrem Denken auf die Nutzbarmachung von Machtquellen ein. Ihre Beschreibung

---

[4] Die Konstellationsanalyse von Kindermann ist per se im internationalen Politik-Bereich angesiedelt, die zugrundeliegende Struktur kann jedoch auf die verschiedenen Handlungsfelder der Sozialen Arbeit transformiert werden.

von Empowering beschränkt sich auf der Mikro-Ebene auf die Entwicklung persönlicher Macht, auf der Makro-Ebene ist Befähigung als Empowerment auf die Entwicklung kollektiver Handlungsmöglichkeiten und politischer Macht gerichtet (vgl., ebd. S. 44 f.). Aus der politikwissenschaftlichen Disziplin sind hier Politikfeldanalyse-Modelle nutzbar zu machen. Die Policy-Forschung beschäftigt sich mit dem Zustandekommen, der Art und Weise und den Wirkungen politischer Interventionen, dass heißt mit gesellschaftlicher Problembewältigung und ihren Instrumenten. Der politische Prozess wird dabei vorrangig als Prozess der Problemverarbeitung aufgefasst. Unter Zuhilfenahme dieser Modelle, wie sie etwa Schubert oder Nullmeier beschreiben, kann die Theorie von Germain und Gitterman sinnvoll um die Darstellung relevanter Akteure (und deren Wirkgrößen) im Handlungskontext ergänzt werden. Qualitative und quantitative Aussagen sind dabei auf allen Ebenen (Mikro-, Meso-, Exo- und Makroebene) zu erzielen, da die Dimensionierung der Policy-Forschung in dieser Breite angelegt ist. Die Transformation dieser Methoden und Ansätze für eine Theorie der Sozialen Arbeit, wie etwa dem „Life Model" von Germain und Gitterman, mit dessen Empowerment-Ansatz ist hilfreich, da somit eine Veränderung und Erweiterung der sozialarbeiterischen Sicht- und Handlungsweise ermöglicht wird. Galuske beschreibt die Realisierung von Empowerment-Strategien als Neugestaltung der Rolle von Sozialarbeiterinnen und Sozialarbeitern:

> „Demnach ist die konkrete Arbeit vor allem durch drei Perspektivwechsel gekennzeichnet:
> * von der Defizitorientierung zur Förderung von Stärken ...
> * von der Einzelförderung zur Stärkung von Individuen in Gruppen und (politischen) Kontexten ...
> * von der Beziehungsarbeit zur Netzwerkförderung ..."

(Galuske, 2009, S. 263).

Dieser Perspektivenwechsel kann durch die Policy-Forschung Unterstützung erfahren. Dabei ist es sinnvoll, auf den Beitrag „Zum Verständnis Sozialer Arbeit als Wissenschaft" von Thomas Schumacher in diesem Band zu verweisen, der explizit die Deutungskompetenz auf Seiten der Sozialen Arbeit sieht. Die Transformation und das Nutzbarmachen politikwissenschaftlicher Methoden für die Soziale Arbeit bleibt Aufgabe eben dieser.

An einer dritten Theorie der Sozialen Arbeit soll die Reichweite einer kritischen Überprüfung durch die Politikwissenschaft skizziert werden. In seinem systemtheoretisch-konstruktivistischen Denken beschreibt Kleve das Verhältnis zwischen Klient und Helfern in der Frage des Macht/Ohnmacht-Verhältnisses als höchst ambivalent. Denn die Klienten sind auf Grund der „Marktsituation" einerseits in der Position, sich auch an andere Hilfeorganisationen zu wenden und haben damit ein Machtpotenzial inne, um das die Hilfeanbieter sehr wohl wissen. Andrerseits beschreibt Kleve eine Definitionsmacht seitens der Hilfe gewährenden Organisationen, die einen vorstrukturierenden Rahmen ausbilden, in dem die fallbezogenen Normen, Ziele und Reichweiten der Hilfe ausgehandelt werden. Auf diesen Rahmen müssen sich die Hilfesuchenden einlassen, da sonst die Exklusion aus der helfenden Inklusion droht. Diese Ambivalenz ist für Kleve ein strukturelles Problem der Sozialen Arbeit. „Eine systemtheoretische Praxistheorie sozialarbeiterischer Macht/Ohnmacht verdeutlicht nämlich, daß Macht/Ohnmacht-Konstellationen zwar Asymmetrien in den Blick bringen, aber genaugenommen keine einseitigen und festen Hierarchien darstellen, sondern zweiseitige Unterscheidungen, die jederzeit daraufhin befragt werden können, auf welcher Seite sich Macht und auf welcher Seite sich Ohnmacht ausdifferenziert, und aus welchen (sozialstrukturellen, kommunikativen) Gründen dies geschieht" (Kleve, 2007, S. 227). Kleve deutet an, dass sich das „Beziehungsgeflecht" zwischen Sozialarbeiter und Klient nur in einem Kontext verstehen lässt, den er sozialstrukturell beschreibt. Der Anteil der Kommunikation wird dabei von Kleve systemtheoretisch analysiert, er stellt aber auch normative Momente dar, die in dieser Beziehung wirken. Dies verdeutlicht er, indem er die systemtheoretische Differenzierung von Inklusion/Exklusion um die sozialarbeiterische Differenzierung von Integration/Desintegration erweitert. „Wenn Integration/Desintegration die Teilnahme an *normativ* bzw. *moralisch* sich strukturierenden sozialen Gruppen und Gemeinschaften meint ... beschreibt die Unterscheidung Inklusion/Exklusion also, wie in der funktional differenzierten Gesellschaft Personen an den Leistungskreisläufen der Funktionssysteme mittels symbolisch generalisierter Kommunikationsmedien (z. B. Geld, Macht, Recht, Glauben etc.) teilnehmen" (Kleve, 2004, S. 173).

Diesen systemtheoretisch-konstruktivistischen Ansatz mit einem normativ-ontologischen Politikdenken zu verknüpfen, kann gewinnbringend sein, obwohl zunächst überraschend. Zum einen um Schwächen zu erkennen, aber auch um den Erkenntnisgewinn zu vertiefen, der sich aus der Zusammenführung der beiden Begriffspaare ergibt. Darauf weist auch Scherr hin, wenn er schreibt: „Die Analyse und Kritik gesellschaftlicher Ungleichheits- und Machtverhältnisse zwischen sozialen Klassen, Schichten und Milieus ist um eine Analyse und Kritik der Inklusions-/Exklusionsverhältnisse zu erweitern, die zwar mit Strukturen sozialer Ungleichheit verschränkt sind, aber durch gesellschaftliche Teilsysteme und Organisationen je spezifisch hergestellt werden" (Scherr, 2008, S. 84). Das Reizvolle, den bezugswissenschaftlichen Referenzpunkt so konträr, oder zumindest entfernt, zu wählen, liegt darin, die Position Kleves, Scherrs und weiterer Vertreter begrifflich zu erweitern. Es klingt bei Kleve schon an und wird nun operationalisierbar: wo liegt die Entfaltung des Begriffs der Freiheit (z. B. die Freiheit, weiterhin die Hilfeangebote der Einrichtung xy nachzufragen). Sen weißt darauf hin: „dass Freiheit in einer gerechten sozialen Ordnung nicht nur wie Einkommen oder Wohlstand Teil einer persönlichen Begünstigung ist, sondern eine höhere Stellung hat" (Sen, 2010, S. 327). Er stellt einen Zusammenhang zwischen Freiheit und vernünftiger Einschätzung des eigenen Wollens her und postuliert, dass man sich mit der Frage auseinandersetzen müsse, „ob die Person ausreichend Gelegenheit hatte, vernünftig zu bedenken, was sie wirklich will. Die Chance zu vernünftiger Einschätzung ist unvermeidlich ein wichtiger Teil jedes substantiellen Verständnisses von Freiheit" (ebd., S. 328). Hier lässt sich eine Fülle von sozialarbeiterischen Verknüpfungen von Kleve und Sen erzielen, etwa die Frage nach Bildungsmodalitäten, Normierungshintergrund von Erwerbsarbeit oder das Zusammenleben verschiedener Ethnien in einem Stadtteil.

Die Skizzierung der Ergänzung und Kombination sozialarbeiterischer Theoriebeispiele mit bezugswissenschaftlichen Denkschulen verdeutlicht die Anschlussmöglichkeit der Profession Soziale Arbeit im Theoriebereich. In einem letzten Punkt richtet sich der Blick auf Praxis und auf Ausbildung. Welche Berührungen, Gewinne und Verortungen lassen sich hier für Soziale Arbeit aus der Politikwissenschaft erzielen?

5. Praktisches Handeln

Soziale Arbeit als Praxiswissenschaft[5] kommt ohne einen normativen Hintergrund, einen ethischen Kontext nicht aus. Praktisches, wissenschaftlich reflektiertes Handeln bedarf einer Verortung im „gesellschaftlichen Pool der Kontingenzen". Die Realität zu Beginn des 21. Jahrhunderts zeigt konträre, ja paradoxe Entwicklungen von Individualisierung und Pluralisierung, von Depersonalisierung und Ideologisierung, von Entpolitisierung und Postdemokratie, die sich parallel, überlagernd und verdichtend entfalten. Diese Prozesse sind für die deutsche Gesellschaft zu beschreiben, lassen sich aber auch, in divergierenden Relationen, im globalen Kontext aufzeigen. In dieser Gemengelage bedarf es für die Profession der Sozialen Arbeit eines Begründungsrahmens, der sowohl nach innen, in die Wissenschaft wirkt, der aber auch im gesellschaftlichen Raum erkennbar und operationalisiert werden kann. Dabei ist die Praxis der Sozialen Arbeit der Teil dieser Profession, die von Gesellschaft als erstes in den Blick genommen wird. Relevanz findet dies beispielsweise in der Frage nach dem „doppelten Mandat", das Staub-Bernasconi als Hilfe für die Adressaten und dem Auftrag der gesellschaftlichen Instanzen beschreibt. Sie plädiert für eine Erweiterung zu einem Tripelmandat, das in dem zusätzlichen Teil die wissenschaftlichen Wissensebenen und den Berufskodex als ethische Basis, inklusive der Menschenrechte beinhaltet (vgl. Staub-Bernasconi, 2007, S. 198 ff.). Obrecht beschreibt für das Tripelmandat ein professionsethisches Problem der in dieser Profession Tätigen, das darin besteht, „die berechtigten Anliegen der Klient(inn)en und die Erfordernisse von Professionalität an den Arbeitgeber und die Behörden heranzutragen, und die dadurch entstehenden Konflikte einerseits als zu ihrer Rolle gehörend zu behandeln, andererseits auch mit professionellen Mitteln zu bearbeiten" (Obrecht, 2005, S. 161).Es kann nicht dargestellt werden, ob denn ein Mandat von Seiten der Hilfeadressaten vorliegt – welche Betroffenengruppe hätte je ein solches formuliert. Ein derartiger Auftrag kann sich nur aus einem ethischen, moralischen Begründungszusammenhang der Profession bilden. Im gesellschaftlichen Kontext wird aber eben dieses Mandat in der Praxis der Sozialen Arbeit wahrgenommen und sozialpolitisch verortet. Die

---

[5] An dieser Stelle der Verweis auf den Beitrag von Thomas Schumacher „Zum Verständnis Sozialer Arbeit als Wissenschaft" in diesem Band , der die Leistung der Sozialen Arbeit aufzeigt, die Grenze zwischen Theorie und Praxis zu beschreiben und als Disziplin zu besetzen.

umfassenden und langfristigen Entwicklungsprozesse in der Offenen Jugendarbeit etwa sind ihren sozialarbeiterischen und sozialpädagogischen Dimensionen klar von den skizzierten Mandaten getragen. In einem Stadtteil oder Gemeinde wird diese Arbeit aber primär unter dem Aspekt „Auffälligkeit der Jugendlichen" und/oder bei eigener Betroffenheit als Eltern unter „Aufgehobensein" perzeptiert. Die inhaltlichen, methodischen und fachwissenschaftlichen Begründungszusammenhänge sind auf dieser kommunalpolitischen Ebene nur schwerlich zu transportieren – das Handeln, die Praxis, die unmittelbaren Auswirkungen des Tätigseins aber schon. Für die Praxis der Sozialen Arbeit ergibt sich daraus, dass die sozial-*politische* Seite des eigenen Agierens bewusst werden (oder bleiben) muss. Die Wirkzusammenhänge und -mechanismen im politischen Raum gilt es zu kennen, die Kommunikation in die jeweils relevante Öffentlichkeit zu halten, und nicht zuletzt die Resultate der Praxis zu sichern und in die kommunalen – und oftmals finanziellen – Aushandlungsprozesse einzuspeisen.

Neben diesem, fast als klassisch zu bezeichnenden, politischen Aspekt der Sozialarbeitspraxis kommt durch die oben beschriebenen Entwicklungen von Gesellschaft noch ein weiterer hinzu. Das Motto „Hilfe zur Selbsthilfe" erfährt in Zeiten der Pluralisierung und Individualisierung eine Renaissance im politischen Teil der Sozialen Arbeit. Prittwitz schreibt: „Vor allem aber empfinden die Deutschen ihr politisches System immer weniger als Demokratie: Nach einer im November 2010 durchgeführten Forsa-Umfrage erklärten nur mehr 17 Prozent der Befragten, das Volke habe in der aktuellen deutschen Demokratie etwas zu sagen; lediglich vier Prozent glauben, Wahlentscheidungen würden in starkem Maße die Richtung der Politik bestimmen" (Prittwitz, 2011, S. 9). Den politischen Willensbildungsprozess auch außerhalb von Wahlzyklen zu beeinflussen ist eher möglich geworden; die massive Erhöhung der Zahl an Consultingfirmen, Public-Relation-Agenturen und anderen Formen des Lobbyismus ist ein Hinweis darauf. Gleichzeitig ergibt sich die Notwendigkeit in diese Kakophonie einzustimmen und eigene Interessen zu vertreten. Dabei ist mit Nolte festzuhalten: „Die neuen postrepräsentativen Dimensionen der Demokratie begünstigen überwiegend die gebildeten und artikulierten Mittelklassen. In Bürgerinitiativen und Nichtregierungsorganisationen, in der europäischen und globalen Politik ebenso wie in der Nutzung des Internets sind die Arbeiter- und Unterschichten, die formal weniger gebildeten, oft auch Migranten wesentlich seltener anzutreffen, weil sie die materiellen und kulturellen Zutrittsschwellen nur schwer überschreiten können" (Nolte, 2011, S. 11 f.). Diesen Milieus auch Zugang zur eigenen Interessensvertretung zu verschaffen, wäre das Anknüpfen an das Postulat von „Hilfe zur Selbsthilfe". Soziale Arbeit könnte dabei die pädagogische Dimension ihrer Profession wieder stärker zum Tragen bringen und auf die Befähigung zur eigenständigen politischen Artikulation ihrer Klientengruppen hinarbeiten. Grundlage hierfür ist jedoch die inhaltlich-praktische und theoretisch-konstruktive Auseinandersetzung der Profession Soziale Arbeit mit Politikwissenschaft.

Der Zugang in der Lehre der Disziplin Soziale Arbeit zur politischen Dimension ist in diesem Kontext auszubauen. Nicht nur originär sozialpolitische Kenntnisse sind zu vermitteln. Die Anknüpfung an die Bezugswissenschaft ist auch in der politisch-ethischen Begründungsrelevanz gegeben. Ferner sind die politischen Strukturen, Entfaltungslinien und Handlungsfelder in kommunaler, nationaler und international-globaler Dimensionierung für die Profession Soziale Arbeit aufzuschlüsseln. Beck verdeutlicht die Notwendigkeit der globalen Betrachtung: „Ungleichheit und Herrschaft in der Weltrisikogesellschaft folgen … nicht lediglich alten Konfliktmustern zwischen Arm und Reich, Nord und Süd, Zentrum und Peripherie etc. Es entstehen nicht nur neue Konfliktlinien, sondern auch neue Lösungsansätze" (Beck, 2008, S. 333). Nur in dieser Breite der Bezugnahme auf Politikwissenschaft kann es der Profession Soziale Arbeit gelingen, ihre eigene Position, und/oder den Raum, für den sie spricht, im gesellschaftspolitischen Kontext zu verdeutlichen und ihren Teil zu diesen neuen Lösungsansätzen beizutragen. Ein Blick in die Curricula verschiedener Hochschulen zeigt, dass ein Aspekt für das Verstehen politischer Zusammenhänge weitestgehend nicht vorkommt, der in der sozialen Marktwirtschaft konstitutiv ist: das volkswirtschaftliche Denken, das gerade in der Auseinandersetzung mit konkurrierenden Vorstellungen von Gesellschaft die Qualität der Argumentationsketten der Sozialten Arbeit hervorheben könnte. Festzuhalten ist: mannigfaltige Dimensionen und Felder des Politischen – sozialpolitische und wirtschaftliche, macht- und politiktheoretische, Kommunalpolitik und Globalisierung, um nur einige zu nennen – zeigen ihre Relevanz für die Profession der Sozialen Arbeit. Eine Lehre, die diese große Dimensionierung des politischen Moments in der Sozialen Arbeit aufgreift und versucht abzudecken, gibt den Studierenden ein umfangreiches Rüstzeug mit auf dem Weg, in den unterschiedlichsten Feldern in der Praxis der Sozialen Arbeit zu wirken.

Ist Soziale Arbeit politische Arbeit? Ja, ist sie – die Relevanz des Politischen ist in seiner Vielfältigkeit in Theorie und Praxis der Sozialen Arbeit gegeben. Die divergierenden Positionen die hierzu eingenommen werden, spiegeln die Aufgabenbreite der Profession wider. Die Frage nach Vertretungsarbeit, Systemkritik, oder Professionalisierungsgrad können und müssen divergierend beantwortet werden. Vorstellungen und Wahrnehmungen von Ökonomisierungsmaxime, Exklusionen oder Menschenbild werden in der Sozialen Arbeit unterschiedlich, teilweise konträr artikuliert bleiben. Dies ergibt sich aus der Vielgestaltigkeit der Gesellschaft, in der Soziale Arbeit wirkt. So differenziert Gesellschaft ist, so verschiedenartig sind die Wege der Sozialen Arbeit. Politisches Arbeiten stellt dabei die Klammer dar, in der Soziale Arbeit in den unterschiedlichsten Weisen in Gesellschaft wirkt. Aus diesem Grunde ist es für die Profession der Sozialen Arbeit sinnvoll und hilfreich, auf Erkenntnisse der Bezugswissenschaft Politikwissenschaft zurückzugreifen, Anschlüsse herzustellen und diese in eigene Aussagen zu transformieren, die in Theorie und Praxis der Sozialen Arbeit ihre Umsetzung finden.

Literatur

Bäcker, Gerhard / u. a., 2010: *Sozialpolitik und soziale Lage in Deutschland, Grundlagen, Arbeit, Einkommen und Finanzierung*, Bd. 1, 5. Aufl. Wiesbaden.

Beck, Ulrich, 2008: *Weltrisikogesellschaft*, Frankfurt a. M.

Berg-Schlosser, Dirk / Stammen, Theo, 1995: *Einführung in die Politikwissenschaft*, 6. Aufl. München.

Böhnke, Petra, 2011: Ungleiche Verteilung politischer Partizipation, in: *Aus Politik und Zeitgeschichte*, Heft 1-2, S. 18-25.

Galuske, Michael, 2009: *Methoden der Sozialen Arbeit*, Weinheim.

Germain, Carel / Gitterman, Alex, 1999: *Das „Life Model" der Sozialen Arbeit*, Stuttgart.

Gosewinkel, Dieter / Rucht, Dieter, 2008: Angst vor dem Souverän? in: *Zukunftsfähigkeit Deutschlands. Sozialwissenschaftliche Essays*, hg. v. J. Kocka, Bonn, S. 107-132.

Herrmann, Cora / Stövesand, Sabine, 2009: Zur (Re-)Politisierung Sozialer Arbeit – Plädoyer für eine reflexive und koordinierte „Unfügsamkeit"; in: *Soziale Arbeit ohne Wohlfahrtsstaat? Zeitdiagnosen, Problematisierungen und Perspektiven*, hg. v. F. Kessl u. H.-U. Otto, Weinheim, S. 191-206.

Kleve, Heiko, 2004: Die intime Grenze funktionaler Partizipation, Ein Revisionsvorschlag zum systemtheoretischen Inklusion/Exklusion-Konzept; in: *Inklusion und Exklusion in der Sozialen Arbeit*, hg. v. R. Merten u. A. Scherr, S. 163-188.

Kleve, Heiko, 2007: *Postmoderne Sozialarbeit, Ein systemtheoretisch-konstruktivistischer Beitrag zur Sozialarbeitswissenschaft*, Wiesbaden.

Kusche, Christoph / Krüger Rolf, 2001: Sozialarbeit muss sich endlich zu ihrem politischen Mandat bekennen! in: *Hat Soziale Arbeit ein politisches Mandat? Positionen zu einem strittigen Thema*, hg. v. R. Merten, Opladen, S. 15-26.

Luhmann, Niklas, 1998: *Die Gesellschaft der Gesellschaft*, Frankfurt a. M.

Lutz, Ronald, 2008: Perspektiven der Sozialen Arbeit, in: *Aus Politik und Zeitgeschichte*, Heft 12-13, S. 3-10.

Neumann, Lothar F. / Schaper, Klaus, 2010: *Die Sozialordnung der Bundesrepublik*, Bonn.

Nohlen, Dieter (Hg.), 1998: *Lexikon der Politik*, Bd. 7, München.

Nolte, Paul, 2011: Von der repräsentativen zur multiplen Demokratie, in: *Aus Politik und Zeitgeschichte*, Heft 1-2, S. 5-12.

Notz, Gisela, 2009: Solidarische Ökonomie statt Ökonomisierung des Sozialen; in: *Soziale Arbeit ohne Wohlfahrtsstaat? Zeitdiagnosen, Problematisierungen und Perspektiven*, hg. v. F. Kessl u. H.-U. Otto, Weinheim, S. 207-222.

Obrecht, Werner, 2005: Ontologischer, sozialwissenschaftlicher und sozialarbeitswissenschaftlicher Systemismus – Ein integratives Paradigma der Sozialen Arbeit; in: *Systemtheorien im Vergleich*, hg. v. H. Brinkmann u. S. Staub-Bernasconi, S. 93-172.

Pfaffenberger, Hans, 2009: Gibt es eine Sozialarbeitswissenschaft? in: *Die Sozialarbeitswissenschaft und ihre Theorie(n), Positionen, Kontroversen, Perspektiven*, hg. v. B. Birgmeier u. E. Mührel, Wiesbaden, S. 17-28.

Pilz, Frank / Ortwein, Heike, 1995: *Das politische System Deutschlands, Systemintegrierende Einführung in das Regierungs-, Wirtschafts- und Sozialsystem*, München.

v. Prittwitz, Volker, 2011: Hat Deutschland ein demokratisches Wahlsystem? in: *Aus Politik und Zeitgeschichte*, Heft 4, S. 9-14.

Scherr, Albert, 2008: Kapitalismus oder funktional differenzierte Gesellschaft? Konsequenzen unterschiedlicher Zugänge zum Exklusionsproblem für Sozialpolitik und Soziale

Arbeit; in: *Sozialer Ausschluss und Soziale Arbeit, Positionsbestimmungen einer kritischen Theorie und Praxis Sozialer Arbeit*, hg. v. R. Anhorn u. a., 2. Aufl. Wiesbaden.

Sen, Amartya, 2010: *Die Idee der Gerechtigkeit* Bonn.

Staub-Bernasconi, Silvia, 1994: Soziale Probleme – soziale Berufe – soziale Praxis; in: *Methodisches Handeln in der Sozialen Arbeit*, hg. v. M. Heiner u. a., Freiburg i. Br., S. 11-101.

Staub-Bernasconi, Silvia, 1995: *Systemtheorie, soziale Probleme und Soziale Arbeit: lokal, national, international oder: vom Ende der Bescheidenheit*, Bern-Stuttgart-Wien.

Staub-Bernasconi, Silvia, 2007: *Soziale Arbeit als Handlungswissenschaft*, Bern-Stuttgart-Wien.

Staub-Bernasconi, Silvia, 2009: Soziale Arbeit als Handlungswissenschaft; in: *Die Sozialarbeitswissenschaft und ihre Theorie(n), Positionen, Kontroversen, Perspektiven*, hg. v. B. Birgmeier u. E. Mührel, Wiesbaden, S. 131-146.

Weixner, Bärbel Martina, 2006: Direkte Demokratie in den Bundesländern; in: *Aus Politik und Zeitgeschichte*, Heft 10, S. 18-24.

11 Betriebswirtschaft

Wirtschaftliches Denken in der Sozialen Arbeit
Eine unternehmerische Dimension
der Sozialen Arbeit?

Paul Gödicke

Nur in wenigen Lehrveranstaltungen spürt man solche negativen Emotionen gegenüber den dort behandelten Inhalten wie in denjenigen, die sich mit der Organisation sozialer Dienste und Einrichtungen oder dem Sozialmanagement befassen. Selten bestreiten Studierende dabei auf Nachfrage die Notwendigkeit, sich mit organisatorischen und betriebswirtschaftlichen Themen zu befassen – zumindest gelte dies, soweit es die Führung sozialer Einrichtungen betreffe. Sie betrachten dies aber als eine aufgezwungene Notwendigkeit, die nichts mit dem Interesse zu tun habe, weshalb sie die Soziale Arbeit als Studiengang und Beruf gewählt haben. Natürlich gibt es auch Studierende, die die Befassung mit betriebswirtschaftlichen Themen als Möglichkeit eines Einstiegs in eine mögliche Karriere bei sozialen Einrichtungen, Wohlfahrtsverbänden oder Sozialleistungsträgern ansehen. Dies ist aber – zumindest in den Lehrveranstaltungen des Verfassers – eine deutlich kleinere Zahl der Teilnehmer(innen).

Dass die Studierenden mit ihrem Unbehagen nicht alleine sind, dies wird auch in der wissenschaftlichen Befassung mit dem Thema Sozialmanagement deutlich. Während die traditionelle Betriebswirtschafts- und Managementlehre – die sich natürlich überwiegend mit Organisation und Management gewinnorientierter Unternehmen befasst – ganz selbstverständlich den Bonus zugesprochen bekommt, dass sie Konzepte vertritt, die (zumindest von der Intention her) nützlich sind, sich „aus der Blickrichtung des einzelnen Betriebes und seiner Interessenlage" (Schmidt, 1998, S. 27) ergeben, gilt dies für den Gegenstandsbereich sozialer Dienste und Einrichtungen nicht ohne Weiteres.[1] Ausgehend von dem Postulat, dass die Aufgabe sozialer Einrichtungen ist, Hilfeleistungen gegenüber ihren Klien-

---

[1] Pracht spricht in einer Veröffentlichung aus dem Jahr 2002 sogar davon, dass „der Einsatz betriebswirtschaftlicher Konzepte in weiten Kreisen der Fachvertreter aus Wissenschaft und Praxis der Sozialen Arbeit und des Gesundheitswesens auf Ablehnung stößt". (Pracht, 2002, S. 29)

ten zu erbringen, wurden betriebswirtschaftliche und Managementkonzepte und deren wissenschaftliche Behandlung häufig nicht als Mittel für eine am Klienten orientierte Gestaltung der betrieblichen Ressourcen betrachtet, sondern standen von Beginn an unter dem Verdacht, dass ihr Ziel sei, Soziale Einrichtungen besser zu managen, um Kosten nicht *für* den Klienten, sondern *an ihm* zu sparen, die Aufgaben sozialer Einrichtungen am Klienten gemessen also nicht besser, sondern schlechter zu erfüllen. Manche wissenschaftliche Veröffentlichung sieht es deshalb als Herausforderung an, den Verdacht auszuräumen, dass Sozialmanagement und professionelle Fachlichkeit unverträglich seien, und verortet Sozialmanagement gleichwohl im Raum „*zwischen* Wirtschaftlichkeit und fachlichen Zielen" (Schubert, 2001 (Hervorh. v. Verf.); ähnlich Vilain, 2006) und stellt Wirtschaftlichkeit – d. h. die Kategorie des *Verhältnisses* von Ertrag und Aufwand – als Sparsamkeit an Ressourcen in *Gegensatz* zum angestrebten Ertrag – den fachlichen Zielen. Dem Streben nach „Wirtschaftlichkeit" werden damit Folgen zugeschrieben, die „zu Lasten der fachlichen sozialen Standards" (Schubert, 2001, S. 10) gehen.

In diesem Beitrag soll vor dem Hintergrund dieses Unbehagens der Frage nachgegangen werden, in welchem Verhältnis zum fachlichen Anliegen sozialer Arbeit einerseits Organisation und Management sozialer Dienste und Einrichtungen und andererseits die wissenschaftliche Befassung damit stehen. Es soll untersucht werden, inwiefern Wissen über Organisation und Management sozialer Dienste und Einrichtungen ein Instrument für die Erfüllung fachlicher Aufgaben ist und an welchen Stellen in Theorie und Praxis betriebswirtschaftlichen Handelns – also der Organisation und des Managements – sich der Gegensatz zu fachlichen bzw. ethischen Anliegen manifestiert, der scheinbar zu den Aversionen gegenüber einer Bezugswissenschaft führt, die seit ca. 15 Jahren zunehmend an Bedeutung gewonnen hat. Beginnen wir mit der Frage, in welchem Verhältnis das fachliche Anliegen Sozialer Arbeit zu seiner Organisation steht.

Selbstorganisation als Mittel Sozialer Arbeit

Fachlich in der Sozialen Arbeit tätig sein heißt u. a. Klienten zu beraten, sie zu betreuen, zu assistieren und zu kontrollieren. Dies erfolgt unter Nutzung verschiedener methodischer Ansätze der Sozialen Arbeit mit ihren jeweiligen Besonderheiten hinsichtlich der Kooperation mit anderen Professionen und/oder der Nutzung von fachlichen oder technischen Hilfsmitteln. Wie auch immer diese fachliche Tätigkeit im Einzelfall gestaltet ist, sie erfolgt i. d. R. organisiert, auch wenn sie nur individuell durch einen Sozialarbeiter ausgeführt wird. Organisiert meint: Es gilt ein Vorhaben zu planen, die dafür erforderlichen Hilfsmittel zu beschaffen und es damit auszuführen, ggf. die Resultate der eigenen Tätigkeit zu kontrollieren, mit anderen Worten: es zu managen.

Drogenabhängige Menschen zu beraten heißt zum Beispiel:

– zu entscheiden, für welche Fälle bzw. Problemlagen man sich für zuständig erklärt und für welche nicht;

- einen Raum zu „organisieren" in dem man Klienten empfangen kann oder – im Fall von Streetwork – sich zu überlegen, welche Teile eines Stadtgebiets man sinnvoll bzw. mit eigenen Kräften abdecken kann;
- zu dokumentieren, welches Problem der Klient vorgetragen hat und welche Hilfe ihm angeboten wurde. Denn nur dann kann man bei seinem nächsten Besuch das Gespräch fortsetzen und muss es nicht neu beginnen.

Findet die Beratung erstmalig oder unter neuen Bedingungen statt und befassen sich somit Planung, Ressourcenbeschaffung, etc. mit neuen Arbeitsabläufen, bezeichnet der Begriff der Organisation den *Prozess des Organisierens*. Wiederholen sich die Angebote, dann gewinnen sie häufig eine feste Struktur. Die Ergebnisse des Organisationsprozesses, in dem die Planung und Umsetzung eines Vorhabens entwickelt wurde, gerinnen in einer *Organisationsstruktur*. Organisation als festgefügte Struktur von Arbeitsabläufen, bestehenden Ressourcen, etc. ist die zweite Bedeutung des Begriffs.

Die Beispiele zeigen: Eine Organisation bzw. der Prozess des Organisierens ist hier im Sinne von „Selbstorganisation" ein Handwerkszeug der „eigentlichen Sozialarbeit", also der Sozialarbeit, die Hilfen anbietet, indem sie – in unserem Beispiel – berät oder unterstützt. Selbstorganisation wird hier wohl in den wenigsten Fällen den Verdacht auf sich ziehen, „aufgezwungen" zu sein. Der Zwang, der dazu führt, über Räumlichkeiten verfügen zu müssen oder die eigenen Aktivitäten zu dokumentieren, erscheint als der sachliche Zwang der eigenen fachlichen Tätigkeit. Probleme entstehen dann, wenn sich Ressourcen – wie in unserem Beispiel der Beratungsraum – *nicht* organisieren lassen und sich somit das Hilfsangebot nicht realisieren lässt. Diese Probleme lassen sich in diesem Fall aber nicht dem organisatorischen Handwerkszeug, sondern externen Bedingungen anlasten.

Organisation von Arbeitsteilung und Kooperation

An diesem einfachen Verhältnis zwischen fachlichen Aufgaben und Organisation, in der die Organisation Form und Mittel ist, fachliche Aufgaben zu erfüllen, ändert sich nichts, wenn damit nicht nur ein Sozialarbeiter befasst ist, sondern zwei, die Erfüllung der Aufgaben kollektiv erfolgt anstatt individuell. Aus den individuellen Aufgaben werden kollektive Aufgaben, d. h. Aufgaben der Organisation. Individuelle Aufgaben sind darin Teilaufgaben der organisatorischen Gesamtaufgabe. Kollektiv werden diese Aufgaben erbracht, weil die individuelle Aufgabenerfüllung an ihre Grenzen stößt, eine umfassendere und/oder bessere Erfüllung der Aufgaben deren arbeitsteilige Erledigung erfordert.

Organisationen stellen dann ein Kollektiv dar, führen also Menschen (Mitarbeiter, Personal, Arbeitskräfte, …) und Sachen (Sachmittel, Arbeitsmittel, …) zusammen, um Ziele und Aufgaben zu erfüllen, die von Einzelnen allein nicht, nicht im gewünschten Umfang oder in der gewünschten Form geleistet werden können. Organisationen kommen dem auf verschiedene Weise nach, indem sie mittels Arbeitsteilung den Leistungsumfang von Arbeit erweitern, aber auch deren Produktivität vergrößern und die Anwendung von Arbeit ökonomisieren:

- Organisationen erweitern die zeitliche und örtliche Reichweite der Arbeit.

  Beispiel:

  Eine Beratungseinrichtung ist hinsichtlich der Zeit, die sie sich für den Publikumsverkehr öffnen kann, beschränkt, da die Mitarbeiter, die in der Beratung tätig sind, auch Verwaltungsaufgaben zu erledigen haben. Eine Erweiterung des Mitarbeiterstabs ermöglicht eine Sukzession der Arbeit mehrerer Mitarbeiter und damit eine Verlängerung der Gesamtberatungszeit, die die Einrichtung anbieten kann.

  Eine Beratungseinrichtung kann die Größe des Bezirks, in dem sie sinnvollerweise Beratung anbieten kann, erweitern, indem sie ihren Mitarbeiterstamm vergrößert.

  Ggf. wird dadurch die Durchführung von Arbeiten überhaupt erst möglich:

  Beispiel:

  Eine gemeinsame Bearbeitung derselben Aufgabe durch mehrere Mitarbeiter ermöglicht es, diese Aufgabe schneller zu bearbeiten. Dadurch wird die Bearbeitung von zeitkritischen Aufgaben (wie z. B. die Durchführung eines Projektes, das innerhalb eines bestimmten Zeitraums zu Ende gebracht werden muss) überhaupt erst möglich.

  Der Betrieb eines Heims, in dem mehrere Klienten während des gesamten Tages betreut werden, wird erst dadurch möglich, dass ein Mitarbeiterstamm zur Verfügung steht, der eine Betreuung auch dann gewährleistet, wenn einzelne Mitarbeiter keine betreuerischen Aufgaben wahrnehmen können.

- Organisationen machen unabhängig von subjektiven Schranken, die dem Einzelnen gegeben sind.

  Beispiel: Unterschiedliche, sich ergänzende Qualifikationen von Mitarbeitern erweitern die Handlungsmöglichkeiten einer Einrichtung.

- Organisationen steigern die Produktivkraft der Arbeit, wenn sie z. B. den Arbeitsprozess beschleunigen, indem sich einzelne Mitarbeiter aufgrund einer Arbeitsteilung auf bestimmte Funktionen spezialisieren und sie diese Funktionen so besser und schneller ausfüllen können.

  Beispiel: In einer dezentral organisierten Einrichtung übernimmt je ein Mitarbeiter einer Arbeitsgruppe die Abrechnung gegenüber der Zentralverwaltung. Er arbeitet sich in die dafür erforderlichen Regelungen und Programme ein. Damit wird nicht nur den anderen Mitarbeitern der dafür erforderliche Arbeitsaufwand erspart; auch kann die Datenbearbeitung durch einen Mitarbeiter schneller erfolgen, wenn mit der Übung im Umgang mit den Regelungen und Programmen sich Routinen im Arbeitsablauf herausbilden.

- Organisationen ökonomisieren die Anwendung von Produktionsmitteln: Ein Teil der Produktionsmittel wird gemeinsam konsumiert. Damit ist pro Arbeitskraft und/oder im Verhältnis zum Arbeitsergebnis weniger Einsatz an Produktionsmitteln erforderlich.

  Beispiel: Ein Pkw wird von mehreren Arbeitsgruppen in einer Einrichtung gemeinsam genutzt.

Blicken wir auf die Durchführung der fachlichen Aufgaben, dann fallen in Organisationen, die mehrere Mitarbeiter umfassen, die gleichen organisatorischen Notwendigkeiten an wie bei der individuellen Tätigkeit:

- Ziele und Aufgaben definieren
- Ressourcen beschaffen
- Aufgabengebiete abgrenzen
- Aufgaben erfüllen
- Tätigkeiten dokumentieren
- Das Erreichte mit dem angestrebten und dokumentierten Ziel vergleichen
- ...

Eine Organisation mit mehreren Mitarbeitern unterscheidet sich von der „Selbstorganisation" nicht darin, dass diese Aufgaben erfüllt werden (müssen), sondern in der arbeitsteiligen Durchführung dieser Tätigkeiten. Aus eben dieser Arbeitsteilung erwachsen allerdings weitere Organisationsaufgaben. Denn während ein Betreuer, der sich alleine um seine Aufgabe gekümmert hat, nur mit sich selbst um die zweckmäßige Abfolge aller damit zusammenhängenden Arbeitsabläufe ringen musste, liegt mit der Arbeitsteilung die Notwendigkeit vor, dass sich mehrere Helfer untereinander abstimmen. Die gemeinsame Nutzung von Räumlichkeiten erfordert z. B. die Planung der Raumbelegung; die Frage, wer welche Klienten berät, verlangt eine Klärung der Zuständigkeiten; etc. Es ist die *Kommunikation* zwischen den Beteiligten und die *Koordination* der Arbeitsabläufe zwischen ihnen erforderlich. Wird die Organisation so groß, dass der Einzelne sich nicht mehr um die Beschaffung der Ressourcen kümmern kann, die für die Aufgabenerfüllung erforderlich sind, dann ergibt sich auch dies als zusätzliche Aufgabe der Organisation und kann mit dem weniger geläufigen Begriff der *Subvention* (Haisch, 2004a, S. 8) bezeichnet werden.

Die arbeitsteilige Durchführung von Aufgaben bringt also die Notwendigkeit hervor, mit der Koordination, Kommunikation und Subvention Funktionen der Arbeitsorganisation als eigene, im Vergleich zur individuellen Organisation neue und zusätzliche arbeitsteilige Aufgaben zu etablieren. Sie stellen bezogen auf die Gesamtaufgabe der Organisation – in unserem Beispiel die Beratung von Drogenabhängigen – ebenso notwendige Teilaufgaben dar wie die fachliche Aufgabe der Beratung. Denn ohne sie lässt sich die organisierte Beratung von Drogenabhängigen nicht durchführen.

Auch die in unserem Beispiel gedanklich durchgeführte Erweiterung der sozialarbeiterischen Tätigkeit von einer individuellen zur einer kollektiven ändert somit nichts daran, dass die Organisation ein Instrument ist, um die fachlichen Aufgaben zu erfüllen, und nicht im Gegensatz zu ihnen steht.

Das Erkenntnisobjekt einer Betriebswirtschaftslehre sozialer Dienste und Einrichtungen

Fragt man sich, an welcher Stelle die Betriebswirtschaftslehre das Feld unserer Untersuchung betritt, so kann man mit Fug und Recht behaupten, dass dies bereits der Fall war, als wir uns mit der Frage befasst haben, was Organisationen zur zweckmäßig(er)en Erbringung von Leistungen beitragen. Die Gestaltung der Betriebsorganisation ist eine betriebswirtschaftliche Aufgabe und Erkenntnisgegenstand der Betriebswirtschaftslehre. Sie stellt sich die Aufgabe, Phänomene zu erklären, die mit der Erstellung von Produkten und Dienstleistungen zu tun haben und der dafür erforderlichen Planung und Organisation. Gegenstand ihrer Untersuchung ist der Betrieb „eine planvoll organisierte Wirtschaftseinheit, in der Produktionsfaktoren kombiniert werden, um Güter und Dienstleistungen herzustellen und abzusetzen" (Wöhe/Döring, 2008, S. 35). Sie untersucht, wie Betriebe wirtschaften, um einen Bedarf, der sich auf ihre Produkte richtet, zu befriedigen, und „setzt sich mit dem einzelnen Betrieb und dessen individueller Interessenlage auseinander" (Schmidt, 1998, S. 22 f.). Unter den Begriff „wirtschaften" fallen dabei alle Aktivitäten, die notwendig sind, um den Produktionsprozess zweckmäßig zu organisieren und durchzuführen: von der Beschaffung der erforderlichen Produktionsmittel über die Leistungserbringung bis hin zur Verwertung der erbrachten Leistungen (wobei bei der Erbringung von Dienstleistungen die Leistungserstellung und die Leistungsverwertung oftmals zusammenfallen, die erbrachte Leistung im Augenblick ihrer Erstellung konsumiert wird). Die im Zentrum der Überlegungen stehende Frage ist abstrakt ausgedrückt das optimale Verhältnis zwischen betrieblichen Zielen und dem zur Zielerreichung erforderlichen Aufwand. Schmidt nennt deshalb das so formulierte ökonomische Prinzip als konstituierend für das Erkenntnisobjekt der BWL. Das Streben nach Wirtschaftlichkeit ist für ihn die normative Basis für die Gewinnung betriebswirtschaftlicher Einsichten. (Schmidt, 1998, S. 27)

Das Anliegen der BWL besteht dabei einerseits in der Untersuchung der betriebspraktischen Gestaltung wirtschaftlichen Handelns, wie auch in der Erkennung und Lösung von Problemen, um den vor Ort tätigen Praktikern wissenschaftlich gesicherte Resultate der Erkenntnisgewinnung in Form möglichst objektiver Informationen und Verhaltensempfehlungen bereitzustellen. Fragen, die dabei in den Gesichtskreis des Erkenntnisinteresses geraten, sind einerseits solche wie: welches sind die *betrieblichen Ziele, für die produziert wird; was sind Bedarfe* und *für welche Bedarfe wird produziert; was sind betriebliche Leistungen* und *worin besteht der für die Leistungserbringung erforderliche Aufwand* und *wie ist er zu bemessen;* andererseits die *Untersuchung der betrieblichen Abläufe und Entscheidungsprozesse* und die Frage, wie diese zu optimieren sind.[2]

Mit eben dieser Frage des Betriebsaufbaus und der betrieblichen Abläufe haben wir uns beschäftigt, als wir untersucht haben, wie durch eine arbeitsteilige Gestaltung der Organisation eine umfangreichere oder produktivere Erbringung sozialer Dienstleistungen erfolgen kann. Mit der Frage der Arbeitsteilung verknüpft sich die o. g. Kernfrage der Betriebswirtschaftslehre – die Frage nach einem wirtschaftlicheren Verhältnis zwischen Zielerreichung und Aufwand – und aus ihr folgen weitere wie die nach der Regelung des kooperativen Miteinanders – der Aufbau- und Ablauforganisation – und der betrieblichen Willensbildung (im Rah-

---

[2] Naturgemäß schwierig zu ziehen ist die Trennlinie zwischen betriebswirtschaftlichen Fragestellungen und fachlich-organisatorischen Fragestellungen dann, wenn Letztere sich unter fachlichen Gesichtspunkten mit der Frage befassen, wie sozialarbeiterische Aufgaben besser und in der Folge davon auch mit weniger Aufwand bearbeitet werden können.

men des Eigentums verknüpft sich damit wiederum die Frage nach der betrieblichen Rechtsform).

Auch wenn in unserem Zusammenhang, in dem es um soziale Dienste und Einrichtungen geht, die Begriffe „Produktion" und „Betrieb" ein wenig deplatziert erscheinen, so lässt sich doch festhalten, dass auch deren Tätigkeit somit Erkenntnisgegenstand der Betriebswirtschaftslehre ist, denn sie erbringen Dienstleistungen. Dass es sich im Falle sozialer Dienste und Einrichtungen um Dienstleistungen besonderer Art handelt, es um Hilfe bei der Überwindung sozialer Schwierigkeiten bzw. der Organisation des Lebens geht, nimmt nichts davon zurück. Unvertraut sind die in der Betriebswirtschaftslehre verwendeten Begriffe wie „Produktion" oder „Betrieb" deswegen, weil sie i. d. R. der Untersuchung eines bestimmten Typus von Organisationen entstammen, nämlich gewinnorientiert wirtschaftenden Unternehmen. Solche Unternehmen lassen sich zwar auch bei Erbringern sozialer Dienstleistungen auffinden, sie sind aber in der Sozialen Arbeit – die Pflege lassen wir dabei außer Betracht – deutlich in der Minderzahl.

Dass im Feld der Sozialen Arbeit lange Zeit kaum jemand die Tätigkeit sozialer Dienste und Einrichtungen mit betriebswirtschaftlichen Fragestellungen in Verbindung gebracht hat, dafür lassen sich zwei Gründe anführen.

- Der erste Grund liegt im „Auswahlprinzip für Betriebe, die für die Betriebswirtschaftslehre relevant sind" (Pracht, 2002, S. 17). In der Realisierung ihrer theoretischen Anliegen befasst(e) sich die BWL im Wesentlichen mit der Produktion gewinnorientiert arbeitender Unternehmen in marktwirtschaftlichen Wirtschaftssystemen und unter diesen mit solchen Unternehmen, die materielle Güter produzieren. Die Produktion von Dienstleistungen rückte bis Anfang der 90er Jahre eher zögerlich in das Gesichtsfeld der Untersuchung (vgl. Maleri, 1997). Ähnlich marginal war das Interesse an Produktionsprozessen, die nicht auf Basis von Marktbeziehungen und Geldtransaktionen stattfanden. Letztere stehen bei betriebswirtschaftlichen Fragestellungen im Zentrum, wenn es z. B. um die Bestimmung des Produktionsziels geht („Marktanalyse"), die Beschaffung der für die Produktion erforderlichen Produktionsmittel über die jeweiligen Märkte für Arbeitskräfte und Arbeitsmittel und die Durchführung der Produktion selbst („Leistungserstellung"/„Leistungserbringung") sowie ggf. die Kontrolle des Produktionsergebnisses und des Transfers des Produktionsergebnisses an den Nachfrager („Absatz").
- Der zweite Grund findet sich darin, dass es lange Zeit auch aus Sicht sozialer Dienste und Einrichtungen wenig Grund gab, sich um eine breite Nutzung betriebswirtschaftlicher Erkenntnisse zu bemühen. Auf welche betriebswirtschaftlichen Eigenheiten sozialer Dienste und Einrichtungen ist dies zurückzuführen und aufgrund welcher Änderungen ist ein Aufschwung des Interesses an betriebswirtschaftlichen Kenntnissen zu verzeichnen?

Betriebswirtschaftliche Eigenheiten sozialer Dienste und Einrichtungen

Wie immer wenn Güter erstellt werden, unterstellt auch die Tätigkeit sozialer Dienste und Einrichtungen menschliche Bedürfnisse, die ihre Befriedigung in deren Dienstleistungen suchen. Viele dieser Bedürfnisse unterscheiden sich aber von anderen Bedürfnissen dadurch, dass sie einer Not geschuldet sind. Die Betreuung eines Angehörigen, die Beratung von Eltern bei Problemen mit den Kindern oder das Bedürfnis, Hilfe bei der Absolvierung einer Berufsausbildung zu erhalten, sind wie viele andere Bedürfnisse, mit denen sich soziale Dienste und Einrichtungen befassen, Ergebnis einer (sozialen) Notlage, in die Nachfrager nach Hilfe geraten sind. Von der Besonderheit dieser Lebenslage sind die Bedürfnisse auch im Verhältnis zu dem Dienstleister geprägt, der sich mit seinem Angebot auf sie bezieht. Dafür sind zwei Gründe maßgeblich:

- Mit dem Hilfebedarf, aus dem sie sich ergeben, ist häufig eine Minderung oder der Verlust von Zahlungsfähigkeit seitens des Hilfebedürftigen verbunden.
- Die zu befriedigenden Bedürfnisse werden nicht notwendig durch die Bedürftigen selbst souverän geäußert, sondern der Bedarf wird in bestimmten Fällen – z. B. wenn Menschen mit Behinderung ihren Bedarf nicht artikulieren können – stellvertretend durch jemanden formuliert, der diesen Menschen betreut oder rechtlich für ihn verantwortlich ist.

Im Unterschied zu vielen anderen Produkten, die in marktwirtschaftlichen Gesellschaften angeboten werden, werden solche Bedürfnisse nicht von Haus aus von Unternehmen befriedigt, die damit den kommerziellen Zweck verfolgen, Gewinn zu erwirtschaften. Denn für sie ist eine entscheidende Bedingung ihrer Geschäftstätigkeit nicht gegeben: ihre Leistungen für einen mehr als kostendeckenden Preis verkaufen zu können.

Aufgrund des Mangels an Zahlungsfähigkeit seitens ihres „Konsumenten", dem Klienten, etablieren sich im Bereich Sozialer Arbeit überwiegend gemeinnützig tätige Einrichtungen. Der Gesichtspunkt, inwiefern sich durch den Verkauf der Produkte an die Konsumenten ein möglichst großer Gewinn erzielen lässt, ist für sie (erst einmal) nicht entscheidend. Für sie steht die Erbringung der „Leistung Hilfe" als Sachziel im Vordergrund, während die Beschaffung von *eigener* Zahlungsfähigkeit für die Anstellung von Mitarbeitern und Sachmitteln als Formalziel nur Mittel ist, um das Sachziel zu erreichen.

Die Definition des Bedarfs, für die die Leistungserstellung vorgenommen wird, erfolgt auf Grundlage der beschränkten Zahlungsfähigkeit der Klienten entweder durch

– den Leistungserbringer selbst (wenn er über genügend eigene Ressourcen verfügt oder diese bedingungslos zur Verfügung gestellt bekommt) und/oder
– diejenigen, die mit ihrer Zahlungsfähigkeit Ressourcen zur Verfügung stellen, also überwiegend Leistungsträger, die auf Grundlage von Sozialgesetzen über den klientenbezogenen Hilfebedarf entscheiden.

Wie der Bedarf definiert wird und wie die Leistungserbringer Zugriff auf die dafür erforderlichen Ressourcen erhalten, dies sind jeweils entscheidende Bedingungen für betriebliches Handeln und für sich daraus ergebende betriebswirtschaftliche Fragestellungen.

Bis Mitte der 90er Jahre wurden die Bedingungen für die betriebswirtschaftliche Tätigkeit sozialer Dienste und Einrichtungen durch das sog. Selbstkostendeckungsprinzip gesetzt. Die Leistungserbringer erhielten über ein Verfahren der Selbstkostendeckung nach vorab vereinbarten Kriterien Kosten durch die Leistungsträger erstattet, die ihnen aufgrund der Leistungserbringung entstanden sind. Leistungsziele wurden abstrakt formuliert und ihre Ausgestaltung den jeweiligen Diensten und Einrichtungen überantwortet. Vor dem Hintergrund einer so weitgehend einrichtungsindividuell gestalteten Leistungserbringung standen Verhandlungen über die Fortschreibung oder Verbesserung von Pflegesatzvereinbarungen, die Aushandlung von Personalschlüsseln und die Kontrolle von Einnahmen und Ausgaben während des Wirtschaftsjahres im Zentrum des betrieblichen Interesses. Betriebswirtschaftliche Fragen reduzierten sich dementsprechend in sozialen Diensten und Einrichtungen vielfach auf das kameralistisch beurteilte „Auskommen mit dem betrieblichen Einkommen" und das Bemühen, aus den verfügbaren Mitteln möglichst viel im Sinne des Einrichtungsauftrags zu machen. Im weiteren betriebswirtschaftlichen Sinne betraf dies – wie oben bereits angesprochen – die Frage nach der betrieblichen Willensbildung und die Gestaltung der Aufbau- und Ablauforganisation sozialer Dienste und Einrichtungen, im engeren Sinne die nach der Kalkulation und Aufzeichnung des Verbrauchs von Finanzmitteln im Rahmen einer kameralistisch aufgebauten Buchhaltung. Weiterreichende betriebswirtschaftliche Fragestellungen wie die nach einer produktiven und wirtschaftlichen Leistungserbringung, der Leistungsverwertung oder der Kostenrechnung führten in sozialen Diensten und Einrichtungen ein Schattendasein oder waren wie das Rechnungswesen dem kameralistischen Bemühen um ausgeglichene Haushalte untergeordnet. Erst seit Mitte der 90er Jahre bildeten sich mit neuen Anforderungen an die betriebswirtschaftliche Organisation sozialer Dienste und Einrichtungen Umrisse „einer BWL für Soziales und Gesundheit" heraus, deren Themenfelder Pracht mit traditionellen Begriffen der Betriebswirtschaftslehre beschreibt: Rechnungswesen, Controlling, Finanzierung, Marketing, Organisationslehre und die Gestaltung von Rechtsformen für die betriebliche Willensbildung (Pracht, 2002). Auf welche neuen betriebswirtschaftlichen Anforderungen in sozialen Diensten und Einrichtungen ist dies zurückzuführen, welches sind die Gründe für diese Änderungen und in welchem Verhältnis steht die damit verknüpfte Anwendung betriebswirtschaftlicher Instrumentarien zu deren fachlichen Anliegen?

Das zunehmende Interesse an betriebswirtschaftlichen Fragestellungen und Sozialmanagement in sozialen Diensten und Einrichtungen

Die Bedingungen für die betriebswirtschaftliche Tätigkeit in Einrichtungen der Sozial- und Jugendhilfe änderten sich wesentlich aufgrund von Regelungen über leistungsorientierte Vergütungen (vgl. die §§ 77, 78 und 78a-g SGB VIII sowie §§ 75 ff. SGB XII). Der Gesetzgeber zielt durch diese Regelungen auf Einsparungen im Sozialbereich, indem er Leistungserbringer einer Konkurrenz um Preis und Leistung aussetzt[3] und damit die Entwicklung von neuen Verfahren für die Bestimmung des individuellen Hilfebedarfs und der öffentlichen Ressourcenzuteilung anstößt. Leistungserbringern ist im Rahmen der Pflegesatzvereinbarungen nicht mehr freigestellt, wie und welche Leistungen sie erbringen. Vielmehr müssen sie die zu erbringenden Leistungen im Vorfeld der Leistungserbringung definieren, um Verträge darüber und die dafür geltenden Vergütungen abzuschließen. Diese Verträge kommen unter Beurteilung des Preis-Leistungs-Verhältnisses und des Vergleichs verschiedener Leistungserbringer durch die Sozialleistungsträger zustande.[4]

Damit werden Organisationen, die Wert darauf legten, aus ethischen Gründen in ihrer Leistungserbringung nicht nach Heller und Pfennig zu rechnen, mit Anforderungen konfrontiert, die bislang eigentümlich für kommerziell tätige Unternehmen waren. Sie stehen praktisch und rechtlich der Anforderung gegenüber, ihre Leistungen in einer Form zu definieren, die eine Kalkulation des Verhältnisses von Leistung und Vergütung ermöglicht.[5] Sie müssen ihre Leistungen qualifizieren und quantifizieren, um sie auf dieser Grundlage monetär bewerten zu können. Worin die Leistungen bestehen, für die eine Vergütung ausgehandelt werden soll, und wie deren Kosten zu kalkulieren sind, eröffnet sich auf dieser Grundlage als *neue* und *besondere* betriebswirtschaftliche Fragestellung; *neu* für soziale Dienste und Einrichtungen, die mit dieser Anforderung konfrontiert sind, *besonders* im Vergleich zur Vereinbarung von Leistungen, wie sie für kommerziell tätige Unternehmen auf dem freien Markt erfolgen.

Die Freiheit Gewinne zu erwirtschaften und der Zwang, dies unter der Bedingung des vom Sozialleistungsträger vorgenommenen Vergleichs von Preis und Leistung zu tun, hat Folgen. Lag bisher der Kern des organisatorischen Selbstverständnisses der Erbringer sozialer Dienstleistungen in den von ihnen verfolgten Sachzielen, für die die Formalziele der Kostendeckung und des ausgeglichenen Haushalts ein *Mittel* darstellten, stellt sich in der Folge die Frage, ob die Prioritäten neu zu gewichten sind. Die *Bedingung* für die Erfüllung ihrer Dienstleistungsziele, d. h. die Beschaffung der dafür erforderlichen Ressourcen in Form eines kosten-

---

[3] In den Worten des Gesetzgebers: „... durch einen Wettbewerb unter den Einrichtungen (sollen) die Träger der Sozialhilfe den vom Gesetzgeber gewollten Einfluß auf die Kostenentwicklung in Einrichtungen erhalten ..." (Deutscher Bundestag: Drucksache 13/2440 vom 27.09.1995: Entwurf eines Gesetzes zur Reform des Sozialhilferechts)

[4] Vgl. die Regelung des § 75 (2) SGB XII: Der „Träger der Sozialhilfe (hat) Vereinbarungen vorrangig mit Trägern abzuschließen, deren Vergütung bei vergleichbarem Inhalt, Umfang und Qualität der Leistung nicht höher ist als die anderer Träger." Im SGB VIII zielen die Kriterien des § 78b (2) gleichfalls auf einen „externen Vergleich mit Vergütungen anderer Einrichtungen bei vergleichbaren Leistungen." (Münder u. a., 2009, S. 651)

[5] In Einrichtungen, die SGB XII-finanziert sind, schließt dies ein, die Leistungen auf einen erhobenen Hilfebedarf zu beziehen.

deckenden Verkaufs der eigenen Leistungen in Konkurrenz mit anderen Leistungserbringern gewinnt eine zentrale Bedeutung für die Organisation sozialer Dienste
und Einrichtungen.

Der Verkauf sozialer Dienstleistungen und der Zuwachs an Geldvermögen
werden damit zwar für gemeinnützige soziale Dienstleister nicht zum entscheidenden organisatorischen Ziel, dem die jeweils besonderen Dienstleistungen als gleich-
gültiges Mittel gegenüberstehen. Gleichwohl wird die Verbesserung des Verhältnisses von Preis und Leistung gegenüber konkurrierenden Leistungserbringern zu
einem für die wirtschaftliche Reproduktion der Einrichtung notwendigen Instrument.[6] Gleichzeitig etabliert sich damit ein neuer Gesichtspunkt bei der Beurteilung
der von ihnen zu erbringenden Leistungen und ein neues wirtschaftliches Erfolgs-
kriterium, denn die jeweiligen Leistungen unterscheiden sich für die Leistungserbringer danach, ob und in welchem Umfang sie zur Reproduktion der Einrichtung durch den Umfang der Kostendeckung beitragen bzw. ob sie es ermöglichen,
einen Überschuss zu erwirtschaften, den der Gesetzgeber mit den neuen Regelungen ermöglicht.[7] Art und Umfang der von sozialen Dienste und Einrichtungen
erbrachten Leistungen sind unter diesem Gesichtspunkt von ihnen danach zu
beurteilen, ob bzw. in welchem Maße sie zur sachlichen und wertmäßigen Reproduktion der Organisation beitragen.[8] Auch ist seit Einführung leistungsorientier-
ter Entgelte bei sozialen Einrichtungen, in deren Arbeitsfeld tendenziell ein Über-
angebot an Leistungen zur Verfügung steht (insbesondere dem Bereich stationärer
Pflege- und Altenhilfe), auch das Phänomen zu verzeichnen, dass diese ihre Angebote absatzorientiert planen und bewerben. Ähnliche Entwicklungen vollziehen
sich partiell dort, wo Klienten über ein persönliches Budget verfügen.

Betriebswirtschaftlich ergibt sich daraus die Notwendigkeit zur Kalkulation der
Kosten der eigenen Leistungen, zur Entwicklung von Strategien, die auch über
mehrere Wirtschaftsjahre hinweg auf eine Kostendeckung oder gar einen Gewinn
zielen und zur Überprüfung des wirtschaftlichen Erfolgs. Vor diesem Hintergrund

---

[6] Damit tauchen auch zunehmend in der Freien Wohlfahrtspflege Phänomene auf wie Outsourcing,
Senkung des Lohnniveaus um Konkurrenten auszustechen bzw. um gegenüber der Konkurrenz
standzuhalten, etc., die aus dem Bereich gewinnorientierten Wirtschaftens bekannt sind. Sie ver-
danken sich in der freien Wohlfahrtspflege nicht dem Motiv, mehr Gewinn an sich zu ziehen,
sondern die sozialstaatlich stimulierte Konkurrenz mittels Kostensenkung zu bewältigen.

[7] Auch für gemeinnützige Einrichtungen ist die Erwirtschaftung eines Gewinns möglich, aber daran
gebunden, dass dieser wieder für gemeinnützige Zwecke verwendet wird.

[8] Sachlich ist damit natürlich ein Widerspruch unterstellt zwischen Anforderungen, die sich aus dem
Hilfebedarf ergeben, und denjenigen, die sich aus dem Bedürfnis nach Kostendeckung bzw. -über-
deckung ergeben. Einrichtungen, deren Kalkulation darauf hindeutet, dass Leistungen bezüglich
bestimmter Hilfebedarfe nicht kostendeckend vergütet werden, stehen vor der Frage, ob sie solche
Klienten trotzdem betreuen oder ob sie versuchen sollen, dies zu vermeiden. Dies unterstellt auch
der Gesetzgeber, wenn er die Verpflichtung vorschreibt, „im Rahmen des vereinbarten Leistungs-
angebotes Leistungsberechtigte aufzunehmen und zu betreuen." (§ 76 (1) SGB XII) und der auf
diesem Wege zu erreichen versucht, „dass Einrichtungen nicht nur ‚leichte Fälle' betreuen" (Münder
u. a., 2005, S. 572), also solche, bei denen nicht anzunehmen ist, dass sie mehr Ressourcen binden als
durch den Leistungsträger erstattet werden.

und weil sich damit der betrieb(swirtschaft)liche Erfolg nicht mehr in einem ausgeglichenen Haushalt zum Ende des Wirtschaftsjahres messen lässt, erhält die Anwendung betriebswirtschaftlicher Instrumente und betriebswirtschaftlicher Kenntnisse unter der Überschrift „Sozialmanagement" eine zunehmende Bedeutung für das betriebliche Handeln. Zur Kenntnis der Kostendeckung der erbrachten Leistungen ist die Durchführung einer Kosten- und Leistungsrechnung erforderlich und zur Einschätzung der Vermögenssituation der Organisation die Erstellung von Bilanzen und einer Gewinn-und-Verlust-Rechnung. Darüber hinaus stehen Träger und Einrichtung vor der Frage, welche weiteren betriebswirtschaftlichen Kennzahlen *(„hard facts")* und Instrumente sie zur Steuerung der Organisation benötigen: Reichen Kenntnisse über die Auslastung der Einrichtung oder sind solche über die Entwicklung von Umsatzzahlen erforderlich? Ist auch die Erstellung von Liquiditäts-, Finanz- und Investitionsplänen erforderlich? Etc. Und daran anschließend ist für Organisationen, die in einem Konkurrenzverhältnis stehen, zu klären, was sie als ihre organisatorischen Schwachstellen ansehen, in denen mehr Effizienz anzustreben ist *(„soft facts")*.

Fällt im Einzelfall die Antwort auf die Frage, welche Bedeutung soziale Dienste und Einrichtungen betriebswirtschaftlichen Instrumentarien beimessen, ins individuelle Kalkül der Einrichtungsleitung, ändert sich die Situation, wenn soziale Dienste und Einrichtungen die Leistungen von Kreditinstituten in Anspruch nehmen müssen. Der zunehmende Bedarf an Bankkrediten seitens sozialer Dienste und Einrichtungen wird dabei durch dieselben gesetzlichen Regelungen hervorgebracht, die auch zur Einführung von Leistungsentgelten geführt haben, denn Investitionen können jetzt in Form eines Investitionsbetrags im Rahmen der Leistungserbringung in Rechnung gestellt werden. In Kombination mit der Praxis einer oftmals verringerten Bezuschussung von Investitionen der Leistungserbringer durch die öffentliche Hand führt dies dazu, dass Leistungserbringer Investitionen zunehmend aus eigenen Mitteln tätigen müssen und sie erst über die Vergütung ihrer Leistungen verrechnen können. Sind keine Eigenmittel vorhanden, ist der Investor genötigt Kredite aufzunehmen.

Anforderungen an die Nutzung betriebswirtschaftlicher Instrumentarien werden dann von den kreditgebenden Banken gesetzt. Kreditvergaberegelungen, die über die Baseler Eigenkapitalvereinbarungen (Basel II) nationales Recht geworden sind, beinhalten über bankenspezifische Ratingverfahren die Forderung nach spezifischen betriebswirtschaftlich orientierten Management-Kompetenzen. In diesen bankinternen Ratingverfahren wird das betriebswirtschaftliche Handeln sozialer Organisationen bewertet. Es werden „harte" und „weiche Faktoren" geprüft. Zu den harten Faktoren gehört z. B. das betriebliche Rechnungswesen, zu den weichen Faktoren die interne Organisation des Leistungserbringers: das Vorhandensein eines Controllings, die Zukunftsfähigkeit der Organisation aufgrund der Entwicklung des Leistungsangebots, die Personalsituation oder die Anwendung des Qualitätsmanagements.[9] Die Prüfung und Bewertung dieser Faktoren schlägt sich aufgrund des Ergebnisses des Ratings in der Höhe der Kreditkosten nieder, da die Banken gehalten sind, Mängel in Management und Organisation der Kreditnehmer und dadurch unterstellte höhere Kreditrisiken durch eigene höhere Eigenkapitalquoten zu kompensieren. Den Zwang dazu geben die Kreditgeber in Form höherer Zinsen an die Kreditnehmer weiter.

Zusammenfassend lässt sich somit festhalten, dass der gesetzgeberisch-finanzielle Zwang sozialen Diensten und Einrichtungen „nahelegt", betriebswirtschaftliche Kenntnisse und Instrumente zunehmend zu nutzen und die Betriebsorganisation bei der Leistungserbringung so zweckmäßig und kostengünstig wie möglich zu gestalten, um dem Kostenvergleich mit anderen Leistungserbringern standzuhalten. Die seit kurzem gültigen Ratingverfahren bei der Kreditgewährung vervollständigen diesen Zwang. Er führt dazu, dass soziale Dienste und Einrichtungen weiträumig auf den Fundus betriebswirtschaftlichen Wissens aus der Welt gewinnorientierten Wirtschaftens zugreifen, aber auch oft feststellen, dass dieser nicht hinreichend ist, um die damit verbundenen Anforderungen zu bewältigen. Während z. B. für die Kalkulation der Kosten der Leistungserbringung auf tradierte Verfahren der Kosten- und Leistungsrechnung zurückgegriffen werden konnte, war und ist es notwendig, für die Definition der der Kalkulation zugrunde liegenden Leistungen und des Hilfebedarfs theoretisches und praktisches Neuland zu betreten und neue Verfahren zu entwickeln.

Ausgehend vom praktischen Zwang, betriebswirtschaftliche Instrumentarien zu nutzen, entfaltete sich deshalb mit dem praktischen auch das theoretische Interesse an den damit verbundenen betriebswirtschaftliche Fragen, die partiell Grundsatzfragen berühren wie z. B.:

- Worin bestehen die „Produkte" und betrieblichen Leistungen, für die eine Vergütung kalkuliert und verhandelt werden soll, wie werden diese definiert und wie bestimmt sich der (Hilfe-)Bedarf, für den die betrieblichen Leistungen erbracht werden? Welche Instrumentarien sind geeignet, den Hilfebedarf zu erheben und die Leistungen zu planen?
- Ist die Erbringung betrieblicher Dienstleistungen in sozialen Diensten und Einrichtungen überhaupt plan- und kalkulierbar?
- Wie lassen sich die für die Leistungserbringung erforderlichen Ressourcen und das Verhältnis von Kosten- und Leistungen kalkulieren? Welche betriebswirtschaftlichen Instrumentarien sind dafür geeignet bzw. erforderlich?

Erhebung des Hilfebedarfs

Im Bedürfnis des Klienten findet die Tätigkeit des Leistungserbringers der Sozialen Arbeit ihre Legitimation. Besonderheiten dieses Bedürfnisses ergeben sich allerdings aus Folgendem.

---

[9] Vgl. zu Maßnahmen zur Verbesserung des Kredit-Ratings die Untersuchung von Lehr (2009) am Beispiel der Bank für Sozialwirtschaft.

- *Erstens* wenn dieses – sofern es wie oben dargestellt – nicht mit eigener Zahlungsfähigkeit ausgestattet ist, um gegenüber dem Leistungserbringer mit der Macht des Geldes aufzutreten und dessen Angebot im eigenen Sinne zu beeinflussen.
- *Zweitens* wenn es – z. B. in bestimmten Arbeitsfeldern wie der Kinder- und Jugendhilfe oder der Psychiatrie – aufgrund der persönlichen (Not-)Lage nicht in der Lage ist, sich selbstbestimmt zu formulieren, oder wenn ihm dies nur aufgrund der Definitionsmacht eines Betreuers möglich ist.

Daraus ergeben sich Konsequenzen für die Rolle des Bedürfnisses im Prozess der Leistungserbringung. Denn Art und Umfang des Bedürfnisses, für welches Leistungen bereitgestellt werden – der Bedarf –, werden im Allgemeinen nicht durch den Bedürftigen selbst bestimmt, sondern stellvertretend für ihn. Dies erfolgt z. B. durch diejenigen, die den offiziell anerkannten Bedarf (meist aufgrund sozialrechtlicher Basis) und damit die Ressourcen definieren, die für dessen Befriedigung zur Verfügung stehen, und/oder im Rahmen des persönlichen Verhältnisses eines Betreuers zu dem ihm anvertrauten Menschen. Daraus ergibt sich für die Leistungserbringer eine institutionelle Freiheit, wie sie ihr Verhältnis zu ihren Klienten definieren. Haisch kennzeichnet die beiden Antipoden dieses Verhältnisses mit den Begriffen der Aufwandsorientierung und der Bedarfsorientierung (vgl. Haisch, 2004b).

Für Leistungserbringer, die bedarfsorientiert arbeiten und ihre Tätigkeit am erhobenen individuellen Bedarf der Klienten orientieren, ergeben sich eigene Aufgaben zur Bestimmung des Umfangs der von ihnen zu erbringenden Leistungen. Diese Aufgabe ist für Einrichtungen, die eine öffentliche Finanzierung erhalten, durch den Sachverhalt bestimmt, dass Klienten und Kostenträger nicht identisch sind. Damit ergibt sich die organisatorische Aufgabe, den Bedarf des Klienten unter Berücksichtigung des Interesses des Kostenträgers bzw. der gesetzlichen Vorgaben zu bestimmen. Darüber hinaus besteht sie darin, dafür Sorge zu tragen, auch solche Bedürfnisse in den Leistungskatalog aufzunehmen, die nicht in der Lage sind, sich selbst souverän zu formulieren.

Am deutlichsten wird die organisatorische Problematik einer solchen Bedarfsbestimmung im Bereich der Sozialhilfe, wo Dienste und Einrichtungen durch die Reformen in der Einrichtungsfinanzierung verpflichtet wurden, als Voraussetzung für leistungsorientierte Vergütungen (die sog. „Maßnahmepauschale") eine Erhebung des Hilfebedarfs vorzunehmen. Formal ist darin die Forderung enthalten, die fachliche Aufgabe so zu bestimmen, dass sie sich am Bedürfnis bzw. dem sozialrechtlich definierten Bedarf desjenigen Klienten orientiert, für den bzw. an dem der Dienst geleistet wird. Die Forderung nach einer Bestimmung des individuellen Bedarfs als Organisationsziel für soziale Dienstleistungen enthält somit „den praktischen Zwang und die theoretische Notwendigkeit einer grundlegenden fachlichen Diskussion dessen ..., was ein Mensch, insbesondere ein unterstützungsbedürftiger, ‚zum Leben braucht'. Die Methoden und Theorien zur Bedarfsbestimmung treten damit ... in das Zentrum fachlichen Interesses."[10]

Aus fachlicher Sicht, der Sicht der Sozialen Arbeit, lautet die in diesem Zusammenhang zu stellende Frage: Worin besteht der zu befriedigende Hilfebedarf? Mit Blick auf die Organisation und Steuerung der Einrichtungen stellt sich die Frage, ob sich aus dem erhobenen Hilfebedarf die zu dessen Befriedigung erforderlichen Leistungen und die dafür zu erfüllenden Teilaufgaben, die erforderlichen Ressourcen und Arbeitsabläufe bestimmen und planen lassen. In der Kombination beider Fragestellungen – der fachlichen und der organisatorischen – in Instrumenten, die es erlauben auch die Leistungserbringung zu planen, liegt somit eine entscheidende Herausforderung für die Organisation und Steuerung der Einrichtung. Dieses interne Steuerungsinteresse des Leistungserbringers wird ergänzt durch den Zwang der Leistungsgesetze, Hilfebedarfe zu erheben.

Insbesondere im Bereich der Behindertenhilfe erfolgten bereits zu Beginn der 90er Jahre Entwicklungsarbeiten an Konzepten und Instrumenten der Hilfebedarfserhebung.[11] Zu nennen sind hier z. B. das von der Forschungsstelle „Lebenswelten behinderter Menschen" der Universität Tübingen entwickelte Instrument „Hilfebedarf von Menschen mit Behinderung (HMB)" (vgl. die Untersuchungen von Metzler und Eichhorn (Eichhorn, 1998; Metzler, 1998)), die Entwicklung von SILQUE (Bichler u. a., 1995) und Werner Haischs POB&A („Planung und Organisation in der Betreuung und Assistenz").[12] An ihnen wird die besondere Schwierigkeit deutlich, sie für Zwecke der Bedarfserhebung *und* Einrichtungssteuerung zu nutzen.

In den Konzepten von Metzler/Eichhorn und Haisch finden sich theoretische Antipoden in der Umsetzung der Bedarfserhebung, die auch die aktuelle Diskussion darüber und weitere Entwicklungsarbeiten bestimmen. Während das sog. Metzler-Verfahren darauf zielt, Hilfebedarfe so zu erheben, dass sich aus ihnen eine punktebewertete Rangskala individueller Bedarfe ergibt, strebt Werner Haischs POB&A exemplarisch für die Assistenz von behinderten Menschen an, ein Verfahren zu sein, das betriebswirtschaftliche Fragestellungen, Verfahren zur Planung und

---

[10] Haisch, 2004b, S. 1.

[11] Aufgegriffen wurde der Bedarf nach der Entwicklung von Konzepten zur Bedarfsbestimmung und Einrichtungssteuerung in den verschiedenen Arbeitsfeldern der Sozialen Arbeit mit unterschiedlicher Dringlichkeit. Am ausgeprägtesten war der Bedarf an Instrumenten zur Bedarfserhebung im Bereich der (v. a. stationären) Behindertenhilfe, da diese ab Mitte der 90er Jahre im Zentrum der sozialpolitisch motivierten Sparbemühungen stand. Für Einrichtungen, die psychisch kranke Menschen betreuen, wurde der „Individuelle Behandlungs- und Rehabilitationsplan (IBRP)" entwickelt.

[12] Neuere Entwicklungen sind der „Individuelle Hilfeplan (IHP)" in Rheinland-Pfalz, der „Individuelle Teilhabeplan (ITP)" oder die „Computergestützte Gestaltung der Betreuung von Menschen mit geistiger Behinderung (GBM – eine Lizenz des POB&A von W. Haisch)".

Organisation der Betreuung und die Bedarfserhebung in stationären Einrichtungen der Behindertenhilfe integriert.[13]

Aus den unterschiedlichen Intentionen der beiden Verfahren ergeben sich unterschiedliche Kennzahlen, die mit ihnen gewonnen werden. Werner Haischs POB&A strebt an, die Hilfebedarfe in einer Form zu erheben, aus denen Kennzahlen gewonnen werden können, um den Umfang der sich daraus ergebenden Leistungen gegenüber dem Klienten zu bestimmen. Das Konzept geht davon aus, den Klientenbedarf individuell zu erheben und daraus abzuleiten, welche Ressourcen in Art und Umfang erforderlich sind, um den individuellen Hilfebedarf zu befriedigen. Aus der Rangskala des Metzler-Verfahrens hingegen lassen sich zwar relativ größere oder geringere Hilfebedarfe der hilfebedürftigen Personen entnehmen, nicht aber der individuelle Hilfebedarf nach Art der Leistung *und* ihrem zeitlichen Umfang. Dieses Verfahren eignet sich deshalb für die hierarchische Gliederung von Kostensätzen, nicht aber dazu, zu kalkulieren, für die Befriedigung welcher Hilfebedarfe welche Ressourcen erforderlich sind.[14]

Leistungsdefinition und Planbarkeit der Leistungserbringung

In der Leistungserbringung beziehen sich soziale Dienste und Einrichtungen auf den Hilfebedarf der Klienten. Ist bekannt, welche Leistungen (Beratung, Assistenz, etc.) erbracht oder angeboten werden sollen, um bestimmten Hilfebedarfen nachzukommen, lässt sich bestimmen

– welche Aufgaben wie zu erfüllen sind und welche Arbeitsabläufe im Rahmen welcher Betriebsstruktur zu organisieren sind,
– welche Mitarbeiter mit welchen Fähigkeiten und Qualifikationen und welche Sachmittel in welchem Umfang dafür erforderlich sind,
– welche Kosten dafür anfallen.

Die Einrichtungen und Dienste müssen sich also über den Zusammenhang zwischen ihren (gewünschten) Arbeitsergebnissen und den dafür erforderlichen Ressourcen Rechenschaft ablegen, wenn sie ihre Arbeit nicht dem Zufall der täglich durch scheinbare Sachzwänge an sie herangetragenen Forderungen und der gerade aktuell verfügbaren Ressourcen überantworten wollen. Die Grundlage dafür sind

---

[13] Eine Erweiterung der theoretischen Grundlagen und Konzepte für andere Arbeitsfelder sozialer Dienste und Einrichtungen ist noch offen. Das Verfahren POB&A („Planung und Organisation in Betreuung und Assistenz") wird seit 1995 in ca. 80 Einrichtungen in Deutschland und der Schweiz eingesetzt. Das Verfahren besteht aus analytischen Konzepten, Methoden und Techniken und dient, ausgehend vom Begriff des individuellen Bedarfs, einer bedarfsgerechten Planung und Organisation von Einrichtungen und Diensten, die betreuerische und assistierende Dienstleistungen anbieten.

[14] Aufgrund seiner einfachen Handhabung zur Erstellung von Hilfebedarfsgruppen, aus denen sich eine Spreizung der Leistungsentgelte für die verschiedenen Hilfebedarfsgruppen „ableiten" lassen, und der Bevorzugung durch die Sozialleistungsträger hat sich das Metzler-Verfahren lange Zeit in vielen Bundesländern durchgesetzt. Neuere Entwicklungen wie der IHP oder ITP zielen jetzt darauf, in diese Verfahren auch Elemente der Personalbemessung und Kostenkalkulation einzubeziehen.

Produkt- und Leistungsbeschreibungen. Sie haben in der Betriebsorganisation die Funktion, dass *aus ihnen abgeleitet werden kann, welche und in welchem Umfang betriebliche Ressourcen – Mitarbeiter und Sachmittel – verfügbar sein müss(t)en.* So sehr die Forderung „beim ersten Hören banal erscheint", dass „die Zielsetzung ... der Überlegung zu den Kosten – der Sache nach und der Zeit nach – vorher (geht)", so erweist sie sich „bei näherer Untersuchung der Praxis jedoch ... als keineswegs selbstverständlich." (Haisch, 1997, S. 1)[15] Zudem wird in der Fachliteratur immer wieder infrage gestellt, inwieweit aufgrund der Eigenart sozialer Dienstleistungen überhaupt von einer Planbarkeit der Arbeitsergebnisse ausgegangen werden kann. Immer wieder wird darauf hingewiesen, dass es der sozialen Arbeit bei der Überwindung sozialer Schwierigkeiten nicht möglich sei, „stabile und eindeutige ‚Ziel-Mittel-Zusammenhänge' etwa zwischen methodischer Vorgehensweise und präzisiertem Ziel (im Sinn von ‚Methode X bewirkt Ereignis Z') – herzustellen." Und dass, „selbst wenn sich ein gewünschter Zustand einstellt, ... wir nicht mit Sicherheit sagen (können), ob sich dieser Zustand aufgrund einer methodischen Vorgehensweise oder trotz dieser eingestellt hat."[16] Die „‚Überwindung sozialer Schwierigkeiten' kann ... ebenso die Eigenleistung eines Klienten sein wie der ‚Erfolg' professioneller Intervention, zufälliges Ergebnis begünstigender Umstände".[17]

Sosehr das fachliche Interesse des Leistungserbringers und das persönliche Interesse der Klienten an einer erfolgreichen Befriedigung des Hilfebedarfs aus Sicht der Dienste und Einrichtungen das letzte Kriterium zur Bemessung der notwendigen Einrichtungsressourcen ist, sowenig lässt sich somit generell ein Maß dafür nennen, mit welcher Leistung und welcher Ausstattung an Personal- und Sachmitteln der Dienstleister mit seinen Bemühungen erfolgreich ist. Die Leistungserbringung ist nicht notwendig identisch damit, dass das zugrunde liegende Problem bzw. die Not, die den Hilfebedarf hervorbringt, bewältigt ist. Die erfolgreiche Bewältigung der Probleme des Klienten oder manche Problemlösungsziele eignen sich deshalb nicht als allgemeines Kriterium für eine erfolgreiche Leistungserbringung.

Daraus ergeben sich spezifische Anforderungen an die Planung und Organisation der Leistungserbringung. Unter dem Gesichtspunkt der Planbarkeit und der Verfügbarkeit der erforderlichen Ressourcen ist es für die Leistungserbringer essenziell, dass die zu erbringende Leistung so definiert ist, dass sie der Leistungsfähigkeit der Einrichtung entspricht. Vorausgesetzt ist, dass „Ziel-Mittel-Zu-

---

[15] Haisch führt dies auf die vorherrschende Praktizierung des Maximalprinzips der Wirtschaftlichkeit zurück. In ihm werden die verfügbaren Ressourcen als fixe Größe betrachtet werden und die Leistung ergibt sich aus dem, „was machbar ist". Nach diesem Maximalprinzip „scheint die Aufgabe aller in sozialen Dienstleistungen Tätigen die zu sein, mit den gegebenen Mitteln ein Optimum an Leistung zu erzielen ... Ob die Mittel vergleichsweise üppig waren oder knapp ... Es galt, mit dem, was man hatte, zu wirtschaften – relativ unabhängig von Überlegungen zum Zweck und zur Begründung der einzelnen Maßnahmen." Die Zielformulierung geht hier nicht planerisch der Kalkulation der dafür erforderlichen Ressourcen vorher. (Haisch, 1997, S. 1)

[16] Alle Zitate: Dahme/Simon, 2006, S. 18.

[17] Denninger, 1998.

sammenhänge" existieren, aufgrund von denen Lösungen durch die Einrichtung herbeigeführt werden können. Einem bestimmten zweckmäßig organisierten Ressourceneinsatz muss ein dadurch erreichbares Ergebnis gegenüberstehen.

Unter diesem Gesichtspunkt lassen sich drei Fälle unterscheiden:[18]

1. Bedarf an Hilfe, der aus besonderen körperlichen oder geistigen Verfassungen folgt. Personen, die z. B. aus Gründen des Alters oder der Behinderung eigene Bedürfnisse haben, aber aus Gründen körperlicher oder geistiger Behinderungen nicht in der Lage sind, diese zu verfolgen. Hilfe, die Klienten z. B. durch Assistenz dabei unterstützt, trotz ihrer Beeinträchtigungen ihre Bedürfnisse zu befriedigen, ist dann leistbar, wenn aufseiten der Einrichtung die dafür erforderlichen personellen und sachlichen Ressourcen vorliegen.

2. Bedarf an Hilfe, dem persönliche Ziele zugrunde liegen, bei denen die Zielerreichung von Entscheidungen oder dem Verhalten des Hilfebedürftigen abhängt (z. B. bei drogenabhängigen Menschen). Hilfe kann in diesem Fall in der Unterstützung der von der Einrichtung anerkannten Vorhaben des Hilfebedürftigen bestehen oder in der Unterstützung der Klienten bei der Entscheidungsfindung. Es ist aber kein notwendiger Zusammenhang zwischen den Leistungen der Einrichtung und dem gegeben, dass der Klient seine Vorhaben erfolgreich realisiert. Auch größerer oder besserer Ressourceneinsatz kann nicht sicher ein solches Ergebnis herbeiführen. Kalkulierbar sind der Umfang der Beratungsleistungen im Verhältnis zu den dafür erforderlichen Ressourcen an Beratungskräften und z. B. Räumlichkeiten.

3. Hilfebedarf, um aus einer Situation zu entkommen, deren Gründe sich nicht aus der Person ergeben, sondern aus den gesellschaftlichen Verhältnissen (z. B. Arbeitslosigkeit oder Obdachlosigkeit). Hilfe trifft in diesem Fall auf die Schranke, dass zwar ein Bedürfnis nach Hilfe existiert, dem zudem ein mehr oder weniger klar definierter Zweck zugrunde liegt, dem aber nicht notwendig ein gleichermaßen klar definiertes und entscheidendes Hilfsmittel gegenübersteht, mit dem dieser Zweck zu erreichen ist. Nur in Ausnahmefällen wird die Einrichtung in der Lage sein, z. B. im Falle der Arbeitslosigkeit selbst über die Vergabe eines Arbeitsplatzes entscheiden zu können. Auch hier lässt sich nur das Maß an Beratung und Unterstützung im Verhältnis zu den dafür erforderlichen Ressourcen kalkulieren.

Nur im ersten Fall ist „die Überwindung sozialer Schwierigkeiten" mit einer definierbaren Leistung und somit mit kalkulierbarem Ressourceneinsatz möglich. Nur hier ist das Ergebnis der von der Einrichtung erbrachten Leistung der fachlich gewünschte Effekt – die Hilfe war erfolgreich. In den beiden anderen Fällen fällt es außerhalb der Möglichkeiten sozialer Dienste und Einrichtungen einen solchen (fachlichen) Erfolg sicherzustellen.

In den beiden anderen Fällen, in denen die Einrichtung nicht sicherstellen kann, dass der fachlich gewünschte Erfolg eintritt, ist sie somit darauf verwiesen, Leis-

---

[18] Vgl. dazu Gödicke, 2009, S. 124 ff.

tungsziele zu definieren – wie z. B. den Umfang und das Ziel von Beratung –, die nicht notwendig mit einer Lösung des Klientenproblems zusammenfallen. Fachliche Ziele und organisatorische Ziele trennen sich. Organisatorische Ziele orientieren sich in solchen Fällen an der Art und Höhe des Bedarfs an Beratung, Assistenz, etc., nicht aber daran, wie wirkungsvoll ihre Tätigkeit bei der Überwindung sozialer Schwierigkeiten ist. Nur so ist die Grundlage für eine Kalkulierbarkeit der betrieblichen Ressourcen gegeben. Und hier eröffnet sich vor dem Hintergrund von Bedenken, dass sich bei vielen Dienstleistungen „das Messen, Zählen, Wiegen und andere Verfahren der Outputmessung, wie sie bei der materiellen Güterproduktion üblich sind" als nicht anwendbar erweisen „bzw. sich die Ausbringungsmenge häufig schwer oder gar nicht ermitteln lässt",[19] ein weites Feld betriebswirtschaftlicher Überlegungen, wie sich soziale Dienstleistungen auf Grundlage definierter Leistungen messen lassen.

Das betriebliche Rechnungswesen

Allgemein kann man festhalten, dass jede Organisation gefordert ist, sich im Rahmen eines betrieblichen Rechnungswesens Rechenschaft darüber abzulegen, welche Ressourcen sie für die Erfüllung ihrer Aufgaben braucht und verbraucht. Die Erbringung von Leistungen erfordert die Beschaffung der dafür erforderlichen Mitarbeiter, Betriebsmittel wie Gebäude, Werkzeuge sowie Werkstoffe (Verbrauchsmaterial/Verbrauchsgüter) und verbraucht sie. Nach der sachlichen Seite hin verlangt dies „nur" eine vorausschauende Planung der notwendigen Mitarbeiter und Sachmittel und die Kontrolle des Ressourcenverbrauchs. Beruht die Tätigkeit eines Leistungserbringers ausschließlich auf ehrenamtlicher Tätigkeit und Sachspenden, dann besteht die Ressourcenplanung in dieser rein sachlichen Planung der Verwendung von Mitarbeitern und Sachmitteln und deren Verfügbarkeit. Müssen für die Beschaffung der Ressourcen finanzielle Mittel aufgewendet werden, dann ändert sich die Art des Rechnungswesens. Dann ist – wie bereits im o. g. Fall der Selbstkostendeckung – zudem eine Kontrolle des Verbrauchs an Finanzmitteln sowie des Werteverzehrs, der mit dem Verbrauch von Produktionsmitteln in der Einrichtung verbunden ist, im Verhältnis zu den geplanten Einnahmen erforderlich.

Ist eine Organisation gezwungen, ihre Leistungen zu verkaufen und aus diesen Einnahmen ihre Reproduktion sicherzustellen, dann ist zudem eine Kalkulation der anfallenden Kosten notwendig. Die Kostenkalkulation gibt Auskunft darüber, welche Vergütung für die erbrachten Leistungen notwendig ist, um verbrauchte Produktionsmittel dauerhaft wiederbeschaffen und damit auch zukünftig Leistungen erbringen zu können. Denn die Vergütung, die für die erbrachte Leistung bezahlt wird, ist das Maß, in welcher Höhe ein Kostenersatz stattfindet. Sie entscheidet darüber, ob die Reproduktion des Leistungsangebots auf gleicher, verminderter oder erweiterter Stufenleiter stattfindet oder ob – im Extremfall – eine

---

[19] Vgl. z. B. Knorr/Scheppach, 1999.

Einrichtung perspektivisch der Insolvenz anheimfallen könnte. Erforderlich ist, die in die Zukunft blickende Kostenkalkulation durch eine in die Vergangenheit blickende Kenntnis des Stands der wirtschaftlichen Situation zu ergänzen. Nur dann ist der Leistungserbringer in der Lage, zu beurteilen, ob die geplanten wirtschaftlichen Entwicklungen auch mit den tatsächlichen übereinstimmen, d. h. ob die Verkaufserlöse die kalkulierten Kosten decken. Diese Art der Kostenkalkulation und der Erhebung des Vermögens der Organisation liegt somit im Interesse der jeweiligen Wirtschaftssubjekte.

Da die wirtschaftlichen Konsequenzen einer Fehlkalkulation zulasten derjenigen Organisation gehen, die sie für ihre Zwecke vorgenommen hat, erfolgt die Kostenkalkulation für die interne Planung auf Grundlage eigener Einschätzungen der Leistungserbringer hinsichtlich des sachlichen Verbrauchs ihrer Ressourcen. Für die Erhebung des Ressourcenverbrauchs (und damit des Vermögensstandes) liegen zwar gleichfalls intrinsische Motive der Organisation vor, da aber deren Ergebnisse auch für Dritte interessant sind – wie z. B. Banken im Falle einer Kreditgewährung –, gibt es flankierende gesetzliche Regelungen, die die Erstellung von Bilanzen und Publikationspflichten gegenüber der Öffentlichkeit betreffen. Die Betriebswirtschaftslehre stellt dafür die entsprechenden Kenntnisse bereit; für die sachgerechte Bewältigung der kalkulatorischen Anforderungen z. B. verschiedene Verfahren der Kostenrechnung (vgl. Wöhe/Döring, 2008, S. 917 ff.).

Die Nutzung betriebswirtschaftlicher Instrumentarien im Spannungsfeld zwischen betrieblichen Interessen und Interessen des Leistungsträgers

Welchen Einfluss hat die Nutzung betriebswirtschaftlicher Instrumente auf die Realisierung des Interesses sozialer Dienste und Einrichtungen an einer ausreichenden finanziellen Ausstattung?

Weitere Besonderheiten der Bedarfserhebung, Leistungsbeschreibung und Kostenkalkulation ergeben sich aufgrund des Abhängigkeitsverhältnisses der Leistungserbringer vom Leistungsträger. Das Interesse des Leistungsträgers an verwaltungstechnisch einheitlichen und verwaltungsökonomischen Verfahren des Preis-Leistungs-Vergleichs in Verbindung mit gegensätzlichen Interessen zwischen Leistungsträgern und -erbringern bezüglich der Höhe der Vergütung führt dazu, dass auf allen Ebenen betriebswirtschaftlicher Kalkulation neben den betrieblichen Instrumenten öffentliche existieren. Am deutlichsten wird dies am Beispiel der Kostenkalkulation.

Die Kosten- und Leistungsrechnung gilt als Teil des *internen* Rechnungswesens, insofern ihre Durchführung vom Gesetzgeber nicht verlangt wird und im Unterschied zur Finanzbuchhaltung keine rechtlichen Festlegungen dafür existieren. Ihre Ergebnisse bleiben in den meisten Branchen aus Konkurrenzgründen Interna der Unternehmen. Anders bei sozialen Diensten und Einrichtungen, wenn diese mit Sozialleistungsträgern über Leistungsentgelte verhandeln. Die Freiheit, die in der Kostenkalkulation der Leistungserbringer intern gegeben ist, existiert im Verhältnis zum Sozialleistungsträger nicht. Zur internen Kalkulation, die aus eigenem Erkenntnisinteresse durchzuführen ist, gesellt sich der Zwang, eine externe Kostenkalkulation zu erstellen, deren Adressaten die Sozialleistungsträger sind, denen gegenüber damit Vergütungsforderungen vorgetragen werden. Ihnen gegenüber müssen die Leistungserbringer ihre finanziellen Forderungen auf Basis der Kostenkalkulation und im Vergleich mit anderen Diensten und Einrichtungen, die die gleiche Leistung erbringen, begründen, um damit eine an ihren betrieblichen Zielen ausgerichtete ausreichende Ressourcenausstattung zu erreichen.

Im Unterschied zu dem in der freien Wirtschaft angewandten Verfahren verwandelt dies die Kosten- und Leistungsrechnung in ein bürokratisches Verfahren, in dem die Sozialleistungsträger festlegen, welche Parameter in welchem quantitativen Verhältnis bei der Kostenkalkulation gelten. Essentiell ist die Frage, was als Verbrauch anzusehen ist.

Aufgrund der unterschiedlichen Interessen von Sozialleistungsträgern und Einrichtungen über die Höhe der Vergütung sozialer Leistungen ist die Frage, wann ein Ersatz von Produktionsmitteln gerechtfertigt ist, d. h. welche Kosten anerkannt werden, ein wesentliches Element der Auseinandersetzung über die Finanzierung. Dies beginnt bei der Kostenerfassung, die einem weiten Spielraum bezüglich des Einbezugs bzw. der Anerkennung von Faktoren unterliegt, die die Kostenhöhe beeinflussen. Es betrifft weiter die Frage, in welchem Umfang welche Kosten in welche Leistungen eingehen: wie bei der Kalkulation z. B. eine Aufteilung der Gemeinkosten im Bereich Verwaltung auf einzelne Leistungen erfolgt oder wie viel Prozent der jeweiligen Kosten für die Arbeitszeit von Mitarbeitern, Material etc. in eine bestimmte Leistung einberechnet werden dürfen, in welchen prozentualen Anteilen z. B. Leitungskosten auf die von der Einrichtung angebotenen Leistungen aufzuteilen sind. Und es endet mit der Entscheidung über die zugrunde gelegte Zeitdauer der Abschreibung. Gegenüber dem Sozialleistungsträger ist es eine „zentrale Frage sozialwirtschaftlicher Unternehmen, wie die bezuschussten Investitionen in Vergütungsverhandlungen zu behandeln sind; wie der Verbrauch zu bewerten ist, insbesondere die Frage der Abschreibungen, aber auch die im Dienstleistungssektor wichtige Frage der nicht-effektiven Zeiten." (Schellberg, 2001, S. 10)

Was ergibt sich daraus für die Nutzung betriebswirtschaftlicher Instrumente durch die Leistungserbringer? Aus der unterschiedlichen Interessenlage von Einrichtungen und Sozialleistungsträgern ergeben sich tendenziell gleichfalls unterschiedliche Verständnisse bezüglich dessen, was Kosten sind. Diese können in Begriffen der Betriebswirtschaftslehre mit dem „wertmäßigen Kostenbegriff" und dem „pagatorischen Kostenbegriff" bezeichnet werden. Während der wertmäßige Kostenbegriff all das als Kosten begreift, was im Zuge der betrieblichen Tätigkeit an Werten „verzehrt" wurde, wird entsprechend dem „pagatorischen Kostenbegriff" nur das als Kosten akzeptiert, was eine Geldausgabe verursacht.

Beide Kostenverständnisse finden sich in den Vergütungsverhandlungen zwischen Leistungsträger und –erbringer wieder. Leistungserbringer treffen mit ihren „wertmäßig" begründeten Vergütungsforderungen auf die Verpflichtung, Instrumentarien der Leistungsträger zu verwenden, die damit Vergütungsforderungen der

Dienste und Einrichtungen unter Verwendung ihrer eigenen (tendenziell „pagatorischen") Kriterien überprüfen. Rehkugler bewertet das Ergebnis dieses Dissenses (zurückhaltend) so, dass bei einem Blick in die Realität des Zahlungsverkehrs zwischen Sozialleistungsträgern und sozialen Einrichtungen in „den vergangenen Jahren … eine gewisse Tendenz in Richtung des zahlungsorientierten Kostenbegriffs festzustellen (ist), der sich grundsätzlich an Ausgabekategorien orientiert" (Rehkugler, 2005, S. 17).

Leistungserbringer können somit ihre Kosten nicht entsprechend ihren jeweiligen Schätzungen des Verbrauchs an Arbeitszeit, Material etc. kalkulieren, Gemeinkostenaufschlüsselungen und Abschreibungen nicht frei entsprechend dem eigenen wirtschaftlichen Gebaren festlegen. Die Kalkulation von Kosten (und darüber die Festsetzung von Preisen) besteht methodisch nicht einfach in der korrekten Anwendung des richtigen betriebswirtschaftlichen Handwerkzeugs. Einrichtungen, die den Regeln der Kosten- und Leistungsrechnung getreulich und nach eigenem Ermessen gefolgt sind und mit den Ergebnissen der Kalkulation in die Verhandlungen mit dem Sozialleistungsträger gehen, sehen sich mit dem Sachverhalt konfrontiert, dass Bewertungsspielräume zum Streitgegenstand werden. Weil die Betriebswirtschaftslehre den „pagatorischen Kostenbegriff" als für die Kostenkalkulation unzweckmäßig betrachtet (vgl. Wöhe/Döring, 2008, S. 933), hat dessen Verwendung in den Vergütungsverhandlungen für die Leistungserbringer Konsequenzen, die nicht nur die Höhe der verhandelten Vergütungen betreffen, sondern auch die Tauglichkeit des jeweiligen Kalkulationsverfahrens für das eigene interne Rechnungswesen. Stellt die Einrichtung fest, dass eine entsprechend diesen Vorgaben durchgeführte Kostenkalkulation für sie Ergebnisse erbringt, die intern nicht verwendet werden können, da die Ergebnisse aus ihrer Sicht nicht aussagekräftig sind, um die Wirtschaftlichkeit der Einrichtungsbereiche zu beurteilen, ist sie darauf verwiesen, die Mühe auf sich zu nehmen und zwei Kostenkalkulationen durchzuführen: eine für den Sozialleistungsträger und eine zur internen Prüfung der Wirtschaftlichkeit ihrer Leistungen. Ansätze, um auszuloten, welche Spielräume bei Nutzung des wertmäßigen Kostenbegriffs für das Interesse der jeweiligen Einrichtung trotzdem gegeben sind und diese im Einrichtungsinteresse zu nutzen, finden sich in der Literatur (vgl. z. B. Nicolini, 2005); inwieweit dies gemessen am Interesse der Leistungserbringer erfolgreich ist, ist am Einzelfall zu beurteilen.

Zusammenfassung

Der vorliegende Aufsatz ist der Frage nachgegangen, in welchem Verhältnis die fachlichen Aufgaben sozialer Dienste und Einrichtungen als organisierter Durchführung Sozialer Arbeit zu eben dieser Organisation und der Betriebswirtschaftslehre als Bezugswissenschaft stehen, die sich mit betrieblicher Organisation befasst. Geht man abstrakt von der Funktion einer arbeitsteiligen, kooperativen Durchführung Sozialer Arbeit aus, dann ist ein Gegensatz zwischen der Erfüllung der fachlichen Aufgaben und ihrer organisierten Durchführung nicht sichtbar. Vielmehr geht es bei der Organisation um eine umfassendere und produktivere, ggf.

über die Spezialisierung sogar bessere Durchführung Sozialer Arbeit. Aufgabe des Sozialmanagements ist, die Anforderungen zu erfüllen, die sich aus eben dieser organisierten Durchführung Sozialer Arbeit ergeben. Dessen Aufgaben umfassen somit solche, die auch bei der Selbstorganisation gegeben sind: Definition der Leistungen, die erbracht werden sollen; Planung der Arbeitsabläufe; Entscheidung, welche Ressourcen dafür erforderlich sind; etc. Gegensätze zu der Funktion einer bedarfsorientierten Leistungserbringung ergeben sich im Detail an den Stellen, an denen betriebswirtschaftliche Instrumentarien der Umsetzung des gesetzgeberischen Willens einer kostengünstigen Leistungserbringung dienen.

In der Beschaffung der für die Leistungserbringung erforderlichen Ressourcen, die überwiegend aus Finanzmitteln der öffentlichen Hand bestehen, treffen soziale Dienste und Einrichtungen auf sozialstaatlich formulierte Anforderungen, die auf Senkung der Kosten der Leistungserbringung durch eine durch den Leistungsträger stimulierte Konkurrenz zwischen den Leistungserbringern zielen. Diese Anforderungen treten ihnen als Bedingung ihrer Tätigkeit gegenüber. Nur indem sie ihnen nachkommen, haben sie Zugang zu öffentlichen Ressourcen. Dies betrifft die Definition der zu erbringenden Leistungen, die Kontrolle der Leistungserbringung (über Prozesse der Qualitätssicherung und Kennzahlensysteme), in größeren Einrichtungen die Nutzung von Instrumenten zur betrieblichen Bewirtschaftung der Finanzmittel und zur Bilanzierung der Vermögenssituation der Organisation (Kosten- und Leistungsrechnung, betriebliches Rechnungswesen auf Basis der doppelten Buchführung) wie auch für Einrichtungsinvestitionen zunehmend die Finanzierung über den Kreditmarkt. Im Vergleich zur sog. „freien Wirtschaft" sehen sich soziale Dienste und Einrichtungen nicht nur dazu veranlasst, den betrieblichen Erfolg über den Einsatz dieser betriebswirtschaftlichen Instrumentarien zu verbessern. Sie sehen sich auch Reglementierungen ausgesetzt, die z. B. die konkreten Verfahren der Bedarfserhebung oder die Anwendung des betrieblichen Rechnungswesens (insbesondere der Kosten- und Leistungsrechnung) betreffen.

Sozialmanagement hat somit die widersprüchliche Aufgabe, die Deckung des Hilfebedarfs unter betriebswirtschaftlichen Bedingungen zu organisieren, die auf die Reduktion der dafür eingesetzten Ressourcen zielen. Insofern kann nicht von einem einfachen Verhältnis zwischen fachlichen Aufgaben und betriebswirtschaftlichen Kenntnissen und Instrumentarien in dem Sinne die Rede sein, dass die „hinterlistig schlaue BWL der ‚guten' und wehrlosen Sozialarbeit an den Kragen will". (Pracht, 2002, S. 217)

Die inzwischen zur Bezugswissenschaft Sozialer Arbeit avancierte Betriebswirtschaftslehre stellt Kenntnisse und Instrumente für beide Zwecke bereit: für eine zweckmäßige(re) Organisation von Hilfe und für die Kalkulation einer Leistungserbringung, die sich daran orientiert Ressourcen einzusparen. Und selbst im Falle der Kosten- und Leistungsrechnung finden sich Standpunkte innerhalb der Betriebswirtschaftslehre, die intendieren, dem Leistungserbringer über die Kosten- und Leistungsrechnung Argumente in die Hand zu geben, pauschalisierten Kalkulationen der Leistungsträger entgegenzutreten (vgl. z. B. Nicolini, 2001).

Insbesondere am Beispiel der Bestimmung des Hilfebedarfs und der Kostenkalkulation ist deutlich geworden, dass einerseits die Nutzung dieser Instrumentarien auch aus fachlicher Sicht notwendig ist, dass ihre Reichweite anderseits aber in der Anerkennung ihrer Ergebnisse seitens der Sozialleistungsträger ihre Grenze hat.

Literatur

Bichler, Jakob / u. a., 1995: *Leistungsgerechtes Entgelt für ein Leben mit Behinderungen. Ein System der Leistungs- und Qualitätsbeschreibung sowie Entgeltberechnung (SYLQUE)*, Freiburg i. Br.

Dahme, Heinz-Jürgen / Simon, Titus, 2006: *Controlling in der offenen Jugendarbeit. Grundlagen und Verfahren, dargestellt an modellhaften Prozessen in der Praxis*, Berlin.

Denninger, Johannes, 1998: *Beratung nach Maß. Vereinbarungsentwürfe zur Umsetzung des § 93 BSHG in der ambulanten Wohnungslosenhilfe*, Hamburg.

Eichhorn, Peter / Mezger, Manfred, 1998: Ermittlung der Vergütungen gemäß § 93 BSHG für die Leistungen in voll- und teilstationären Einrichtungen der Eingliederungshilfe auf der Grundlage eines Gruppenbildungsmodells, in: *Gutachten zur Umsetzung der neugefaßten §§ 93 ff. BSHG*, hg. v. d. Bundesvereinigung Lebenshilfe für Menschen mit geistiger Behinderung, Marburg.

Gödicke, Paul, 2009: Die Ökonomisierung sozialer Einrichtungen und ihre Bewältigung, in: Herausforderungen an das Management sozialer Einrichtungen und für die Sozialarbeitswissenschaft, in: *Einhundert Jahre Ausbildung für soziale Berufe mit christlichem Profil. Von Ellen Ammanns sozial-caritativer Frauenschulung zur Katholischen Stiftungsfachhochschule München 1909-2009*, hg. v. S. Sandherr u. a., München, S. 119-131.

Haisch, Werner, 1997: *Qualitätsmanagement als Mittel betrieblicher Steuerung und Konsequenzen für die Ausbildung von Fachkräften. Qualitätsmanagement als Mittel betrieblicher Steuerung, Forschungs- und Entwicklungsstelle an der Katholischen Stiftungsfachhochschule München*, Forschungseinheit Betreuung (FEB).

Haisch, Werner, 2004a: *Arbeitsgruppe in Betreuung und Assistenz*, München (unveröffentlicht).

Haisch, Werner, 2004b: *Die Trennung von Aufwand und Bedarf als methodische Notwendigkeit*, München.

Knorr, Friedhelm / Scheppach, Maria, 1999: *Kontraktmanagement. Finanzierungsformen, Leistungsverträge. Für freie Wohlfahrtsverbände, soziale Dienstleister und Sozialverwaltungen*, Regensburg u. a.

Lehr, Clemens, 2009: *Das branchenspezifische Rating von sozialen Organisationen im Kontext von Basel II und seine Bedeutung für die Finanzierung. Bestandsaufnahme, Analyse, Schlussfolgerungen*, Diplomarbeit, Katholische Stiftungsfachhochschule München.

Maleri, Rudolf, 1997: *Grundlagen der Dienstleistungsproduktion*, Berlin u. a.

Metzler, Heidrun, 1998: Modell zur Bildung von „Gruppen von Hilfeempfängern mit vergleichbarem Hilfebedarf" gemäß § 93 a BSHG, in: *Gutachten zur Umsetzung der neugefaßten §§ 93 ff. BSHG*, hg. v. d. Bundesvereinigung Lebenshilfe für Menschen mit geistiger Behinderung, Marburg.

Münder, Johannes / u. a., 2005: *Sozialgesetzbuch XII: Sozialhilfe. Lehr- und Praxiskommentar*, Baden-Baden.

Münder, Johannes, / u. a., 2009: *Frankfurter Kommentar zum SGB VIII: Kinder- und Jugendhilfe*, Weinheim.

Nicolini, Hans J., 2001: Kostenrechnung als Emanzipationsinstrument in der sozialpädagogischen Arbeit, in: *Sozialmanagement. Zwischen Wirtschaftlichkeit und fachlichen Zielen*, hg. v. H. Schubert, Opladen, S. 115-131.

Nicolini, Hans J., 2005: *Kostenrechnung für Sozialberufe*, Wiesbaden.

Pracht, Arnold, 2002: *Betriebswirtschaftslehre für das Sozialwesen. Eine Einführung in betriebswirtschaftliches Denken im Sozial- und Gesundheitsbereich*, Weinheim.

Rehkugler, Heinz, 2005: Investitionskosten sind mehr als nur Baukosten, in: *Neue Caritas*, Heft 2, S. 16-20.

Schellberg, Klaus, 2001: *Grundlagen der Kosten- und Leistungsrechnung*, Berlin.

Schmidt, Hans-Jürgen, 1998: *Betriebswirtschaftslehre für die Verwaltung. Eine Einführung*, Heidelberg.

Schubert, Herbert (Hg.), 2005: *Sozialmanagement. Zwischen Wirtschaftlichkeit und fachlichen Zielen*, Wiesbaden.

Vilain, Michael, 2006: *Finanzierungslehre für Nonprofit-Organisationen. Zwischen Auftrag und ökonomischer Notwendigkeit*, Wiesbaden.

Wendt, Wolf Rainer, 2011: Produktivität, Wirkungen und Wertschöpfung, in: ders. (Hg.), *Sozialwirtschaftliche Leistungen. Versorgungsauftrag und Produktivität*, Augsburg, S. 123-179.

Wöhe, Günter / Döring, Ulrich, 2008: *Einführung in die allgemeine Betriebswirtschaftslehre*, München.

Wöhrle, Armin, 2003: *Grundlagen des Managements in der Sozialwirtschaft*, Baden-Baden.

12 Kulturwissenschaften

Soziale Arbeit und die ästhetische Gestaltung von Lebenswelt

Birgit Dorner

„Jedes Ereignis ist ästhetisch oder es existiert nicht." (Schäfer, 2006, S. 185)

Dieses Zitat des Bildungswissenschaftlers Gerd E. Schäfer könnte man noch weiter auf die Spitze treiben, alles ist ästhetisch oder es existiert nicht. Das braucht sicher eine nachfolgende Erklärung, aber sollte diese gelingen, wird deutlich, dass Soziale Arbeit sich mit dem Ästhetischen zu befassen hat, da es konstitutiv ihr Arbeitsfeld bestimmt.

Ästhetik und Soziale Arbeit

Das Ästhetische wird in der Alltagssprache als Bezeichnung für Schönes verwendet. Ästhetisch nur als Synonym für schön zu setzen, wäre aber eine extreme Reduzierung der Bedeutungsvielfalt des Ästhetischen, umfasst sie doch Bedeutungen, die vom sinnlich Wahrnehmbaren, über das Hedonistische, das Sinnliche, das Schöne, die Schönheit, die Harmonie, das Künstlerische, den Geschmack, das Spielerische, das Fiktive bis hin zum Virtuellen reichen (vgl. Welsch, 1993, S. 24 f.). Die Wissenschaft, die sich zentral dem Phänomen des Ästhetischen annimmt, ist die Ästhetik, ein philosophischer Zweig. Als eigenständige Disziplin entwickelt sie sich seit der Mitte des 18. Jahrhunderts, gewöhnlich wird Alexander Gottlieb Baumgartens Schrift „Aesthetica" von 1750 als ihr Anfang gesetzt. Baumgarten definiert Ästhetik als Wissenschaft von der sinnlichen Erkenntnis. Schon ein wenig später begann jedoch die Strömung der Urteilsästhetik bis weit ins 20. Jahrhundert die Disziplin der Ästhetik zu dominieren, diese versucht Kriterien für das Schöne, das Erhabene und die Kunst aufzustellen.

Als Bezugswissenschaft für die Soziale Arbeit wird die Ästhetik erst seit ihrer Rückbesinnung auf ihre Ursprünge als Wissenschaft von der sinnlichen Erkenntnis, also der Erkenntnis durch die Sinne und dem eigenleiblichen Spüren, der Wahrnehmung, interessant. Ab den 70er Jahren des vergangenen Jahrhunderts greift die Ästhetik, die sich nun oft selbst als Neue Ästhetik bezeichnet, Themenkomplexe wie die Ästhetisierung unserer alltäglichen Lebenswelt und Ästhetik als allgemeine

Wahrnehmungslehre auf. Wesentlichen Einfluss auf ihre Schriften hat die Rezeption der Leibphänomenologie von Hermann Schmitz. Die Auseinandersetzung mit den Phänomenen der Lebenswelt und dem Alltag der KlientInnen entwickeln zur gleichen Zeit eine hohe Relevanz für Theorie und Praxis der Sozialen Arbeit.

Ästhetisierungsprozesse

Ästhetisierungsprozesse durchziehen unser Leben von der Stadtraumgestaltung bis zum individuellen Lebensstil. Ob diese Ästhetisierungsprozesse des Alltags, die der Philosoph Wolfgang Welsch schon Anfang der 1990er Jahre beschreibt[1] und die auch heute unsere kulturelle Umwelt genauso wie unsere Wahrnehmung prägen, ein Phänomen sind, das heute ganz besonders stark, in einer ganz neuartigen Weise erfahrbar sind, oder ob Ästhetik und Ästhetisierungsprozesse schon immer maßgeblich das Leben von Menschen geprägt haben, wie Hartmut Böhme[2] zu Welschs Ausführungen anmerkt, das sei hier dahingestellt. Die Diskussion unterstreicht nur die Bedeutung und die Aktualität des Ästhetischen im alltäglichen Leben.

Welsch unterscheidet Prozesse der Oberflächen- und der Tiefenästhetisierung sowie die Ästhetisierung von Subjekten und Lebensformen. Als Oberfächenästhetisierung bezeichnet er die Ausstattung, Überformung der Wirklichkeit mit ästhetischen Elementen, „Überzuckerung des Realen mit ästhetischem Flair". Der Alltag bekommt dadurch quasi Kunstcharakter. Dahinter steht der Traum, das Leben, die Wirklichkeit durch das Einbringen von Ästhetik zu verschönern, zu verbessern. Als Beispiel führt Welsch die Ästhetisierung im urbanen Raum auf wie die Neugestaltung von Einkaufzonen oder Bahnhöfen zu Erlebnisräumen.

> „Jede Boutique und jedes Café wird heute ,erlebnisaktiv' gestaltet. Die deutschen Bahnhöfe heißen nicht mehr Bahnhöfe, sondern nennen sich, seit sie mit Kunst garniert werden, ,Erlebniswelt mit Gleisanschluss'. Alltäglich gehen wir vom Erlebnis-Büro zum Erlebnis-Kauf, erholen uns in der Erlebnisgastronomie und landen schließlich zu Hause im Erlebnis-Wohnen." (Welsch, 1993, S. 14)

Hedonismus, eine in der Antike gegründete philosophische Lehre, nach der das höchste ethische Prinzip das Streben nach Sinnenlust und Genuss ist, ist zum Kultur bestimmenden Prinzip geworden und konstituiert sich in den unterschiedlichen Oberflächenästhetisierungsprozessen. Ähnlich wie Welsch beschreibt das auch der Soziologe Gerhard Schulz in seinem Werk *Die Erlebnisgesellschaft*.[3] Vorbei sind die Zeiten in denen Müßiggang ein Laster war und Arbeit das Leben süß machte: Erlebnis und Entertainment, Lust, Genuss, Amüsement sind Leitlinien unserer Kultur. „,Erlebe dein Leben!' ist der kategorische Imperativ unserer Zeit."

---

[1] Welsch, Wolfgang (Hg.), 1993: *Die Aktualität des Ästhetischen*, München.

[2] Böhme, Hartmut, 1995: Einführung in die Ästhetik, in: *Paragrana*, Bd. 4, H. 32, Berlin, S. 240–254.

[3] Schulze, Gerhard, 1992: *Die Erlebnisgesellschaft. Kultursoziologie der Gegenwart*, Frankfurt a. M.

(Schulze, 1992, S. 59) Zentrales Lebensprojekt in der Erlebnisgesellschaft ist das Führen eines „Schönen Lebens".

Ästhetisierung ist in dieser Gesellschaft die maßgebliche ökonomische Strategie, durch die ästhetische „Verpackung" und Inszenierung von Produkten, die Lust auf das Produkt machen soll, wird eine Steigerung der Verkäuflichkeit erreicht. Es kommt zu einer Vertauschung von Ware und Verpackung, Sein und Schein. Mit dem Kauf eines Produkts, vielmehr seines ästhetischen Codes, kauft man sich zudem in einen Lifestyle ein.

Die eben beschriebenen Ästhetisierungsprozesse bleiben in ihrer Wirkung aber nicht nur an der Oberfläche, durch die alltägliche Konfrontation mit ihnen greifen sie verändernd in unsere Wahrnehmung und unser Bewusstsein ein, eine Ästhetisierung in tieferen Schichten ist die Folge. Die am tiefsten reichende Ästhetisierung ist die epistemologische Ästhetisierung, also die prinzipielle Ästhetisierung von Erkenntnis, Wissen, Wahrheit und Wirklichkeit.

Wir erleben Tiefenästhetisierungsprozesse bei allem, was Wirklichkeit erzeugt. Ein bestimmendes Phänomen unseres digitalisierten Alltags sind die Bilderwelten der Medien. Wir kennen kaum mehr Bilder, die nicht durch Pixelwelten erzeugt und verändert werden. Die Bilder der Medien bieten schon lange keine dokumentarische Gewähr für vorhandene Realität, ihre Realitäten sind ästhetisch, also virtuell erzeugt. Sie konstruieren Wirklichkeit. Ein weiteres Beispiel sind die unterschiedlichsten Möglichkeiten von digitalen Simulationen. Häuser lassen sich betreten und Autos fahren, bevor sie gebaut werden. Die Materie wird durch die Simulationstechnologien wie CAD etc. zum ästhetischen Produkt. Wirklichkeit wird virtuell und erweist sich hier bis in die kleinste Faser als veränderbar, formbar, neu kombinierbar.

„Der tägliche Umgang mit mikroelektronischen Produktionsverfahren bewirkt eine Ästhetisierung unseres Bewusstseins und unserer gesamten Auffassung von Wirklichkeit." (Welsch, 1993, S. 18) Wirklichkeit nimmt für uns eine Verfassung an, die wir bisher nur von der Kunst her kannten, eine Verfasstheit des Konstruiert- und Produziertseins, der Veränderbarkeit, der Unverbindlichkeit.

Ästhetisierungsprozesse machen vor den Subjekten nicht halt, in mehrerer Hinsicht sind wir gleichzeitig Motor und Rezipient derselben. Bei der Ästhetisierung von Subjekten und Lebensformen finden sowohl Prozesse der Oberflächenästhetisierung als auch der Tiefenästhetisierung statt. Sie reichen vom „Styling" von Körper, Seele, Geist bis zum Eingriff in die einzelnen Zellen menschlichen Daseins durch die Gentechnologie. Die Medien vermitteln uns überall Vorbilder für den/die „schönen neuen Menschen". Indem wir uns selbst mithilfe von Kleidung, Körperdesign und unser Umfeld in unserem Stil inszenieren, erleben wir uns selbst als gestaltend und gestaltbar. Auch der Umgang der Menschen untereinander ist weitgehend ästhetisch definiert, ästhetische Normen haben die moralischen Standards abgelöst, wir gehören zu Lifestyle-Communities. Jede ästhetische Subkultur hat ihre eigenen Normen, in der Gestaltung des Selbst, den Lebensgewohnheiten, des Wohn- und Lebensbereiches genauso wie im Umgang miteinander. Das fordert Kompetenzen zur kulturellen Lebensgestaltung von jeder/m einzelnen.

Alles ist ästhetisch oder existiert nicht, diese Prämisse galt es zu erklären. Wie gezeigt werden konnte, haben sich durch die vielfältig erlebten Ästhetisierungsprozesse, durch das alltägliche Leben, die Wissenschaft und durch die Technologie sowohl Wirklichkeit und Wahrheit als auch Ethik zu ästhetischen Kategorien entwickelt. Nach Thomas Schumacher (in diesem Band) ist Soziale Arbeit in ihrer Tradition eine ethisch ausgerichtete Praxiswissenschaft, wenn Ethik nun eine ästhetische Kategorie geworden ist – andere Denker haben andere Worte für die Beschreibung des gleichen Grundphänomens gefunden, wie „Verlust verbindlicher Werte" durch Pluralisierung und Individualisierung – woraus und wie generiert Soziale Arbeit ihre ethische Grundhaltung. Im folgenden soll nun skizziert werden, wie Ästhetik und Kulturwissenschaften hier einen Beitrag leisten können zur Generierung sinnvoller ethischer Leitlinien für professionelle Praxis der Sozialen Arbeit, um den von Hans Thiersch formulierten Aufgaben gerecht zu werden:

> „So hat die Soziale Arbeit, die soziale Gerechtigkeit in heutigen Verhältnissen mitbefördern will, zwei große Aufgaben, die Arbeit gegen die Ungleichheit und Ausgrenzung sowie die Arbeit in den Herausforderungen der Überforderung und Desorientierung in den pluralisiert-individualisiert verunsicherten Lebensverhältnissen." (Thiersch, 2002, S. 28)

Weitergabe von kulturellem Kapital

Gerade durch die gesellschaftsprägende Wirkung der allgegenwärtigen Ästhetisierungsprozesse sind innerhalb moderner westlicher Gesellschaften eine Vielzahl von Kulturen, Life-Style-Communities entstanden, deren soziale und kulturelle Teilhabechancen höchst unterschiedlich ausgeprägt sind. Das liegt zum einen an der ungleichen ökonomischen Mittelverteilung, aber auch an dem ganz unterschiedlichen Zugang zu kulturellem Kapital wie Bildung, kulturellen Gütern also Büchern, Bildern, Instrumenten, Maschinen und den Strategien im Umgang mit Bildung und Kultur. In intergenerationalen Transmissionsprozesse vorwiegend im Bildungsraum Familie wird kulturelles und soziales Kapital weitergegeben, vererbt, wie Pierre Bourdieu sagt, in häufig nicht sofort offensichtlichen, verschleierten Vererbungsprozessen (vgl. Bourdieu, 2001, S. 115). Verhaltens- und Einstellungsmuster, Werte und Tabus werden genauso weitergegeben wie Ressourcen, die vom Sprach-, Wahrnehmungs- und Erkenntnisvermögen, von der Ausbildung, von den kommunikativen und affektiven Fähigkeiten, den ökonomischen Ressourcen und dem Familienbesitz abhängen (vgl. Brake/Büchner, 2003, S. 623). So beginnt die kulturelle „Alphabetisierung" und Differenzierung im kulturellen Lebensraum Familie sehr früh. Diese Prägung entfaltet über die Ausbildung eines spezifischen Habitus in mimetischen Lernprozessen eine dauerhafte, nicht selten lebensbestimmende Wirkung. Mit unserem Habitus gehören wir zu einer kulturellen Gemeinschaft, die wiederum in einem größeren kulturellen Zusammenhang wie abendländisch-westlicher Kulturkreis verortet werden kann.

Die Verkörperung, Einverleibung praktischen kulturellen und sozialen Wissens erfolgt in mimetischen Prozessen: durch Teilnahme an sozialen Arrangements, durch Körperbewegungen und Akten der Einbildungskraft. Mimetisches Lernen ist ein sinnliches, ästhetisches, körperbasiertes Lernen, in dem Bilder, Schemata und Bewegungen praktischen Handeln häufig unbewusst erlernt werden. Es beginnt lebensgeschichtlich sehr früh und spielt eine große Rolle beim Erlernen motorischer Fähigkeiten, der Sprache und es schafft die Grundlage für die Geschlechtsidentität. Die Grundlage für mimetische Prozesse ist das Begehren, wie die anderen sein zu wollen, zu ihrer Gemeinschaft zu gehören, der Wunsch ähnlich zu sein und die Notwendigkeit dabei als eigenständige Person different zu bleiben. Mimesis hat dabei eine performative Dimension und ist damit weit mehr als reine Nachahmung, sie ist auch Ausdruck, Darstellung und Inszenierung (vgl. Wulf, 2005, S. 166 f.). In mimetischen Prozessen werden Abbilder sozialer Szenen und Handlungen ab- und aufgenommen und inkorporiert. „Im Zusammenwirken mimetischer, performativer und ritueller Prozesse konstituiert sich das Soziale, das ohne diese Dimensionen nur unzulänglich begriffen werden kann." (Wulf, 2005, S. 7)

Über das mimetische kulturelle und ästhetische Lernen bildet sich unser Habitus:

> „...also das, was ich einen Habitus nenne, ist eine inkorporierte Geschichte, eine Körper gewordene Geschichte, eingeschrieben im Gehirn, aber auch in die Falten des Körpers, die Gesten, die Sprechweisen, den Akzent, in die Aussprache, die Ticks, in alles, was wir sind. Diese inkorporierte Geschichte ist der Ursprung, von dem aus wir antworten..." (Bourdieu, 2001, S. 165)

Der Habitus bestimmt unsere Wahrnehmung, die Sprache und den Ausdruck, unsere Bildungswege, die Kleidung, Körperhaltung und die Gestik, den kulturellen Geschmack genauso wie die soziale und kulturelle Kompetenz. Von dieser Basis aus bewerten und handeln wir und werden bewertet, der Habitus bestimmt unseren Platz im sozialen Gefüge. Soziale Arbeit muss sich dieser ästhetischen Unterschiede bewusst werden und als Herausforderung annehmen. Viele Hilfeangebote können nur Erfolg bringen, wenn sie auch das verfügbare kulturelle Kapital der KlientInnen, die Komponenten des Habitus im Blick haben und sich dessen Trägheit hinsichtlich Veränderung bewusst sind, aber dennoch alle Möglichkeiten des ästhetischen Lernens, der Habitusveränderung ausloten.

Kultur und Kulturwissenschaft(en)

„Der Kultursemiotik zufolge ist ‚Kultur' ein symbolischer oder textueller Zusammenhang, ein Textuniversum, in welchem sich einzelne kulturelle Momente, als Texte, immer nur durch ihren Kontexte bzw. eine Fülle von Kontexten erschließen. Die kulturelle Realität wird mithin als ein Gewebe von Zeichen verstanden, die in ihrer topographischen Vernetzung und Struktur, diachron dagegen als ein langwelliger, transsubjektiver Bedeutungszusammenhang aufgefasst wird. Sprache, Medien, Bilder, Symbolbildungen aller Art, kollektive Imagines, Artefakte, selbst Institutionen werden als unterschiedliche, konfligierende wie ausdifferenzierte, machtgestützte wie subversive Codierungen ausgelegt, die konstitutiv für die gesellschaftlichen Wirklichkeiten sind. Hiernach ist Kulturwissenschaft keine Handlungswissenschaft, sondern ein bedeutungsgenerierendes Verfahren, das signifikante Wahrnehmungs-, Symbolisierungs- und Kognitionsstile in ihrer lebensweltlichen Wirksamkeit analysiert." (Böhme, 2000, S. 358)

Kulturwissenschaft setzt sich also mit den Zeichensystemen und deren Rezeption von Gesellschaften und kulturellen Gruppen auseinander. Kultur besteht aber nicht nur aus diesen, sondern ist gleichzeitig alltägliches Handeln. Kultur als Begriff enthält unter anderem die lateinischen Wurzeln von cultura, colere, cultus, colonia. Wird Kultur als „Cultura", lateinisch Pflege, Landbau, verstanden, hebt dies zwei Aspekte menschlichen Handelns hervor: „Cultura animi" ist die Pflege des Geistes, also Handeln im Sinne der Bildung und Erziehung des Menschen zu „humanitas". „Cultura agri", die landwirtschaftlichen Pflege meint menschliches Handeln, mit dem die Natur verändert wird zum Zwecke der Lebenserhaltung des Menschen. Der Mensch greift durch sein Tun handelnd in die vorgefundene Welt ein, gestaltet diese, gestaltet einen sozialen Lebensraum und gestaltet sich hierbei selbst. Dazu muss er Fertigkeiten, Kulturtechniken, Wissen entwickeln und pflegen, soziale Ordnungen und kommunikative Symbolwelten schaffen und das Hoch-/Wertgeschätzte in besonderen Riten begehen, sei es durch Feste oder durch institutionalisierte Riten der Pädagogik (vgl. Böhme, 2000, S. 356 f.).

Kulturwissenschaft(en) und Cultural Studies erforschen die Lebensformen von Menschen, durch die Lebensformen hervorgebrachte, soziale, kulturelle wie technische Einrichtungen genauso wie die zwischen Menschen gebildeten Handlungs- und Konfliktformen sowie deren Zeichen-, Werte- und Normenhorizonte (vgl. Böhme, 2000, S. 356). Kulturwissenschaften im Plural werden häufig als das große Ensemble der Geisteswissenschaften einschließlich der Kultursoziologie, Ethnologie verwendet, Kulturwissenschaft im Singular als transdisziplinärer Forschungsansatz, der das Phänomen Kultur vor dem Hintergrund ihrer je unterschiedlichen historischen Wurzeln kritisch-reflexiv untersucht ähnlich der britischen Tradition der Cultural Studies.

War zunächst Kultur eher gleichgesetzt mit dem Edlen, das die Menschen veredelnde, rückte im Lauf der Geschichte dieser Wissenschaften zunehmend Kultur als Alltagspraxis in ihren Blick, Kultur in ihrer Alltäglichkeit, dem Habitus in seinem Ausdruck, dem ‚doing culture'.

Doing Culture

‚Doing culture' beruht auf der wissenschaftlichen Erkenntnis des Philosophen und Soziologen Karl Mannheims, dass Kulturen nicht auf der Basis geistiger Konzepte entstehen, sondern durch das alltägliche Tun und Handeln der Menschen miteinander. Kulturen sind so verstanden Räume gemeinsamer Erfahrung. Verschiedenen Kulturen gehören daher nicht nur Menschen verschiedener Nationen an, sondern auch Menschen verschiedener Gesellschaftsbereiche, z. B. Wissenschafter oder Künstler. Auch Menschen, die sich an unterschiedlichen Positionen ihrer biographischen Entwicklung befinden wie Auszubildende und Ausgebildete bilden Kulturen. Das kulturelles Eingebundensein jeder/s einzelnen vollzieht sich damit gleichzeitig auf mehrfachen Ebenen: Wir haben teil an unserer Nationalkultur, Familienkultur, Berufskultur ... – Kulturen überlagern sich also, existieren miteinander, nebeneinander und durch einander (vgl. http://www.doingculture.com).

> „Da es nicht die Kultur, sondern nur viele Kulturen gibt, ist die Kulturwissenschaft insbesondere mit der Geschichte und Gegenwart der multi- und interkulturellen Interferenzen konfrontiert." (Böhme, 2000, S. 356)

,Doing Culture' bezeichnet einen Forschungsansatz, der den praktischen Einsatz statt die vorgefertigten kognitiven Bedeutungs- und Sinnstrukturen von Kultur analysiert und auf Praxiszusammenhänge zielt, in die das Kulturelle unweigerlich verwickelt ist, in denen es zum Ausdruck kommt, seine Verfestigungen und seinen Wandel erfährt (vgl. Hörning/Reuter, 2004, S. 10). Eine ästhetische Perspektive darauf lenkt die Wahrnehmung auf die vielfältigen möglichen Praxen mit all ihren sinnlich und leiblich wahrnehmbaren Dimensionen. Sie hält inne, hört, sieht, spürt hin, lässt sich Zeit, bevor sie beurteilt, sie versucht aufmerksam zu sein. Aufmerksamkeit ist eine primäre Ressource für Soziale Arbeit in der Informationsgesellschaft, in der wir leben, jedoch ist sie aufgrund des riesigen Angebots an Informationsquellen, Bilder- und Musikwelten, nur begrenzt verfügbar. „Wie Geld wird auch Aufmerksamkeit chronisch knapp, sobald das Angebot an Verwendungsmöglichkeiten über die Möglichkeiten seiner Realisierung hinausreicht." (Franck, 1999, S. 88) Aufmerksamkeit zu haben, ist aber eine Notwendigkeit für Menschen und in besonderem Maße für Menschen in prekären Lebenslagen, Aufmerksamkeit zu bekommen, steht in direktem Zusammenhang mit gelingenden Austausch- und Machtbeziehungen.

,Doing Culture' steht als Sammelbegriff für das ,Dickicht' der pragmatischen Verwendungsweisen von Kultur: doing gender, doing knowledge, doing identity oder doing ethnicity. Kultur wird hier in ihrem praktischen Vollzug gesehen. Kultur als Praxis verbindet das Kulturelle mit dem Sozialen. Wie und was wir essen, wie und was wir arbeiten, wie und wen wir heiraten, ist aus dieser Perspektive weder eine rein kulturelle noch eine rein soziale Angelegenheit und es handelt sich schon gar nicht um rein körperliche Bedürfnisse. Doing Culture ist immer auch doing difference, im Praktizieren von Kultur verwirklicht sich Macht und soziale Ungleichheit (vgl. Hörning/Reuter, 2004, S. 11).

> „Die (Welt-)Gesellschaft ist ein hochkomplexes soziales System, das nach schichtspezifischen, funktionalen, sozialräumlichen, niveaunalen, alters- und geschlechtsbezogenen sowie ethnisch/kulturellen Kriterien differenziert ist. Soziale, meist kulturell legitimierte Regeln der Ressourcenverteilung, Arbeitsteilung, Zulassung von Werten usw. normieren die Austausch- wie Macht-Beziehungen zwischen den Individuen als Mitglieder unterschiedlich organisierter Teilsysteme." (Staub-Bernasconi, 2007, S. 30)

Soziale Arbeit verhandelt Macht, ein ästhetischer Blickwinkel hilft Symbole von Macht und ihre Wirkungsstrategien, Machtbeziehungen zu analysieren, aber auch zu dekonstruieren, denn die ästhetische Perspektive fokussiert die Veränderbarkeit und Gestaltbarkeit von Machtstrukturen.

Fremde Lebenswelten

Macht ist auch ein Thema der Kultur Sozialer Arbeit, in professionellen Handlungsbeziehungen zwischen SozialpädagogInnen und KlienntInnen gibt es in der Regel eine Ungleichverteilung von Macht, von Wirkungsmacht, Bedeutungsmacht etc. Die Vermeidung allzu großer Machtdifferenzen in der professionellen Praxis war ein Motor in der Entwicklung zeitgenössischer Sozialarbeitstheorien wie der prozessual-systemischen Handlungstheorie Silvia Staub-Bernasconis, dem Empowerment-Ansatz oder der lebensweltorientierten Sozialen Arbeit.

Lebensweltorientierung in der Sozialen Arbeit meint eine Abkehr von normativ-autoritären Hilfeformen. So verstandene Soziale Arbeit will sich den Lebenswelten der AdressatInnen verstehend und anerkennend nähern und Hilfen entwickeln, die an die Sinnzusammenhänge dieser Welten anknüpfen (vgl. Sturzenhecker/Rose, 2009, S. 13). Lebenswelten werden nicht vorgefunden, wir werden zwar in solche hineingeboren, durch unser tägliches Leben und Handeln verändern wir aber diese und so entstehen Lebenswelten im ‚doing culture' ständig neu, durch unsere Handlungen, Rituale, Gewohnheiten.

Um sich den heterogenen und in der Regel SozialpädagogInnen fremden Lebenswelten von AdressatInnen verstehen nähern zu können, braucht es zunächst ästhetische Wahrnehmungs- und Reflexionsfähigkeiten und Wissen über die Einbettung der wahrgenommen ästhetischen Phänomene in symbolische, kulturelle Bedeutungskontexte. Wobei Kultur hier kulturelle Gruppen und Milieus meint, mit und ohne Migrationshintergründe.

Wahrnehmen von Fremdheit erfordert ein hohes Maß an Selbstreflexivität, eine ständige Reflexion darüber, welche Vorstellungen, Verhaltensweisen, Handlungen ich aufgrund meines kulturellen, ästhetischen Backgrounds, meiner ästhetischen Sozialisation als richtig oder als fremd und/oder falsch empfinde. Fremde Lebenswelten erkunden bedeutet darüber hinaus ein hohes Maß an wohlwollender Neugierde für das zu Entdeckende aufzubringen, fremde Gerüche, Geschmäcker, Geräuschwelten, Inszenierungen, Zeitkonzepte u.a. Fremdverstehen setzt immer eine hinreichende „Verwandtschaft" oder Ähnlichkeit zwischen Verstehendem und zu Verstehendem voraus (vgl. Münkler/Ladwig, 1998, S. 31). „Für die Haltung, in der wir dem Fremden begegnen, ist allerdings nicht der objektive Abstand zwischen seinem und unserem „Bedeutungszusammenhang" ausschlaggebend, sondern unsere Einschätzung dieses Abstands. Es ist möglich, dass wir etwas für unverstehbar halten, was sich bei näherem Hinsehen als durchaus zugänglich erweisen würde." (Münkler/Ladwig, 1998, S. 32) Das heißt, dass bei der Begegnung mit Fremden im professionellem Kontext nach dem eigenen Fokus, nach der eigenen Haltung zu dem zu Verstehenden gefragt werden muss. Oft helfen ästhetische Kategorien, Fragen nach dem, was mich anzieht, abstößt, was ich schön finde oder ekelig, auf was ich bei einer Begegnung mit Fremden zuerst achte, um sich seiner Urteilsgrundlagen bewusst zu werden. Für professionelles Handeln schließt sich daran die Frage an, welche Konsequenzen haben diese meine ästhetischen Urteile für mein Handeln?

Wahrnehmen und Aufmerksamkeit als Ressource von Professionalität in der Sozialen Arbeit

Professionelle der Sozialen Arbeit müssen sich also sehr bewusst mit dem eigenen Wahrnehmen, mit den Wahrnehmungen auseinandersetzen, um differenziert und lebensweltorientiert handeln zu können. Eine ästhetische Perspektive einzunehmen heißt auch, sich gewahr zu sein, dass Wahrnehmen immer gleichzeitig Nicht-Wahrnehmen bedeutet. „Reflektierte Ästhetik mahnt ... sich des Doppelverhältnisses von Beachtung und Ausschluss bewusst zu sein. Etwas zu sehen, heißt stets, etwas anderes zu übersehen. Es gibt kein Sehen ohne den blinden Fleck. Entwickelte Sensibilität ist darauf aufmerksam und zieht Konsequenzen daraus." (Welsch, 1993, S. 46)

Unsere menschliche Kapazität der Wahrnehmung und der Aufmerksamkeit ist begrenzt, Soziale Arbeit muss mit dieser begrenzten Ressource sinnvoll und selbstreflexiv umgehen. Sie lenkt ihren Blick und ihre Aufmerksamkeit besonders auf die Dinge, die von Ästhetisierungsprozessen häufig verschleiert oder geradezu unsichtbar gemacht werden. Dies soll hier anhand einiger Beispiele veranschaulicht werden.

Auch AdressatInnen Sozialer Arbeit leben in dieser ästhetisierten Welt, nur erleben sie häufiger als andere Gesellschaftsmitglieder ästhetische Ausgrenzungsprozesse.

Materielle Armut verweigert ihnen den Zugang zu ‚ästhetischen Communities', kein iphone, nicht die neueste Markenkleidung, kein Facelifting... Ihr kulturelles Kapital und damit ihre Bildungslaufbahn hat sie häufig nicht in genügendem Maße auf die Anforderungen des digitalen Zeitalters vorbereitet.

„Der Ausschluss ... beinhaltet erhebliche soziale Risiken: Kulturelle Armut und mangelnde Medienkompetenz, allgemeiner: Mangelnde Fähigkeiten im Umgang mit präsentativen Symbolsystemen, markieren auch neue Herausforderungen an die Soziale Arbeit. Mitten in einer ökonomisch und kulturell reichen Gesellschaft verarmen ganze Bevölkerungsgruppen nicht mehr nur ökonomisch, sondern zunehmend auch kulturell. Die Partizipation an kulturellem Kapital wird damit zum Leitziel Sozialer Arbeit." (Jäger/Kuckhermann, 2006, S. 273)

Für die Werbestrategien der Medien und der Politik sind diese Menschen nicht interessant, sie werden folglich mit Methoden der ästhetisch medialen Darstellung „unsichtbar" gemacht. Eine Strategie sei hierbei als die Ästhetisierung des Unglücks bezeichnet. Zum einen verdichten die Informationsanbieter besonders in Radio, Fernsehen und Internet in sogenannten Nachrichten- und Informationssendungen die tägliche Ausbeute an schrecklichen Ereignissen zu kurzen Erlebniseinheiten. Das Unglück gerät dabei in die Sphäre des Unwirklichen, gar Unterhaltsamen. Zum anderen werden die selben Nachrichten ständig wiederholt, was zu einer Veränderung hinsichtlich ihres Informationsgehaltes führt. Beispielsweise ändert die wiederholte Betrachtung der gleichen schockierenden Bilder deren Wirkung auf uns, genauso wie bei häufiger Betrachtung ähnlicher Bilder stellen sich Gleichgültigkeit und Gewöhnung ein. „Sensation plus Wiederholung erzeugt Indifferenz" (Welsch, 1998a, S. 240) – und so dringt nur mehr Weniges dieser scheinbaren Informationssendungen wirklich zu unserer Aufmerksamkeit vor. Menschen, die von Unglück oder prekären Lebenslagen betroffen sind, verschwinden so aus der öffentlichen Aufmerksamkeit. Wolfgang Welsch spricht von Anästhetisierung, einer zunehmenden Empfindungslosigkeit gegenüber ästhetischen und damit auch sozialen Phänomenen, einer steigenden Desensibilisierung „für die gesellschaftlichen Kehrseiten einer ästhetisch-narkotisierten Zweidrittel-Gesellschaft" (Welsch, 1998b, S. 15). Hinzukommt die Selbst-Marginalisierung vieler KlientInnen Sozialer Arbeit. Gerhard Schutze hat Anfang der 90er Jahre geschrieben: „Wer von der Grenzenlosigkeit der Erlebnismöglichkeiten ausgeschlossen bleibt, macht sich unsichtbar." (Schulze, 1992, S. 70) Diese Aussage hat nach wie vor ihre Gültigkeit.

Soziale Arbeit muss sich immer wieder selbst gegen diese „Narkotisierung" sensibilisieren, die eigene Wahrnehmung wach halten und sich gegen die Leitlinie des Hedonismus stellen, denn Genuss und Amusement bringen viele Themen Sozialer Arbeit wahrlich nicht.

Ästhetik in ihrer Tradition als Wissenschaft von der Kunst lenkt aber den Blick auch auf Gestaltung und Gestaltbarkeit. Sie nutzt im ästhetischen Prozess des Gestaltens die Wechselwirkungen von Rezeption, Reflexion, Produktion. Hans Thiersch beschreibt es als Aufgabe sozialer Arbeit, Lebensräume schaffen und gestalten (vgl. Thiersch, 2002, S. 34). Gestaltung ist die bewusste Auseinandersetzung mit Vorgefundenem, die mehr will als nur den Status quo. Soziale Arbeit muss sich einmischen, wenn es darum geht, Teilhabechancen und soziale Gerechtigkeit schaffen. Sie lotet Gestaltungsnotwendigkeiten aus vor dem Wissen, dass bestimmte Lebensbedingungen von Menschen nicht notwendigerweise so sein müssen, wie sie sind. Viele Menschen haben keine Lobby und können von sich aus zunächst wenig tun, um sich Gehör zu verschaffen oder ihre Situation zu verbessern. Soziale Arbeit mit einer ästhetischen Perspektive sucht nach Möglichkeiten der Gestaltbarkeit und zeigt Wege auf, ermutigt KlientInnen bei der Suche nach ungewöhnlichen Lösungen, „empowert" sie. Sie nutzt ganz bewusst die Ressource der Einbildungskraft, der Phantasie, mit Hilfe derer wir uns Realität anders vorstellen können, anders konstruieren, als wir sie erleben. Eine solche Soziale Arbeit versteht sich auch als Herausforderung an ihre KlientInnen, sie fordert von ihnen, dass sie ihre eigenen Deutungsgewohnheiten und Wissensvorräte reflektieren, um sie zu verändern und zu erweitern (vgl. Treptow, 2004, S. 445).

Eine ästhetische Perspektive lässt aber auch Grenzen der Gestaltbarkeit von Wirklichkeit erkennen, auch dort wo Ästhetisierungsprozesse uns dazu verführen, zu glauben, alles sei machbar – Menschen, die unter sozialen Problemen leiden, können sich nicht einfach anders gestalten. Solch simplen Machbarkeitsdenken tritt Soziale Arbeit bewusst entgegen, sie kann zwischen Kunst und Realität unterscheiden, sie wehrt sich gegen eine Anästhetisierung gegenüber sozialen Problemlagen.

Literatur

Böhme, Hartmut, 1995: Einführung in die Ästhetik, in: *Paragrana*, Bd. 4, H. 32, Berlin, S. 240–254.

Böhme, Hartmut, 2000: *Kulturwissenschaft, in: Reallexikon der deutschen Literaturwissenschaft*, Bd. II, Berlin New York, S. 356-359.

Bourdieu, Pierre, 2001: *Wie die Kultur zum Bauern kommt. Über Bildung, Schule, Politik*, Hamburg.

Brake, Anna / Büchner, Peter, 2003: Bildungsort Familie: Die Transmission von kulturellem und sozialem Kapital im Mehrgenerationenzusammenhang. Überlegungen zur Bildungsbedeutsamkeit der Familie, in: *Zeitschrift für Erziehungswissenschaft*, 6. Jg., Heft 4, S. 618-638.

Franck, Georg, 1999: Jenseits von Geld und Information. Zur Ökonomie der Aufmerksamkeit, in: *Kunstforum international*, Bd. 148, S. 84-94.

Hörning, Karl H. / Reuter, Jutta, 2004: *Doing Culture. Neue Positionen zum Verhältnis von Kultur und Praxis*, Bielefeld.

Jäger, Jutta / Kuckhermann, Ralf (Hg.), 2004: *Ästhetische Praxis in der Sozialen Arbeit. Wahrnehmung, Gestaltung und Kommunikation*, Weinheim-München.

Münkler, Herfried / Ladwig, Bernhard (Hg.), 1998: *Die Herausforderungen durch das Fremde. Interdisziplinäre Arbeitsgruppe ‚Die Herausforderungen durch das Fremde‘*, Berlin.

Rose, Lotte / Sturzenhecker, Benedikt (Hg.), 2009: *„Erst kommt das Fressen …!“. Über Essen und Kochen in der Sozialen Arbeit*, Wiesbaden.

Schäfer, Gerd, 2006: Ästhetische Bildung, in: *Pädagogik der frühen Kindheit*, hg. v. L. Fried u. S. Roux, Basel-Weinheim, S. 184-189.

Schulze, Gerhard, 1992: *Die Erlebnisgesellschaft. Kultursoziologie der Gegenwart*, Frankfurt a. M.

Staub-Bernasconi, Silvia, 2007: Soziale Arbeit: Dienstleistung oder Menschenrechtsprofession? Zum Selbstverständnis Sozialer Arbeit in Deutschland mit einem Seitenblick auf die internationale Diskussionslandschaft, in: *Ethik Sozialer Arbeit. Ein Handbuch*, hg. v. A. Lob-Hüdepohl u. W. Lesch, Paderborn, S. 20-54.

Thiersch, Hans, 2002: *Positionsbestimmungen in der Sozialen Arbeit. Gesellschaftspolitik, Theorie und Ausbildung*, Weinheim-München.

Treptow, Rainer, 2004: Kulturelle Bildung? Bestätigt lebensweltliche Vertrautheit, aber konfrontiert mit Unvertrautem, in: *Praxis Lebensweltorientierter Sozialer Arbeit*, hg. v. K. Grunwald u. H. Thiersch, Weinheim-München.

Welsch, Wolfgang (Hg.), 1993: *Die Aktualität des Ästhetischen*, München.

Welsch, Wolfgang, 1998a: Eine Doppelfigur der Gegenwart: Virtualisierung und Revalidierung, in: *Medien – Welten – Wirklichkeiten*, hg. v. W. Welsch u. G. Vattimo, München, S. 229-248.

Welsch, Wolfgang, 1998b: *Ästhetisches Denken*, Stuttgart.

Wulf, Christian, 2005: *Zur Genese des Sozialen. Mimesis, Performativität, Ritual*, Bielefeld.

http://www.doingculture.com

13 Forschung in der Sozialen Arbeit

Meilensteine und (Entwicklungs-)Potenziale der Sozialarbeitsforschung

Elke Oestreicher und Bernhard Lemaire

1. Sozialarbeitsforschung[1]

Aktuelle Gesellschaftsprognosen gehen davon aus, dass verstärkt neue, innovative Herangehensweisen für die veränderten gesellschaftlichen Realitäten und auch für die daraus resultierenden Problemlagen erforderlich werden (vgl. z. B. Beck, 2008). Die Erkenntnisse der Sozialarbeitsforschung stellen dafür neues Wissen zur Verfügung.

In den letzten 20 Jahren entwickelte sich die Sozialarbeitsforschung zu einem integralen Bestandteil Sozialer Arbeit deren gegenwärtiger Stand(punkt) soll in diesem Artikel näher beleuchtet werden.

Eine erste Annäherung soll im Abschnitt 2 zunächst klären, wo und wie die Sozialarbeitsforschung im Gesamt der Sozialen Arbeit verortet ist, welche Institutionen sich für diese Form der sozialwissenschaftlichen Forschung zuständig erklären und inwiefern Sozialarbeitsforschung sich von anderen sozialwissenschaftlichen Forschungen unterscheidet. Da sich ein erhöhter Bedarf an Forschungsaktivitäten in den sich wandelnden Realitäten und Problemlagen, sowie in der veränderten Bedeutung des Wissens in der Wissensgesellschaft begründet, sollen diese im folgenden Abschnitt 3 expliziert werden. Zugleich stellt ein gewandeltes Wissens- und Wissenschaftsverständnis neue Herausforderungen an die

---

[1] Über die Begrifflichkeiten Sozialarbeitsforschung, sozialpädagogische Forschung, Forschung im Bereich Sozialer Arbeit und Forschung Sozialer Arbeit herrscht kein einheitlicher Sprachgebrauch (vgl. Engelke u. a., 2007, S. 264). In Anlehnung an die Konvergenzthese und den internationalen Sprachgebrauch sind die hier bevorzugten sprachlichen Begriffsbestimmungen *Forschung Sozialer Arbeit* bzw. *Sozialarbeitsforschung*, bei der die sozialpädagogische Forschung inbegriffen ist. In Anlehnung an die Konvergenzthese wird davon ausgegangen, dass sich Sozialarbeit und Sozialpädagogik zwar unterschiedliche Traditionslinien aufweisen, jedoch sich in ihrer inhaltlichen und sachlichen Entwicklung soweit aufeinander zu bewegten, dass keine sachlich begründeten Unterscheidungen mehr sichtbar sind (vgl. Mühlum, 1998; Staub-Bernasconi, 2007; u. a.). Zudem finden im internationalen Sprachgebrauch die Bezeichnungen „social work" und „social work research" Verwendung.

Sozialarbeitsforschung, welche vor allem angesichts der starken Zunahme der Forschungsaktivitäten im Feld Sozialer Arbeit – unter Berücksichtigung möglicher Singularität der Sozialarbeitsforschung hinsichtlich der Wissensgenese und Wissensverwertung – in Abschnitt 4 zu klären sind. Der gegenwärtige Stand(punkt) der Sozialarbeitsforschung weist auch auf dringend zu klärende, derzeit aber offene Fragen hin. In Abschnitt 5 werden diese aufgegriffen und der Ansatzes der „Evidence based practise" der derzeit sehr en vogue ist, kritisch betrachtet.

Bei dieser Analyse werden die normativen und mit Gestaltungsabsicht verbundenen Ansprüche der Sozialarbeitsforschung deutlich sichtbar, die in Abschnitt 6 explizit aufgegriffen werden. Der besondere Zuschnitt des ethischen Anspruchs und die spezifische Ausrichtung der Sozialarbeitsforschung im Vergleich zu anderen sozialwissenschaftlichen Forschungen verweisen auf eine einzigartige Herangehensweise an gesellschaftliche Problemlagen, wodurch die Sozialarbeitsforschung hinsichtlich des gesellschaftlichen Wandels hochrelevant ist. Die Ausrichtung dieser systematischen Annäherung an die Sozialarbeitsforschung kennzeichnet einen Meilenstein der Entwicklung der Sozialarbeitsforschung und zeigt zugleich an welchen Ecken und Kanten gefeilt und in welche Richtungen Aufmerksamkeiten und Achtsamkeiten erfolgen sollten.

2. Sozialarbeitsforschung – Positionierung und Konfiguration

In diesem Abschnitt wird zunächst die Verortung und damit verbunden die Positionierung Sozialer Arbeit geklärt. Die Darstellung der institutionellen Seite der Sozialarbeitsforschung ist lohnend, weil sie einerseits nicht mit den meisten anderen Sozialforschungen vergleichbar ist und andererseits die Verortung für das spätere Verständnis wesentlich ist. Daran anschließend wird die Konfiguration Sozialer Arbeit im Vergleich zu anderen sozialwissenschaftlichen Forschungsansätzen herausgearbeitet, wodurch die Besonderheit der Sozialarbeitsforschung deutlich sichtbar wird.

Die Sozialarbeitsforschung ist ein integraler Bestandteil Sozialer Arbeit und in Kombination mit den Sozialarbeitstheorien dem Teilbereich der *Sozialarbeitswissenschaft* zuzuordnen. Daneben prägen Praxis und Ausbildung die Profession, in deren Zentrum sowohl die Verhinderung und Bewältigung sozialer Probleme steht (vgl. Engelke u. a., 2007, S. 19; Staub-Bernasconi, 2007; u. a.) als auch die soziale, außerschulische Bildung im Jugend- und Erwachsenenbereich. Die Wissenschaft Sozialer Arbeit erforscht mit wissenschaftlichen Erkenntnis- und Forschungsmethoden den Gegenstandsbereich Sozialer Arbeit und kann damit als „reflexive Antwort" auf soziale Probleme verstanden werden, die Praxis als „tätiges Antworten" und das Studium als die Aneignung von sowohl „reflexivem" als auch „tätigem Antworten" (Staub-Bernasconi, 1991, S. 3). Die Systematik der drei Bereiche Wissenschaft, Praxis und Ausbildung Sozialer Arbeit verweist auf eine enge Verbindung, wobei bereichsspezifische Eigenheiten einerseits und Interdependenzen andererseits zu sehen und zu berücksichtigen sind. Eine systematische Annäherung an die Sozialarbeitsforschung kann folglich nur in Verknüpfung mit den drei Teilbereichen und einer bewussten Wahrnehmung sozialpädagogischer Aspekte erfolgen.

Gemäß der Forschungsstruktur in Deutschland sind Forschungen einerseits im Sektor der Hochschulen verortet, andererseits werden sie sich diese im außerhochschulischen Feld von Forschungsinstituten (vgl. Bundesministerium, 2010) wahrgenommen. Sozialarbeitsforschung ist institutionell vor allem an Fachhochschulen für Soziale Arbeit verortet, da der Professionsschwerpunkt – trotz der hybriden Professionsentwicklung[2] – auf dieser Hochschulart liegt[3] (vgl. Etscheit, 2008; Rauschenbach/Thole, 1998). Eine Erweiterung der Sozialarbeitsforschung stellen die Beiträge außerhochschulischer Forschungsinstitute dar, wie z. B. im historischen Bereich Sozialer Arbeit das Deutsche Institut für Internationale Pädagogische Forschung. Daneben wird in einigen Instituten Sozialarbeitsforschung betrieben, wie z. B. ein Teil der Forschungen des Deutschen Jugendinstituts e. V, (DJI) oder im Institut für Sozialarbeit und Sozialpädagogik e. V. (ISS) oder im Institut für sozialpädagogische Forschung Mainz e.V. (ism). Diese Forschungsinstitute beschäftigen sich überwiegend mit anwendungsorientierter Forschung, weshalb die in diesem Sektor durchgeführte Forschung naturgemäß stark praxisorientiert ist und auf verwertbare Ergebnisse zielt (vgl. Bundesministerium, 2010).

Auch bei der Forschung durch Fachhochschulen handelt es sich meist um anwendungsorientierte Forschung und Entwicklung (vgl. z. B. Art. 9 BayHSchG). Grundlagenforschung, die generell als Pendant zur anwendungsorientierten Forschung gesehen wird, bleibt somit fast ausschließlich den Universitäten und den sich nicht explizit mit Sozialarbeitsforschung beschäftigenden Forschungsinstituten außerhalb der Hochschulen vorbehalten (vgl. Bundesministerium, 2010). Aus dieser Tatsache resümiert die fehlende staatliche Grundlagenforschungsfinanzierung an Fachhochschulen und die Tatsache, dass grundlagenorientierte Sozialarbeitsforschungsprojekte im Forschungskontext außerhalb der Hochschulen weniger relevant sind (vgl. Abschnitt 4).

Sozialarbeitsforschung ist unter dem Dach der Sozialwissenschaften zu verorten, da sie ebenso wie andere Gesellschaftswissenschaften (z. B. Erziehungswissenschaft, Soziologie) sowohl die Struktur, als auch die Funktion sozialer Ver-

---

[2] Zwar entwickelte sich die Profession Soziale Arbeit zwischen den Hochschularten, was auf die unterschiedlichen Traditionslinien Sozialer Arbeit zurückzuführen ist: einmal der fürsorgliche, sozialarbeiterische Ansatz und zum anderen der aus der Jugendfürsorge entwickelte sozialpädagogische Ansatz (vgl. Münchmeier/Hering, 2007). Demnach wurde die Sozialarbeit an den Fachhochschulen, die Sozialpädagogik an den Universitäten, im Studiengang Erziehungswissenschaft, zugeordnet (vgl. Rauschenbach/Thole, 1998). Während die Bereiche Sozialarbeit und Sozialpädagogik an den Fachhochschulen in der Regel konvergierten und zur Sozialen Arbeit wurden, blieb die universitär verortete Sozialpädagogik unverändert. Diese unterschiedlichen Bezeichnungen und Verortungen der Sozialen Arbeit führen immer wieder zu Verwirrungen, die Diskussionen darüber erhalten häufig hochschulpolitische und machtmotivierte Momente und stellen weltweit eine einzigartige Situation dar (vgl. Staub-Bernasconi, 2007).

[3] Im universitären Bereich ist die Sozialpädagogik zumeist den Erziehungswissenschaften zugeordnet; hier entwickelte sich bisher kaum eine eigenständige Forschung der Sozialpädagogik (vgl. Rauschenbach/Thole, 1998).

flechtungszusammenhänge von Institutionen und Systemen als auch deren Wechselwirkung mit den Handlungs- und Verhaltensprozessen der einzelne Individuen analysieren (vgl. Schnell u. a., 2008; Steinert, 2000). Angesichts der Tendenzen zur Interdisziplinarität in Forschungszusammenhängen wird zunehmend allgemein dann von Humanwissenschaften gesprochen, wenn der Mensch in irgendeiner Form zum Untersuchungsgegenstand wird – sei es in den Geistes- oder Sozialwissenschaften als auch in einigen wenigen Naturwissenschaften (z. B. die Humanbiologie, Medizin; vgl. Serres/Authier, 1995; Vienne, 2008). Sozialarbeitsforschung ist folglich den Sozialwissenschaften bzw. dem Segment der Humanwissenschaften zuordnen.

Sozialarbeitsforschung unterliegt den allgemeinen Wesensmerkmalen der Forschung: Forschung ist die systematische Suche nach einem Wissenszuwachs mit dem Ziel, die von ihr bearbeiteten Phänomene zu beschreiben, zu begreifen und zu deuten, zu erklären und zu prognostizieren. Forschung bezieht sich immer auf theoretisches Wissen welches den aktuellen Forschungsstand vergegenwärtigt. Damit baut Forschung grundsätzlich auf bestehendem Wissen auf und setzt bereits generiertes und zu generierendes Wissen in Relation (vgl. Schnell u. a., 2008). Sozialarbeitsforschung unterscheidet sich von anderen Richtungen sozialwissenschaftlicher Forschungen also nicht grundlegend in ihrem wissenschaftstheoretischen Impetus oder den verwendeten Methoden, sehr wohl aber im Bezug auf ihren Gegenstand (vgl. Steinert, 2000).[4]

Dieser nämlich ist spezifisch fokussiert auf das Verhindern und Bewältigen sozialer Probleme und auf informelle und nonformale Bildung was mit einer enormen Spannbreite und Komplexität von Themenfeldern und Forschungsbereichen einhergeht. Alle empirischen Untersuchungen zur Fachhochschulforschung Sozialer Arbeit belegen diese Vielschichtigkeit des Gegenstandsbereichs Sozialer Arbeit und auch die besondere Ausrichtung der Interdisziplinarität im Forschungskontext (vgl. Horn u. a., 1990; Böttger/Lobermeier, 1996; Oestreicher, 2010). Daraus erschließt sich, dass aufgrund des Gegenstandsbereichs die Interdisziplinarität zwingend ist. Demnach ist der Facettenreichtum der Bezugswissenschaften Grundlage für den Umgang mit dem Gegenstand Sozialer Arbeit und damit auch für die Sozialarbeitsforschung. Diese interdisziplinär unerlässliche Verflechtung ist einmalig im Kontext sozialwissenschaftlicher Forschung.

Der weite und komplexe Gegenstandsbereich Sozialer Arbeit erfordert ein ebenso umfangreiches Methodenrepertoire, weshalb gegenwärtig am Häufigsten Methodentriangulationen angewandt werden. Wurde lange Zeit der Gegenstandsbereich überwiegend qualitativ beforscht, so ist heute eine Verbindung qualitativer und quantitativer Vorgehensweisen üblich. Methodentriangulation ist allerdings

---

[4] Erika Steinert (2000) verweist nicht nur auf den speziellen Gegenstandsbezug der Sozialarbeitsforschung im Vergleich zu anderen sozialwissenschaftlichen Untersuchungen, sie verweist auch auf die Praxisnähe dieser Forschung (ebd., S. 27). Da die Praxisnähe allen eher an Fachhochschulen verorteten Forschungen geschuldet ist, wird dieser Aspekt nicht als einer der Sozialarbeitsforschung eigener zugrunde gelegt, obgleich dieser Aspekt sehr bedeutsam ist.

weniger ein Modetrend sondern viel mehr der Notwendigkeit geschuldet, der Komplexität der Forschungsgegenstände und dem Facettenreichtum eines selbst ganz spezifischen Gegenstandsbereichs gerecht zu werden (vgl. Oestreicher, 2010).

Die Entwicklung zur mehrperspektivischen Betrachtungsweise ist allerdings kein Spezifikum der Sozialarbeitsforschung, sondern auch in anderen sozialwissenschaftlichen Forschungen üblich. Wie in anderen sozialwissenschaftlichen Forschungen werden in der Regel keine Experimente durchgeführt und explorative Feldstudien sind das geläufigste Forschungsdesign. Eine forschungsspezifische Schwerpunktsetzung zeichnet sich gegenwärtig in Bezug auf die steigende Anzahl der Evaluationsforschungen im Kontext Sozialer Arbeit ab (vgl. Oestreicher, 2010; vgl. unten Abschnitt 4). Weitere Differenzen treten bis dato zwischen anderen sozialwissenschaftlichen Forschungen und Sozialarbeitsforschungen nicht auf.

Die Besonderheit der Anwendungsorientierung der Sozialarbeitsforschung ist, wie bereits deutlich wurde, einerseits der institutionellen Verortung der Forschung geschuldet und unterscheidet sich damit nicht von anderen sozialwissenschaftlichen Forschungsbereichen, die hauptsächlich im Fachhochschulkontext angesiedelt sind, wie z. B. den Wirtschaftswissenschaften oder den Religionswissenschaften. Andererseits ist die Anwendungsorientierung durch den Bezug auf den Gegenstandsbereich Sozialer Arbeit konstituiert: die notwendigen Innovationen zum Verständnis, zur Bearbeitung, zur Verhinderung und Bewältigung sozialer Problemlagen und die soziale, außerschulische Bildung von Kindern, Jugendlichen und Erwachsenen wäre ohne anwendungsorientierte Forschung nicht denkbar. Auch historisch betrachtet wurde sowohl die institutionelle Verankerung der Forschung an den Ausbildungseinrichtungen, als auch die Nähe zur Praxis schon früh etabliert, Lehreinrichtungen dienten schon immer als Ansprechpartner für Forschungsvorhaben und zugleich resultierten bereits die ersten Forschungen aufgrund von Herausforderungen aus der praktischen Tätigkeit Sozialer Arbeit, wie z. B. Jane Addams in ihrem Wirken im Hull-House (vgl. dazu auch Staub-Bernasconi, 2007, S. 15; Engelke, 2007, S. 347).

Die Erwartung an die Sozialarbeitsforschung, und deren Aufgaben sind bis heute noch nicht hinreichend ausbuchstabiert (vgl. Engelke/Lüttringhaus, 2007, S. 264 f.). Mit dem Etikett der Sozialarbeitsforschung werden laut Engelke und Lüttringhaus verschiedene Forschungsintentionen codiert. Dies sind: Forschung zur Verbesserung der Praxis Sozialer Arbeit und zur wissenschaftlichen Legitimation entsprechender Programme, Forschung zur Integration von Theorie und Praxis, Forschung als Wissenschaft-Praxis-Diskurs, Forschung als Medium der Reflexion, die Praxis Sozialer Arbeit selbst als Forschung und Forschung als Theoriegenerierung und Erforschung der Sozialarbeitspraxis. In der Zusammenstellung der Forschungsintentionen bei Engelke und Lüttringhaus wird einerseits die Verflechtung und Verästelung zwischen Wissenschaft und Praxis deutlich und andererseits die Anwendungsorientierung bzw. auch die starke Handlungsorientierung der Forschung.

Die Sozialarbeitsforschung bewegt sich im traditionellen Feld zwischen Wissenschaft und Praxis, weshalb das Miteinander der Akteure in den beiden Feldern

Sozialer Arbeit von besonderer Bedeutung ist. Erstens aufgrund des Gegenstandsbereichs, zweitens aufgrund der mit der institutionellen Ausrichtung verbundenen Anwendungsorientierung der Forschung und damit der genuinen Praxisnähe und drittens hinsichtlich der personellen Überschneidungen zwischen den Feldern. So kann man beispielsweise in der Ausbildung forschend tätig sein und danach als Akteur Sozialer Arbeit evtl. Gegenstand von Forschung werden. Dieser Rollenwechsel vom Forschungsobjekt zum Forschenden und ggf. wieder zurück findet sich in der Sozialarbeitsforschung verstärkt wieder (z. B. Aktionsforschung), im Kontext sozialwissenschaftlicher Forschungen entwickelt sich dieser Wechsel aufgrund des veränderten Anspruchs der Wissensgesellschaft (vgl. Hanschik u. a., 2009, S. 8).

Die Sozialarbeitsforschung bewegt sich demnach sowohl in ihrer theoretischen Ausrichtung als auch in ihrer praktischen, d. h. personellen Ausrichtung zwischen Wissenschaft und Praxis und ist in diesem Sinne transdisziplinär[5] (vgl. Hanschik u. a., 2009). Mit dieser Ausrichtung erfüllt die Sozialarbeitsforschung schon immer einen Anspruch der modernen Wissensgesellschaft – den nach Transdisziplinarität.

3. Sozialarbeitsforschung – Ansprüche einer Wissensgesellschaft

Das transdisziplinäre Miteinander in Bezug auf die Forschung Sozialer Arbeit stellt einen Anspruch der Wissensgesellschaft dar, welcher aus einem veränderten Wissens- und Wissenschaftsverständnis der Wissensgesellschaft resultiert und dementsprechend wesentlich ist eine Skizzierung dieser Veränderungen. Doch in diesem Abschnitt werden vorab die Auswirkungen des gesellschaftlichen Wandels in Bezug zur Sozialarbeitsforschung behandelt, da dieser sowohl die Wissenschaft als auch die Praxis Sozialer Arbeit extrem beeinflusst und damit eine doppelte Herausforderung an die Profession stellt.

Die Sozialarbeitsforschung erlebt gegenwärtig einen konjunkturellen Aufschwung. Die Anzahl der Forschungsprojekte stieg in den letzten Jahren immens, wobei sich dies einerseits auf die starke Nachfrage der Praxisorganisationen zurückführen lässt (z. B. Evaluationsforschungen) und andererseits auf das Interesse der wissenschaftlichen Akteure an der Erforschung der Praxen (vgl. Oestreicher, 2010). Dieses veränderte Interesse der Akteure bzw. der Institutionen Sozialer Arbeit in Wissenschaft und Praxis wirft die Frage auf, worin dieser motivations- und institutionsbedingte Wandel gründet. Der Versuch einer Analyse der Sozialarbeitsforschung in Verbindung mit dem gesellschaftlichen Wandel ermöglicht einen Aufschluss über die konjunkturelle Entwicklung der Sozialarbeitsforschung zu erhalten.

Soziale Arbeit ist gesellschaftliche Arbeit, die aufgrund ihres Mandats mit gesellschaftlichen Problempunkten (inklusive sozialer Bildungsarbeit) beschäftigt

---

[5] Transdisziplinarität bedeutet in Anlehnung an Hanschik u. a. (2009) das Zusammenwirken von Akteuren aus Wissenschaft und Praxis. Hanschik, Schmidt und Schwarz illustrieren die Herausforderungen, Risiken und Chancen der Transdisziplinarität in sozialwissenschaftlichen Forschungen (vgl. insbesondere S. 185-197).

ist, in und an diesen agiert und zugleich vom Zugriff auf gesellschaftliche Ressourcen in besonderer Weise abhängig ist (vgl. Schumacher, 2007). Als Teil des Wohlfahrtsstaates ist Soziale Arbeit dem gesellschaftlich bedingten Wandel einerseits ausgesetzt und andererseits zugleich selbst Akteur dieser Veränderungen (vgl. Thole u. a., 2007).

D. h. die Veränderungen der Praxisfelder sind auf die drastischen Auswirkungen des gesellschaftlichen Wandels zurückzuführen, die sich zwangsläufig mit besonderer Vehemenz im Bereich Sozialer Arbeit bemerkbar machen. Das Feld und die Akteure Sozialer Arbeit sind von einem neuen Ausmaß sozialer Ungleichheit, von Prozessen der Prekarisierung (vgl. z. B. Castell/Dörre, 2009) und neue Ungerechtigkeiten (vgl. Bude, 2010; Butterwegge, 2009) geprägt, wodurch der Arbeitsalltag der Akteure stetig komplexer wird, die Zielgruppen expandieren und die Problemlagen der Klientel multidimensional werden (vgl. Vahsen/Mane, 2010).

Daneben unterliegen die Sozialstrukturen der Institutionen, ihre Kulturmuster, ihre Praktiken und die Bewusstseinsinhalte ihrer Akteure aktuell einem Wandlungsprozess (vgl. Vahsen/Mane 2010), der mit radikalen und tief greifenden Revisionen und Neuorientierungen einher geht (vgl. Beck, 2008; Bustrich/Wohlfahrt, 2008). All diese Veränderungen wirken weit hinein in den Arbeitsalltag und das Arbeitshandeln der Beschäftigten in Institutionen der Sozialen Arbeit: Ökonomisierung und Professionalisierung sind hier die vorherrschenden Trends (vgl. Bustrich/Wohlfahrt, 2008).

Angesichts dieser wandelbedingten und vielfältigen Herausforderungen entsteht in allen Feldern Sozialer Arbeit einerseits ein verstärkter Handlungsbedarf, andererseits verschlechtern sich die Bedingungen für Soziale Arbeit (z. B. durch finanzielle Einsparungen). Die damit einher gehenden Veränderungen im Arbeitsalltag z. B. durch Veränderungen der Arbeitsorganisation, dem Umgang mit Ungewissheiten usw. führen zwangsläufig zu einem erhöhten Bedarf an aktuellem und bedarfsorientiertem wissenschaftlichen Wissen, an konzeptionellem Überblickswissen in den Praxisfeldern Sozialer Arbeit und an arbeitsweltlicher Beratung, die ihrerseits an den Erkenntnisprozessen der Forschung partizipiert. Und die Praxis findet hier in Form von Fachhochschulen für Soziale Arbeit adäquate und fundiert arbeitende Partner, die mittels der Sozialarbeitsforschung entsprechende Erkenntnisse gewinnen können.

Neben den grundlegenden Veränderungen in den Praxisfeldern Sozialer Arbeit ist auch das Hochschulsystem in Deutschland von Veränderungen und Expansion geprägt. So ist beispielsweise die Autonomie der Hochschulen gestiegen und durch den Bologna-Prozess nehmen Differenzierung und Profilbildung Einfluss auf die Forschung an Fachhochschulen. Dieser Wandel traf durch die Föderalismusreform[6]

---

[6] Die Föderalismusreform ist die umfangreichste Änderung des Grundgesetzes in der Geschichte der Bundesrepublik Deutschland. Durch diese wurde die Rahmengesetzgebungskompetenz des Bundes aus dem Grundgesetz gestrichen. Damit ist die Bildungspolitik weitgehend ausschließlich Ländersache ist, was zahlreiche Veränderungen nach sich zieht, wie z. B. die Abschaffung des Hochschulrahmengesetzes, der Bolgona-Prozess, die Lissabon-Strategie. Einen Überblick über die Entwicklung der

noch auf einen Wandel in den Zuständigkeiten für die Hochschulpolitik. Durch diese Veränderungen stehen auch die Hochschulen vor völlig neuen Herausforderungen, da diese nun auch als selbstverwaltete Wissenschaftsunternehmen im Wettbewerb stehen.[7] Die Forschung wird durch diesen Wandel gestärkt, was darin gründet, dass sich die Bundesregierung forschungsaktive Fachhochschulen wünscht, die sie als wichtige Bindeglieder zwischen Wissenschaft und Wirtschaft bzw. Gesellschaft erachtet (vgl. Bundesministerium, 2010). Deshalb soll anwendungsorientierte Forschung und Entwicklung – ohne Einschränkung auf den Ausbildungsauftrag (vgl. z. B. Art. 2, Abs. 5 BayHSchG) – in allen Bundesländern zur uneingeschränkten Nutzung der wissenschaftlichen Erkenntnisse zur wissenschaftlichen Grundlegung und der Weiterentwicklung von Lehre und Studium dienen (vgl. z. B. Art. 9 in Verb. mit Art. 6 Abs.1 BayHSchG).

Die aktuelle Brisanz und Fokussierung auf die Forschungsaktivitäten resultiert daraus, dass Wissen in der Wissensgesellschaft[8] zunehmend als zentrale Ressource für unsere Gesellschaft und zur Lösung gesellschaftlicher Problemlagen reklamiert wird (vgl. Maasen 2009; Weingart u. a., 2007). Dadurch verändert sich die Bedeutung der Sozialarbeitsforschung, was zu einem Anstieg der Forschungsaktivitäten führt und wodurch sich auch neue Herausforderungen und Möglichkeiten für die Sozialarbeitsforschung ergeben (haben). Neben dem veränderten Verständnis der Leistungsfähigkeit des Wissens in Bezug auf die Bewältigung des gesellschaftlichen Wandels und der daraus resultierenden Probleme wandelte sich auch das Wissenschaftsverständnis grundlegend.

Aus wissenssoziologischer Perspektive hat sich die Sichtweise auf die Genese wissenschaftlichen Wissens verändert. So ist die Wissenschaft stärker als bisher auf das Erfahrungswissen der Praxis angewiesen, wenn sie zeitnah nachhaltig wirkende Konzepte für Soziale Arbeit entwickeln möchte. Darauf verweist die aktuelle Debatte der Wissenschaftsforschung um neue Formen und Orte der gesellschaftlichen Wissensproduktion. Denn neben wissenschaftlichem Wissen gewinnen gegenwärtig auch andere Wissensformen, wie etwa erfahrungsbasiertes berufspraktisches Wissen (vgl. Böhle, 2003) und damit implizites, nicht formalisierbares

---

Rahmenbedingungen in Bezug auf die Forschung an Fachhochschulen findet sich bei Oestreicher, 2010, S. 24-32.

[7] In Bezug auf die Qualifizierungsnotwendigkeiten der Fachhochschulen durch ihre Forschungen wurden beispielsweise im Jahr 2008 erstmals auch die Höhe der Forschungsgelder von WissenschaftlerInnen an Fachhochschulen im Hochschulranking aufgelistet (vgl. Etscheit, 2008). Daneben stieg die Bedeutung der Forschung insbesondere durch die Novellierung der Hochschulgesetze im Jahr 2006, da seither Forschung und Lehre an Fachhochschulen gleichwertig anzusehen sind (vgl. Art. 9 in Verb. mit Art. 6 bis Art. 8 BayHSchG).

[8] Hier wird von einer Wissensgesellschaft gesprochen, die einerseits postuliert wird, andererseits existiert jedoch bis dato keine einheitliche Positionsbestimmung die ein dem entsprechendes Gesellschaftsmodel abzeichnen lassen. In Anlehnung an Jäger (2007) wird der Begriff der Wissensgesellschaft als „Verständigungsformel" (ebd., S. 668) verwandt. Denn Veränderungsprozesse lassen sich zwar exzellent beschreiben, doch Erklärungen für den Wandel liefern diese ebenso wenig, wie eine Antwort darauf gegeben werden kann, „ob und wann diese Entwicklung an ihre Grenzen stößt" (Lau/Böschen, 2003, S. 213).

Wissen an Bedeutung (vgl. Polnayi, 1985). So treten neben die Wissensproduktion in ausdifferenzierten, handlungsentlastenden Kontexten – wie z. B. den Fachhochschulen – andere, gesellschaftlich stärker eingebettete Formen und Orte der Wissensproduktion (z. B. in sozialen Einrichtungen) (vgl. Gibbons, 2009). Diese zunehmende Anerkennung anderer, nicht wissenschaftlicher Wissensformen, gewinnt vermehrt Einfluss auf die Wissenschaft (vgl. Böhle, 2009; Böhle u. a., 2002; Beck u. a., 2001; Rammert, 1998). Diese anderen Produktionsformen wissenschaftlichen Wissens vereinen sich unter dem Label von „mode 2" (Gibbons, 2009; Nowotny, 2000; Nowotny u. a., 2001), wobei die unterschiedlichen Wissensformen zunehmend aufeinander angewiesen sind (vgl. Franz u. a., 2003). Die Trennung zwischen „explizit-theoretischem Wissen" im Bereich der Wissenschaft und dem „implizit-praktischen Wissen" der Praxis erodiert zunehmend (Rammert, 1998, S. 18 f.; Bender, 2001, S. 13; aber auch Böhle, 2002; u. a.). Die Verschränkung von wissenschaftlichem und berufspraktischem Wissen erscheint für die Soziale Arbeit vor dem Hintergrund der gegenwärtigen Entwicklungen unerlässlich und stellt die Wissensgenese und die Wissensverwertung der Sozialarbeitsforschung vor neue Herausforderungen.

Zugleich erodiert aus wissenstheoretischer Sichtweise die Gewissheit wissenschaftlichen Wissens. Dieses Wissen wird einerseits zunehmend strittiger, unsicherer und widersprüchlicher wahrgenommen und andererseits setzt sich gegenwärtig die Einsicht durch, dass mit dem Wissen auch das Nichtwissen wächst (Wehling, 2007, S. 485). Unter Nichtwissen, welches als dysfunktionales und gefahrenträchtiges Wissen in den Vordergrund rückt, wird auch das Ausgeblendete, Übersehene und Nicht-Gewusste subsumiert. Nichtwissen wird nicht mehr als Mangel an exaktem, wissenschaftlichem Wissen gedeutet, sondern ebenso sehr als Resultat wissenschaftlicher Forschung und technologischer Umsetzung der Erkenntnisse. Durch die veränderte Wahrnehmung des Wissens in der Wissenschaft wird nicht mehr allgemein gültiges sicheres Wissen erzeugt, welches per se sozial stabilisierend ist, sondern zugleich auch Ungewissheit und Nichtwissen erzeugt und vergrößert. Gerade Gesellschaften, die auf die Steigerung des Wissens ausgerichtet sind, sehen sich in vielfältiger Weise mit Ihrem Nichtwissen konfrontiert (Wehling, 2007, S. 491). Diese Veränderungen der Gewissheit des Wissens stellen neue Herausforderungen an die Problemlösungsdefinitionen, sowie an die Akteure aus Wissenschaft und Praxis.

Die gesellschaftlichen Veränderungen manifestieren sich, anders als in anderen Bereichen, im Feld Sozialer Arbeit im Wandel beider Sphären: im Bereich der Wissenschaft und im Bereich der Praxis. Diesbezüglich erfordern sie einerseits neue Umgangsformen in der Situations- und Problembewältigung und ein qualitativ anderes Wissen, welches – wird es nach dem gegenwärtigen state of the art generiert – konkrete Anforderungen an das Miteinander der Akteure im Wissenschafts- und Praxisbereich Sozialer Arbeit stellt.

4. Sozialarbeitsforschung – transdisziplinäre Wissensproduktion und Wissensverwertung

Der aktuelle „state of the art" ist voraussetzungsvoll und stellt hohe Ansprüche an das Miteinander der Akteure in Wissenschaft und Praxis, die insbesondere vor dem Hintergrund der hauptsächlich anwendungsorientierten Sozialarbeitsforschung – welche im folgenden Abschnitt zuerst aufgefächert wird – auf eine gelingende Zusammenarbeit angewiesen ist. Entsprechend wesentlich ist die Analyse des Verhältnisses zwischen Wissenschaft und Praxis Sozialer Arbeit, die im Folgenden ebenfalls aufgeschlüsselt werden soll.

Die Sozialarbeitsforschung zielt in ihrer Wissensproduktion darauf ab, durch empirische Untersuchungen einen Wissenszuwachs in Bezug auf gesellschaftlich und professionell relevante Problemlagen zu erlangen. Die Gewinnung wissenschaftlichen Wissens trägt zu Definitions-, Erklärungs- und Bearbeitungsprozessen dieser Problemlagen bei (vgl. Schnell u. a., 2008). In diesem Sinn kann die Sozialarbeitsforschung sowohl als praxisorientierte Forschung mit zentralen Funktionen gesehen werden, indem durch konkretes Wissen Handlungsorientierung gegeben wird, aber auch als grundlagenorientierte Forschung begriffen werden, wenn sie abstraktes Wissen um die verallgemeinerbare Beschreibung und Erklärung sozialer Sachverhalte und Zusammenhänge erzeugt, bei der die praktische Anwendbarkeit von untergeordnetem Interesse ist.

Fokussiert wird in erster Linie die Generierung anwendungsorientierten Wissens, was *erstens* an der institutionellen Verortung der Sozialarbeitsforschung liegt – Fachhochschulforschung und anwendungsorientiert forschende Institute außerhalb des Hochschulsektors –; *zweitens* erfordert die gesellschaftliche Verpflichtung der Profession zum Bewältigen und Verhindern sozialer Problem- und Bildungslagen immer wieder aktuelles Wissen zum professionellen Arbeitshandeln und *drittens* verschafft dieses Wissen letztlich auch die Legitimationsmöglichkeiten sozialer Organisationen für ihr Dienstleistungsangebot. Der Staat forciert den Dienstleistungsgedanken und die Marktorientierung Sozialer Arbeit, indem er die Fachhochschulen auf anwendungsorientierte Forschungen und Entwicklungen fixiert und ausschließlich diese, von ihm gewählte Forschungsausrichtung finanziert (vgl. Bundesministerium, 2010).

Grundlagenorientierte Forschungsprojekte können folglich nur dann verwirklicht – also staatlich finanziert – werden, wenn der Anwendungsbezug der grundlagenorientierten Forschung in den Mittelpunkt gerückt wird (vgl. Dewe/Otto, 2010). Dabei stellt sich dann natürlich die Frage, inwieweit diese Form der Forschung dann noch grundlagenorientiert ist bzw. ob nicht jede grundlagenorientierte Forschung als Basis für weiterführende Forschungen im Sinne anwendungsorientierter Projekte anzusehen ist (vgl. Schweigert/Steinert, 2007). Gegen Grundlagenforschungsprojekte, die i. d. R. umfangreicher als anwendungsorientierte Projekte angelegt sind (vgl. Schnell u. a., 2008), spricht neben der nicht sicher gestellten Finanzierung das hohe Lehrdeputat an Fachhochschulen. Aufgrund der Lehrbelastung von gegenwärtig 19 Semesterwochenstunden (in Bayern) wurden bisher kaum Grundlagenforschungsprojekte realisiert (vgl. Oestreicher, 2010, S. 80).

Daneben ist die Evaluationsforschung das bedeutendste – und gegenwärtig populärste – Feld anwendungsorientierter Sozialforschung im Allgemeinen und auch der Sozialarbeitsforschung im Besonderen und unterscheidet sich von der Grundlagenforschung im Wesentlichen durch ihren Fokus auf die unmittelbare Verwertbarkeit ihrer Ergebnisse (vgl. Sanders/Beywl, 2000, S. 47). Während die Grundlagenforschung relativ zweckfrei nach Ergebnissen strebt und abstraktes, grundlegendes Wissen produziert, agiert die anwendungsbezogene Forschung – und somit auch die Evaluationsforschung – in einem Kontext konkreten Handelns. Allerdings hebt sich die Evaluationsforschung in ihrem Forschungsziel von anderen anwendungsorientierten Forschungen ab, da Evaluationsforschungen nicht allein soziales Handeln analysieren, sondern vor allem soziale Interventionen hinsichtlich ihrer Wirkung beurteilen soll (vgl. Schnell u. a., 2008). Damit stellt die Evaluationsforschung[9] ihre Ergebnisse nicht nur dar, sondern bewertet diese auch und wirft damit die brisante Frage auf, ob sich Forschung dadurch der marktwirtschaftlichen und oft monokausal verkürzten Sichtweise staatlicher Auftraggeber unterwirft – und möglicherweise die PraktikerInnen desavouiert.

Die Anwendungsorientierung der Sozialarbeitsforschung verweist auf eine Nähe zwischen Wissenschaft und Praxis und verpflichtet zugleich zur Kooperation bei der Wissensproduktion und/oder auf alle Fälle zur Kooperation bezüglich der Wissensverwertung. Bei anwendungsorientierten Forschungen im Hinblick auf Handlungsforschungen geben die WissenschaftlerInnen in ihrer Erkenntnisdarstellung eindeutige Erfolgs- bzw. Misserfolgsrückmeldung an die Praxisakteure, während die WissenschaftlerInnen bei Evaluationsforschungen die Beschreibungen und Bewertung der Befunde zum Zweck der rationalen Entscheidungsfindung und/oder der Legitimation für die Praxisakteure bereitstellen (vgl. Sanders/Beywl, 2000). Das Beziehungsgeflecht scheint im Zuge dieses Wissensvorsprungs immer noch im Sinne eines Herrschaftsverhältnisses des wissenschaftlichen Wissens hierarchisch und weist auf ein mögliches Konfliktpotenzial zwischen den Bereichen Wissenschaft und Praxis Sozialer Arbeit hin.

In Bezug auf das Beziehungsgeflecht zwischen WissenschaflerInnen und PraktikerInnen werden in allen anwendungsorientierten Forschungsprojekten beidseitig Erfahrungen über den Wissensaustausch bei der Genese neuen Wissens und bei dessen Vermittlung gesammelt. So rekonstruiert beispielsweise Dimbath (2009) anhand eines Evaluationsprojektes, die Schwierigkeiten in diesem Beziehungsgeflecht. Wesentliche Probleme entstehen aufgrund von Macht- und Herrschaftsverhältnissen, die sich *erstens* aus dem Initiierungsgrund des Forschungsvorhabens

---

[9] Dazu gibt es eine Diskussion um Evaluation als Beurteilung von Praxis in Hinblick auf die vorher gesteckten Ziele und Evaluationsforschung als Reflexion der Praxis des Evaluierens (inklusive methodologischer Aspekte). Zugleich ist gerade im Bereich Sozialer Arbeit sicherlich auch die Orientierung der „Partizipativen Evaluation" von Interesse. Einen kritischen Überblick geben Dimbath und Schneider, 2006, S. 109-134.

ergeben. Einerseits können Forschungsprojekte „autoritativ" – nach dem Top-down-Prinzip – aufgrund von „Veränderungsimpulsen höherer Hierarchieebenen" (ebd., S. 112) initiiert werden, wie dies bei Evaluationsforschungen üblich ist. Andererseits können Forschungsprojekte „nicht-autoritativ" initiiert werden, was der Vorgehensweise bei Handlungsforschungen entspricht (ebd., S. 114). Die Ausgangssituation beeinflusst das Forschungsvorhaben, den Forschungsprozess und den Umgang mit den Forschungsergebnissen (z. B. Motivation). *Zweitens* entstehen Probleme aufgrund diverser Kommunikationspraxen, in denen die Akteure trotz kurzfristiger Anpassungsleistungen schnell wieder in ihre gewohnten Rollenschemata zurückfallen und damit in einem sprachlichen „Hierarchiegefälle zwischen ‚aristokratischer' Wissenschaft und ‚profaner' Praxis" landen (Dimbath, 2009, S. 115). *Drittens* entstehen Probleme aufgrund von Erwartungen bzw. Enttäuschungen über einerseits die Schwierigkeiten der Anwendbarkeit erzielter Erkenntnisse auf Seiten der Praxisakteure und andererseits die Frustration der Interpretation der Erkenntnisse auf Seiten der WissenschaftlerInnen (ebd., S. 113). Unterschiedliche Feldlogiken wie z. B. der Handlungsdruck der Praxis versus der Handlungsabschottung der Wissenschaft verweisen auf die Schwierigkeiten der Anwendbarkeit bzw. der Interpretation. So sprechen z. B. Stehr und Grundmann (2010) davon, dass im Labor einiges funktioniert, was in der Praxis nicht geht (ebd., S. 103), aber schon Kant wies Ende des 18. Jahrhunderts auf den „Gemeinspruch" hin: „Das mag in der Theorie richtig sein, taugt aber nicht für die Praxis" (Kant, 2009, S. 275). Infolgedessen muss auch das durch anwendungsorientierte Forschung generierte und vermeintlich bereits produzierte Handlungswissen interpretiert und angepasst werden, d. h. die in der Wissenschaft erzeugten Theorien sind immer Formen der Abstraktion und müssen in der Praxis interpretiert werden.[10]

Das war auch die ernüchternde Einsicht der Verwendungsforschung, die in den 80er Jahren der Frage nachging, wie wissenschaftliche Erkenntnisse in die Praxis transportiert werden können mit dem Ziel die „weniger vernünftige oder gar irrationale gesellschaftliche Praxis" durch die Verwendung wissenschaftlicher Argumente „auf das Rationalitätsniveau der Wissenschaft zu heben" (Beck/Bonß, 1995, S. 416).

Problematisch stellte sich hinsichtlich der Verwendung der Erkenntnisse heraus, dass ein Wissenstransfer aufgrund der unterschiedlichen Logiken in Wissenschaft und Praxis kaum nachweisbar war und auch kaum zu erwarten war. Daneben erwies sich die lineare Planung der Produktion und Verwendung wissenschaftlicher Erkenntnisse als Fehlschluss, bei dem insbesondere die Neu- und Reinterpretation des Wissens beim Transfer in die verschiedenen „tatsächlichen Praxen" (Bonß, 2003, S. 42) unberücksichtigt blieb. Beck und Bonß (1989) sprechen vom „Erkenntnispflücken und -picken" (ebd., S. 10), wodurch der variable Einsatz der

---

[10] Demnach kann nicht von angewandter Forschung gesprochen werden (vgl. Lüders, 2006), da die Anwendung der Erkenntnisse ohne entsprechende subjektive Anpassungsleistungen unmöglich ist (vgl. z. B. die Illustration von Dimbath, 2009, S. 113; Busse/Ehlert, 2010, S. 326).

wissenschaftlichen Erkenntnisse aufgrund subjektiver Übersetzungsleistungen neben adäquaten Interpretationen durchaus auch zu falschen oder irritierenden Interpretationen führen kann. Obgleich auch die Option besteht, dass trotz einer adäquaten Interpretation die Ergebnisse zu keinen Veränderungen führen. Beck und Bonß bezeichnen dies in Anlehnung an Weber als eine „Entzauberung, die auf den Entzauberer selbst übergreift" (Beck/Bonß, 1984, S. 400). Dem zur Folge erfordert dies ein gegenseitiges Vertrauen in die jeweiligen Tätigkeitsbereiche von Wissenschaft und Praxis: ein Vertrauen der WissenschaftlerInnen in die professionelle Handlungskompetenz der PraktikerInnen und von den PraktikerInnen ein Vertrauen in die wissenschaftliche Analyse der WissenschaftlerInnen – und dass, trotz einer möglichen Erfolglosigkeit.

Die Verwendungsforschung konnte das Theorie-Praxis-Problem nicht lösen, es wurde im Gegenteil noch deutlicher, dass sich die Problematik zwischen Wissenschaft und Praxis gerade an der Nahtstelle dieser zwei Bereiche, durch die subjektive Komponente entfaltet (vgl. Dewe, 2009, S. 90). Obgleich die Bedeutung des „reflektierenden und ermessenden Subjekts" (Busse/Ehlert, 2010, S. 325) auf die „organisatorisch abgestützte professionelle Kultur der Reflexivität der Praxis angewiesen ist" (ebd., S. 325). Wissensverwertung ist demnach nicht nur als subjektive Passungsleistung zu definieren, sondern muss auch in Bezug zu den Kulturen der Profession in Ausbildung, Praxis und Wissenschaft gesetzt werden.

Die Frage nach der Prozessgestaltung der Wissensgenese und Wissensverwertung bedürfen unter den gegenwärtigen Umständen, der permanenten Zunahme der Sozialarbeitsforschung, dringender Reflexion. Über die generelle Notwendigkeit des Wissensaustausches im Kontext Sozialer Arbeit herrscht weitgehend Konsens, was sich beispielsweise in den Debatten zu Benchmarking und ‚best practice' widerspiegelt (vgl. Fisher/Marsh, 2007, S. 191; Heiner u. a., 2007). Der fachwissenschaftliche Konsens konstatiert zwar einen erhöhten Bedarf der Praxis an wissenschaftlichem Wissen (vgl. Staub-Bernasconi, 2007; Miller, 2001; u. a.), negiert aber bisher weitgehend den möglichen Beitrag berufspraktischen Wissens für die Wissenschaft Sozialer Arbeit. Die weitgehende Einseitigkeit der Betrachtung mit ihrer Fokussierung auf den Transfer explizit-theoretischen Wissens in die praktischen Handlungsfelder ist jedoch vorherrschend (z. B. Wattendorf, 2007; Sommerfeld/ Hüttemann, 2007), auch wenn Einigkeit über die gesellschaftlichen Auswirkungen, die dadurch verschärften Bedingungen und die Notwendigkeit der Genese qualitativ anderen Wissens herrscht (z. B. Karges/Lehner, 2003; Delmas, 2009; Geißler-Piltz/Gerull, 2009; Becker-Lenz/Müller, 2009).

Die Analyse zeigt einerseits, dass der aktuelle „state of the art" noch keine Berücksichtigung in den Debatten der Sozialarbeitsforschung findet und andererseits scheint die Unerlässlichkeit eines verstärkten transdisziplinären Austausches omnipotent. Doch das Verhältnis zwischen Wissenschaft und Praxis scheint an dogmatische Macht- und Herrschaftsverhältnisse gebunden und ist von gegenseitigen Erwartungen und Enttäuschungen geprägt.

5. Sozialarbeitsforschung – einige dringend zu klärende Fragen

Vor diesem Hintergrund wird im folgenden Abschnitt den derzeit offenen Fragen zur Gestaltung der Sozialarbeitsforschung nachgegangen. Anhand des gerade in den letzten Jahren populär gewordenen Ansatzes der *„Evidence based practise"* (EBP) lassen sich zentrale gegenwärtig zu klärenden Fragen demonstrieren, da dieser Ansatz – obgleich er aus der Medizin entlehnt ist – gerade in Bezug auf die Wissensbasis Sozialer Arbeit Anwendung findet.

Beim Ansatz der EBP geht es darum, professionelle Entscheidungen und Interventionen auf der Basis bewiesener Wirksamkeit zu treffen, wobei die Wirkungsmessung möglichst in einem experimentellen Design mit randomisierten statistischen Verfahren erfolgen soll (vgl. Gredig/Marsh, 2010; Sommerfeld/Hüttemann, 2007). Die fachwissenschaftliche Debatte ist in ihrem Urteil über diesen Ansatz gespalten: einerseits wird dieser Ansatz als Aufwertung der Arbeit im Hilfeprozess gesehen (etwa Howard, 2007), andererseits die technologische und ökonomische Perspektive und die Vernachlässigung des Wissens der Praxis kritisiert (vgl. Meyer-Wolters, 2004; Forrer-Kasteel, 2007; u. a.). Vor dem Hintergrund der Verwendungsforschung erscheint fraglich, wie ein linearer und technokratischer Transfer wissenschaftlicher Erkenntnisse dreißig Jahre später gelingen soll. Gerade der Anspruch, dass „Menschen, deren längerfristige Entwicklung zum Teil von Entscheidungen der Sozialen Dienste abhängen, sollten ein Recht auf bestmöglich informierte Mitarbeiterinnen und Mitarbeiter haben" (Heiner u. a., 2007, S. 191), sollte als Anregung professionellen Handelns und als Reflexion der Evidenzbasierung dienen.

Betrachtet man die EBP als „Ergänzungshilfe und nicht … als ein Entweder-Oder" (Sommerfeld/Hüttemann, 2007, S. 52) und eher als Modell der kooperativen Wissensproduktion[11] (vgl. ebd.), bei dem vor allem der Austausch von Wissenschaft und Praxis im Zentrum steht, so erscheint der Ansatz in der Sozialen Arbeit fast überflüssig. Denn *erstens* entspricht das gewünschte Forschungsdesign zur Wirkungsmessung nicht dem in der Sozialarbeitsforschung Verwendung findenden Designs und nicht einmal den der Sozialforschung (vgl. oben Abschnitt 2). So bleibt einerseits zu fragen, wer die wissenschaftlichen Erkenntnisse für die EBP erzeugen soll und kann und andererseits was mit den wissenschaftlichen Erkenntnisse der Sozialarbeitsforschung geschieht. *Zweitens* verweist die Wissenserzeugung spätestens seit der Debatte um *„mode 2"* auf transdisziplinäre Kooperation, wodurch sich der Anspruch dieses Ansatzes erübrigt, wenn man den aktuellen „state oft the art" berücksichtigt. *Drittens* ist aufgrund gesellschaftlicher Entwicklungen neues, aktuelles Wissen im Praxisalltag prinzipiell erforderlich und gegenwärtig, wie in Abschnitt 3 und 4 deutlich wurde, auch unerlässlich.

Völlig ausgespart bleiben bei diesem Ansatz jedoch beispielsweise die Fragen nach dem Umgang mit ungesichertem Wissens und Fragen mit Nichtwissen (vgl.

---

[11] Sie nennen das damit verbundene Konzept eines „Praxisoptimierungszyklus" (POZ) (Sommerfeld/Hüttemann, 2007, S. 52).

Dewe, 2009; Wehling, 2007). Schließlich muss in der Praxis auch dann gehandelt werden, wenn noch kein entsprechendes wissenschaftliches Wissen verfügbar ist. Wesentlicher scheinen demnach Fragen nach dem kommunikativen Austausch im Hinblick auf das zu generierende und generierte wissenschaftliche Wissen. Diese führen zu Überlegungen der (Neu-)Gestaltung des Verhältnisses zwischen Wissenschaft und Praxis hinsichtlich entsprechender Kommunikationsstrukturen.[12]

Daneben sollte der Blick auf die „weichen Faktoren" (Wendt, 2007, S. 82) gerichtet werden, denn letztlich ist nicht Erfolg entscheidend, sondern „zweckmäßig und überprüfbares zielführendes Handeln" (ebd., S. 82). Praktisches, intuitives, emotionales Wissen, Wert- und Normvorstellungen der Akteure und damit verbunden die ethische Haltung der Akteure bleiben im Zuge der Evidenzbasierung zur Praxisoptimierung ausgeschlossen. Diese weichen Faktoren sind im Sinne der aktuellen wissenssoziologischen Debatten und angesichts der Komplexität und Vielfältigkeit des Gegenstandsbereichs besonders bedeutsam, weshalb eine Komplexitätsreduktion zugunsten eines solchen Referenzstandards, wie er durch die Fokussierung auf experimentelle Designs mit randomisierten statistischen Verfahren festgesetzt würde, geradezu widersinnig erscheint. Insbesondere auch unter dem Aspekt des Oblivionismus[13] wäre zu prüfen, inwiefern der strategische Einbezug der im Sinne der EBP als hochwirksam deklarierten wissenschaftlichen Erkenntnisse zum Vergessen wesentlicher Dimension Sozialer Arbeit, wie beispielsweise zum Vergessen der Komplexitätsaspekte, zum Vergessen der ethischen und moralischen Aspekte führen könnte (vgl. Dimbath, 2011, S. 310). Die Folge dieses Vergessens wäre eine Normierung Sozialer Arbeit, „wobei keineswegs ‚erwiesen' ist, dass eine Orientierung an Konzepten evidenz-basierter Praxis die professionelle Wirksamkeit der Sozialarbeit tatsächlich steigert, eher spricht vieles für das Gegenteil!" (Dewe, 2009, S. 98). Zudem würde es der „Sozialen Arbeit als ethischer Wissenschaft" (Schumacher, 2007) mehr schaden, als Gewinn bringen, gerade auch vor dem Hintergrund, dass auch die staatlichen Förderprogramme und Zielsetzungen in die Richtung der Evidenzbasierung drängen.

Deshalb stellen sich hier erneut Fragen in Bezug auf die Macht- und Herrschaftsverhältnisse. Diese sind nicht nur wie bereits geschildert innerhalb der Profession zwischen Wissenschaft und Praxis zu klären, sondern auch zwischen Staat und Profession dringend klärungsbedürftig. Ausgangssituation und Kennzeichen Sozialer Arbeit ist die Abhängigkeit der Profession von gesellschaftlichen Ressourcen, die dazu führt, dass sich die Verwendung dieser, durch politische Entscheidungen mittlerweile knappen, finanziellen Mittel an den sozialpolitischen

---

[12] Vgl. zur sprachlichen Vermittlungsproblematik auch Dewe, 2009, S. 91-98.

[13] Oblivionismus in der Wissenschaft kann als „Mechanismus strategischen Vergessens" bezeichnet werden, welcher über eine dritte Person oder entsprechend ökonomische Erinnerungspraxen stattfindet (Dimbath, 2011, S. 312-313). Dabei sind „Ignorieren, Übersehen oder Übergehen" erste wesentliche Anhaltspunkte des Vergessens (ebd., S. 300). Der Oblivionismus, ursprünglich von Weinrich (2005) auf die Naturwissenschaften bezogen, kann laut Dimbath durch die Stärkung von marktorientierten Zielen auf die Sozialwissenschaften angewandt werden (ebd., S. 313; vgl. auch Erdheim, 1982).

Leitlinien orientiert, in Folge dessen Leistungen nach Wirkung gezahlt werden (vgl. Vahsen/Mane, 2010; Schumacher, 2007). Diese sozialpolitische Ausrichtung zeigt sich in Bezug auf die Sozialarbeitsforschung vor allem in den gestiegenen Evaluationsanforderungen, der Anwendungsorientierung und der Verwertung wissenschaftlicher Erkenntnisse. Die Einführung des Marktes in die Soziale Arbeit durchdringt dabei auch die Organisationen Sozialer Arbeit und die Hochschulen, die im Zuge des New Public Management nach Leistungs- oder besser Ergebniskriterien vergütet werden. Damit stehen Wissenschaft und Praxis Sozialer Arbeit zwischen den staatlichem Interesse und den professionseigenen Ansprüchen. Hierbei wäre nicht die Positionierungsfrage zu klären, sondern eher, wie diese Position gestaltbar ist und wie sich die Akteure Sozialer Arbeit verhalten: fühlen sich die Akteure eher ohnmächtig oder gar entmachtet oder kann diese Position gar als eine Art „pole position" begriffen werden, die anhand ihrer Singularität besonderen Ansprüchen genügen muss und damit auch besondere Ansprüche stellen kann.

6. Sozialarbeitsforschung – Forschungsethik zur Professionalisierung

Der normative und mit Gestaltungsabsicht verbundene ethische Anspruch ist das Kennzeichen, das vielleicht sogar die Singularität Sozialer Arbeit gegenüber anderen Sozialwissenschaften auszeichnet und deshalb auch konstitutiv für die Sozialarbeitsforschung ist. In diesem Abschnitt werden anhand der ethischen Perspektive die Optionen der Sozialarbeitsforschung innerhalb der Profession zwischen Wissenschaft und Praxis und zwischen Profession und Staat skizziert.

Wissenschaft und Ethik lassen sich laut Schumacher (2007) zu einem Gesamtkonzept verbinden, welches sich im Professionsverständnis niederschlägt. „Soziale Arbeit ist eine Profession ... Sie gründet ihr Wissen und ihre Praxis auf wissenschaftlich gewonnene und reflektierte Erkenntnis, ist dabei, ihr eigenes, wissenschaftliches Profil auszuprägen, und zeigt sich in einer Weise am Gemeinwohl orientiert, die eindeutiger nicht sein kann" (Schumacher, 2007, S. 262). Wesentlich ist, dass Soziale Arbeit in ihrem öffentlichen Wirken nicht vollkommen instrumentalisiert wird, sondern selbst ihre Aufgaben definiert, praktiziert und damit nicht nur normativ handelt, sondern diese auch zu verantworten hat und gegenüber sozialpolitischen Entscheidungen eine ethische Haltung einnimmt. Damit kommt der Ethik eine Schlüsselrolle zu und nur eine „als ethische Wissenschaft angelegte Soziale Arbeit vermag den Autonomieanspruch, der dem Wesen des Berufes immanent ist, zu vertreten" (Schumacher, 2007, S. 264). Dem ethischen Anspruch der Profession ist die Forschungsethik Sozialer Arbeit verpflichtet (vgl. Oestreicher/Rossini, 2011). Die Forschungsethik bezieht sich dabei erstens auf ein bürokratisches Reglement, wie Ethikkommissionen und forschungsethische Prinzipien; zweitens auf berufsethische Verpflichtungen, wie die Ethik-Kodizes Sozialer Arbeit und drittens auf die ethische Haltung der Akteure Sozialer Arbeit. Einzig durch die Verbindung dieser drei Ebenen ist eine Forschungsethik im Sinne der Profession denkbar (vgl. Oestreicher/Rossini, 2011). Entsprechend dieser ethischen Grundlegung sind die Akteure Sozialer Arbeit verpflichtet, für eine Forschung einzutreten, die über technokratische Lösungen und standardisierte Gestaltungsbedingungen hinausgeht, die somit „weiche Faktoren" integriert, die sich gegen den Oblivionismus wesentlicher Aspekte richtet, die zu einer transdisziplinären Kooperation zwischen Wissenschaft und Praxis beiträgt, die aktuelles Wissen generiert und entsprechend professionell in das Alltagshandeln integriert, um ihrem gesellschaftlichen Mandat entsprechend tätig zu sein.

Die entscheidenden Antworten auf die Frage nach dem Umgang mit den aktuellen Herausforderungen finden sich vor dem Hintergrund der Ausgangsdiagnosen in der Reflexion mit den gegenwärtigen Macht- und Herrschaftsverhältnissen und im ethischen Anspruch. Mit einer an diesen Punkten weiter entwickelten Sozialarbeitsforschung könnte die Profession ihrem Anspruch gerecht werden und ein Profil gewinnen, welches der Lösung gesellschaftlicher Problemlagen weniger im marktwirtschaftlichen, sondern eher im wohlfahrtsstaatlichen und menschenwürdigen Sinne zuträglich ist.

Literatur

Bayerisches Hochschulgesetz, 2006: BayHSchG. http://www.hof.uni-halle.de/daten/lhg_2/lhg_by.pdf.

Beck, Ulrich, 2008: *Weltrisikogesellschaft. Auf der Suche nach der verlorenen Sicherheit*, Frankfurt a. M.

Beck, Ulrich / Bonß, Wolfgang, 1984: Soziologie und Modernisierung. Zur Ortsbestimmung der Verwendungsforschung, in: *Soziale Welt* 35, S. 381-406.

Beck, Ulrich / Bonß, Wolfgang, 1989: Verwissenschaftlichung ohne Aufklärung? Zum Strukturwandel von Sozialwissenschaft und Praxis, in: *Weder Sozialtechnologie noch Aufklärung? Analysen zur Verwendung sozialwissenschaftlichen Wissens*, hg. v. U. Beck u,W. Bonß, Frankfurt a. M., S. 7-45.

Beck, Ulrich / Bonß, Wolfgang (Hg.), 1989: *Weder Sozialtechnologie noch Aufklärung? Analysen zur Verwendung sozialwissenschaftlichen Wissens*, Frankfurt a. M.

Beck, Ulrich / Bonß, Wolfgang, 1995: Verwendungsforschung – Umsetzung wissenschaftlichen Wissens, *Handbuch qualitative Sozialforschung. Grundlagen, Konzepte, Methoden und Anwendungen*, hg. v. in: U. Flick, Weinheim, S. 416-423.

Beck, Ulrich / Bonß, Wolfgang (Hg.), 2001: Die Modernisierung der Moderne, Frankfurt a. M.

Beck, Ulrich / Bonß, Wolfgang / Lau, Christoph, 2001: Theorie reflexiver Modernisierung - Fragestellungen, Hypothesen, Forschungsprogramme, in: *Die Modernisierung der Moderne*, hg. v. U. Beck u. W. Bonß, Frankfurt a. M., S. 11-59.

Beck, Ulrich / Lau, Christoph / Bonß, Wolfgang (Hg.), 2004: *Entgrenzung und Entscheidung: Was ist neu an der Theorie reflexiver Modernisierung?*, Frankfurt a. M.

Becker-Lenz, Roland / Busse, Stefan / Ehlert, Gudrun / Müller, Silke (Hg.), 2009: *Professionalität in der Sozialen Arbeit. Standpunkte, Kontroversen, Perspektiven*, Wiesbaden.

Becker-Lenz, Roland / Müller, Silke, 2009: Die Notwendigkeit von wissenschaftlichem Wissen und die Bedeutung eines professionellen Habius für die Berufspraxis der Sozialen Arbeit, in: *Professionalität in der Sozialen Arbeit. Standpunkte, Kontroversen, Perspektiven* , hg. v. R. Becker-Lenz u. a., Wiesbaden, S. 195-221.

Bender, Gerd, 2001: *Neue Formen der Wissenserzeugung*, Frankfurt a. M.

Böhle, Fritz, 2003: Wissenschaft und Erfahrungswissen – Erscheinungsformen, Voraussetzungen und Folgen einer Pluralisierung des Wissens, in: *Wissenschaft in der Wissensgesellschaft*, hg. v. S. Böschen, Wiesbaden, S. 143-177.

Böhle, Fritz, 2009: Erfahrungswissen – die „andere" Seite professionellen Handelns, in: *Soziale Arbeit im Gesundheitsbereich. Wissen, Expertise und Identität in multiprofessionellen Settings*, hg. v. B. Geißler-Piltz u. S. Gerull, Opladen, S. 25-34.

Böhle, Fritz / Drexel, Ingrid / Dunkel, Wolfgang / Pfeiffer, Sabine / Porschen, Stephanie (Hg.), 2002: *Umbrüche im gesellschaftlichen Umgang mit Erfahrungswissen. Theoretische Konzepte, empirische Befunde, Perspektiven der Forschung*, ISF, München.

Böhle, Fritz / Glaser, Jürgen (Hg.), 2006: *Arbeit in der Interaktion – Interaktion als Arbeit. Arbeitsorganisation und Interaktionsarbeit in der Dienstleistung*, Wiesbaden.

Bonß, Wolfgang (2003): Strukturprobleme der Verwissenschaftlichung in der Zweiten Moderne, in: *Forschen, lernen, beraten. Der Wandel von Wissensproduktion und -transfer in den Sozialwissenschaften*, hg. v. H.-W. Franz u. a., Berlin, S. 37-51.

Böttger, Andreas / Lobermeier, Olaf, 1996: *Sozial(arbeits)wissenschaftliche Forschung an Fachhochschulen. Theoretische Hintergründe und Ergebnisse einer empirischen Untersuchung an den Fachbereichen Sozialwesen in Norddeutschland*, Wolfenbüttel.

Bude, Heinz, 2010: *Die Ausgeschlossenen. Das Ende vom Traum einer gerechten Gesellschaft*, München.

Buestrich, Michael / Wohlfahrt, Norbert (2008): Ökonomisierung der Sozialen Arbeit, in: *Aus Politik und Zeitgeschichte*, S. 17-24.

Bundesministerium, 2010: *Bundesbericht Forschung 2010*, Berlin. http://www.bmbf.de/pub/bufi_2010.pdf.

Busse, Stefan / Ehlert, Gudrun, 2009: Studieren neben dem Beruf als langfristige Professionalisierungschance, in: *Professionalität in der Sozialen Arbeit. Standpunkte, Kontroversen, Perspektiven*, hg. v. R. Becker-Lenz u. a., Wiesbaden, S. 319-343.

Butterwegge, Christoph, 2009: *Armut in einem reichen Land. Wie das Problem verharmlost und verdrängt wird*, Frankfurt a. M.

Castel, Robert / Dörre, Klaus, 2009: *Prekarität, Abstieg, Ausgrenzung. Die soziale Frage am Beginn des 21. Jahrhunderts*, Frankfurt a. M.

Dahme, Heinz-Jürgen / Otto, Hans-Uwe / Trube, Achim / Wohlfahrt, Norbert (Hg.), 2003: *Soziale Arbeit für den aktivierenden Staat*, Opladen.

Delmas, Nanine, 2009: „…da bin ich langsam, wie soll ich sagen, klüger geworden." Qualität und Wirkung Mobiler Jugendarbeit, in: *Kinder- und Jugendarbeit wirkt. Aktuelle und ausgewählte Evaluationsergebnisse der Kinder- und Jugendarbeit*, hg. v. W. Lindner, Wiesbaden, S. 213-226.

Dewe, Bernd, 2009: Reflexive Sozialarbeit im Spannungsfeld von evidenzbasierter Praxis und demokratischer Rationalität – Plädoyer für die handlungslogische Entfaltung reflexiver Professionalität, in: *Professionalität in der Sozialen Arbeit. Standpunkte, Kontroversen, Perspektiven*, R. Becker-Lenz u. a., Wiesbaden, S. 89-109.

Dewe, Bernd / Otto, Hans-Uwe, 2010: Reflexive Sozialpädagogik. Grundstrukturen eines neuen Typs dienstleistungsorientierten Professionshandelns, in: *Grundriss soziale Arbeit. Ein einführendes Handbuch*, hg. v. W. Thole, Wiesbaden, S. 179-198.

Dimbath, Oliver, 2009: Was macht die Wissenschaft aus der Praxis und was macht die Praxis aus der Wissenschaft?, in: *Sozialwissenschaften und Berufspraxis* 33, S. 110-128.

Dimbath, Oliver / Schneider, Werner, 2006: Partizipative Evaluation in der politischen Bildung, in: *Zeitschrift für Evaluation*, S. 109-134.

Dimbath, Oliver / Wehling, Peter, 2011: *Soziologie des Vergessens. Theoretische Zugänge und empirische Forschungsfelder*, Konstanz.

Engelke, Ernst, 2007: Der Beitrag der Sozialarbeitsforschung zur Praxis Sozialer Arbeit, in: ders. (Hg.), *Forschung für die Praxis. Zum gegenwärtigen Stand der Sozialarbeitsforschung*, Freiburg i. Br., S. 263-270.

Engelke, Ernst / Spatscheck, Christian / Borrmann, Stefan, 2009: *Die Wissenschaft Soziale Arbeit. Werdegang und Grundlagen*, Freiburg i. Br.

Erdheim, Mario, 1982: *Die gesellschaftliche Produktion von Unbewusstheit. Eine Einführung in den ethnopsychoanalytischen Prozeß*, Frankfurt a. M.

Etscheit, Georg, 2008: Soziale Arbeit, in: *Die Zeit. Studienführer 2008/2009*, S. 158-161.

Fisher Mike / Marsh Peter, 2007: Entwicklung der Forschungsinfrastruktur für die Soziale Arbeit, in: *Evidenzbasierte Soziale Arbeit. Nutzung von Forschung in der Praxis*, hg. v. P. Sommerfeld u. M. Hüttemann, Baltmannsweiler, S. 188-211.

Forrer Kasteel, Esther / Parpan-Blaser, Anne / Wilhelm, Elena, 2007: Vom scientist-practitioner zum information scientist?, in: *Evidenzbasierte Soziale Arbeit. Nutzung von Forschung in der Praxis*, hg. v. P. Sommerfeld u. M. Hüttemann, Baltmannsweiler, S. 148-169.

Franz, Hans-Werner / Howaldt, Jürgen / Jacobsen, Heike / Kopp, Ralf (Hg.), 2003: *Forschen, lernen, beraten. Der Wandel von Wissensproduktion und -transfer in den Sozialwissenschaften*, Berlin.

Geißler-Piltz, Brigitte / Gerull, Susanne (Hg.), 2009: *Soziale Arbeit im Gesundheitsbereich. Wissen, Expertise und Identität in multiprofessionellen Settings*, Opladen.

Gibbons, Michael, 2009: *The new production of knowledge. The dynamics of science and research in contemporary societies*, London.

Gredig, Daniel, 2010: Improving Intervention and Practice, in: *The SAGE handbook of social work research*, hg. v. I. Shaw u. a., Los Angeles, S. 64-82.

Hanschitz Rudolf-Christian / Schmidt, Ester / Schwarz, Guido, 2009: *Transdisziplinarität in Forschung und Praxis. Chancen und Risiken partizipativer Prozesse*, Wiesbaden.

Heiner, Maja / Bolay, Eberhard / Walther, Andreas, 2007: Zur Forschungsbasierung (fach-)politischer Entscheidungen, in: *Evidenzbasierte Soziale Arbeit. Nutzung von Forschung in der Praxis*, hg. v. P. Sommerfeld u. M. Hüttemann, Baltmannsweiler, S. 172-187.

Hering, Sabine / Münchmeier, Richard, 2007: *Geschichte der Sozialen Arbeit. Eine Einführung*, Weinheim.

Hitzler, Ronald / Hitzler-Honer-Maeder (Hg.), 1994: *Expertenwissen. Die institutionalisierte Kompetenz zur Konstruktion von Wirklichkeit*, Opladen.

Horn, Bernd / Klinkmann, Norbert / Sałustowicz, Piotr, 1990: *Forschung an Fachhochschulen. Eine Dokumentation der Forschungstätigkeit in den Fachbereichen Sozialwesen der Fachhochschulen Nordrhein-Westfalens*, München.

Howard, Matthew O. / Allen-Meares, Paula / Ruffolo, Mary C., 2007: Evidenzbasierte Praxis lehren, in: *Evidenzbasierte Soziale Arbeit. Nutzung von Forschung in der Praxis*, hg. v. P. Sommerfeld u. M. Hüttemann, Baltmannsweiler, S. 134-147.

Hüttemann, Matthias / Sommerfeld, Peter, 2007: Forschungsbasierte Praxis, in: dies. (Hg.), *Evidenzbasierte Soziale Arbeit. Nutzung von Forschung in der Praxis*, Baltmannsweiler, S. 40-57.

Jäger, Wieland, 2007: Wissensgesellschaft, in: *Handbuch Wissenssoziologie und Wissensforschung*, hg. v. R. Schützeichel, Konstanz, S. 662-669.

Kant, Immanuel, 2009: *Werkausgabe*, hg. v. W. Weischedel, Bd. 12: Schriften zur Anthropologie, Geschichtsphilosophie, Politik und Pädagogik 2, Frankfurt a. M.

Karges, Rosemarie / Lehner, Ilse M., 2003: Soziale Arbeit zwischen eigenem Anspruch und beruflicher Realität - Veränderungen der Arbeitsbedingungen und der Ausbildungsvollzüge, in: *Soziale Arbeit für den aktivierenden Staat*, hg. v. H.-J. Dahme u. a., Opladen, S. 333-368.

Oestreicher, Elke, 2010: *Forschung an Fachhochschulen für Soziale Arbeit. Entwicklungen-Herausforderungen-Konsequenzen*, Saarbrücken.

Oestreicher, Elke / Rossini, Andrea, 2011: Die Sozialarbeitsforschung ist der Ethik verpflichtet!, in: *Empirische Forschung in der Sozialen Arbeit – Methodologie und methodische Herausforderungen*, hg. v. A. Heimgartner u. a., Berlin.

Polanyi, Michael, 1985: *Implizites Wissen*, Frankfurt a. M.

Pongratz, Ludwig A. (Hg.), 2004: *Kritik der Pädagogik – Pädagogik als Kritik*, Opladen.

Rammert, Werner (Hg.), 1998: *Technik und Sozialtheorie*, Frankfurt a. M.

Rammert, Werner, 1998: *Wissensmaschinen. Soziale Konstruktion eines technischen Mediums – das Beispiel Expertensysteme*, Frankfurt a. M.

Rauschenbach, Thomas, 1998: Sozialpädagogik – ein Fach ohne Forschungskultur?, in: ders. (Hg.), *Sozialpädagogische Forschung. Gegenstand und Funktionen, Bereiche und Methoden*, Weinheim, S. 9-28.

Sanders, James R. / Beywl, Wolfgang (Hg.), 2000: *Handbuch der Evaluationsstandards. Die Standards des „Joint Committee on Standards for Educational Evaluation"*, Opladen.

Schnell, Rainer / Hill, Paul B. / Esser, Elke, 2008: *Methoden der empirischen Sozialforschung*, München.

Schumacher, Thomas, 2007: *Soziale Arbeit als ethische Wissenschaft. Topologie einer Profession*, Stuttgart.

Schweigart, Rudolf / Steiner, Uta, 2007: Grundlagenforschung in der Sozialen Arbeit, in: *Forschung für die Praxis. Zum gegenwärtigen Stand der Sozialarbeitsforschung*, hg. v. E. Engelke, Freiburg i. Br., S. 280-288.

Serres, Michel / Authier, Michel, 1995: *Elemente einer Geschichte der Wissenschaften*, Frankfurt a. M.

Shaw, Ian, 2010: Places in Time. Contextualizing Social Work Research, in: *The SAGE handbook of social work research*, hg. v. I. Shaw u. a., Los Angeles, S. 210-227.

Shaw, Ian / Briar-Lawson, Katharine / Orme, Joan / Ruckdeschel, Roy (Hg.), 2010: *The SAGE handbook of social work research*, Los Angeles.

Staub-Bernasconi, Silvia, 1991: Das Selbstverständnis Sozialer Arbeit in Europa: frei von Zukunft – voll von Sorgen?, in: *Sozialarbeit* 23, Heft 2, S.2-32.

Staub-Bernascioni, Silvia, 2007: *Soziale Arbeit als Handlungswissenschaft. Systemtheoretische Grundlagen und professionelle Praxis*, Bern.

Sommerfeld, Peter / Hüttemann, Matthias (Hg.), 2007: *Evidenzbasierte Soziale Arbeit. Nutzung von Forschung in der Praxis*, Baltmannsweiler.

Vienne, Florence (Hg.), 2008: *Wissensobjekt Mensch. Humanwissenschaftliche Praktiken im 20. Jahrhundert*, Berlin.

Weingart, Peter / Carrier, Martin / Krohn, Wolfgang, 2007: *Nachrichten aus der Wissensgesellschaft. Analysen zur Veränderung der Wissenschaft*, Weilerswist.

Weinrich, Harald, 2005: *Lethe – Kunst und Kritik des Vergessens*, München.

Wendt, Wolf Rainer, 2007: Der Anspruch an Rationalität in der Sozialen Arbeit, in: *Evidenzbasierte Soziale Arbeit. Nutzung von Forschung in der Praxis*, hg. v. P. Sommerfeld u. M. Hüttemann, Baltmannsweiler, S. 75-90.

14 Soziale Arbeit: Perspektiven

Soziale Arbeit zwischen Disziplinarität und Transdisziplinarität

Tilly Miller

Einleitung

Der Begriff der Sozialen Arbeit umfasst die Profession, die Praxis, das Studium und die Wissenschaft Sozialer Arbeit. Hans Pfaffenberger (2004, S. 74) spricht in diesem Zusammenhang von einem Dreieck, das an seinen Punkten

- die Produktion von sozialen Dienstleistungen hat (Profession, Beruf, Beschäftigungssystem),
- die Produktion von Qualifikationen (Ausbildung, Studium) und
- die Produktion von wissenschaftlichem Wissen (Disziplin).

Als Handlungswissenschaft hat Soziale Arbeit eine reflexive sowie eine problem- und praxisorientierte Zugangsweise. Reflexiv beschäftigt sie sich mit anschlussfähigen ethischen Leitwerten, mit der Frage nach den existenziellen menschlichen Lebensgrundlagen und den menschlichen Bedürfnissen, sie stellt Fragen nach einem guten gelingenden Leben und ebenso beschäftigt sie sich mit Fragen der Problemgenerierung im Kontext von Person und sozialer Umwelt und mit damit einhergehenden Fragen der Problembewältigung.

Neben dem reflexiven Zugang geht es um Fragen des konkreten Handelns in einer Vielfalt von Feldern und Institutionen sowie gegenüber einer Vielzahl unterschiedlicher Zielgruppen und Herausforderungen. So geht es insgesamt um individuums-, gesellschafts- und handlungsbezogene Fragestellungen. Das hierzu benötigte Reflexions- und Handlungswissen durchdringen einander und bündeln sich in handlungstheoretischen Entwürfen. Silvia Staub-Bernasconi (2004, S. 27) hat für die Soziale Arbeit als Handlungswissenschaft entsprechende Anforderungen für eine Handlungstheorie formuliert. Auf ihren Vorschlag, einer Handlungswissenschaft die Dimensionen Gegenstand-Wissen, Erklärungs-Wissen, Werte- oder Kriterien-Wissen, Verfahrens- oder Veränderungs-Wissen und Funktions-Wissen zuzuordnen, ist immer wieder Bezug genommen worden (vgl. u. a. Miller, 2001). Um all diese Dimensionen zu füllen, braucht es notwendigerweise ein Zusammen-

spiel von Sozialer Arbeit und der für sie relevanten Disziplinen alias Bezugswissenschaften.
Dass sich die Soziale Arbeit selbst auf den Weg gemacht hat, Disziplin zu werden, zog in den 90er Jahren heftige Diskurse nach sich (vgl. Salustowicz, 1995). Tendenziell können wir uns heute darauf verständigen, dass Soziale Arbeit, bei all den immer noch beobachtbaren Standesdünkeln zwischen universitärer Sozialpädagogik und Fachhochschule, in Anlehnung an Stichweh (1994) eine junge Disziplin darstellt. Soziale Arbeit hat einen eigenen Studiengang und ist Leitdisziplin im Kontext ihrer Bezugswissenschaften; sie verfügt über theoretische Konzepte (vgl. Engelke u. a., 2009) und Begrifflichkeiten, disziplinspezifische Kommunikationen, nationale und internationale akademische Foren und Organisationen, Publikationsorgane sowie eine *scientific community*. Letztere hat sich frei gemacht von der sozialpädagogischen Federführung in Sachen Theoriebildung, ohne dabei die fundamentale Bedeutung der Sozialpädagogik aus dem Blick zu verlieren. Der gefundene Mittelweg bündelt sich im Begriff der „Sozialen Arbeit".

Die Diskurse hinsichtlich einer Disziplinwerdung Sozialer Arbeit wurden in den letzten Jahren flankiert und es wurden insbesondere die inter-, multi- und transdisziplinären Zugangsweisen von Sozialer Arbeit aufgegriffen. Die komplexe Problembezogenheit Sozialer Arbeit, ihre Funktions- und Gegenstandsbestimmungen sowie ihre vielfältige Praxis erfordern komplexe Herangehensweisen in der Wissensintegration.

Begriffe wie Postmodernität und Transdisziplinarität wurden als „neue Semantiken" eingeführt, um die auf Komplexität bezogene Besonderheit der Disziplin zu schärfen (vgl. Bango, 2008, S. 143; Kleve, 2007).

Die Präfixe „post" und „trans" boomen geradezu in der sozialwissenschaftlichen Literatur. Der Begriff der Transdisziplinarität rückt disziplinübergreifend mehr und mehr ins wissenschaftliche Rampenlicht. Die aus dem 19. Jahrhundert stammende Wissenschaftsorganisation mit ihren Disziplinen gilt mancherorts als überholt und verkrustet. Die Rede ist von einem „post-disziplinären Zeitalter" (Bogner u. a., 2010). Vor dem Hintergrund komplexer Probleme wie auch einer Zivilgesellschaft, die auf Partizipation und soziale Ressourcenzufuhr aus der Alltagswelt setzt, muss sich das Wissenschaftssystem transdisziplinär weiterentwickeln, so der kritische Einwand. Zur Untermauerung dient exemplarisch der Blick auf die USA, wodurch aufgezeigt wird, dass Lehr- und Forschungsgebiete, die gerade nicht nach Disziplinen, sondern nach „Zentren" organisiert sind, sehr gute Rankingergebnisse nachweisen (Bogner u. a., 2010, S. 26).

Mit diesen knappen Skizzierungen soll deutlich werden, dass die Beschäftigung mit Transdisziplinarität die moderne Wissenschaftstheorie berührt. In den folgenden Ausführungen geht es darum, wichtige Aspekte vor diesem Hintergrund zu schärfen und entlang der Transdisziplinarität Sozialer Arbeit zu argumentieren.

Vor allem das Verhältnis von Disziplin und Transdisziplinarität gilt es zu schärfen, um darauf bezogen Fragen der Weiterentwicklung von Profession und professionsspezifischer Identitätsbildung, von Theorie und Forschung, Lehre und Wissenschaftsorganisation der Sozialen Arbeit aufzuwerfen und um Impulse zu geben.

Die These ist: Soziale Arbeit ist eine junge Wissenschaftsdisziplin mit transdisziplinärer Ausrichtung. Erst über die disziplinäre Bedeutungszuschreibung kann Soziale Arbeit theoretisch integrativ an den Schnittstellen Soziale Arbeit und Bezugswissenschaften arbeiten und erst über eine disziplinäre Bedeutungszuschreibung kann eine professionsbezogene Identitätsstabilisierung erfolgen.

Umgekehrt: Ohne den Begriff der Transdisziplinarität lässt sich die Soziale Arbeit weder theoretisch noch praktisch zureichend beschreiben.

Disziplin pluralistisch gedacht

Aus systemtheoretischer Sicht ist Wissenschaft ein selbstreferentielles Funktionssystem mit entsprechenden Logiken, Handlungsprogrammen, Codes und der Leitdifferenz wahr/unwahr (Luhmann, 1990). Damit einher gehen wissenschaftliche Standards hinsichtlich Forschung und Theorieentwicklung sowie methodischer Kompetenzen. Im Funktionssystem Wissenschaft gibt es entsprechende Ausbildungsgänge und akademische Grade. Die Herausbildung von Disziplinen gehört aus systemtheoretischer Sicht zur Logik des Wissenschaftssystems im Kontext einer funktional ausdifferenzierten Gesellschaft. Erst über Disziplinen lassen sich auf der wissenschaftlichen Ebene Systemgrenzen ziehen und erst darüber ist es möglich die eigene Disziplin von anderen zu unterscheiden und zwar hinsichtlich der eigenen Entwicklungsgeschichte, der Gegenstandsbestimmungen, der Forschungsfragen und Methodologien und des generalisierenden Kommunikationsmediums. Erst über die Disziplin erfolgt Systemwerdung innerhalb des Wissenschaftssystems. Disziplinen ermöglichen eine Binnendifferenzierung des Wissenschaftssystems (Heckhausen, 1987, S. 131). Ebenso ermöglichen Disziplinen relevante Anschlusskommunikationen und strukturelle Koppelungen. Erst eine Disziplin kann Relevanz für andere Disziplinen gewinnen und als Bezugswissenschaft ihre Wissensressourcen einspeisen. Auf diesen Aspekt gilt es hinzuweisen, wenn von Transdisziplinarität die Rede ist. Erst über den Weg der Disziplin kann es der Sozialen Arbeit gelingen, ihre strukturellen Koppellungen mit ihren Bezugswissenschaften zu definieren und ihren Wissensbedarf zu formulieren. Für den Studienbetrieb ist dies von besonderer Bedeutung, wenn Soziale Arbeit als Leitdisziplin formuliert wird. Welches erkenntnistheoretisches und handlungstheoretisches Wissen warum relevant ist, gilt es kriteriengestützt mit Blick auf Soziale Arbeit und in Kooperation mit der Sozialen Arbeit zu formulieren. Andernfalls würde es den Experten und Expertinnen der Bezugsdisziplinen überlassen werden, das anzubieten, was sie meinen anbieten zu sollen oder zu wollen. Das kann qualitativ durchaus hochwertig sein, jedoch nützt es der Sozialen Arbeit wenig, wenn das Angebotene nicht der Leitdisziplin zugeordnet ist und nach deren Codes Verwendung findet. Der Disziplinmodus erlaubt Kommunikationen und Entscheidungen über die Brauchbarkeit und Anschlussfähigkeit von bezugswissenschaftlichem Wissen.

Auch für die Profession ist es bedeutsam, auf eine Disziplin zurückgreifen zu können, denn erst darüber lassen sich ethische Leitziele, Profile, Leistungansprüche, Zuständigkeiten und Weiterentwicklungen fokussieren. Der Gehalt und das Niveau von Professionalisierungsdiskursen einerseits und der Grad der gesellschaftlichen Anerkennung andererseits sind in einem hohen Maße davon abhängig, wie die Profession im Wissenschaftssystem verankert ist. Die Orientierung an einem disziplinären Leitbild hat aus dieser Perspektive somit eine grundsätzliche Bedeutung.

Was nun die Ausdifferenzierung und Typologie der Disziplinen und die Weiterentwicklung der Forschungslandschaft betrifft, so gibt es unterschiedliche Modelle. Grob skizziert wird einerseits ein enger, auf Einzelwissenschaften bezogener Disziplin-Begriff favorisiert, der sich mehr auf disziplinäre Grundlagenforschung stützt, und andererseits ein Disziplin-Begriff, der in sich inter- und transdisziplinär angelegt ist. Soziale Arbeit wird eher Letzterem zugeordnet. Somit besteht kein Alleinstellungsmerkmal von Sozialer Arbeit. Ähnliches gilt beispielsweise für die Politikwissenschaft oder die Medizin und in ganz besonderer Weise bei den so genannten Querschnittswissenschaften wie Nachhaltigkeitsforschung, Ökologie, Gesundheitswissenschaften und Gender Studies. Basal für die Politikwissenschaften sind beispielsweise die politische Philosophie, Soziologie, die politische Psychologie, Volkswirtschaftslehre und die Jurisprudenz. Erst mit Hilfe dieser Bezugswissenschaften lässt sich die Disziplin fundieren.

Der inter- und transdisziplinäre Charakter der Soziale Arbeit ist immer wieder betont worden. Sie sei eine „interdisziplinäre" Disziplin vom Typ „Handlungswissenschaft", so Hans Pfaffenberger (2004, S. 85). Sie benötigt anschlussfähiges Wissen insbesondere aus der Soziologie, der Psychologie, der Pädagogik, der Politikwissenschaft, der Jurisprudenz, den Wirtschaftswissenschaften, der Philosophie und den Gesundheitswissenschaften, um disziplinrelevantes Reflexions- und Handlungswissen zu entfalten. Handlungswissenschaften basieren sozusagen auf einer innerwissenschaftlichen Integration interdisziplinären Wissens. Problembeschreibungen, -erklärungen und -bearbeitungen folgen nach disziplinübergreifenden Kriterien. Kernelemente eines solchen Zugangs sind: Problemorientierung, Praxisorientierung und Wissensintegration.

Die Tatsache, dass Soziale Arbeit gefordert ist, für die Bearbeitung ihrer Fragen komplexe Wissensbestände und Theorien heranzuziehen, lässt sie ohne Schwierigkeiten in die Nähe postmodernen Denkens rücken, das eine passende Beschreibungsfolie für ihre Bedingung liefern kann und das Obhut unter einem postmodernen Wissenschaftsverständnis anbietet (Welsch, 2008). Der Begriff der Postmoderne verweist auf den praktizierten Pluralismus von Sprachen, Modellen, Verfahrensweisen und setzt die Anerkennung verschiedener Paradigmen und wissenschaftlicher Konzepte sowie die Verknüpfung differenzierter Wissensvorräte voraus. Leitvorstellungen von Kooperation, Vernetzung und Wissensintegration lösen Allgemeingültigkeitsansprüche von Erkenntnisschulen und Methodologien ab.

Aus einer postmodernen Perspektive haben nach Welsch die Disziplinen keine „Kerne", sondern bestehen aus netzartigen Knoten. Kleve nimmt darauf Bezug und konstatiert, dass es für die Soziale Arbeit darauf ankomme, die „Stränge" und die „Verbindungslinien" der relevanten Disziplinen auszuarbeiten. „Wenn dies gelänge dann wird man Sozialarbeitswissenschaft selbst nicht anders als trans-disziplinär beschreiben können." (Kleve, 2003b, S. 338)

Soziale Arbeit stellt vor diesem Hintergrund den Typus einer Disziplin dar, der praxis- und problembezogen operiert und dazu plurale Wissensbestände heranzieht.

Neben diesen beiden Formen, disziplinär und inter-/transdisziplinär, hat die moderne Wissenschaftsgeschichte einen weiteren Typus als Arbeitsform hervor-gebracht, und zwar die Entwicklung hin zur gewollten Nichtdisziplin bzw. Post-disziplin (vgl. Maihofer, 2005). Die Universität Bern hat beispielsweise mit ihrem Angebot der „Allgemeinen Ökologie" diesen Weg eingeschlagen. Der Fokus liegt auf nachhaltige Entwicklung im Wechselverhältnis von Mensch und Natur. An der Universität Bern versteht sich der Forschungsbereich ausdrücklich nicht als neue Disziplin, sondern als Bereich interdisziplinärer Forschung und Zusammenarbeit. Seit 1988 wurde hierzu eine „Interfakultäre Koordinationsstelle" für Allgemeine Ökologie eingerichtet (www.ikaoe.unibe.ch/). Bei diesem Modell werden Wissen-schaft und Forschung netzartig organisiert und der Kooperationsmodus institu-tionalisiert. Damit dies gelingen kann, sind zwar Disziplinen vorausgesetzt, jedoch ihre Einzelbedeutung wird durch das interfakultäre Arrangement relativiert und im Rahmen einer kooperativen Problembearbeitung potenziert.

Im Zuge der Differenzierung von Master-Studiengängen zeigen sich in der Sozialen Arbeit Veränderungsprozesse, die möglicherweise in eine ähnliche Rich-tung gehen. Die Angebote und Bezeichnungen der Studiengänge verlaufen, so lässt sich beobachten, häufig aufgaben- und problembezogen. So werden beispielsweise Masterstudiengänge zu Bildungswissenschaften, für Kooperationsmanagement oder Soziale Innovation angeboten. Dies wiederum kann Auswirkungen auf die Perso-nalgewinnungsstrategie haben, wie es die Fachhochschule Nordwest-Schweiz zeigt. Dort werden Professorenstellen nicht nach Disziplinen besetzt, sondern nach Arbeitsbereichen, z. B. Kinder- und Jugendhilfe, Beratung, Coaching und Sozialma-nagement u. a. (vgl. Maier, 2009, S. 45).

Die Weiterentwicklung der Studiengänge durch den Bologna-Prozess, ins-besondere die Modularisierung in den Bachelor- und Masterstudiengängen bietet geradezu den Rahmen, das an den Fachhochschulen mehr oder weniger praktizierte interdisziplinäre Nebeneinander zugunsten eines Kooperationsmodus zu reformu-lieren. Die auf Kommunikation, Austausch und Integration basierenden Modelle einer inter- und transdisziplinär ausgerichteten Disziplin bis hin zu kooperativen Forschungsformen entsprechen modernen Anpassungsprozessen des Wissen-schaftssystems an die sozialen komplexen Bedingungen. Noch wenig geschärft sind derzeit Fragen der Umsetzung und des Gelingens sowie Fragen der Qualität inter- und transdisziplinärer Wissensintegration. Wichtig in diesem Zusammenhang sind vor allem auch die Kompetenzen der Forschenden. Als „hybride" Wissenschaftler und Wissenschaftlerinnen sind sie nämlich gefordert, die Konturen ihrer Disziplin zu wahren und diese gleichzeitig zu überschreiten.

Im nächsten Schritt geht es nun darum, den Begriff der Transdisziplinarität und dessen Relevanz für die Soziale Arbeit zu schärfen, auch im Vergleich zur Inter- und Multidisziplinarität.

Soziale Arbeit und Transdisziplinarität

Der Begriff der Transdisziplinariät ist in der Sozialen Arbeit in den letzten Jahren zunehmend aufgegriffen worden. So benennt beispielsweise Pfaffenberger (2004, S. 89) den „transdisziplinären Disziplincharakter" als das Hauptmerkmal einer Handlungswissenschaft. Werner Obrecht fordert für die Soziale Arbeit einen transdisziplinären Bezugsrahmen, der sich allgemeiner darstellt als die Disziplin, der theoriegestützt ist und die Grundlagen-, Erklärungs- und Handlungstheorien miteinander verknüpft, der die Person-Gesellschaft-Perspektive umfasst und die Beziehung zwischen professionellem und praktischem Wissen darlegt (Obrecht, 1996, S. 123). Heiko Kleve (2003) verwendet den Begriff in Anlehnung an Konzepte von Richard Münch und Wolfgang Welsch und im Zuge seines postmodernen Verständnisses von Sozialer Arbeit. Wissenschaft und Theorie der Sozialen Arbeit kann, so Kleve, nur ambivalent, mehrdeutig, nämlich transdisziplinär sein, d. h. eine Wissenschaft zwischen Theorie und Praxis sein könne (Kleve, 2003b, S. 333). Jenö Bango (2008, S. 148) reklamiert, „die heutigen Wissenschaften sollten ihren prozessualen Charakter, ihre Nicht-Abgeschlossenheit und Nicht-Abgrenzung methodisch wie theoretisch demonstrieren." Der neuen Sozialarbeitswissenschaft gehöre in dieser Hinsicht eine Vorreiterrolle. Sie habe eine transdisziplinäre und transmoderne Eigenschaftslosigkeit. Damit steht Bango nah bei Merten, der aufgrund der komplexen Fragestellungen für die Soziale Arbeit eine transdisziplinäre Theoriebildung fordert (Merten u. a., 1996, S. 46).

Wolf Rainer Wendt[1] entfaltet vor allem in Anlehnung an Jürgen Mittelstraß den Begriff der Transdisziplinarität und ordnet ihn der Sozialen Arbeit zu. Kleve wie auch Wendt gehen dezidiert davon aus, dass Transdisziplinarität nicht nur Wissensintegration bedeutet, sondern auch die Wissenschaftsgrenzen übersteigt hin zur Praxis. Dieser Zugang wird auch in diesem Beitrag favorisiert.

Was derzeit insgesamt fehlt, sind konzeptionelle Entfaltungen der Transdisziplinarität in der Sozialen Arbeit wie auch in den Wissenschaften. Es gibt erste Ansätze; trotzdem ist Bango zuzustimmen, wenn er feststellt: „Die Transdisziplinarität ist eine Forderung der modernen Wissenschaftlichkeit, sie wird zwar vollmundig angekündigt, aber leider wenig praktiziert." (Bango, 2008, S. 149)

Um den Begriff der Transdisziplinarität[2] weiter zu schärfen, macht es zunächst Sinn, Transdisziplinarität von Multidisziplinarität und Interdisziplinarität abzugrenzen. Wenngleich die Begriffe in der Fachliteratur unterschiedliche Verwendungen finden, es also kein einheitliches Begriffsverständnis gibt und die Übergänge fließend sind, lassen sich doch Typologien herausarbeiten.

Der Begriff der *Multidisziplinarität* wird etwa seit den 1950er Jahren verwendet. Es handelt sich um eine Operationsform, in der verschiedene Disziplinen einen gemeinsamen Forschungsgegenstand bearbeiten. Dazu organisieren sie sich in

---

[1] Wendt, o. J.: http://www.dgsinfo.de/mit65.shtml/mit6.shtml (Zugriff: 12.1.2009).

[2] Eine Übersicht der Begriffsverwendungen siehe auch in Brand u. a., 2004 (insb. im Beitrag von Harald Völker, S. 9-28).

spezifische Teilprojekte. Die Zusammensetzung von Erkenntnissen erfolgt facettenartig. Streng genommen ist eine Schnittstellenarbeit nicht vorgesehen und es erfolgt auch keine Integration der Wissensteile. Ziel ist es, die unterschiedlichen Problemsichtweisen und Erkenntnisse herauszuarbeiten (vgl. Heckhausen, 1987, S. 139). Nach Balsiger (2005, S. 153) bedeutet Multidisziplinarität die Orientierung auf ein Thema und nicht lediglich auf ein Problem. Aus dem Thema heraus können sich aufgrund der Mulitperspektiven ganz unterschiedliche Probleme herauskristallisieren, die ein Thema ausleuchten, ohne jedoch Zusammenhänge herauszuarbeiten. Der Gewinn für die Praxis ist eine Synopse, z. B. im Rahmen eines Sammelbandes.

Auf der Organisationsebene repräsentiert das Hochschulsystem diesen Zugang. Verschiedene Fachbereiche sind in einem Nebeneinander unter einem Dach vereinigt. Kooperation auf wissenschaftlicher Ebene erfolgt nur bedingt.

Die *Interdisziplinarität* geht einen Schritt weiter als die Multidisziplinarität. Der Verlust von Zusammenhängen durch Expertentum und Spezialisierung, durch Sprach- und Terminologiegrenzen wird hier problematisierend zugrunde gelegt. So erforschen verschiedene Disziplinen denselben Problemgegenstand. Zwar besteht auch bei diesem Zugang ein Nebeneinander von Wissen, Sichtweisen und methodischen Vorgehensweisen. Es erfolgt jedoch eine Akkumulation von Wissen bis hin zu einer gegenseitigen Integration von Theorieteilen. Der Gewinn für die Praxis ist eine Ableitung von Lösungsansätzen.

Interdisziplinarität gilt als Vorstufe von Transdisziplinarität. Nach Mittelstraß (1996, S. 329) hält die Interdisziplinarität an den Fächer- und Disziplingrenzen fest. In der Regel erfolgt dies, ohne die jeweiligen methodischen Zugangsweisen zu verändern. Die Grenzen zwischen den Disziplinen bleiben bestehen.

Die Geschichte der Ausbildung und des Studiums der Sozialen Arbeit lässt sich stark mit dem Modell der interdisziplinären Wissensproduktion in Verbindung bringen. Die Disziplinen fungierten mehr oder weniger in einem Nebeneinander, bei dem die Pädagogik, die Psychologie und Soziologie lange Zeit „leitend" in der Wissenszufuhr waren. Neue Rahmenstudienordnungen und die Installierung von Sozialer Arbeit als Leitdisziplin haben das lange praktizierte Nebeneinander aufgeweicht und mündeten in eine Gewichtsverschiebung zugunsten der Sozialen Arbeit. Inwieweit sich durch den Bologna-Prozess und die Modularisierung des Studiums nachhaltige transdisziplinäre Kooperationen herausbilden, gilt es zu beobachten und zu evaluieren.

Nun zum Begriff der *Transdisziplinarität*. Den Begriff entscheidend mitgeprägt hat mit Blick auf die neuere Wissenschaftstheorie Jürgen Mittelstrass (2003). Insgesamt hat der Begriff durch die Nachhaltigkeitsforschung und die Frauen- und Geschlechterforschung (vgl. Hark, 2003) in den letzten Jahren einen starken Bedeutungszuwachs erfahren.

Unter Transdisziplinarität versteht Mittelstraß ein Forschungs- und Organisationsprinzip der Wissenschaft, das sich aufgrund der zunehmenden Unübersichtlichkeit von Wissen und der Partikularisierung der Disziplinen als wichtig erweist. Disziplinen sind von ihrer Grundausrichtung her zunächst nicht darauf ausgerichtet, in größeren wissenschaftlichen Einheiten zu denken. Sie haben enge Erkenntnisgrenzen und interferieren interdisziplinär, was ihre Forschungsgegenstände, Theorien, Methoden betrifft. Dies wirft, so Mittelstraß, theoretische Probleme auf. An dieser Stelle kommt die Transdisziplinarität als Organisationsprinzip ins Spiel. Sie kann aber Fächer und Disziplinen nicht ersetzen. Im Gegenteil: Letztere sind Voraussetzung für transdisziplinäres Arbeiten. Alfons Bora (2010, S. 40) benennt Transdisziplinarität als einen Spezialfall von Interdisziplinarität, „bei dem jenseits existierender Disziplinen und deren Kooperationen neue Formen emergieren". Transdisziplinarität bleibt aber trotz des Überschreitens von Grenzen der Wissenschaft durchaus in der Logik des Wissenschaftssystems und greift auf methodischen Standards zur Sicherung von Wissenschaftlichkeit zurück.

Grob zeigt das transdisziplinäre Vorgehen zwei Richtungen an:

- eine disziplinorientierte-dekonstruktive Transdisziplinarität und
- eine anwendungsorientierte-partizipative Transdisziplinarität (Hark, 2005).

Bei der ersten Form geht es um den wechselseitigen reflexiven Austausch von VertreterInnen einzelner Disziplinen, meist mit Blick auf spezifische Fragestellungen und Themen. Im Mittelpunkt stehen die Wissenserweiterung wie auch Prozesse der Weiterentwicklung der Einzeldisziplinen durch den transdisziplinären Austausch. Idealtypisch setzt die disziplinorientiert-dekonstruktivistische Transdisziplinarität gleichberechtigte Diskursregeln voraus. Dominanzverhalten im Erkenntnisprozess aufgrund eines vermeintlichen Leitdisziplinstatus gelten als störend. Hier wie auch in der anwendungsorientierten Form kommt der machtsensible Aspekt von Transdisziplinarität zum Tragen. Zum einen werden die Experten und Expertinnen von Disziplinen hinzugezogen, die für ein Problem, eine Fragestellung relevant sind, zum anderen gebietet das Kooperationsprinzip das Transzendieren der jeweiligen Disziplin hin zum gemeinsamen Schärfen der Wissensbestände und zur Reflexion des disziplinären Wissens auf das zu bearbeitende Problem hin.

Den Typus der anwendungsorientiert-partizipativen Transdisziplinarität bzw. praktischen Transdisziplinarität beschreibt Rudolf-Christian Hanschitz (2009). Der Autor betont, dass transdisziplinäres Tun über eine Integration interdisziplinären Wissens hinausgeht. Konkret spricht er sich für „Übersetzungs- und Transferleistungen zwischen Wissenschaft und Praxis aus. Ausgangspunkt dazu sind für ihn gesellschaftliche und lebensweltliche Problemlagen (Hanschitz, 2008, S. 35 f.). „Trans" bedeutet das Überschreiten der Disziplin nicht nur hin zu anderen Disziplinen, sondern auch das Überschreiten der Wissenschaft selbst hin zur Praxis. Krainz bemerkt dazu: „Transdisziplinär wird das Unterfangen erst, wenn diejenigen mitzumischen beginnen, die mit dem Problem als Nichtwissenschaftler zu tun haben (als unmittelbar und mittelbar Betroffene, als *stakeholder*)" (Krainz, 2009, S. 11 f.). Dabei verweist er auf den Bedarf geeigneter Designs, ebenso von Kommunikationsarchitekturen und sozial-interaktiven Prozessen.

Zusammenfassend lässt sich sagen: die theoretisch orientierte Transdisziplinarität greift innerwissenschaftliche Problemstellungen auf und die praktisch orientierte Transdisziplinarität außerwissenschaftliche Problemstellungen. Beide Formen umspannt der von Mittelstraß (2005) verwendete Begriff „Methodische Transdiszipli-narität". Darunter versteht er ein Forschungs- und Wissenschaftsprinzip auf argu-mentativer Basis und nicht ein Theorieprinzip oder Methodenprinzip.

Hinsichtlich der Merkmale von Transdisziplinarität werden in den verschiede-nen Fachdiskussionen folgende Merkmale angeführt, die hier synoptisch wiederge-geben werden und die sich nahe an den Zugängen von Hanschitz (2008) und Mittelstraß (2003) bewegen:

- Problemgenerierung aus der Praxis, sprich Gesellschaft und Lebens-/Alltags-welt und nicht aus der Wissenschaft;
- Anspruch adäquater Problemlösungen;
- Vermittlung zwischen Theorien und Anliegen der Praxis;
- Partizipative und dialogorientierte Einbindung von Betroffenen und deren gleichwertige Relevanz in der Problembearbeitung;
- Hierarchieübergreifende Zusammenarbeit, Diskursprinzip statt Exklusiv-stellung der Wissenschaft;
- Umgang mit komplexen Wissensbeständen und komplexen Problemen und Fragestellungen;
- Transdiziplinarität als Forschungs- und Organisationsprinzip (Mittelstraß);
- Integration unterschiedlicher wissenschaftlicher Zugänge und Ergebnisse;
- Austausch verschiedener methodologischer Erkenntnisinstrumente, Theo-rien, Modelle, Methoden und Instrumente in Hinblick auf ein Problemfeld;
- Schnittstellenmanagement.

Insgesamt geht es um die Kombination verschiedener Wissensebenen wie auch verschiedener methodischer Verfahren unter Bedingungen der Kooperation und Partizipation. Ein solcher Zugang berücksichtigt neben einer komplexen Wissens-integration ebenso das Nichtwissen. Insbesondere die Expertinnen und Experten sind sich ihrer Wissensgrenzen bewusst, aufscheinende Lücken gilt es zu benennen. Damit verabschiedet sich der transdisziplinäre Zugang von der Expertokratie. Man sucht „Trittsicherheit" durch den Einbezug verschiedener Wissensebenen, die sich ergänzen und gegenseitig vertiefen. Überführt in die Terminologie der Sozialen Arbeit geht es um die Integration von wissenschaftlichem Wissen, beruflichem Erfahrungswissen und Betroffenenwissen.

Hanschitz (2008, S. 37 f.) skizziert ein Beispiel eines transdisziplinären For-schungsprojektes, das darauf zielte, ein „Palliative Care System" zu überarbeiten. In der ersten Phase wurde das Betreuungspersonal in qualitative Erhebungs-methoden eingeführt, um ihr Klientel zu interviewen. Allein daraus ergaben sich, so Hanschitz, neue Einsichten mit Blick auf Klientenbedürfnisse und würdevolle Arbeitsbedingungen. Die Ergebnisse wurden mit dem Betreuungspersonal am Runden Tisch reflektiert und konzeptionell aufbereitet, um es mit den Ent-scheidungsverantwortlichen zu verhandeln.

Hanschitz betont die Bedeutung von partizipativen Verfahrensweisen im Zuge transdisziplinärer Forschung. „Einzelschritte, Ergebnisse und Ziele müssen auf

Einsicht und Vermögen der Beteiligten bauen, das heißt von diesen verstanden und akzeptiert werden – mithin mitgetragen werden." (Hanschitz, 2008, S. 37).

Transdisziplinäre Forschungsprozesse lassen sich symbolisch in einem Kreuzquadrat denken. Die vertikale Achse verweist auf Wissenschaftlichkeit, Methodenvielfalt und Einbezug von Disziplinen. Die horizontale Achse hingegen verweist auf den Grad des Praxisbezugs in der Problemformulierung, in der Beteiligung der Praxis und in Bezug auf Kommunikation, Kooperation, ethische Leitwerte und Wissensintegration (vgl. Maasen, 2010, S. 252).

Die Vorteile transdisziplinärer Forschung lassen sich wie folgt beschreiben:

- Entfaltung neuer Perspektiven und neues Wissen durch Wissenschaftskooperation;
- Durchbrechen disziplinärer Denkroutinen wie auch von eingefahrenen Kommunikations- und Problemwahrnehmungsmustern in der Praxis;
- Entdeckung von Ressourcen durch kooperative Wissensgenerierung und Aufdeckung von Schwachpunkten durch bloßen disziplinären Zugang;
- Kompetenzerweiterung mit Blick auf Lernen, Selbststeuerung und Empowerment auf der Theorie und Praxisebene.

Die Schwachpunkte eines transdisziplinären Zugehens gilt es ebenfalls zu benennen. Luhmann verweist beispielsweise auf Probleme eines niedrigen Theorieniveaus, was die Forschung nicht wirklich weiterbrächte (Luhmann, 1990, S. 642). Mittelstraß sieht dort Schwierigkeiten, wo inter- und transdisziplinäre Zugehensweisen die eigene fachliche und disziplinäre Orientierung verschwimmen lassen (Mittelstraß, 1993, S. 19). Nichts desto trotz, so der Autor, ist über Transdisziplinarität bei bestimmten Problemzusammenhängen die „Einheit der Wissenschaft" im forschungspraktischen Zugehen wieder möglich (Mittelstraß, 1996, S. 329). Bogner verspricht sich insgesamt durch die transdisziplinäre Forschung vor allem mit Blick auf soziale und ökologische Problemlösungen eine verbesserte Wissensqualität (Bogner u. a., 2010, S. 7 ff.).

Auf jeden Fall gibt es beim transdisziplinären Forschen aktuellen Bedarf an der Entwicklung von Qualitätskriterien, Standards, Kriterien der Effektivität und Effizienz sowie an Daten durch Begleitstudien (vgl. Bergmann u. a., 2005). Auch die Frage, wie der Markt auf solche Forschungsdesigns reagiert und ob transdisziplinäres Forschen sich gegenüber traditionellen Zugängen als konkurrenzfähig erweist, gilt es zu beobachten (vgl. Hark, 2005).

Soziale Arbeit zwischen Disziplinarität, Interdisziplinarität und Transdisziplinarität

Die bisherigen Ausführungen sollen in Bezug auf die Soziale Arbeit verdeutlichen, dass es nicht um Entweder-Oder-Haltungen geht. Also entweder Disziplinarität oder Transdisziplinariät bzw. Interdisziplinariät oder Transdisziplinarität. In der Sozialen Arbeit kommen alle Zugänge in unterschiedlicher Weise zum Tragen und haben, je nach Kontext und Zielrichtung, ihre Bedeutung. Soziale Arbeit als Profession und Wissenschaft kann auf Disziplinarität nicht verzichten. Mit ihr einher gehen eine gewachsene historische Identität, genauso wie ihre Gegenstandsbestimmungen, theoretischen Konzepte, ihre Terminologie sowie ihre Verfahrensweisen. Ohne disziplinäre Rückgebundenheit kann sich eine Profession und Wissenschaft im gegenwärtigen Wissenschaftssystem nicht weiter entwickeln.

Zielrichtung im Rahmen von Ausbildung und Studium sollte deshalb sein, eine „hybride Kompetenz" entwickeln zu helfen, um die Studierenden zu unterstützen, disziplinäre Identität einerseits zu entwickeln und die Transzendierung derselben anderseits zu vollziehen. Das sozialarbeiterische Selbstverständnis verläuft vor diesem Hintergrund zwischen Disziplinarität und Transdisziplinarität. Diese Dichotomie erzeugt ein produktives Spannungsverhältnis und einen Raum, innerhalb dessen wissenschaftlich und praktisch professionell gearbeitet werden kann, und der immer wieder spezifische Akzentsetzungen und Nuancen erlaubt, je nachdem, ob mehr oder weniger Disziplinarität oder Transdisziplinarität gebraucht wird.

Sicherlich hat die Soziale Arbeit in der praktizierten Interdisziplinarität mehr Erfahrung als im transdisziplinären theoretischen und forschungspraktischen Zugehen. Letzteres gilt es deshalb weiter zu entwickeln. Dies beginnt bei der Kooperation der Disziplinen in den Modulen bis hin zu transdisziplinären Forschungs- und Praxis-Projekten.

In Bezug auf Problem- und Fallbearbeitungen wird es wichtig sein, dass die Lehrenden modellhaft aufzeigen, wie komplexes interdisziplinäres Wissen auf den Gegenstand Sozialer Arbeit im Sinne einer transdisziplinären Integration bezogen werden kann (vgl. dazu Münch, 1995, insb. S. 145 ff.). Transdisziplinarität erfordert damit einhergehend theoretische Schnittstellenkompetenz (vgl. Miller, 2001, S. 19). Sie setzt voraus, sich in verschiedenen theoretischen Schulen und Methoden bewegen zu können und die Fähigkeit, verschiedene Erkenntnisse auf einen Problembereich hin zusammenführen zu können (vgl. dazu auch Mills, 1963). Die Wissensintegration verläuft über Schnittstellen, über die wissenschaftlich sinnvolle Zusammenhänge hergestellt werden. Die Auswahl und die Verknüpfung des Wissens sind Teil transdisziplinärer Kompetenz und zwar auf der ersten wie auf der zweiten Beobachtungsebene, letztere als Beobachtung der Beobachtung.

Transdisziplinäre Theorie- und Praxisprojekte setzen Fach-, Selbst- und Sozialkompetenz voraus (vgl. Maasen, 2010, S. 262). Susanne Baer (2005) spricht von „transdisziplinäre(r) Kompetenz". Mittelstraß (2005) benennt vier Voraussetzungen, die sich in ein Kompetenzprofil integrieren lassen:

„1. Der uneingeschränkte Wille zu lernen und die Bereitschaft, die eigenen disziplinären Vorstellungen zur Disposition zu stellen.

4. Die Erarbeitung eigener interdisziplinärer Kompetenz, und zwar in der produktiven Auseinandersetzung mit anderen disziplinären Ansätzen.

5. Die Fähigkeit zur Reformulierung der eigenen Ansätze im Lichte der gewonnenen interdisziplinären Kompetenz.

6. Die Erstellung eines gemeinsamen Textes, in dem die Einheit der Argumentation (‚transdisziplinäre Einheit') an die Stelle eines Aggregats disziplinärer Teile tritt."

Baer (2005) verweist darüber hinaus auf die Kompetenz, den eigenen disziplinären Zugang machtkritisch verorten zu können, disziplinäre Differenzen als Ressourcen zu erkennen, die eigene disziplinäre Arbeit wissenschaftlich kritisch zu reflektieren und sich gegenseitig zu respektieren.

Fazit und Ausblick

Soziale Arbeit ist von ihrem problemorientierten Zugehen her genuin auf Inter- und Transdisziplinarität ausgerichtet, sowohl in der theoretischen wie praktischen Vorgehensweise. Die Studienangebote haben sich historisch fächerorientiert und interdisziplinär entwickelt. Transdisziplinarität setzt mehr voraus: Sie lässt sich theoretisch-konzeptionell, praktisch-methodologisch und institutionell-organisatorisch verstehen (vgl. Bogner u. a., 2010, S. 14).

Auf der *Theorieebene* braucht die Soziale Arbeit eine theoretische Rahmung, die ihren Kerngehalt definiert und auf deren Basis inter- und transdisziplinäre Zugangsweisen erfolgen können, in dem Wissen, dass die Leitdisziplin nicht gleich Dominanzdisziplin ist, sondern dass es um die Durchlässigkeit von Wissen und Vorgehensweisen geht.

Bereits Louis Lowy (1983, S. 99) unterstrich seinerzeit die Bedeutung von integrativ angelegten „Conceptual Frameworks für Social Work". So geht es weniger um das Entwickeln einer sozialarbeitstheoretischen Supertheorie, sondern um konzeptionelle Rahmenmodelle.

Auf der *Ausbildungs- und Studiumsebene* geht um die transdisziplinäre Kompetenzentwicklung der Studierenden. Sie wird u. a. gefördert durch explizite transdisziplinäre Fall- und Problembearbeitungen sowie durch das Erleben von Kooperationsmodellen in der Lehre (Teamteaching), in Forschungs- und Praxisprojekten. Ebenso wichtig sind Lehrende, die als Person disziplinäre und transdisziplinäre Kompetenz verkörpern.

Auf der Ebene der *Studienorganisation* wäre kritisch zu reflektieren, welche Organisationsmodi Transdisziplinarität fördern bzw. hemmen.

Transdisziplinarität bedeutet Entgrenzung der Disziplin hin zu anderen Disziplinen und hin zu Praxis. Hier kommt der Begriff der Beziehung wieder ins Spiel, der für die Soziale Arbeit stets eine hohe Relevanz gehabt hat (z. B. Helfer-Klienten-Beziehung). Disziplinen, wie auch Wissenschaft und Praxis treten miteinander in eine reflektierte Beziehung hinsichtlich eines gemeinsamen Forschungsgegenstandes.

Inwieweit die nachhaltige Etablierung von Transdisziplinarität in den Wissenschaften im Sinne ihrer evolutionären Weiterentwicklung neue Emergenzen hervorbringt, bleibt eine Frage. Frank Brand beispielsweise denkt bereits in Richtung „Supradisziplinarität", die sich herausbildet, weil die Disziplinen an den Rändern verschmelzen (Brand u. a., 2004, S. 31). Möglicherweise passt hierzu ein Beispiel aus Dänemark. Mit Design City Kolding entsteht in der Hauptstadt ein Stadtviertel, das als Community-Projekt des 21. Jahrhunderts bezeichnet wird. Unternehmen aus aller Welt, PraktikerInnen, Forschende und Lehrende aus den verschiedenen

Fachgebieten und Disziplinen sollen neue Produkte mit Blick auf Nachhaltigkeit und Design entwickeln, konkret in den Bereichen Ernährung, Bauen und Wohnen, Energie, Mobilität, Finanzen und gesellschaftliche Entwicklung. Cluster sollen die einzelnen Disziplinen verzahnen. Damit Austausch und Kooperation gelingen, sind großzügige Auditorien und Konferenzräume, Gemeinschafts- und Wellnessanlagen und vieles mehr geplant. Kooperation, Entwicklung, Experimentierfreude, über den Tellerrand hinaus denken werden hier nicht nur als moderner Wissenschaftsstil zugrunde gelegt, sondern ebenso als Lebensstil. Das Beispiel mag möglicherweise nicht das umreißen, was Brand mit „Supradisziplinarität" meint, zeigt aber die Investition in transdisziplinäre Suprathinktanks und Forschungsstätten der Zukunft (Lietsch, 2010).

Literatur

Arber, Werner (Hg.), 1993: *Inter- und Transdisziplinarität. Warum? – Wie? / Inter- et transdisciplinarité. Pourquoi? – Comment?*, Bern u. a.

Baer, Susanne, 2005: Geschlechterstudien / Gender Studies. Transdisziplinäre Kompetenz als Schlüsselqualifikation, in: *Quer denken – Strukturen verändern. Gender Studies zwischen den Disziplinen*, hg. v. H. Kahlert u. a., Wiesbaden, S. 143-162.

Balsiger, Philipp W., 2005: *Transdisziplinarität*, Paderborn.

Bango, Jenö, 2008: *Studien zur transmodernen und transdisziplinären Sozialarbeit*, Berlin.

Bergmann, Matthias / u. a., 2005: *Qualitätskriterien transdisziplinärer Forschung. Ein Leitfaden für die formative Evaluation von Forschungsprojekten*, ISOE-Studientexte Nr. 13, Frankfurt a. M.

Bogner, Alexander / Kastenhofer, Karen / Torgersen, Helge, 2010: Inter und Transdisziplinarität – Zur Einleitung in eine anhaltend aktuelle Debatte, in: dies. (Hg.), *Inter- und Transdisziplinarität im Wandel?*, Baden-Baden, S. 7-21.

Bora, Alfons, 2010: Wissenschaftliche Politikberatung und die disziplinäre Grundlagen der Wissenschaft, in: *Inter- und Transdisziplinarität im Wandel?*, hg. v. A. Bogner u. a., Baden-Baden, S. 25-55.

Brand, Frank / Schaller, Franz / Völker, Harald (Hg.), 2004: *Transdisziplinarität. Bestandsaufnahme und Perspektiven*, Göttingen.

Effinger, Herbert, 2009: Begriffe, Bahnsteige und Gebietsansprüche bei der Erklärung und Bearbeitung sozialer Probleme, in: *Die Sozialarbeitswissenschaft und ihre Theorie(n)*, hg. v. B. Birgmeier u. E. Mührel, Wiesbaden, S. 53-67.

Engelke, Ernst / Borrmann, Ernst / Spatscheck, Christian, 2009: *Theorien der Sozialen Arbeit*, 5. Aufl. Freiburg i. Br.

Hanschitz, Rudof, 2008: Transdisziplinarität – ein Modell nachhaltiger Wissenschaft?, in: *supervision* 2, S. 31-39.

Hanschitz, Rudolf-Christian / Schmidt, Esther / Schwarz, Guido, 2009: *Transdisziplinarität in Forschung und Praxis. Chancen und Risiken partizipativer Prozesse*, Wiesbaden.

Hark, Sabine, 2003: Material Conditions. Begrenzte Möglichkeiten transdiziplinärer Frauen- und Geschlechterforschung, in: *Zeitschrift für Frauenforschung und Geschlechterstudien* 21/2-3, S. 76-89.

Heckhausen, Heinz, 1987: „Interdisziplinäre Forschung" zwischen Intra-, Multi und Chimären-Disziplinarität, in: *Interdisziplinarität, Praxis – Herausforderungen – Ideologie*, hg. v. J. Kocka, Frankfurt a. M., S. 129-145.

Kleve, Heiko, 2003a: *Sozialarbeitswissenschaft, Systemtheorie und Postmoderne*, Freiburg i. Br.

Kleve, Heiko, 2003b: Die postmoderne Theorie Sozialer Arbeit, in: *neue praxis* 33, S. 325-340.

Kleve, Heiko, 2007: *Postmoderne Sozialarbeit*, 2. Aufl. Wiesbaden.

Kocka, Jürgen (Hg.), 1987: *Interdisziplinarität. Praxis – Herausforderung – Ideologie*, Frankfurt a. M.

Krainz, Ewald E., 2009: Ende des Disziplinären?, in: *Transdisziplinarität in Forschung und Praxis. Chancen und Risiken partizipativer Prozesse*, hg. v. R.-C. Hanschitz u. a., Wiesbaden, S. 7-14.

Lietsch, Fritz, 2011: Das Gewerbegebiet der Zukunft, in: *Forum Nachhaltig Wirtschaften*, Heft 1, S. 9-11.

Luhmann, Niklas, 1990: *Die Wissenschaft der Gesellschaft*, Frankfurt a. M.

Luhmann, Niklas, 1997: *Die Gesellschaft der Gesellschaft*, 2 Bde., Frankfurt a. M.

Maasen, Sabine, 2010: Transdisziplinarität revisted – Dekonstruktion eines Programms zur Demokratisierung der Wissenschaft, in: *Inter- und Transdisziplinarität im Wandel?*, hg. v. A. Bogner u. a., Baden-Baden, S. 247-267.

Maier, Konrad, 2009: Für eine integrative, praktische Wissenschaft Soziale Arbeit, in: *Die Sozialarbeitswissenschaft und ihre Theorie(n)*, hg. v. B. Birgmeier u. E. Mührel, Wiesbaden, S. 41-52.

Lowy, Louis, 1983: *Sozialarbeit/Sozialpädagogik als Wissenschaft im angloamerikanischen und deutschsprachigen Raum*, Freiburg i. Br.

Maihofer, Andrea, 2005: Inter-, Trans- und Postdisziplinarität. Ein Plädoyer wider die Ernüchterung, in: *Quer denken – Strukturen verändern. Gender Studies zwischen Disziplinen*, hg. v. H. Kahlert u. a., Wiesbaden, S. 185-202.

Mills, Charles Wright, 1963: *Kritik der soziologischen Sichtweise*, Darmstadt-Neuwied.

Mittelstraß, Jürgen, 1993: Interdisziplinarität oder Transdisziplinarität, in: *Utopie Wissenschaft. Ein Symposium an der Universität Hannover über die Chancen des Wissenschaftsbetriebs der Zukunft (21./22. Nov. 1991)*, hg. v. L. Hieber, München-Wien, S. 17-31.

Mittelstraß, Jürgen, 1996: Transdisziplinarität, in: ders. (Hg.), *Enzyklopädie Philosophie und Wissenschaftstheorie*, Bd. 4, Stuttgart-Weimar, S. 329.

Mittelstraß, Jürgen, 2003: *Transdisziplinarität – wissenschaftliche Zukunft und institutionelle Wirklichkeit*, Konstanz.

Mittelstraß, Jürgen, 2005: Methodische Transdisziplinarität, in: *Technikfolgenabschätzung Theorie und Praxis*, Nr. 2, 14. Jg. Juni, S. 18-23.
   (Siehe auch http://www.itas.fzk.de/tatup/052/mitt05a.htm [Zugriff: 15.2.2011]).

Mühlum, Albert, 2004: *Sozialarbeitswissenschaft. Wissenschaft der Sozialen Arbeit*, Freiburg i. Br.

Merten, Sommerfeld, Koditek, (Hg.), 1996: *Sozialarbeitswissenschaft – Kontroversen und Perspektiven*, Neuwied u. a.

Miller, Tilly, 2001: *Systemtheorie und Soziale Arbeit. Entwurf einer Handlungstheorie*, 2. Aufl. Stuttgart.

Münch, Richard, 1995: *Dynamik der Kommunikationsgesellschaft*, Frankfurt a. M.

Obrecht, Werner, 1996: Sozialarbeitswissenschaft als integrative Handlungswissenschaft, in: *Sozialarbeitswissenschaft – Kontroversen und Perspektiven*, hg. v. R. Merten u. a., Neuwied u. a., S. 121-160.

Pfaffenberger, Hans, 2004: Entwicklung der Sozialarbeit/Sozialpädagogik zur Profession und zur wissenschaftlichen und hochschulischen Disziplin, in: *Sozialarbeitswissenschaft. Wissenschaft der Sozialen Arbeit*, hg. v. A. Mühlum, Freiburg i. Br., S. 73-90.

Salustowicz, Piotr, 1995: *Soziale Arbeit zwischen Disziplin und Profession*, Weinheim.

Staub-Bernasconi, Silvia, 2004: Wissen und Können – Handlungstheorien und Handlungs-kompetenz in der Sozialen Arbeit, in: *Sozialarbeitswissenschaft. Wissenschaft der Sozialen Arbeit*, hg. v. A. Mühlum, Freiburg i. Br., S. 27-62.

Welsch, Wolfgang, 2008: *Unsere postmoderne Moderne*, 7. Aufl. Berlin.

Stichweh, Rudolf, 1994: *Wissenschaft, Universität, Professionen. Soziologische Analysen*, Frankfurt a. M.

Völker, Harald, 2004: Von der Interdisziplinarität zur Transdisziplinarität?, in: *Transdiszipli-narität. Bestandsaufnahme und Perspektiven*, hg. v. F. Brand u. a., Göttingen, S. 9-28.

Wendt, Wolf Rainer, o. J.: Transdisziplinarität und ihre Bedeutung für die Wissenschaft der Sozialen Arbeit (http://www.dgsinfo.de/mit65.shtml/mit6.shtml [Zugriff: 12.1.2009]).

Epilog

Von der Gestaltungskraft der Sozialen Arbeit

Thomas Schumacher

Nach wie vor ist die Gestalt der Sozialen Arbeit strittig. Klar ist, dass es sich um einen etablierten Beruf handelt, zu dem eine akademische Ausbildung den Zugang eröffnet. Die Ausbildung selber erfolgt allerdings bereits uneinheitlich. Der vor Jahren begonnene *Bologna-Prozess*, zur Angleichung und Vereinheitlichung der europäischen Hochschulabschlüsse initiiert, setzt seine Akzente rein im Formalen und überlässt mögliche inhaltliche Veränderungsprozesse der von ihm angestoßenen Dynamik. Für eine international gesehen recht vielgestaltige Soziale Arbeit bleibt festzuhalten, dass Impulse von verschiedenen Seiten – berufsverbandlich wie theoriebildend – zur Internationalisierung so lange nicht greifen, wie sie der Tatsache nicht Rechnung tragen, dass nationale Besonderheiten letztlich der Bezugspunkt dafür bleiben, wie Soziale Arbeit als Beruf im Rahmen gesetzlicher Vorgaben und eines gesellschaftlich angedachten Aufgabenzuschnitts jeweils zur Wirkung gelangt. Dazu gehören auch die nationalen Richtlinien für die Ausbildung.

Für das Studium der Sozialen Arbeit in Deutschland hat die *Bologna-Doktrin* der generellen Umstellung auf eine Bachlor-Master-Struktur an den Fachhochschulen eine Ablösung des Diplomstudiengangs durch den Bachelorstudiengang gebracht, an den Universitäten, so weit sie ebenfalls – im Kontext der erziehungswissenschaftlichen Sozialpädagogik – für den Beruf ausbilden, aber mit dem Bachelor einen neuen berufsqualifizierenden Abschluss eingeführt. Das Diplom dort war in einen Masterabschluss umzuwidmen, während Fachhochschulen wiederum konsekutive Masterstudiengänge neu entwickelten. So hat sich die Ausbildung weiter diversifiziert. Der Arbeitsmarkt ist hierzulande noch dabei, sich entsprechend um- und auf die neuen Abschlüsse einzustellen – ein Prozess, der vor dem Hintergrund der großen Wertschätzung, die der abgelöste Diplomabschluss nach wie vor genießt, nicht gerade einfacher wird.[1]

Strittig darüber hinaus ist die Frage, ob der Beruf als Profession zu sehen ist. Die kontroversen Beiträge dazu seit den 1970er Jahren haben vor allem eines gezeigt: Soziale Arbeit sieht sich, sowohl von ihrem Aufgabenbereich als auch von

---

[1] Vgl. für den Zusammenhang Otto, 2004.

ihrem Kompetenzprofil her, in der gesellschaftlichen Rolle einer Profession, gerät dabei aber in Konflikt zu Sichtweisen von außen wie auch von innen, die zum einen den Situationsbezügen der beruflichen Praxis kein Spezifikum abgewinnen können und die zum andern die Reichweite des beruflichen Handelns ganz auf den gesetzlichen Rahmen beschränkt sehen. In den Diskurs als Argument eingebracht ist der wissenschaftliche Charakter Sozialer Arbeit in Ausbildung und Praxis – einmal mehr abzulesen an der Verarbeitung bezugswissenschaftlichen Wissens. Der Konnex zeichnet „Perspektiven Sozialer Arbeit als Profession und Disziplin" (Spitzer u. a., 2011). Doch, genau besehen, bleiben diese ebenso ein unspezifischer Plural, so lange das Professionsverständnis für die Soziale Arbeit nicht festgelegt und gefasst ist (vgl. Schumacher, 2007, S. 259 ff.). Profession oder nicht; Semi-Profession; Profession mit oder ohne Definitionsmacht; Profession unter inhaltlichen Gesichtspunkten („Menschenrechtsprofession") – das Spektrum der noch offenen und noch zu klärenden Fragen und Bestimmungen ist groß.

Ein dritter Streitpunkt zur Gestalt der Sozialen Arbeit liegt in ihrem immer wieder und auch hier formulierten Anspruch, selbst Wissenschaft zu sein. Auch wenn man längst von der Notwendigkeit ausgeht, für das berufliche Handeln wissenschaftliche Erkenntnisse heranzuziehen, die erst eine klare Analyse eines jeweiligen Handlungsbedarfs erlauben, wird die Kompetenz des Berufes, mit solchen Erkenntnissen wissenschaftlich eigenständig umzugehen, dennoch kritisch gesehen. Zuletzt bleibt Skepsis auch gegenüber einer Sozialen Arbeit, die sich selbst als Wissenschaft versteht.[2] Neuland ist hier nach wie vor auch die Etablierung einer eigenständigen Sozialarbeitsforschung. Als Hintergrund wirkt hier wie dort eine anhaltende Kontroverse um die *Einbindung* anderer Wissenschaften in das spezifische wissenschaftliche Interesse der Sozialen Arbeit. Nach wie vor gilt manchen Soziale Arbeit einfach „als eine Art Mischdisziplin";[3] andere – vornehmlich Praktiker – verwerfen den sozialarbeitlichen Wissenschaftsanspruch sogar ganz, weil sie, wie Rückmeldungen immer wieder zeigen, den Theoriebestand Sozialer Arbeit durch andere Wissenschaften erzeugt sehen und ein Proprium Sozialer Arbeit lediglich über die eigene berufliche Praxis wahrnehmen.

Gerungen wird viertens weiter auch um die Gestalt des Theorie-Praxis-Verhältnisses in der Sozialen Arbeit. Die ein Verständnis behindernde Spannung zwischen beiden Bezugspunkten hat May sehr anschaulich herausgestellt (vgl. May, 2010, S. 17 ff.). Gleichwohl ist die Klärung hier mutmaßlich am weitesten vorangekommen. Der von Staub-Bernasconi ins Spiel gebrachte „transformative Dreischritt" (vgl. Staub-Bernasconi, 2007, S. 206) liefert ein plausibles – wenn auch nicht

---

[2] Vgl. für solche Irritation nochmals den Blick auf die Kritik von Merten oben im ersten Kapitel in diesem Band (siehe oben S. 18 f.). Vgl. auch den Einwand bei Scheu (2011, S. 37), dass Soziale Arbeit mit einem Verständnis als Sozialarbeitswissenschaft „auf die alte Bezeichnung der Sozialarbeit" zurückfalle.

[3] Vgl. dazu den Standpunkt von Höllmüller, 2011, S. 69: „Soziale Arbeit versteht sich in ihrer akademischen Ausprägung als eine Art Mischdisziplin, die sich – mit unterschiedlichen Schwerpunkten – aus anderen Disziplinen, den sogenannten Bezugsdisziplinen, zusammensetzt."

„unfehlbares" (ebd., S. 210) – Modell, Theoriebildung als Aufgabe und Chance für die Praxis zu verstehen sowie aus wissenschaftlichem Bezugswissen „Handlungsleitlinien" zu entwickeln (ebd., S. 252). Zu bedenken bleibt der Hinweis von Scheu, dass ein Theorieverständnis Sozialer Arbeit noch ausstehe, „auf deren Basis Disziplin und Profession eine standfeste Position einnehmen können" (Scheu, 2011, S. 38). Scheu zieht ihre Beobachtung wiederum aus der in ihren Augen nach wie vor ungelösten – und sich inhaltlich auswirkenden – Nomenklaturproblematik: Sozialarbeit? Sozialpädagogik? Soziale Arbeit?[4]

Darin liegt nun der fünfte und, so weit zu sehen ist, letzte große strittige Punkt im allgemeinen Sozialarbeitsverständnis. Sieht man Sozialarbeit und Sozialpädagogik weiterhin als die beiden – sich zwar sehr nahestehenden aber letztlich doch getrennten – Entwicklungslinien Sozialer Arbeit, einst ins Kürzel „SA/SP" gefasst, an, bleiben tatsächlich Bedenken, ob die Wortwahl *Sozialarbeitswissenschaft* nicht etwas anderes signalisiert, als die Bezeichnung *Wissenschaft der Sozialen Arbeit*. Es spricht nichts dagegen, Soziale Arbeit über ein historisches Bewusstsein weiter auszugestalten, auch nicht, pädagogisches und fürsorgerisches Wirken zu unterscheiden.[5] Dennoch kann es keinen ernsthaften Zweifel mehr daran geben, dass Felder, in denen Soziale Arbeit sozialpädagogisch wirkt, strukturell Fürsorgeanteile haben, und dass auf der anderen Seite fürsorgerische Praxis, sofern sie dem Primat der Hilfe zu Selbsthilfe gehorcht, wiederum strukturell pädagogisches Handeln mit einschließt.[6] Die Neigung, Sozialarbeit, Sozialpädagogik und Soziale Arbeit jeweils synonym zu verstehen, mag das Nomenklaturproblem nicht befriedigend beseitigen – widerständiger wird es jedoch immer wieder dort aufgeworfen, wo deutlich wird, dass Soziale Arbeit akademisch uneinheitlich aufgestellt ist. Eine abschließende Verständigung steht hier noch aus.[7] Zu sehen ist, dass es ein Wissenschaftsverständnis der universitären Sozialpädagogik gibt, das in Konkurrenz zum wissenschaftlichen Selbstverständnis Sozialer Arbeit an Fachhochschulen steht (vgl. Rauschenbach, 1999, S. 269 ff.) und von dem her Theorieentwicklung in der Sozialen Arbeit immer wieder sozialpädagogisch akzentuiert wird (vgl. z. B. Böhnisch u. a., 2005; s. a. Schweppe/Sting, 2006).[8] Zuletzt bleibt so auch die Lage der

---

[4] Mit Scheus Einschätzung lassen sich relativierende Zugänge wie der von Winkler verbinden, der anregt, in der Sozialen Arbeit „Theorie als ein Projekt und weniger als den einen, großen Entwurf zu begreifen" (Winkler, 2006, S. 55).

[5] Vgl. für die Seite des *pädagogischen* Wirkens Niemeyer mit dem Hinweis auf die „Historische Pädagogik" und dem Fazit: „Wichtig ist … der Befund …, dass die Sozialpädagogik historisch sich begreifen lässt und nur aus Kenntnis dieser Historie ein Urteil möglich wird über das, was diese Disziplin an dauerhaften, zeitübergreifenden Ideen entwickelt hat." (Niemeyer, 2009, S. 246)

[6] Auf die – wieder auch historisch erkennbare – Verschränkung weist Rauschenbach, 1999, S. 286, hin.

[7] Inwiefern die unterschiedlichen Akzente und Perspektiven von einer einheitlichen Rahmung noch „weit entfernt" sind, skizziert May, 2010, S. 24 ff.

[8] In Blick auf die angezeigten „Wege zu einer Neubestimmung" unbedingt kritisch zu sehen ist die Auffassung bei Böhnisch u. a. (2005), dass sich Sozialpädagogik und Sozialarbeit „unbeschadet ihrer unterschiedlichen pädagogischen bzw. sozialfürsorgerischen Wurzeln" in einer „Funktionsverschränkung" befänden und „zusammen gefasst als Soziale Arbeit benannt" würden (vgl. ebd., S. 9): Hier

akademischen Ausbildung unklar, die sich an Sozialer Arbeit und ihren beruflichen Erfordernissen orientiert, aber weiterhin zwischen Sozialarbeit und Sozialpädagogik differenzieren soll.

Damit schließt sich der Kreis der Gestaltproblematik Sozialer Arbeit. Vor dem Hintergrund der Beiträge des vorliegenden Bandes sind aber zwei Botschaften abzuleiten:

1. Soziale Arbeit ist in der Lage, ein konstruktives Verhältnis zu den Wissenschaften, auf die sie Bezug nimmt, auszubilden. Das geschieht, indem sie *souverän* bestimmt, welches Erkenntnisinteresse ihre Arbeit leitet und welches bezugswissenschaftlich geformte Wissen dieses Interesse zu bedienen vermag. Die Einbindung von Bezugswissenschaften in die Soziale Arbeit gerät so zum *Konzert*, das die Dirigentin in der Perspektive eines eigenen wissenschaftlichen Wirkens stärkt, nicht schwächt.

2. Soziale Arbeit mag eine Gestaltproblematik haben, aber sie hat kein Gestaltungsproblem! Im Gegenteil: Eine in ihrer Gestalt noch unfertige, aber zur Gestalt weiter reifende Soziale Arbeit ist in der Lage, ihren eigenen Klärungsprozess zur angestrebten „Neugestaltung der professionellen Praxis" (Spitzer u. a., 2011, S. 9) zu nutzen. Das wäre ein fruchtbares Wirken nicht nur nach innen, sondern ebenso auch nach außen. Es wäre zugleich die Grundlage für eine Gestaltungskraft, die von Sozialer Arbeit ausgeht, weil sie „die Zukunftsfähigkeit einer Gesellschaft" mit absichert (Wendt, 2010, S. 190).

Dass für die Soziale Arbeit kein eindeutiges wissenschaftliches Programm vorliegt, muss nicht irritieren. Auch andere Wissenschaften bieten, bezogen auf ihren Gegenstand, zum Teil recht unterschiedliche Zugänge und Deutungsmöglichkeiten. Jede Wissenschaft hat ihre Geschichte. Für die Soziale Arbeit als Wissenschaft aber ist und bleibt eine wichtige Zukunftsaufgabe die Fokussierung und Darlegung ihres Gegenstandes.[9] Hier gilt es, weiter voranzukommen und aufzuzeigen, wie Soziale Arbeit in der Lage ist, die Zukunft einer Gesellschaft über die Sicherstellung von Lebensqualität, genauer noch: durch die Ausrichtung an der Qualität des gesellschaftlichen Zusammenlebens mitzugestalten.

Der Beruf, aus der *Not* geboren, hat heute einen Status erreicht, der es ihm erlaubt, für und in Gesellschaft eine Wertediskussion zu führen. Das wird möglich, weil das umfängliche Praxiswissen nicht über „kurzsichtiges Helfen" (Wendt, 2010, S. 190) heranwächst, sondern ganz dem Anliegen verpflichtet ist, Probleme nicht nur zu beseitigen, sondern auch zu verhindern. Wie die Kapitel in diesem Buch gezeigt haben, ist Soziale Arbeit in der Lage, einen Anspruch an ihr eigenes Wirken zu formulieren. Der Anspruch gründet auf ein bestimmtes Bild vom Menschen, der auch in einer Situation maximaler Schwächung Respekt und Wertschätzung verdient und eine Unterstützung erfahren soll, die für ihn und mit ihm eine Autono-

---

wird nicht wirklich von dem gesprochen, was als „Soziale Arbeit" längst auf ein und denselben Gegenstand ausgerichtet wird.

[9] Vgl. diese Aufgabenstellung auch bei Bliemetsrieder, 2011, S. 48 f.

mieperspektive errichtet. Und er umfasst ein Gesellschaftsverständnis, das an einem friedvollen Miteinander ausgerichtet ist und die Notwendigkeit einer wissenschaftlichen Begleitung des Weges dorthin anerkennt. Der besagte Anspruch lässt sich also entsprechend realisieren, wenn sich, mit Bliemetsrieder (2011) gesprochen, Soziale Arbeit als „sozial-anthropologisch inspirierte Praxiswissenschaft" sieht und versteht.

Dass und wie sie Wissenschaft ist; welche qualifizierten wissenschaftlichen Bezugspunkte sie aufgreift und integriert; welche Bedeutung auch ein eigenständiger Forschungsansatz hat; und, nicht zuletzt, welche Ausstrahlungskraft ihre Wissenschaft in die Praxis hinein hat: das für die Soziale Arbeit zu skizzieren und, so weit es im Rahmen exemplarischer Zugänge möglich war, einzulösen, war Anliegen dieses Buches. Die Darstellung zeigt perspektivische Grenzen und bleibt ergänzungsfähig. Aber sie bietet einen Einblick, wie Wege der akademischen Ausbildung in Sozialer Arbeit an der Katholischen Stiftungsfachhochschule München inhaltlich realisiert werden. Der bezugswissenschaftliche Rahmen sorgt für einen Weg, der in die Soziale Arbeit führt.

Soziale Arbeit braucht ihre Bezugswissenschaften, um ihr wissenschaftliches Fundament zu stabilisieren. Gehalten wird dieses Fundament aber von einem Sozialarbeitsverständnis, das vom beruflichen Handeln her weiß, dass es mit problemlösendem Vorgehen nicht getan ist.[10] Das Anliegen der Problemlösung verlangt Nachhaltigkeit. Nachhaltigkeit aber lenkt den Blick nicht nur auf Prävention, sondern auch dorthin, wo gesellschaftliche Ideale aufscheinen.

Den Menschen in tragfähige soziale Verhältnisse zu bringen; dafür zu sorgen, dass diese Verhältnisse stabil bleiben und ihre Qualität behalten können; zu gerechten Strukturen mit beizutragen; Menschen darin zu unterstützen, dass sie in Beziehungen an Leib und Seele gesund bleiben und ihre Interessen vertreten können; die ethischen Anliegen menschlichen Lebens auszuloten; Teilhabeperspektiven zu eröffnen; mit verfügbaren Ressourcen vernünftig umzugehen; gesellschaftliche Prozesse zu begleiten; Visionen in die Zukunft hinein zu entwickeln: mit einem solchen Programm wendet sich Soziale Arbeit an die Menschen im Land. Das Programm bietet auch einen Ausgangspunkt für eine weltgesellschaftliche Perspektive.

Soziale Arbeit und ihre Bezugswissenschaften – das ist auch als ein wechselseitiges Verhältnis zu sehen. In dem Maß, wie die Ausformung einer greifbaren Gestalt Sozialer Arbeit vorankommt, klärt sich auch der bezugswissenschaftliche Blick *auf* die Soziale Arbeit. So steigen nicht nur deren Chancen, als eigenständige Wissenschaft wahrgenommen zu werden, sondern auch das Interesse auf bezugswissenschaftlicher Seite, selbst Sozialarbeitspositionen einzunehmen. Mit ihrer der Sache nach transdisziplinären Ausrichtung erweist sich Soziale Arbeit perspektivisch auch

---

[10] Siehe dazu bei Heiner den Ansatz einer „Kombination von Zuständigkeitsdomäne und Kompetenzdomäne", mit dem sie deutlich macht, dass sich Soziale Arbeit als Profession „nicht auf die Verringerung von Problemen der individuellen Lebensbedingungen und Lebensweise beschränkt" (vgl. Heiner, 2010, S. 202).

als geeignetes Instrument für andere Wissenschaften, eigene Praxisbezüge auf ihre soziale Qualität hin zu überprüfen. Mancher mag das für einen marginalen Nutzen halten; eine Gesellschaft, die kaum kalkulierbarer globaler Dynamik ausgesetzt ist und die nicht ausschließen kann, dass ihre Volkswirtschaft über Nacht an den Abgrund gerät, braucht möglicherweise die Expertise einer normativ ausgerichteten Profession an ihrer Seite, die auch im wissenschaftlichen Betrieb Gehör findet.

Literatur

Bliemetsrieder, Sandro, 2011: Plädoyer für eine sozial-anthropologisch inspirierte Praxiswissenschaft der Sozialen Arbeit, in: *Soziallandschaften. Perspektiven Sozialer Arbeit als Profession und Disziplin*, hg. v. H. Spitzer u. a., Wiesbaden, S. 43-52.

Böhnisch, Lothar / Schröer, Wolfgang / Thiersch, Hans, 2005: *Sozialpädagogisches Denken. Wege zu einer Neubestimmung*, Weinheim-München.

Heiner, Maja, 2010: *Soziale Arbeit als Beruf. Fälle – Felder – Fähigkeiten*, 2. Aufl. München-Basel.

Höllmüller, Hubert, 2011: Wissenschaftstheorie und Soziale Arbeit, in: *Soziallandschaften. Perspektiven Sozialer Arbeit als Profession und Disziplin*, hg. v. H. Spitzer u. a., Wiesbaden, S. 69-78.

May, Michael, 2010: *Aktuelle Theoriediskurse Sozialer Arbeit. Eine Einführung*, 3. Aufl. Wiesbaden.

Niemeyer, Christian, 2009: Sozialpädagogik als Theorie der Jugendhilfe. Historische Reminiszenzen und systematische Perspektiven, in: *Theorien der Sozialpädagogik – ein Theorie-Dilemma?*, hg. v. E. Mührel u. B. Birgmeier, Wiesbaden.

Otto, Hans-Uwe, 2004: BA/MA – Neue Studienabschlüsse für den Bereich der Sozialen Arbeit im Wettbewerb der Moderne – Ausweg oder Irrweg?, in: *Der Bologna-Prozess in Europa. Eine Herausforderung für die Ausbildung in der Sozialen Arbeit in Deutschland!*, hg. v. B. Steinmetz u. a., Weimar, S. 55-62.

Rauschenbach, Thomas, 1999: *Das sozialpädagogische Jahrhundert. Analysen zur Entwicklung Sozialer Arbeit in der Moderne*, Weinheim-München.

Spitzer, Helmut / Höllmüller, Hubert / Hönig, Barbara (Hg.), 2011: *Soziallandschaften. Perspektiven Sozialer Arbeit als Profession und Disziplin*, Wiesbaden.

Scheu, Bringfriede, 2011: Sozialarbeitswissenschaft?, in: *Soziallandschaften. Perspektiven Sozialer Arbeit als Profession und Disziplin*, hg. v. H. Spitzer u. a., Wiesbaden, S. 37-38.

Schumacher, Thomas, 2007: *Soziale Arbeit als ethische Wissenschaft. Topologie einer Profession*, Stuttgart.

Schweppe, Cornelia / Sting, Stephan (Hg.), 2006: *Sozialpädagogik im Übergang. Neue Herausforderungen für Disziplin, Profession und Ausbildung*, Weinheim-München.

Staub-Bernasconi, Silvia, 2007: *Soziale Arbeit als Handlungswissenschaft. Systemtheoretische Grundlagen und professionelle Praxis – ein Lehrbuch*, Bern-Stuttgart-Wien.

Wendt, Wolf Rainer, 2010: *Das ökosoziale Prinzip. Soziale Arbeit, ökologisch verstanden*, Freiburg i. Br.

Winkler, Michael, 2006: Kleine Skizze einer revidierten Theorie der Sozialpädagogik, in: *Das Soziale gestalten. Über Mögliches und Unmögliches der Sozialpädagogik*, hg. v. T. Badawia u. a., Wiesbaden, S. 55-80.

Verzeichnis der Autorinnen und Autoren

Die Autorinnen und Autoren dieses Bandes sind Lehrende und Mitarbeiterinnen an der Katholischen Stiftungsfachhochschule München. Für weitere Information und für die Profile der Lehrenden vgl. die Homepage der Hochschule (www.ksfh.de).

Markus Babo
Dr. theol., Professor für Katholische Theologie in der Sozialen Arbeit

Luise Behringer
Dr. phil., Professorin für Psychologie in der Sozialen Arbeit

Birgit Dorner
Dr. phil., Professorin für Kunstpädagogik in der Sozialen Arbeit

Monika Fröschl
Dr. med. habil., Professorin für Gesundheitswissenschaften in der Sozialen Arbeit und für Pflege

Paul Gödicke
Dr. phil., Professor für Soziale Arbeit

Bernhard Lemaire
Dr. rer. soc., Professor für Sozialpädagogik in der Sozialen Arbeit

Peter Franz Lenninger
Dr. phil., Professor für Sozialarbeitswissenschaft/Sozialpädagogik und Sozialpolitik

Tilly Miller
Dr. phil., Professorin für Sozialarbeit/Sozialpädagogik und Politikwissenschaft

Peter Obermaier-van Deun
Professor für Recht in der Sozialen Arbeit

Elke Oestreicher
Wissenschaftliche Mitarbeiterin

Sabine Pankofer
Dr. phil., Professorin für Psychologie in der Sozialen Arbeit

Christine Plahl
Dr. phil., Professorin für Psychologie in der Sozialen Arbeit

Thomas Schumacher
Dr. phil., Professor für Philosophie in der Sozialen Arbeit

Andreas Schwarz
Dr. phil., Professor für Politikwissenschaften in der Sozialen Arbeit

Hermann Sollfrank
Dr. phil., Professor für Sozialpädagogik in der Sozialen Arbeit

Annette Vogt
Dr. phil., Professorin für Psychologie in der Sozialen Arbeit

Dimensionen Sozialer Arbeit und der Pflege
Herausgegeben von der Katholischen Stiftungsfachhochschule München

Band 9: **Arbeit an Bildern der Erinnerung**

Ästhetische Praxis, außerschulische Jugendbildung und Gedenkstättenpädagogik

Herausgegeben von Birgit Dorner und Kerstin Engelhardt

2006. VIII/244 S., kt. € 24,90. ISBN 978-3-8282-0350-1

Die Geschichte des Nationalsozialismus rückt in immer weitere Ferne. Will Bildungsarbeit Jugendlichen Zugänge zur Geschichte, zur Kultur der Erinnerung schaffen, muss sie die ästhetischen Bedürfnisse und die Bild-Lebenswelt der Jugendlichen berücksichtigen. Diese Zugangswege zur Geschichte bleiben bisher ungenutzt und viele Bevölkerungsgruppen ausgegrenzt. Eine Alternative können hier ästhetische Herangehensweisen bieten.

Band 10: **Dramaturgie von Entwicklungsprozessen**

Ein Phasenmodell für professionelle Hilfe im psychosozialen Bereich

Von Tilly Miller

2006. VI/134 S., kt. € 22,-. ISBN 978-3-8282-0366-2

Professionelle Hilfe im sozialen Bereich geht in der Regel mit der Erwartung einher, Menschen in ihren Entwicklungsprozessen zu unterstützen, um verbesserte Lebenssituationen zu erwirken. Vorliegendes Buch bietet ein Phasenmodell, das Entwicklungsprozesse in ihren typischen Verlaufsdynamiken zu beschreiben vermag. Darauf bezogen folgen Überlegungen für das professionelle Handeln.

Band 11: **Soziale Arbeit als ethische Wissenschaft**

Topologie einer Profession

Von Thomas Schumacher

2007. X/309 S., kt. € 32,-. ISBN 978-3-8282-0421-8

Die Diskussion um die Soziale Arbeit als Profession und Wissenschaft wird seit vielen Jahren facettenreich geführt. Die Untersuchung legt offen, dass der Sozialarbeitsberuf von Grund auf sowohl wissenschaftlich als auch ethisch orientiert ist und seine Bedeutung als Wissenschaft und Profession über ein ernstzunehmendes, ethisches Profil auszuweisen vermag. Ethik Sozialer Arbeit zeigt sich dabei nicht nur als Mitte und Mittlerin im Theorie-Praxis-Zusammenhang, sondern auch als der zentrale Bezugspunkt in der wissenschaftlichen Perspektive. In seiner Ethik findet der Beruf zu einer grundlegenden wissenschaftlichen Betrachtungsweise und entwickelt ein Wirkungsverständnis als Profession – auch dann, wenn Strukturvorgaben eine Entfaltung solchen Potentials nur begrenzt zulassen.

ᴬLUCIUS
LUCIUS Stuttgart

Der Leib und die Grenzen der Gesellschaft

Eine neophänomenologische Soziologie des Transhumanen

von Michael Uzarewicz

2011. XXII/396 S., kt. € 58,-. ISBN 978-3-8282-0537-6

Die Soziologie ist eine Wissenschaft, die Soziales durch Soziales erklärt. Ihre Gegenstände sind im Wesentlichen wechselseitig aufeinander bezogenes, d. h. „soziales" Handeln, Vergesellschaftungsformen, soziale Prozesse und Strukturen. Dabei konzentriert sie sich auf den subjektiven Sinn, den die einzelnen Menschen mit ihrem Handeln verbinden, und wie die von ihnen produzierten sozialen Tatsachen auf die miteinander handelnden Akteure zurück wirken. Da aber der subjektive Sinn selbst ein Produkt von Vergesellschaftung ist, hat das „objektiv" Soziale immer Priorität gegenüber dem menschlichen Subjekt. Weil die Hauptströmungen der Soziologie das Gegenstandsgebiet der subjektiven Tatsachen, dessen Quelle der Leib ist, ignorieren, werden hier Wege aufgezeigt, wie man die Soziologie auf ein leibliches Fundament stellen kann.

Inhaltsübersicht:

LUCIUS & LUCIUS   Stuttgart